경희 고대사 · 고고학 연구총서 8

안즈민
일기

1963~65년 조중고고발굴대의
고조선 연구와 역사 분쟁의 시작

안즈민 지음
강인욱 · 정지호 번역
강인욱 해제

경희 고대사·고고학 연구총서 8

안즈민 일기
-1963~65년 조중고고발굴대의 고조선 연구와 역사 분쟁의 시작

지은이 | 안즈민安志敏

옮긴이 | 강인욱·정지호

펴낸이 | 최병식

펴낸날 | 2024년 8월 23일

펴낸곳 | 주류성출판사 www.juluesung.co.kr
　　　　서울특별시 서초구 강남대로 435 주류성빌딩 15층
　　　　TEL | 02-3481-1024(대표전화) · FAX | 02-3482-0656
　　　　e-mail | juluesung@daum.net

값 32,000원

잘못된 책은 교환해 드립니다.

ISBN 978-89-6246-541-9 94910
ISBN 978-89-6246-283-8 94910(세트)

• 이 논문 또는 저서는 2022년 대한민국 교육부와 한국연구재단의 지원을 받아 수행
  된 연구임(NRF-2022S1A5C2A01093269).

• 본 저작물에는 나눔고딕체, 마루 부리체, 빙그레 따옴체, 아리따 부리체, 카페24 클래식체, 경기천년
  제목체, 넥슨풋볼고딕체 등이 활용되었습니다.

경희 고대사 · 고고학 연구총서 8

안즈민 일기

1963~65년 조중고고발굴대의 고조선 연구와 역사 분쟁의 시작

안즈민 지음

강인욱 · 정지호 번역

강인욱 해제

주류성

3부 1965년의 조사

국립중앙박물관의 고조선실에는 비파형동검과 관련된 다양한 청동기 유물이
전시되어 있다. 그중 하나는 중국 다롄시 강상 무덤에서 발굴된 비파형동검이
다. 2008년에 남한에서 북한의 유물전시를 했을 때 복제를 해놓은 것이다. 바로
1963~65년에 활동한 [조중고고발굴대]가 조사한 유물의 복제품이다. 당시 남
한에 내려온 유물은 바로 1963~65년에 북한과 중국의 연구자가 함께 조사한
[조중고고발굴대]의 역할을 상징적으로 보여준다.

한국에서도 요동~서북한 일대의 비파형동검과 관련된 유적을 고조선의 문화
로 보는 견해가 고고학의 주류를 이루며 교과서에도 소개되어 있다. 누구나 당
연시 여기는 고조선 연구의 시작은 바로 1950년대 말부터 1965년까지 이어진
북한과 중국의 공동 조사 사업에서 시작되었다. 1958년 리지린의 베이징대학
유학을 통해 완성된 저작 [고조선 연구](1963년 과학원출판사)의 뒤를 이어서
중국과 북한의 정치적인 결정으로 1963~65년에 이루어진 조중고고발굴대는
비록 파국으로 끝났지만, 이런 고조선에 대한 실질적인 지식을 전해주는 주요한
계기가 되었다.

나는 1991년 2월에 몇 번은 복사해서 흐릿해진 북한에서 발간한 [중국 동북
지방의 유적 발굴보고](1966년 사회과학원출판사)를 처음 접했다. 당시 학부생
이었지만 이미 고조선과 비파형동검을 전공하기로 마음 먹고 여러 자료를 모으

던 때였다. 말로만 듣던 이 희귀한 보고서를 접하고는 부랴부랴 복사와 제본을 해두었다. 이번 책을 발간하게 된 단초가 된 30년 전의 복사본은 지금도 내 서고의 한 가운데에 꽂혀 있다.

1960년대임에도 매우 세밀하게 기록된 보고서지만 정작 이 조중고고발굴대의 보고서가 출판되었는지는 제대로 아는 사람이 없었다. 뒤늦게 안 사실이었지만 이 보고서는 북한 내에서만 통용되던 비밀스러운 자료였다. 북한과의 출입이 비교적 자유로웠던 일본 고고학계에서도 이 보고서는 미스터리 같은 존재였다고 한다. 1970년대 북한을 오갔던 재일교포 고고학자 정한덕(전 부산대)이 간신히 1부를 입수해서 알려졌을 정도였다. 일본으로 넘어간 보고서는 추후 일본어로도 번역이 되어서 한국에서도 소개되었다. 정작 북한 보고서의 원본이 알려진 것은 1990년 직후였다.

우여곡절끝에 조중고고발굴대의 발굴성과를 담은 보고서는 알려졌지만, 여전히 정작 그 조사가 어떻게 전개되었는지 알 수 없었기에 내 고조선 연구에서 언제나 커다란 공백으로 남아 있었다. 지난 2012년에 중국 베이징대학에 체재할 기회가 있어서 백방으로 조중공동발굴과 관련된 자료를 찾아보았지만 역시 거의 찾아볼 수 없었다. 그나마 최근에 구제강 일기(顧詰剛日記)와 샤나이 일기(夏鼐日記)가 간행되어 1960년대 초반 중국과 북한의 고조선 연구를 둘러싼 상황을 짐작할 수 있는 자료가 알려졌다. 관련하여서 2015년에 연구 논문도 하나 출판할 수 있었다(북한 고조선 연구의 기원과 성립: 리지린의 고조선 연구와 조중고고발굴대, 선사와 고대 45호). 그럼에도 전체의 면모는 여전히 알 수 없었다. 북한 학계와의 접촉은 완전히 막혀 있었고 또 연결된다고 한들 60여 년 전 연구활동에 대한 기록이 잘 남아 있을 가능성도 별로 없는 상황이다.

추가 연구가 거의 어렵다고 생각하던 중에 2020년에 중국에서 당시 조중고고발굴대의 실무를 담당한 안즈민의 일기 전권이 발간되었다는 놀라운 소식을 접했다. 코로나로 세상이 얼어붙어 있던 시절인지라 2021년 연말이 되어서야 그의 일기를 접할 수 있었다. 다행히도 1963~65년 안즈민의 활동은 아주 자세하게 적혀 있었다. 단순한 일기가 아니라 실제 발굴조사를 하면서 북한과의 합작, 발굴 상황 등 그동안 베일에 갇혀 있던 당시의 상황을 알려주는 중요한 자료였다.

곧바로 나는 조중고고발굴대의 면면을 보여주는 안즈민의 일기를 번역하기로 마음먹었다. 두 나라 학자 간의 갈등이 가장 적나라하게 드러나는 중국 최초의 국제 공동 조사이기 때문이다.

나 역시 1999~2002년에 최초의 한-러 공동 조사의 실무를 러시아 측에서 담당하고 실제 발굴을 수행한 적이 있었다. 당시 한국 측은 홍형우(현 강릉원주대) 학예사가 담당했는데, 발굴의 준비 과정에서부터 두 나라의 정치·경제적 상황이 다르기 때문에 많은 시행착오가 있었다. 이후 현장에서도 한-러 두 나라의 갈등은 계속되었다. 같은 고고학자들이었지만 한국과 러시아는 완전히 다른 학문적 전통으로 수십 년간 독자적으로 발전해 왔다. 따라서 층위를 보는 법, 발굴 기술, 유물 정리 같은 현장 실무에서 사사건건 갈등이 있었다. 당시 내 야장에는 발굴에서의 주요한 성과는 물론이고 당시 충돌의 상황들이 고스란히 적혀 있다. 현장의 흐릿한 등불아래에서 쓰여진 안즈민의 생생한 기록을 보노라면 나도 겪었던 국제 공동발굴의 어려움의 기억이 연상되어서 쉽게 이해될 수 있었다.

안즈민의 일기 곳곳에는 북한학자들과의 현장 발굴에서 층위나 발굴 방법을 둘러싼 사소한 충돌에서 시작해서 고조선의 중심지를 찾으려는 노력에 대한 불만 등 1960년대 베일에 가려진 두 국가의 만주 고대문화를 둘러싼 갈등이 적나라하게 드러나고 있다. 조중고고발굴대는 한국에서 고조선의 실체를 밝히는 결정적인 계기가 된 반면에, 중국과의 역사갈등이 시작되는 착화점이기도 하다. 비록 중국의 일방적인 입장이라는 한계가 있지만, 그 과정을 여과 없이 널리 소개하는 것이 필요하다는 생각이 들었다. 1960년대는 해방 이후 남북한과 중국은 각각 독자적으로 고고학 연구법을 빠르게 발달시키고 있었다. 그 현장에서의 발굴 과정을 여과 없이 보여주는 안즈민의 일기는 동아시아 고고학 연구사에서 꼭 필요한 부분이다.

안즈민安志敏 일기

안즈민의 일기에 반영된 조중고고발굴대의 또 다른 의의는 중국 동북지역의 고고학 발달 과정을 잘 보여준다는 데에 있다. 당시 이 지역은 일본의 지배에서 벗어나 독자적인 고고학을 조금씩 발달시키던 상황이었지만 여전히 독자적인 연구인력이나 발굴조사는 미약하던 상황이었다. 안즈민이라는 당대 중국을 대표하는 고고학자를 필두로 중국사회과학원 고고학연구소와 각 지역의 박물관은 모든 역량을 집중해서 이 공동 발굴을 준비했고, 그 결과 중국 동북지역의 고고학 발달에도 적지 않게 이바지했음이 일기 곳곳에서 잘 드러나 있었다. 비록 조중고고발굴대가 북한과 중국의 정치적인 협의에 의해 결정된 것이지만, 그 준비과정에서 중국 동북지역의 고고학은 도약하는 계기가 되었다.

번역을 마음먹은 직후 곧바로 안즈민 일기를 기획한 따님 안자야오 선생께 연락드렸더니 흔쾌히 번역에 동의하셨다. 그리고 나는 사전 작업으로 2022년에 [안즈민 일기]의 의의를 고조선부여사연구회에서 발표하고 한국어 및 영어 논문으로 간행했다. 이들 논문은 추후 보완되어서 본 서의 해제와 Appendix로 함께 실었다. 의욕적으로 번역을 계획했지만 다양한 일에 바빠서 번역은 제대로 진척되지 못했다. 이에 사학과에서 함께 근무하시며 중국 근대사를 전공하는 정지호 교수님께 사정을 말씀드리자 흔쾌히 번역에 동참하셨다. 고고학 관련 논문이나 저서와 달리 안즈민의 일기는 1960년대 중국의 일상생활들이 많이 등장해서 번역에 곤란하던 차였기 때문에 정지호 교수님의 도움은 결정적이었다고 해도 과언이 아니다. 이에 1963년도 부분은 내가 번역을 하고 1964, 65년은 정지호 교수님이 맡았다. 이후 문장이나 어투는 이민숙 선생님께서 교열을 맡아주셨다.

막상 초벌 번역을 마치고 보니 다양한 유적과 상황에 대한 해제가 필요해서 시간은 한없이 길어졌다. 특히 원문에는 도면이 거의 없기 때문에 관련한 사진들을 정리해서 첨부하는 지난한 작업이 필요했다. 이 작업을 마무리하는 데에 많은 분들의 도움이 있었다. 경희대 한국고대사고고학연구소의 이후석 교수님은 전체 유적의 사진과 도면 자료를 구하는 데에 큰 도움을 주셨다. 아울러 마무리 작업에는 고아라(한국고대사고고학연구소, 대학원 수료), 최정훈, 최원석, 임현서

(이상 경희대 대학원 사학과 고고학전공)가 도면 정리 및 부록의 여러 도표와 지도를 만드는 데에 애써주었다. 또한 천선행(조선대 사학과) 교수님은 국내에서 유일하게 조중고고발굴대의 보고서 원본을 소장한 조선대 도서관에서 관련 자료를 구해주셨다. 아울러 다소 민감할 수 있는 상황에서 흔쾌히 번역을 허락해준 안자야오 교수, 그리고 매끄럽게 번역을 다듬어주신 이민숙 선생님께도 감사를 전한다. 아울러 학술대회 발표에서 많은 도움을 주신 고조선부여사연구회의 회원들께도 감사를 드려야겠다. 무엇보다도 채산성은 전혀 없음에도 번역과 사진이 많이 들어가서 편집에 공이 많이 들어가는 이 책의 출판을 맡아준 주류성 출판사 최병식 대표님과 이준 이사님께도 깊은 감사를 전한다.

2024년 6월 역자를 대표해서
강인욱

1. 본문은 총 5권으로 발행된 [安志敏日記](社会科学文献出版社, 2020)의 제2책 68~ 235쪽을 번역한 것이다.

2. 모든 인명과 지명은 원어발음으로 표기했으며, 초출에 한해서 한자를 병기했다.

3. 안즈민安志敏의 일기는 거의 매일 기록되어 있지만, 전후 사정들에 대해서 별도의 서술이 없다. 또한, 주요한 사건별로 건너뛰는 지점도 적지 않다. 원문에서는 별다른 설명이 없이 곧바로 사건이 서술되어 있는 식이다. 이에 강인욱이 각 장의 시작과 끝에 해제를 달았다. 또한 정지호와 강인욱은 본문에서 별도의 설명이 필요한 곳에 각주를 달았다.

4. 원문은 오로지 텍스트만 있으므로 해제자와 이후석이 직접 답사하며 찍은 사진, [중국동북지방의 유적발굴보고](사회과학원출판사, 1966), [조선유적유물도감 2, 고조선 부여 진국편](1989) 등에서 해당 발굴과 관련된 도면과 사진을 발췌 수록하여 이해를 도왔다.

5. 각 장의 일기에는 별다른 제목이 없지만 발굴 사업의 흐름을 이해하기 위하여 해제자가 임의로 제목을 달았다.

1부

1963년의 조사

해제 안즈민의 사전조사 부분으로 1963년에 약 한 달간 공동조사 예상 지역의 각 박물관과 유적의 현황을 돌아보며 각 지역의 유적과 유물에 대한 포괄적인 사전 조사를 했다. 이때 안즈민의 활동은 북한 측의 의도를 제대로 파악하지 못한 듯 전반적인 중국 둥베이東北지역(만주)의 고고학 유적 조사 및 보존 상황을 검토한다. 당시 중국 둥베이지역에서는 제대로 된 고고학적 연구 기반이 부족했다. 20세기 전반기에 동청철도東淸鐵道*를 세우면서 이 지역에 거주한 러시아인들이 기반이 되어 설립된 동성문물연구소東省文物研究所, 그리고 뒤를 이어 위만주국시절의 일본인들의 조사가 많이 알려진 상태였다. 안즈민은 신중국 성립이후 15년간 각 지역의 박물관을 돌아다니면서 갓 시작된 중국의 만주지역 고고학 조사와 유물 전시 상황에 대한 폭넓은 정보를 제공한다(강인욱).

* 1896년~1952년 사이에 러시아가 건설한 만저우리~하얼빈~다롄에 이르는 철도. 원어는 Китайско-Восточная железная дорога(КВЖД)

1차 사전조사

둥베이東北로의 출장, 4월 10일~5월 5일

4월 10일 수요일 맑음

천춘시陳存洗동지와 함께 5시 45분발 11호 열차를 타고 선양瀋陽으로 갔다. 날씨가 갑자기 따뜻해져 기차 안은 몹시 더웠다.

4월 11일 목요일 맑음

오전 7시 45분에 선양에 도착하자마자 곧바로 성 문화청으로 갔다. 사무실 비서인 까오高 동지와 문화처 궈원쉔郭文軒동지를 만나서 문화부의 소개장을 전달하면서 상황을 소개했다. 궈원쉔 동지의 안내로 랴오닝호텔에 가서, 나와 천춘시 동지는 각각 202호와 204호실에 투숙했다.

잠시 쉬고 나서 여동생 안징셴安靜嫻[1]에게 전화를 걸어 저녁에 호텔에서 만나

---

1) 안즈민의 동생 안징셴(1929~2015)은 베이징대학 약학과를 졸업하고 둥베이제약종합공장에 근무 중이었다. 이후 1997년에 중국공정원의 원사로 선발된 저명한 약학자이다.

랴오닝성박물관 소장 탁헐도

기로 약속을 했다.

　　오후 2시 30분에 궈원쉔과 함께 랴오닝성박물관으로 가서 장 관장과 리원신李文信[2]선생(부관장), 주구이朱貴[3], 천다웨이陳大爲 등의 동지들과 상황에 대해 이야기하고 어려움을 토로했다. 성 박물관의 상황을 보니 관장하고 있는 업무가 그리 많지 않았다. 게다가 보고된 지표조사(보통문물조사) 대다수는 현급에서 이루어진 탓에 제공이 어려운 편이다.

당시 랴오닝성박물관
만주국시절 국립박물관 펑톈奉天진열관을 이용

---

2) 리원신李文信: 만주국시절부터 일본사람들과 함께 지린吉林과 랴오닝 지역 발굴과 연구를 주도했던 중국의 둥베이지역 고고학의 1세대학자이다.

3) 주구이朱貴: 스얼타이잉쯔十二臺營子 무덤을 발굴·보고해서 실질적으로 비파형동검 문화의 연구에 단초를 연 인물이다.

문화재처가 우려하는 것은 구체적인 사업을 어떻게 안배할 것인가였다. 나는 일단 성박물관에서 준비해야 할 여러 점들을 요청하고, 오늘 본 자료들과 합쳐서 보완할 것을 재차 요구했다. 그리고 다음에 자료조사를 할 때에는 지표조사 지점의 일람표를 만들어서 향후 유적을 선택할 때 참고하기 위해 준비하자고 했다. 장 관장은 정치적인 임무 차원에서 특별히 참가하겠다고 했지만, 전체적으로 다음과 같은 어려움이 있다고 했다.

1. 유적의 상황을 제대로 파악하고 있지 못하기 때문에 전형적인 유적을 고르기 쉽지 않다.
2. 과거에 조사했던 유적이 현재 어떤 상태에 놓여 있는지 명확하지 않기 때문에 사람을 파견하여 다시 상태를 조사해야 한다.
3. 많은 산성은 군사지구이기 때문에 군사위원회의 비준을 거치지 않고는 들어갈 수 없다. 이들 유적이 출입 금지일 수도 있음을 고려해야 한다.
4. 일부 지역은 너무 황폐해 발굴단이 지내는 데 어려움이 있다.
5. 성 박물관에서 간부 두 명을 보내서 실무상의 어려움을 도와준다.
6. 요구 사항이 대체로 정해지면 재조사를 시행하는 동시에 이른 시일

안에 준비를 마쳐야 한다.

7. 성 박물관 내에 유물을 정리할 공간이 없는 것도 문제이다.

나와 천춘시 동지는 이야기를 끝낸 뒤 인사하고 박물관을 나왔으며, 성의 관계자들은 남아서 계속 회의하면서 일정을 논의했다.

저녁 식사 후에 안징셴이 호텔에 와서 잠시 이야기하고 다시 공장으로 돌아갔다.

궈원셴 동지의 전언에 따르면 랴오닝성에서 현장조사하기 제일 좋은 때는 4~7월이라고 한다. 8~10월에는 항상 큰비가 오기 때문에 발굴에 적합하지 않으며 들판에 풀들이 우거진 것도 발굴에는 적합하지 않다고 한다.

4월 12일 금요일 맑음

아침 식사 후에 바로 성 박물관으로 가서 먼저 관내의 여러 동지와 한 차례 만났다. 모두 7~8명인데 그 이름들은 미처 기억하지 못했다. 그 후 리원신 동지가 동행하여 각 전시관을 참관했다.

원시 사회 전시실은 대부분이 둥베이 지역의 유물이고, 일부 중원지역 유물도 포함돼 있다. 노예제 사회의 유물은 주로 전세(지표수습)된 청동기가 대부분이었다. 봉건사회 전기의 발굴품은 주로 청동단검과 시차거우西岔溝 출토의 유물이 두드러진다. 전자(청동단검)는 차오양朝陽 스얼타이잉쯔十二臺營子 유물과 삼릉촉을 포함한 진시錦西의 유물[4], 뤼순旅順 허우무청역後牧城驛의 양익동촉, 명도전, 도기[5] 등이 있다. 다만 출토지점을 구분해 놓지 않은 것은 아쉬운 부분이었다. 시차구의 자료는 매우 풍부하며, 한경, 반량전, 오수전 등 시기를 알 수 있

---

4) 우진탕烏金塘 유적 출토 유물을 말한다.
5) 1958년에 쉬밍강許明剛이 조사한 러우상樓上 출토 유물을 말한다.

안즈민安志敏 일기

는 표지 유물[6]들이 많았다. 봉건후기의 샤오촨산쯔(마창거우)는 당(唐)·요(遼)시기의 발굴품 위주였다. 특히 요·금(金)대의 철제(鐵製) 저잣거리의 도구가 비교적 두드러졌다. 서화(字畵)와 수공예품은 명품이 상당히 많은데, 이 박물관의 최고 자랑거리이다. 또한 명(明)·청(淸) 부분의 전시도 만만치 않다. 전체적인 인상은 전시품이 풍부하고 배치가 적절하지만, 통사적으로 전체 구성을 했기 때문에 다른 박물관과 마찬가지로 천편일률적이라는 느낌이 들었다.

오대 후당(後唐)의 화가 호괴(胡瓌)[7]의 「탁헐도卓歇圖」[8](지금은 고궁박물관에 소장되어 있다.)는 거란족의 두발 양식인 곤발(髡髮) 머리를 그리고 있는데, 이는 상당히 중요한 자료이다.

오후 2시 반에 다시 박물관으로 갔다. 장 관장과 이 부관장 및 많은 동지들이 함께 유적지 리스트를 협의했는데, 점심시간에도 쉬지 않고 일하는 그들을 보면서 그들이 이 일을 얼마나 중요하게 생각하는지 알 수 있었다. 이렇게 도출된 유적 리스트는 그 수가 그리 많지 않았다. 샤자뎬夏家店 하층문화시기로 카쭤喀左 샤오촨산쯔小轉山子('언후맹匽侯孟' 청동기가 문화층에서 발견됨)·차오양朝陽 창리 하다長立哈達·젠핑建平 사하이沙海 등이 있다. 하지만 이들은 모두 외딴 지역이라 교통이 불편하다. 신민新民 펜바오偏堡의 모래언덕(사구) 유적은 세석기 문화에 속한다. 이상은 모두 랴오시遼西 지역의 유적이다.[9] 번시本溪 통장위通江峪에서는 문화층이 보이지 않으며(후에 볼 예정이다.), 환런桓仁지역 훈장渾江 유역을 따라서 일찍이 수십 개의 유적이 발견된 바 있다. 그 밖에 고구려의 돌담(石墻)과 산성지(山城址) 등을 들 수 있다. 현재까지 박물관이 파악하고 있는 것은 이것뿐이다. 그 이유는 그들(=성박물관)이 적극적으로 발굴을 주도하지도 않았고 저수지 자리에 있던 유적은 이미 매몰되었기 때문이다. 하지만 이것도 예전에 파악한

---

6) 각 시대나 지역을 잘 보여주는 대표적인 유물을 말한다.
7) 원문에는 송나라의 화가로 되어 있으나, 오대 후당 출신이다.
8) 현재는 고궁박물관에 있다.
9) 랴오닝성 신민은 랴오시 지역이 아니라 랴오둥 지역이다.

것이기 때문에 지금 상황이 어떤지 반드시 재조사해야 한다(교통이 불편해서 직접 가는 것이 불가능하더라도 성 측에 의뢰해야 한다). 나는 이 모두를 반드시 감안해야 한다고 생각했다. 만약 조사를 해야 한다면 다링허大淩河와 훈장 유역 모두 후보군으로 꼽힐 수 있다. 박물관 측에서는 내일 우리에게 건네줄 리스트를 정리하는 중이라고 했다.

전시실 안에서 원시 사회의 일부 유물의 도면을 그렸다. 저녁 식사 후에 천춘시 동지와 함께 시내에 놀러 가서 백화점 등을 구경했다.

4월 13일 토요일 비 오고 흐림

새벽에 비바람이 거세게 몰아쳐 차를 빌려 타고 박물관으로 갔다. 리원신은 깨끗하게 정리한 유적 리스트를 우리에게 주었다. 오전에는 계속 전시실에서 유물을 보고 도면을 작성했다. 오후에 박물관 측에서 카줘喀左 샤오좐산쯔小轉山子[10]·차오양 창리하다長立哈達·젠핑建平 사하이沙海 등 샤자뎬夏家店 하층, 상층, 한나라 시기에 속하는 유적들에 대한 일련의 자료를 주었다.

귀원쉔 동지가 오후에 박물관에 와서 유적의 재조사를 놓고 논의했다. 문화재처와 박물관 모두 어려움이 많은지라 재삼 논의를 한 끝에 박물관에서는 카줘,

카줘 근처의 샤오좐산쯔(마창거우) 유적(2번에 해당)

안즈민安志敏 일기

차오양, 젠핑 사하이沙海 세 유적에 사람을 파견하고 시(문화처를 의미)에서는 신민에 사람을 파견하기로 했다. 그리고 번시本溪는 내일 우리가 직접 재조사할 예정이다.

4월 14일 일요일 맑음

새벽 5시에 일어나서 5시 30분에 역에 도착했다. 궈원쉔, 쑨서우다오孫守道[11] 동지와 함께 7시 15분 출발 열차를 타고 번시로 갔다. 10시에 도착하니 시 문화처의 덩鄧 과장 등 2명이 역에 마중 나왔다.

번시시는 새로 건설된 공업도시로 비교적 규모가 크다. 건축물은 나름의 일정한 풍격이 있으며, 풍경이 마음에 들어 자못 호감을 준다. 우리는 번시시 교류처에서 묵었는데, 큰 규모에 비해 손님은 매우 적었다. 오전에 일정을 검토했는데, 샤오스小市는 여기에서 백여 리나 떨어져 있어 오늘은 이미 시간이 늦었다. 또한 그들이 이미 사람들을 시골에 보내 준비를 했기 때문에 오늘 오후는 통장위通江峪 출토 기물을 살펴보기로 했다.

오후 3시 시문화과에서 통장위에서 출토된 기물을 교류처로 옮겨주었고, 나는 이를 관찰하고 기록했는데, 주로 다음 세 곳을 위주로 관찰하고 기록했다.

1. 통장위 산 정상에서 출토된 타제석기: 타이쯔허太子河 연안의 스수이

---

10) 샤오촨산쯔小轉山子의 정식 행정구역은 喀喇沁左翼蒙古族自治县 山嘴子镇 海島營子村이다. 1955년에 발견될 당시는 熱河省 凌源县 海島營子村으로 보고되어서 하이다오잉쯔海島營子 촌 마창거우馬廠溝 출토로도 알려졌다. 이 유적에서 발견된 '匽侯銘'(燕侯銘) 청동기는 상말주초 연국의 팽창 또는 기자의 동진과 관련이 있을 가능성을 제시하는 청동기로 널리 알려졌다. 안즈민 조사 이후 1970년대에 상말주초의 중원계 청동기가 다링허 일대에서 널리 발견되면서 그 중요성이 부각되었고, 이에 이 청동기는 중국국가박물관으로 옮겨져서 현재 전시 중이다.

11) 쑨서우다오孫守道: 랴오닝성박물관에서 근무하며 발굴에 종사했던 고고학자. 1931년생으로 1948년부터 약 50여년간 랴오닝성박물관, 후에 랴오닝성문물고고연구소에서 근무했다.

번시 수이둥 유적 조사단(1962년 랴오닝성문화청, 랴오닝성박물관원)
오른쪽 밑이 쑨서우다오, 바로 그 왼쪽이 리원신.

둥石水洞 산꼭대기에서 발견되었다. 이곳에서 여덟 개의 타제석기를
채집했다. 형태가 모두 비교적 크고 가공 흔적이 뚜렷하며, 주먹도끼
(=수부)형도 있어서 딩춘식丁村式 첨상기와 상당히 비슷하다. 그밖에
첨두기, 공이, 긁개, 돌칼 등이 있는데 타격면 및 타격의 흔적이 뚜렷
하다. 이러한 타제석기는 랴오닝 신석기시대 유적지에서는 매우 보기
드물다. 또한 토기가 나오지 않는 것으로 보아 이른 시기의 유물이거
나 석회암 동굴에서 출토되었을 가능성도 있다. 이곳은 주목할 만한
가치가 있는 곳으로 체계적인 조사가 필요하다.

2. 퉁장위의 하안대지: 수이둥水洞의 맞은편에 위치하며 지표면에 석기
와 토기편이 여기저기 분포된 채로 발견되었다. 다만, 문화층은 보이

안즈민安志敏 일기

지 않았다. 석기로는 타제한 유견석부, 갈돌, 도끼, 맷돌 등이 있지만 토기편은 많지 않다. 그 성격으로 볼 때 대체로 전국(戰國)~한(漢)시기인 것 같다. 별도로 발견된 공부가 있는 철 도끼와 철기 조각 등은 그 연대가 이른 것 같지 않다. 1961년 이곳에서 파손된 석관묘 1개가 발굴조사, 여기서 토기 3점이 출토되었다. 토기의 다리에 굽이 달려 있고 빗살무늬가 새겨져 있는 것이 다른 석관묘 유적의 출토품과 다른 특징이다. 또한 석제 어망추가 1점 출토되었는데, 이 석관에서 1m 떨어진 곳의 다른 석관묘에서도 30여 개의 석제 어망추가 출토되었다고 한다. 이 지역에 석관묘 군집이 존재하는 것으로 보아 주의해 조사할 필요가 있다.

3. 통장위 수이둥: 『현지縣志』에도 기록된 상당히 큰 동굴이다. 그리고 또 다른 하나는 간동幹洞이라고 하는 동굴인데 비교적 작다. 수이둥은 길이가 10여 리나 되며 동굴의 입구에는 퇴적이 되어 있다. 러일 전쟁 때 마을 사람들이 동굴 안에 숨어 흙으로 막으면서 두껍게 쌓였다고 한다. 드문드문 도기 편이 보이고 갈돌 하나가 발견된 것으로 보아 이른 시기의 퇴적층이 있을 것으로 예상된다. 이곳의 동굴은 주목할 만한 가치는 있지만 동굴 안에는 별것이 없을 가능성이 높다. 하지만 이곳은 카르스트 지형이고, 부근에 더 많은 동굴이 있을 것으로 예상되어, 세밀한 조사를 할 가치가 있다.

그밖에 또 번시 베이타이北台에서도 굽이 달린 장경호 2개가 출토되었는데, 석관묘에서 나온 것으로 보이며 그 부근에 석관묘 유적이 있었을 것으로 추정된다.

저녁 식사 후에 문화 궁전에 가서 영화 「산의 매山鷹」를 보았다. 간 김에 시가지 구경도 했는데, 길이 깨끗하고, 건물이 아주 컸다. 굴곡진 지형과 부근의 산봉우리, 빽빽한 백양나무가 시원하게 느껴졌다. 천춘시 동지도 둥베이에 이렇게 아름다운 곳이 있는지 몰랐다며 연신 감탄했는데, 나 역시 공감했다.

4월 15일 월요일 맑음

오전 8시 30분에 시문화과의 덩 과장과 함께 트럭(=오프로드)을 타고 통장위로 떠났다. 도로는 산을 따라 구불구불 이어져 있으며, 파릇파릇 새싹이 난 들풀과 버들개지에서 언뜻 봄이 느껴졌다. 점점이 보이는 산 정상의 푸르고 무성한 소나무에 눈이 다 시원했다. 그들은 봄꽃이 피기 전에 앞서서 이런 모습을 보여주니 추위에 쫓기면서도 봄바람을 일찍 맞이한 소나무의 풍격을 나도 모르게 떠올렸다. 사람이 학문을 하는 태도 역시 이와 같아야 한다.

오전 10시에 수이둥에 도착했다. 이 동굴은 타이쯔허 좌안에 있었는데, 동굴의 입구가 매우 크고, 안으로 들어가면 더 넓다. 동굴 입구는 흙이 많이 쌓여 있어서 몸을 구부려야지만 동굴에 들어갈 수 있다. 그 옆에 붙어 있는 간동이라 불리는 동굴은 꽤 작아서 멀리 들어갈 수 없다고 했기 때문에 들어가서 조사하지는 않았다. 다른 한 갈래는 물길로, 6화리(약 3㎞)에 이른다고 한다.

현의 인민위원회에서 이미 배를 준비해 놓아서 그 내부를 관람했다. 부대가 측량한 바에 따르면 40m씩 43단으로 나뉘며 수심이 얕은 경우 1m 남짓이며 깊은 곳은 1장(丈)에 이른다고 한다. 여름에 물살이 더욱 높아진다고 한다. 동굴 안은 칠흑같이 어두워서 전등불을 달아서 배를 움직였다. 다행히 배를 모는 사람이 길을 잘 알고 있어서 순조롭게 갈 수 있었다. 18, 19단 경치는 매우 신기했고 동굴의 천정에는 각양각색의 종유석이 걸려 있었다. 물속에는 다양한 모습의 석순이 있었는데, 이렇게 변화무쌍한 모습은 처음 보았다. 시간의 제약으로 20단까지만 보고 돌아왔는데, 왕복 1시간 정도 걸렸다.

수이둥에서 고개를 넘어서 샤오스小市에 도착했다(약 5~6화리=2.5~3㎞). 현의 교류처에서 점심을 먹은 후, 수이둥으로 되돌아와 맞은편 기슭에서 유적을 조사했다. 오후 1시 30분 정도 되었다.

안즈민安志敏 일기

유적은 강이 비교적 굽은 지역의 솟아오른 대지에 자리 잡고 있다. 지면에는 고구려 적석총의 돌이 어지럽게 쌓여 있었다. 과거 석관이 발견된 주변에 약 20m의 흑토층이 있는데 문화층으로 추정된다. 하지만 토기편은 별로 없고 빗살문이 새겨진 토기 1점만 나왔다. 어쩌면 석관에서 출토된 것일 수 있다. 이곳에서 10여 점의 타제석기가 발견되었는데 아주 잘 만들어졌다. 그중 하나는 유견석부였다. 나는 이런 형태의 타제석기를 신석기 시대인 것으로 추정하는 것에는 회의적이다. 성 박물관이 이전에 산에서 채집한 석기와 비슷하다. 쑨서우다오 동지는 이 유적의 연대가 비교적 빠를 것으로 추정했다. 그러나 나의 의견은 다르다. 이곳에서 석제 어망추를 두세 개 채집했는데, 드러난 부분이 크지 않고 토기편도 적다. 대체로 가로 200m 남짓, 세로 50m에 유적이 있는 것 같다. 하지만 양이 많지 않고 특히 석관이 발견된 곳은 당연히 발굴해 볼 만한 가치는 있지만 대규모 발굴을 하기에 적합한지는 문제가 될 듯하다.

그 후 산비탈을 다시 올라가서 겨우 모양새가 좋지 않은 4개의 박편을 채집했는데, 이로써 이곳은 주요한 유적이 될 수 없음이 분명해졌다. 산꼭대기에 무더기로 쌓여 있는 돌무지는 이미 많은 마을 주민이 담벼락을 만드는 데에 사용되었다. 규모가 꽤 큰 돌무지는 타이쯔허의 가파른 벼랑(峭壁)까지 이어져 있다. 환런桓仁 일대의 고구려 돌무덤은 모두 이런 형태를 보인다고 한다. 다만 일반적으로 부장품은 별로 없다.

하산하니 이미 3시 30분이었다. 차를 타고 번시로 돌아와 교류처에 도착했을 때가 5시가 넘었다. 몹시 피곤하다.

4월 16일 화요일 흐림.

아침 7시 45분에 기차를 타고 번시에서 선양으로 돌아왔는데, 10시쯤 도착해서 바로 랴오닝 호텔에 투숙했다. 새벽 일찍 일어나는 바람에 너무 피곤해서 오후에 1시간 반 정도 낮잠을 자고서야 피로가 풀렸다.

오후 3시에 문화재청의 왕 청장, 박물관의 장 관장, 리 관장, 쑨서우다오 동지, 문화재처 궈원쉔 동지 등이 방문했다. 왕 청장에게 우리의 임무와 작업 상황을 보고하자, 왕청장은 다음과 같은 의견을 피력했다.

1. 이번 임무는 이미 성위원회와 성장에게 보고가 되었으며, 성의 지도자들은 이 문제를 매우 중시한다.
2. 유적과 관련된 모든 것이 제대로 밝혀질 수 있는지(이 점은 이미 설명했다)?
3. 국경 문제와 이번 학술 업무의 문제.
4. 노동자의 정치업무 훈련 및 조직 지도 문제.
5. 성내에 조선족이 적지 않은 바, 그들 사이의 접촉 문제.
6. 일상적인 행동의 처리문제(예컨대 길거리에 나가거나 물건을 사거나 할 때까지 항상 사람이 따라다닐 수 없다).
7. 신문 보도 문제(지방 신문의 경우 외빈들은 검토할 수 없지만, 우리가 직접 검토할 때는 어떻게 할 것인지?).
8. 생활 처우 문제(간부, 노동자, 심지어 농민들 사이에서도 착오가 생기지 않을지?).
9. 성에서 파견한 실무자에게 어려움이 생기면 중앙에서 총괄할 수 있을 지의 문제.
10. 학술적 문제의 제기방식은 중앙의 결정이 나면 준비의 편리를 위해 성에 통지해 줄 것을 바란다.
11. 군사지역을 회피하고 통보 및 업무의 보안 문제에 대하여 중앙 정부는 반드시 관련 세부조례를 제정하여 집행할 수 있도록 해야 한다(장 관장의 제안).

한편, 장 관장과 리 관장도 추가로 몇몇 문제를 언급하면서 더욱 우리에게 이번 임무가 꽤 힘이 들 것이며, 일부 관련 문제는 반드시 영도자들의 의견을 참고해야 한다는 부담을 주었다. 왕 청장은 과거에 북한 가무대표단이 왔을 때 발생한 일련의 문제를 언급하면서 그들 중 일부는 부적절한 말까지 했고 우리 중 누군가는 그들의 물건을 훔쳐가 쌍방이 불필요한 골칫거리를 만들었다고 했다.

4시 30분에 왕청장 일행이 돌아갔다.
가지고 있는 돈이 부족해서 오늘 문화재청으로부터 백 위안을 빌렸다.

4월 17일 수요일 맑음

오전에 9시 45분 출발 25호 열차로 선양을 떠났다. 리원신·쏜서우다오·궈원쉔 등이 역까지 와서 배웅했다. 리원신 선생은 환런 유적의 지도 1장을 가지고 오셨으니, 그 따뜻한 정을 느낄 수 있었다.

오후 2시 34분에 창춘長春에 도착해서 삼륜차를 타고 성 문화국에 들렀다. 비서과에 들러 문화부의 소개장을 전달했다. 그들은 몇 사람이 서로 이 편지를 주거니 받거니 하는 게 별로 이 일이 중요하다고 생각하지 않은 듯했다. 마지막에는 비서과의 부과장인 한 동지에게 찾아온 뜻을 이야기 했지만, 그 역시 이 일을 그렇게 중시하는 것 같지는 않았다. 어쨌든, 국장에게 보고하겠다고 했다. 어떤 이 동지라는 사람이 국제여행사에서 보낸 소개장을 쓰면서 문화부의 공문을 인용해서 북한에서 둥베이지역으로 고고학 조사를 하러 올 것이며, 참 터무니없다는 내용까지 그대로 베끼고 있었다. 도중에 이 문제를 발견하고 그 부분을 지우게 했다. 이런 기밀을 지키지 않는 태도는 정말 안 된다. 동시에 비서과에서 본 그 방만한 상황, 심지어 누군가는 카드놀이를 하고 있었는데, 정말이지 이해가 되지 않았다.

검소함을 보여주기 위해 이번에 2급 방을 달라고 해서 천춘시 동지와 함께 묵었다.

저녁 식사 후 밖에 나가 산보를 했다. 창장로長江路는 비교적 번화했으나, 물자의 공급 상황은 선양보다 못한 것 같았다. 자유 시장은 제법 활기가 넘쳤다. 끝으로 승리공원을 한 바퀴 거닐었다.

4월 18일 목요일 맑음

오늘은 날씨가 꽤 춥다. 보도에 따르면 영하 2~4도라고 하니, 선양과 비교하면 약 반 달 정도 차이인 듯하다.

오전 8시에 지린성吉林省 박물관 부관장인 왕청리王承禮 동지[12]가 찾아왔다. 나는 그에게 이번에 지린성에서 해야 할 업무와 성 박물관에 요구사항을 이야기했다. 왕 부관장님도 북한 학술계가 우리와는 다른 일련의 시각을 가지고 있다고 말했다. 성 박물관 역사팀에는 북한에서 체류한 적이 있는 사람 1인(여), 그리고 고고학팀은 통역 1명(조선족)이 있다고 했다. 그 덕에 그들은 비교적 많은 것을 파악하고 있었다. 왕 부관장은 유독 젊었는데, 후에 전해 들은 바로는 34세에 불과하다고 한다. 그리고 박물관의 간부들도 모두 청년들로 지린 박물관의 특징을 대변한다.

오전 9시쯤에 우리는 왕 부관장의 안내로 성박물관을 참관했다. 이 박물관은 겨울에는 일주일에 두 번만 개관하는데, 오늘은 마침 폐관 기간이다. 특별히 우리를 위해 전시대를 열어주었다. 우리를 맞이해준 사람으로는 리롄李蓮, 천샹린陳祥林, 팡치동方起東 등이다. 전시 중인 지안輯安(集安) 벽화는 새로 발견한 것들로 바꾸어야 한다.

성 박물관은 지방역사박물관으로 지린성의 자연 환경·광산·동물·역사·근

---

12) 왕청리王承禮(1928~1996년), 중국 발해 고고학의 1세대 인물. 1987년에 그의 책이 한국에서 출판된 바가 있다(송기호 역, 1987, 『발해의 역사』, 한림대학교출판부).

안즈민安志敏 일기

대사 등이 전시되어 있다. 특히 근대사가 전체 전시실의 절반(약 1,600㎡)을 차지한다. 역사부는 전시실이 하나밖에 없고 내용도 많지 않지만, 일정한 시사점을 제시하고 있었다. 모두 원시사회·노예·봉건사회 등의 3부로 되어 있었고, 각각 앞머리에 지린성이라는 글자를 달고 있다. "지린성 원시사회"라는 제목 아래에 중국 원인, 산딩동인山頂洞人, 위수인榆樹人 등도 포함되어 있었다. "원시공사의 발전과 와해"부분에서는 모두 지린 지역의 자료로 이루어졌다(다안大安현 칭허툰慶合屯·지린 창서산長蛇山·지린 사오다거우騷達溝가 포함되어 있는데, 모두 창춘시 부근의 유적이다). 중원 지역의 시대와 문화 관계는 한마디도 언급하지 않고 있다. "지린성 노예사회"의 발생은 부여족을 중심으로(실물 유물은 없이 몇 개의 사서를 전시하는 것으로 대신했다), 발전과 와해는 고구려를 중심으로 전시하고 있다. 장쥔산將軍山 석총[13]과 둥타이쯔東臺子 유적 사진, 호태왕비 탁본, 그 밖의 다양한 고구려유물도 전시되었다. 많은 고구려 유물 중에 철기·옥귀고리는 한나라식(漢式)이고, 수면운문(獸面雲紋), 연화문(蓮花文) 와당 역시 한나라의 영향이 더욱 두드러진다. 지안 태왕릉 근처에서 농민들이 동전이 담긴 항아리 하나를 발견했는데, 그 안에 방족포, 명도전, 일도전, 반량오수전, 화천 등이 들어 있었다. 이들은 모두 우리나라의 강역을 설명하는 좋은 재료이나 전시 중에는 어떠한 언급도 없어서 마치 고구려가 중원과 무관한 것으로 보인다(아마 박물관 측에서는 북한과의 논쟁을 피하려는 의도였을지 모르지만, 이것은 결국 정반대의 작용을 불러일으켰다). 전시실 중간에도 주나라와 한나라의 유물이 일부 전시되어 있지만 설명이 없어 이들 간의 연계를 떠올리기는 쉽지 않다.

"지린성의 봉건사회"는 발해와 당의 교통 왕래를 강조하며 발해의 와당은 모두 당의 유물과 비교하는 사진을 전시하여 발해의 발생이 중원과 연결되는 느낌이었고, 요금의 유물도 비슷한 느낌이었다. 마지막으로 만청(滿淸)을 강조하여서 마치 청대가 되어서야 중국의 판도를 되찾은 듯한 느낌을 준다.

---

13) 장군총의 다른 이름.

근대사 부분은 대충 훑어봐도 지방의 색채를 지나치게 강조하고 있다. 시간이 촉박해서 자세히 살펴보지 못했다.

정오에 천춘시 동지와 의견을 교환하면서 역사 전시 부분에 많은 현실적인 문제가 걸려 있으며, 특히 북한 동지의 참관 이전에 수정할 필요가 있다고 느꼈다.

오후 1시 30분에 다시 박물관 전시실에 가서 자세히 보고 약간의 기물을 그렸다. 박물관 측의 견해에 따르면 새로운 발견된 지안 4, 5호분 벽화 모사본은 색채가 밝고 신령한 모습이 살아 있다. 특히 인물의 의관 제도가 기존에 발견된 것보다 한나라 식에 가깝다. 만약 이 점을 들어 고구려와 한문화의 관계를 설명한다면 이 역시 아주 좋은 자료이다. 왕 부관장의 말에 의하면, 박물관 측의 자료는 토요일에 우리에게 제출할 수 있다고 한다.

4시 반에 박물관에서 나와 5시에 신화서점 외문부에 도착했지만, 그들이 이미 퇴근한 후였다. 다소 이른 감이 있다.

지린 지역의 경우 현장 발굴 기간은 5월 1일부터 10월 1일까지로 알려져 있다. 10월 말에는 일하기 어렵고 7~8월은 장마지만 랴오닝성만큼 빗줄기가 세지 않아 현장 작업은 계속할 수 있다.

4월 19일 금요일 맑음.

오전 8시에 지린 박물관의 유물창고로 갔다. 유물창고는 지하실에 있어서 한기가 뼛속까지 사무쳤다. 대부분의 유물은 선반에 놓여 있었고 일련번호가 매겨져 있었지만, 어느 곳의 출토품인지 한눈에 알기는 어려웠다.

이곳에 방치된 유물 중에 지린 창서산 유물이 가장 많았다. 그것은 이곳에서 발굴된 유물이 가장 많고 일부 토기가 이미 복원되었기 때문이다. 인상 깊었던 것은 도질이 대부분 회갈도이며 일부 흑색도 있었다. 표면은 마광이 되었고 기형은 정(鼎), 역(鬲) 등이 있으며 다리편 조각도 다수 있었다. 정은 돌대문을 돌렸

안즈민安志敏 일기

으며 장경호에는 모두 가로손잡이(橫耳)가 있었다. 석기로는 반월형 큰 돌칼이 많고, 석창은 거의 없었다. 그밖에 천공을 한 바퀴 모양의 돌도끼(유공석부)도 있었다.

왕칭汪淸 완차오링萬草嶺[14]도 발굴을 거쳤으나 토기는 매우 적었으며, 도면도 볼 수 없어서 기형이 정확하지 않다. 다만 토기의 질이 유사하다 해도 기형은 차이가 있을 가능성도 있다. 여기 놓여 있는 토기로 지린지방의 것과 비교해보면 역, 다리편 등은 거의 없으며 대신에 석모(石矛)는 비교적 많았다. 장방형의 단공 석도가 많았으며 다륜상 돌도끼, 기다란 석촉(옌지延吉 샤오잉쯔小營子와 유사하다.)도 많았다. 흑요석은 수량이 적고 기형도 투박하다. 이로 볼 때 옌볜 지역은 지린과 연관이 있는 셈이다. 지린성 창춘 부근의 석기는 자체적으로 한 계통을 이루고 있지만, 아쉽게도 대부분 채집 유물이라 토기의 성격은 분명하지 않다.

동쪽 교외 지역의 세석기 문화 유물 중에 전형적인 빗살무늬(점선문, 호선문) 토기가 있다. 빗살무늬는 랴오둥[15] 쐉퉈쯔雙坨子의 빗살무늬가 뇌문 형상인 것처럼 역시 나름의 특징을 가지고 있다. 또 다른 채문토기는 홍산 문화와 관련이 있는 것 같지만, 도질이 거칠어서 홍산문화와 상당한 관계가 있을 가능성이 높다(이 채색토기는 이미 기록해두었다). 다안의 묘장은 빗살무늬[16]가 보이기는 하지만, 다소 시기가 늦어서 세석기문화가 아닌 것 같다.

문화국 국장이 때마침 다른 곳에서 회의가 있어서 하루 이틀 사이에는 만날 시간이 없다고 하여 이에 맞추어 계획을 바꾸어서 오늘 지린시에 갈 예정이다.

오후에 성 박물관에서 지린대학의 단칭린單慶麟 동지를 만났다. 그는 때마침 박물관에서 1년에 한 번 열리는 역사학 회의에 참석하고 있었던 터라 잠시 이야기할 수 있었다. 그는 나에게 학교에 와서 보고해달라고 요청했으나 나는 완곡하게 거절했다. 대신에 지린에서 창춘으로 돌아온 후에 대학의 문물전시실을 보

---

14) 완차오링萬草嶺이라는 지명은 이 지역에 없다. 아마 바이차오거우百草溝로 보인다.
15) 원문은 랴오시라고 잘못 표기되어 있다.
16) 바이진바오白金寶문화의 일종으로 보인다.

겠다고 약속했다.

성 박물관의 천샹웨이陳相偉 동지와 함께 6시 58분 급행열차를 타고 9시 20분에 지린에 도착했다. 지린시 박물관의 류 관장이 맞아주었으며, 지린시 호텔에 묵었다.

4월 20일 토요일 맑음

오전 8시 반에 지린시 박물관에 갔다. 박물관은 원래 문묘(文廟)에 설립되어 전시실로 사용되다가 올해에 박물관으로 지정되었으며, 아직 (개관을) 준비 중이다. 참관에는 쑹宋 비서, 둥쉐쩡董學增(4기 훈련반 졸업), 보柏 동지 등이 안내했다.

전시실은 대강만 배치되어 있었는데, 주로 지린시의 유물이 비교적 많았고 또 자오허蛟河 바샹디八坰地 유물도 있었다. 후자는 석모가 많아 왕칭에 가까운 것 같다. 지린시 인근에는 석관을 대표로 하는 유물은 풍부하지만, 투청쯔土城子, 량반산兩半山 등의 유적은 이미 남아 있지 않다.

창고에서 지린 니엔마산碾磨山 출토의 석제품 1점을 보았는데, 청동 단검의 꼭지(鈕部)[17]와 유사해 보이는 바, 어쩌면 지린 지역에도 청동 단검이 분포하고 있음을 증명할 수도 있다.

낮 12시 반에 시 박물관의 류관장, 둥쉐쩡, 성 박물관의 천샹웨이 등과 함께 지프차를 타고 지린 사오다거우騷達溝와 시퇀산西團山 유적지 2곳을

지린 자오허 바샹디 출토
비파형동모
(지린시박물관)

---

17) 문맥상 단검의 뒤에 부착하는 검파두를 말한다.

지린 시퇀산 유적 전경(1949년 촬영)

지린 시퇀산 유적 석관묘
(1949년 발굴)

조사하러 나갔다. 사오다거우는 시에서 서쪽으로 약 20리 정도 떨어져 있는데, 과거에 발굴된 석관들이 비교적 풍부하게 남아 있어 이번 조사의 주요 발굴지라 할 수 있다. 또한 같은 줄기의 나지막한 산의 정상부에 우성거우五聖溝라 불리는 곳이 있다. 산 정상과 남쪽 언덕에 유적지 및 석관이 산재해 있다. 서쪽 끝에는 작은 강줄기가 흐르는데 속칭 사오다거우 허타오河套라고 한다. 산기슭 아래에는 논이 있다. 우리는 먼저 제5구(第五溝)의 산꼭대기에 올라 보니(서쪽에서 동쪽으로) 두 개의 비교적 큰 석관이 노출되어 있었다. 너비가 1m에 달하고, 석판의 크기와 정연함을 볼 때 추장과 같은 인물의 묘로 짐작된다. 이 두 무덤을 언제 누가 발굴했는지는 알 수 없다. 내 짐작으로는 국민당이 참호를 팔 때 훼손된 것으로 보인다(이 점

지린 사오다거우 유적 전경

은 추후 반드시 알아봐야 한다). 여기에서 동쪽으로 이어지는 남쪽 경사면을 따라서 토기편들이 많고, 곳곳에 석기가 있다. 도랑의 단애면에는 회층(=문화층)이 0.5m 이상이 되고, 그 위에 0.1m 두께로 부식토가 있었는데, 그 차이가 뚜렷하다. 부식토가 색깔이 옅고 질이 단단한 데 비해, 회층은 색이 짙고 질이 부드러운 동시에 약간의 유물을 포함하고 있다. 회층은 다시 두 층으로 나눌 수 있을 것 같다. 따라서 일반적으로 동북 지역의 지층은 잘 구분되지 않는다는 통설은 추측건대 성립되지 않는다.

우리는 석관 세 개를 발견했다. 하나는 4~5번 도랑 사이에 있는데, 이미 그 뚜껑돌이 드러나 있었다. 농민들이 쟁기머리를 훼손하는 것을 방지하기 위해 드러낸 것 같았다. 다른 두 개는 1~2번 도랑 사이에 있는데, 국민당이 참호를 팔 때 드러난 것으로 하나는 아직 온전하고, 다른 하나는 도랑벽에 일부 노출된 것으로 형체는 산 정상에서 본 것처럼 상당히 크다. 하지만 이미 농민들이 그 내부

안즈민安志敏 일기

를 파낸 상태이다. 이 일
대는 퇴적층도 있고 유물
도 풍부해서 작업의 전망
이 아주 밝아 보인다. 우
리가 채집한 유물 중에는
역의 다리, 역의 허리 부
분, 여러 가지 형식의 솥
의 다리 등이 있다. 그리
고 석망(돌삽), 돌칼, 잔

지린 사오다거우 유적 석관 노출 광경

편 등을 풍부하게 채집했다.

시퇀산은 시에서 서쪽으로 약 15리 떨어져 있다. 산 정상에는 국민당이 만든
보루와 참호로 심하게 훼손되었으며, 과거에 수십 개의 석관을 발굴했다. 창춘
대학에서도 작년에 이 지역에서 실습하면서 장방형 주거지를 발굴했다. 발굴 구
덩이 안의 회층의 두께는 약 1m에 가깝지만, 유물은 사오다거우처럼 풍부하지
는 않았다. 우리는 또한 석관 1기도 발견했기 때문에 여기에서 조사할 부분이
아직 남아 있을 것으로 생각된다. 따라서 이 지역도 발굴 후보지 중 하나로 넣을
수도 있다. 그러나 사오다거우만큼 이상적인 곳은 아닌 듯하다.

호텔에 돌아오니 5시가 훨씬 넘었다. 너무 피곤하다.

사오다거우와 시퇀산의 지형을 관찰하면 모두 강가에 인접해 있고, 현재는
산기슭이 모두 경작지로 사용되고 있는데, 이를 통해 [이들 지역이] 당시에 소택
지였음을 설명할 수 있다. 옛 인류는 산언덕의 정상과 그늘이 지는 경사부에 살
았으니, 소택지는 또한 수렵하기에 좋은 장소였다.

4월 21일 일요일 맑음.

오전 8시 15분에 승용차를 타고 창서산과 허우스산猴石山을 조사했다.

창서산은 지린시의 북쪽 약 15화리(7.5㎞) 떨어진 곳에 위치하는데, 성 박물관은 일찍이 이곳에서 발굴한 바 있다. 베이징대학교 학생[18]들은 작년에 바이룽지白瑢基의 지도아래 역시 이곳에서 발굴한 적이 있다. 현재 산의 남쪽 비탈은 채석 작업으로 이미 절반 정도가 파괴되었지만, 지금도 아직 채석을 계속하고 있다. 상황을 보아하니 작업을 중지시키지 않으면 유적이 모두 사라질 판이다. 베이징대학교 학생들은 산 북쪽 언덕에서 발굴 구덩이 몇 개를 발굴해 주거지 세 채를 발견했다. 대체로 직사각형이고, 그중 한 채는 돌로 벽체를 쌓았는데, 정작 출입구는 없어서 어떻게 사람들이 출입했는지는 알 수 없다(성 박물관은 문헌을 참고하여 천창天窓을 통해 사람이 출입하는 것으로 복원했는데 문제가 있는 것 같다). 발굴 구덩이의 단면을 보면 회층은 비교적 얇아서 0.2m 정도이다. 또한 국민당이 파놓은 참호의 단면을 보아도 회층의 두께는 역시 비슷하다. 그런데 갑자기 수혈이 깊은 주거지가 등장하는 것으로 볼 때 회층이 제대로 보존되지 않은 듯하다. 성 박물관이 발굴한 지점은 서쪽 비탈(西坡) 위로, 지표면의 회층 유물은 그리 많지 않고 정의 다리편, 돌칼 파편 등이 발견되었다. 서쪽 비탈에는 7단 대지(臺地)가 있고, 각 단마다 집터가 있는데, 이들 대지가 인공적으로 조성된 것을 보이는 것은 주목할 만하다. 이 유적은 훼손과 발굴을 거쳤기 때문에 잔존 부분이 많지 않고 유물이 드물어 추가 발굴할 가치는 없는 것으로 보인다.

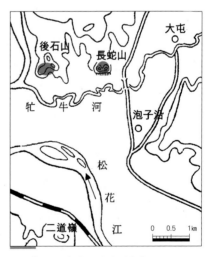

지린 창서산, 허우스산 유적 위치도

---

18) 베이징대학교 발굴 실습단을 의미한다.

안즈민安志敏 일기

허우스산은 창서산 서쪽 약 5화리(2.5㎞)에 위치한다. 완만히 이어지는 구릉의 서쪽 끝은 원래 지린 8경의 하나였다. 남쪽 비탈은 이미 채석으로 잘려 나갔다. 서쪽 비탈은 꼭대기부터 바닥까지 10여 층의 대지가 있는데, 곳곳이 비교적 작고 표면이 움푹 패여 있다. 각 대지마다 1~2곳이 그러하여 모두 이런 곳이 30~40개 정도 된다. 시 박물관의 동지는 이들을 주거지(수혈주거지)로 보았는

룽탄산성(2014년 촬영)

데, 매우 가능성이 크다. 인근에 토기편이 많지는 않지만 (삼족기)정의 다리가 채집된 점으로 볼 때 시굴을 해보아야 판단할 수 있다. 이곳이 집터라면 전체 마을의 구조를 복원하는 것은 상당한 의미가 있다. 이곳의 가치가 어떠한지는 시굴을 거쳐야 판단할 수 있겠지만, 또 다른 좋은 후보지로 꼽힐 만하다. 이 유적은 두 강, 즉, 북쪽의 쑹화강松花江과 동쪽의 망뉴허忙牛河가 만나는 지점에 위치해 있어 신석기시대 인류의 주거와 생산에 적합했을 것이다.

오후 1시에 차를 타고 룽탄산龍潭山으로 갔다. 룽탄산은 시의 동쪽 10여 리에 있는데, 험한 산의 정상에는 고구려시대의 성터가 있다. 대부분 산의 지세를 그대로 이용하여 흙과 돌을 섞어 축조했는데, 흙은 판축을 해서 쌓은 듯하다. 중앙은 움푹 들어간 분지모양으로 수뢰水牢와 한뢰旱牢가 있다. 수뢰는 정방형의 연못으로, 바로 용담이 있던 곳이다. 둘레에 돌을 쌓아 벽을 만들고, 연전에 바닥을 치우고 고구려의 토기 단지와 철제 가마솥 등을 발굴한 바 있다. 여기는 산과 물이 한데 모여 있는 곳이니 수원지가 있었던 곳이다. 한뢰는 원형으로 직경 10m 전후이며, 그 벽은 돌을 이용해서 쌓았고 현재 3m정도이나 그 용도는 명확하지 않다. 현재 이 산은 이미 공원이 되었다. 숲이 울창하고 산에 올라 멀리 바라보면 지린시의 전경이 한눈에 모두 쏙쏙 들어와 여행하기 좋은 장소다. 3시쯤에 호텔로 돌아왔는데, 하루 종일 움직였더니 너무 피곤했다.

4월 22일 월요일 맑음

늦게 일어날까 봐 밤새 잠을 이루지 못했다. 새벽 5시에 일어나서 6시 8분발 급행열차에 몸을 실었다. 지린시 박물관 류 관장이 기차역까지 배웅 왔다.

카쭤 샤오좐산쯔 출토 언후명 청동기
(중국국가박물관)

안즈민安志敏 일기

8시 40분에 창춘에 도착해서 국제여행사 창춘 지사에 투숙했다. 시 문화국 국장이 내일에야 시간이 나서 우리가 창춘을 떠날 날짜를 연기하는 수밖에 없었다.

시 박물관에서 좌담을 요청했지만, 우리 또한 충분히 준비하지 못해 오후가 되어서야 현재 고고학이 안고 있는 몇 가지 문제점과 동북 원시문화에 대한 개황만을 작성했다. 밤에 잠을 제대로 못 자서 몹시 피곤하다.

4월 23일 화요일 흐림

8시 30분에 왕청리 동지와 함께 지린성 문화국에 가서 스史 국장에게 보고했다. 스 국장은 중앙의 지시에 따르겠다고 하면서 다음 몇 가지 의견을 제시했다.

1. 처우 관련 문제는 업무의 편의를 위해 국제교류처에 통지하고 요청한다.
2. 북중 양국은 국경과 역사문제에 있어 서로 다른 관점을 지니고 있다. 통일인식과 논쟁의 여지가 있는 문제에 대해 어떻게 처리할 것인가 (사람들이 서로 다른 의견을 가지고 있다면 우리는 어떤 태도를 취할 것인가).
3. 발굴현장은 한정하는 것이 제일 좋으며 최대한 외진 지역의 조사는 피해야 한다. 그렇지 않으면 업무 대처에 어려움이 있다.
4. 국경 및 민족관계에 대한 처리 문제.
5. 북측 대원의 수준이 고르시 않아 종종 국경과 민족 등의 문제를 혼동한다. 과거 불순한 의도를 가진 대원이 있었다.
6. 우리 측은 내부 교육을 강화해야 한다.
7. 우리나라 상황에 대해 잘 알지 못한다(예컨대 기근에 대한 생각[19]이 상당히 왜곡되어 있다). 또한 북중 국경의 왕래가 잦기 때문에 상황

이 어느 정도 심각해질 수 있다.

8. 민족감정으로 인해 북한 학자 중에는 광개토왕비를 일본인이 위조했다고 주장하는 이도 있다.

9. 발굴 준비를 위해 초청문제를 빨리 매듭짓기를 희망한다.

10. 번역 문제. 우리 측은 반드시 통역을 준비해야 한다. 민족감정 때문에 조선족의 통역은 적절하지 않으며, 공산당원을 쓰는 것도 적절치 않다. 생각건대 성 박물관에 북한에서 체류한 적 있는 여성동지가 한 명 있는데, 고려해볼 수 있다. 공청단원으로 한숙화(韓淑華)라고 한다.

11. 문물의 처리 문제.

12. 지린성 경내에는 조선족이 많다. 특히 옌볜에 많아서 보안의 문제가 있다. 특히 과거 일본인이 남긴 민족 갈등이 일부 지방에서는 아직도 완전히 해결되지 않고 있다.

오후 1시 30분에 성 박물관에 갔다. 왕관장은 지린 유적지 묘장 일람표를 건네주었는데, 모두 45개였다. 주로 지린의 신석기시대 유적지 및 지안의 고구려 묘장, 성지城址 등이다. 사실 이 두 지역 모두 수월한 편이다.

그 후에 성 박물관 리뎬푸李殿福 동지와 함께 지린대학 문물전시실을 참관했다. 장중페이張忠培 동지가 안내했는데, 이 전시실에는 역대의 도자기(단칭린의 손을 거쳐 구입)와 청동기(위성우於省吾가 수집)가 많이 전시돼 있었다. 모두 품질은 나쁘지 않았지만, 수집품은 방치되어 있었다. 이퉁허伊通河 유역의 석기가 비교적 많지만, 그다지 전형적이지 않다. 토기는 파편들만 있을 뿐인데 모두 마광의 거친 홍도계열이며 기형(器型)은 분명치 않다. 정의 다리는 네모난 형태이며 손잡이는 제법 작아서 지린지역의 것과 흡사하긴 해도 아주 닮지는 않았다.

---

19) 1958년부터 시작된 대약진운동의 여파로 발생한 대기근을 의미하는 듯하다.

여기에 석기의 두드러진 차이를 더하면 이 문제는 향후 연구할 가치가 있다.

농안農安 톈자퉈쯔田家坨子의 유물은 비교적 복잡하다. 거친 홍도가 있으며 표면은 마연을 했다. 그밖에 거친 갈색도기와 빗살무늬도 있다. 이들은 이 지역의 문화 성격이 비교적 복잡하다는 것을 설명하기도 하고, 또한 세석기 문화가 이 지역까지 전파되었음을 의미하기도 하지만 아쉽게도 채집된 석기가 없었다. 다만 둥산터우東山頭는 과거 성 박물관에서 일찍이 발굴을 한 바 있다. 지린대학에서도 이곳에서 대량의 광주리 문양[20] 토기편을 채집했는데, 그 독특한 풍격은 주목할 만하다. 전하는 바에 따르면 이곳은 회층이 없고, 무덤 군락은 신석기 시대에 속한다고 한다.

4월 24일 수요일 맑음

오전 9시 58분발 급행열차를 타고 창춘에서 하얼빈으로 갔다. 성 박물관의 팡치둥方起東, 천샹웨이가 역에 나와 배웅했다. 오후 2시 27분에 하얼빈역에 도착하여 삼륜차를 타고 성 문화국(건설가)에 가서 쉐薛 국장과 사전위沙振宇 동지를 만나 방문한 목적을 이야기하고 헤이룽장 여관을 소개받았다.

4월 25일 목요일 맑음

오전 9시에 사전위 동지가 여관으로 와서 우리들과 함께 헤이룽장성 박물관에 갔다.

성 박물관은 여관 옆에 있다. 원래는 동성문물연구회東省文物研究會[21] 터였으

---

20) 빗살무늬토기를 의미한다.
21) 하얼빈의 러시아 사람들을 중심으로 조직된 박물관 연구단체이다. 그들의 활동에 대해서는 다음 논문을 참고하기 바란다(강인욱, 2014, 「V.V 포노소프의 발해 상경성 발굴과 동아고고학회」, 『고구려발해연구』 48집).

며, 위만주국 시절에는 대륙과학원이었으며, 박물관 부지에는 아직도 당시의 흔적이 남아 있다. 김, 류 관장 및 역사부 자오趙 주임에게 헤이룽장성을 방문한 목적과 업무를 설명하고 협조를 요청했다. 그 후에 두 관장 및 자

동성문물연구회

오 주임과 함께 전시를 참관했다.

헤이룽장 박물관은 지역박물관으로 자연 환경, 광산 동식물 자원, 고대사 및 혁명사 등이 전시되어 있었다. 내용이 풍부하고, 전시 방식도 지린성 박물관보다 훨씬 뛰어나다.

고대사의 전시 부분은 소위 구석기와 중석기의 유적(황산黃山, 구샹툰顧鄕屯, 반라청쯔牛拉城子 등이다.)은 모두 문제가 있다. 전시된 세석기는 황산, 앙앙시昂昂溪, 하이랄海拉爾 등이 대표적이며, 안다安達에서 발견된 골각기도 주목할 만하다. 여기에서는 빗살무늬 토기도 있어서 이들이 모두 세석기 문화에 속한다는 것을 알려준다.

닝안寧安 뉴창牛場유적(무단장牧丹江유역에 속한다.)에서 꽤 많은 유물이 발견되었는데, 그중에는 거친 재질의 갈

헤이룽장성 박물관. 안즈민 당시와 같은 건물

안즈민安志敏 일기

앙앙시 유적 전경

색 마연토기가 있으며, 석기로는 반월형 석도, 석모 등은 지린 지역과 비슷하며 흑요석(黑耀石) 석촉이 한 점 출토되었는데, 토기의 형태는 약간 차이가 나지만, 크게 보면 동일 범주에 속하는 것 같다.

앙앙시昂昂溪에서 출토된 홍도 삼족기의 다리는 과거 우리의 추측이 맞았음을 보여주었다.

자오위안肇源 왕하이툰王海屯에서도 거친 갈색 마연토기가 발견되었는데, 기벽은 얇으며 일부 청동기를 모방한 것도 있다. 비록 시대는 늦었지만, 함께 발견된 토기 박자가 그것을 방증한다. 보고에 따르면 이 지역에서는 아직 광주리 문양(=빗살문)이 남아 있는 것으로 보이니 적어도 세

두보터관디 출토 토기(홍도)

석기 문화의 유물도 있는 것으로 볼 수 있다.

넌장嫩江 관툰官屯의 삼족기(도력)는 매우 특이하다. 과거 보고문에서는 특징을 발견하지 못했는데, 촘촘한 광주리 문양을 눌러 둥근 띠 모양을 만들었다. 표면은 마연을 했으며 도력에 빗살문을 시문한다는 점과 세석기 문화 중에도 도력이 존재함을 증명한다. 그 문양의 수법은 지린시 용안永安 용허툰永合屯과 같다.

하얼빈 부근의 셰자웨이쯔謝家崴子 무덤에서 출토된 토기는 또 다른 양식을 띠고 있으며, 그밖에 옥 장식, 청동 팔찌 등도 있다. 시대가 비교적 늦은 것으로 보아 신석기 시대와는 무관하다.

계급 사회는 발해로부터 시작되었다. 전시 중인 중국 역사와 동북의 대조 연표는 약간의 문제가 있다. 명대 부분에서는 명나라가 둥베이 지역 소수민족의 '종주국(宗主國)'이라는 표현도 매우 부적절해 조 주임에게 시정해 달라고 요청했다. 혁명사적인 부분은 그리 나쁘지 않아서 지린성처럼 지방의 영도를 부각하지는 않았다.

오후에 우리는 전시실에서 기물의 도면을 그려서 참고 자료로 만들었다.

저녁 식사 후 일찍이 트롤리버스(無軌)를 타고 쑹화강변을 돌아다녔다.

4월 26일 금요일 흐림

오전 8시 30분에 성 박물관의 유물창고로 갔다. 먼저 동성문물연구회의 채집품을 둘러봤는데, 모든 유물을 종이박스에 넣어서 나무상자에 담아(양쪽에서 끈을 달아 휴대하기 편리하게 되어 있다.) 나무선반에 가지런하게 정렬해 놓았다. 예전에 만들어 놓은 것 같다.

유물 중에는 러시아인들이 발굴한 자오위안툰肇源屯 출토품이 있다. 전시실에는 고분에서 출토된 토기 완형이 있는데, 그 시대는 다소 늦는다. 그밖에 많은 양의 거친 갈색 역의 다리(일부는 승문이 있다.)가 있으며 빗살문토기, 세석기 등이 있다. 그만큼 이 지역 유적의 성격이 복잡하다는 얘기다. 또한 발해의 명문이 있는 판와를 보았는데 대부분 한자로 기와공의 기호인 듯하다. 글자가 아닌 것도 있는데, 기호의 한 종류로 추정된다.

다음으로 외성外省[22)의 유물을 보았는데 역시 동성문물회가 남긴 것이다. 잘라이누르紮賚諾爾에서 출토된 골추와 골봉을 볼 때 둘 다 화석이고, 후자는 인공적으로 가공된 것으로 시대를 예단하기 어렵지만 뜻밖에도 두 유물을 그대로 보존하고 있어 다행스럽다. 하이랄海拉爾의 석기, 토기 편들은 과거에 보고되지 않은 것이다. 그중에 매우 정교하게 만든 첨상기도 있다. 이밖에 자바이칼의 청동기(무기, 장식), 북미의 세석기 등도 진귀하다. 여기에 잘라이누르의 두개골도 있는데, 이전에는 보고된 바가 없어 더욱 소중하다.

그리고 해방 이후의 조사 발굴품을 보았다. 닝 안寧安 뉴창牛場, 다무단장大牡丹江의 유물들은 모두 토기의 질, 석모, 반월형 석도 등에서 지린 연길지역과 유사하다. 서교지역인 하얼빈 모리제툰墨里街屯에서도 바퀴모양의 돌도끼가 나오는 것은 눈여겨볼 만하다. 두보터관디杜伯特官地의 빗살무늬 토기는 세석기문화의 산물이며, 무덤에 묻힌 토기는 홍의를 바르고 마연을 한 것이다. 또한 청동 단추, 청동 팔찌 등이 있어서 청동기 시대라 할 수 있다. 넌장嫩江 샤오덩커小登科 무덤의 출토품은 지린성 다안 둥산터우東山頭와 유사하다. 그밖에

두보터관디 출토 토기

가죽 주머니를 모방한 토기와 삼각형의 점무늬를 시문한 것들이 있다.

오후 1시 문화처 샤夏처장, 사전위沙振宇, 성 박물관의 자오趙주임, 주궈천朱國忱 등이 지프를 타고 황산으로 조사하러 갔다. 황산은 시의 동쪽으로 약 30리 떨

---

22) 헤이룽장 이외의 다른 성의 유물을 말하는데, 동성문물연구회는 현재의 헤이룽장성에 한정되지 않고 기타 만주북부(둥베이)를 조사한 바가 실제로 있다.

어진 아선허阿什河의 동쪽 하안 높은 대지에 위치한다. 중앙에는 깊은 도랑으로 양분되어서 동서 두 대지는 높은 산 모양을 이룬다. 정상부에는 세석기가 분포되어 있다. 바닥에는 잔디가 있고 경작을 거치면서 많이 뒤집어진 상태이며 여러 번 사람들이 채집했기 때문에 유물이 많이 남아 있지 않았다. 우리는 약간의 형체를 갖추지 못한 세석기만을 채취했을 뿐이며, 토기들은 무문이 위주이며 광주리(=빗살) 문양이 있고 삼족기의 다리도 있어 다양한 시대가 섞여 있는 것 같다.

그런 후에 구샹툰顧鄕屯으로 갔다. 시 서쪽의 약 10화리[23) 위치한다. 이 지역은 고생물 화석이 발견된 명소다. 1956년 페이원중裵文中 선생이 조사하러 왔었다. 지금은 이미 형체가 전혀 없다. 온천강 양안으로 집들이 줄줄이 늘어서 있고 (대체로 집들이 초라하다) 지면은 쓰레기들로 덮여 있어서 토층이나 단면을 찾아볼 수 없었다. 계곡은 온통 검은 진흙인데 화석은 이 흑토층에서 발견되었다는 소위 충적설은 신빙성이 있다. 과거에 발견된 세석기는 모두 구석기와 무관한 것이며, 모두 세석기의 유물이 틀림없다.

4월 27일 토요일 흐림

오늘은 날씨가 음울하고 바람도 제법 세서 춥다.

오전에는 성박물관 진金관장과 류관장, 자오주임과 함께 성 문화국에 가서 바이白국장에게 상황을 보고했다.

오전 10시에 성 박물관에서 좌담하고 동료들의 질문에 대답했다.

오후에도 좌담은 계속 이어졌다. 또한 잘라이누르의 골추를 관찰했다. 원래는 화석을 사용해서 만든 것으로 생각했으나 실제 상황은 그렇지 않았다. 그 위에 긁힌 흔적들이 마치 금속공구로 만든 것 같다. 이 의문은 해결할 방법이 없다.

---

23) 1화리는 0.5㎞에 해당한다.

안즈민安志敏 일기

반라청쯔半拉城子의 골각기도 관찰했는데, 그중 하나는 확실히 인공적으로 만든 흔적이 있다. 대원들은 확실히 화석과 함께 발견되었다고 확인하면서 보고서도 보여주었다. 이 지점은 고향둔의 서쪽에 있어서 주목할 만하다.

황산의 석기는 구석기와는 무관하다.

저녁에 성 문화국에서 헤이룽강가무극원의 가무 공연에 초청했다. 류 관장, 자오 주임, 주동천, 양후楊虎 등 동지들이 역까지 배웅하러 왔다.

10시 40분 발 열차로 하얼빈을 떠났다.

4월 28일 일요일 흐림

밤에 너무 추워 담요 외에 솜옷을 더 껴입고서야 가까스로 잠이 들었다.

오후 4시 20분에 다롄大連에 도착하자, 시 문화국 과장인 류 동지가 역으로 마중을 나왔다. 자동차를 타고 문화국에 가 보니 국장이 자리를 비웠기에 문화과의 이 과장에게 방문한 이유를 설명하고, 즉시 뤼순박물관에도 전화로 알렸다. 들자하니 쑨서우다오 동지가 이미 내려와서 뤼순박물관의 동지들과 조사하러 갔다고 한다. 그들은 벌써 준비가 다 되어 있는 것 같다.

다롄호텔을 소개받아 206호에 투숙했다. 저녁을 먹고 나니 시 문화국에서 찾아와서 잠시 이야기를 나누었다.

저녁 7시에 집으로 돌아가 부모님을 뵈었다. 아버지는 12일에 옌타이煙臺에서 다롄으로 돌아오셨다고 한다. 어머니도 모두 건강하시다. 10시에 호텔로 돌아왔다.

4월 29일 월요일 맑음

아침 7시에 시 문화국에서 차를 호텔로 보내어 정거장까지 배웅했다. 우리는 환송하는 인尹동지를 통해서 세 개의 짐을 문화국에 보관해 달라고 부탁했다.

뤼순박물관 전경

7시 30분발 완행열차를 타고 다롄을 떠나서 9시 30분에 뤼순에 도착했으며, 쉬밍강許明綱, 위린샹於臨祥이 역으로 마중을 나왔다. 박물관에서 왕 서기를 만나 방문한 취지를 설명하고 부대의 초대소를 소개받았다.

정오에 쑨서우다오 동지와 랴오닝성박물관의 또 다른 동지가 초대소에 와서 한담을 나누었다. 그들은 『랴오닝 10년 고고』를 쓰기 위한 자료를 보러 이곳에 왔으며, 오늘 뤼순을 떠날 예정이라고 했다.

오후에 전시실을 참관했다. 기본적으로 역사 발전에 따라 전시되어서 대체로 괜찮다. 일부 전시된 기물도를 참고하여 그려놓았다. 많은 기물이 비록 룽산龍山문화의 요소를 가지고 있지만, 완전히 같은 것은 아니었다. 룽산문화의 영향권에서 비롯된 것으로 보인다.

이어서 유물창고를 둘러봤더니 자료가 적지 않고 가지런히 배치되어 있어 둥베이 박물관 중에서는 이 박물관이 최고이다.

저녁 식사 후 거리를 산책하는데, 경치가 빼어나고 꽃향기가 물씬 풍기며 사람 또한 적어 아주 이상적인 도시이다.

저녁에 차이柴 관장 등이 찾아와서 내일 오후에 박물관 동지들에게 보고를 해줄 것으로 요청했다. 이에 간단한 준비를 했다.

4월 30일 화요일 맑음.

아침 식사 후에 바로 박물관 창고로 가서 도면을 만들 유물들을 살펴보았다.

안즈민安志敏 일기

유물이 너무 많아 중요한 것들을 중심으로만 그렸다. 지금 주요 항목 몇 개를 발췌하여 기록한다.

　라오톄산老鐵山 석가(적석총)의 일부 유물은 일본인이 발굴한 것인지라 정황과 장소 모두 분명하지 않으며 미발표 자료이다. 이 유물들을 보면 확실히 룽산문화 계통임을 알 수 있다. 유물 중에 역의 다리(鬲足), 손잡이편(鋬片), 정의 다리, 두형토기의 몸체, 잔(杯) 등은 모두 룽산문화와 유사하다. 주목할 만한 것은

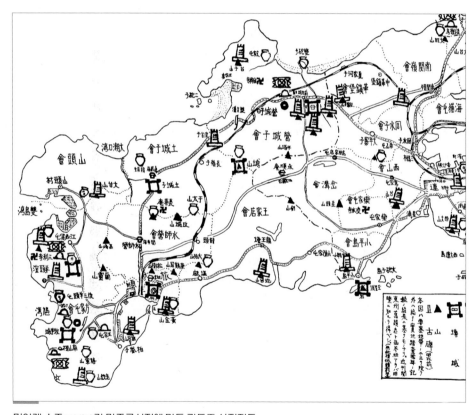

미야케 슌죠三宅俊成가 만주국시절에 만든 관동주 사적지도
다롄 고유적 서쪽 끝에 라오톄산 등 안즈민의 사전 답사에서 언급한 유적들이 보인다.
(강인욱 촬영, 서울대 도서관 제공)

이곳에서 출토된 작은 토기들로, 대부분 투박한 편이다. 구체적 형태는 다소 미약하고 윤제토기는 몇 점에 불과하여 모두 룽산문화의 기형을 반영하고 있어 부족한 부분을 보완할 수 있다.

다롄 빈정濱町(지금의 헤이주이쯔黑嘴子)의 유물은 예전에 일부 발표된 것이다. 관찰해 보니 확실히 양터우와羊頭窪 및 단퉈쯔單砣子와 유사하며, 토기에는 빗살무늬가 있다. 석기에는 모, 환상석부 등이 있어서 어쩌면 북방의 문화와의 관련성을 증명할 수 있다.

단퉈쯔무덤(『貔子窩』이라는 제목으로 이미 발표됨[24])의 토기도 박물관에 남아 있으며, 모두 윤제(輪製)로, 룽산의 유물인바, 인다尹達[25] 동지의 정확한 판단을 엿볼 수 있었다. 해방 후 허우무청역後牧城驛의 청동 단검묘에서는 상당히 유물이 많이 출토되었다. 그중에는 거울, 장신구, 청동장식, 도, 검, 그리고 말 모양의 장식 등이 있는데, 안타깝게도 모두 불에 타서 훼손된 상태였다. 화력이 너무 강해서 심지어 석관까지도 모두 타서 훼손되었다고 하는데(토문에서 발견된 1

가오리차이, 단퉈쯔 등 유적 원경(『貔子窩』 동아고고학회 보고서에서)

---

24) 일본의 만주국 설치 및 중국 침략 시기에 중국을 조사하던 일본의 東亞考古學會에 의해 1929년에 발표되었다(東亞考古學會 編, 1929, 『貔子窩-南満洲碧流河畔の先史時代遺跡』).

25) 인다尹達(1906~1983년)는 중국사회과학원 고고연구소의 소장을 역임한 신석기시대 연구의 대표적인 고고학자이다.

기도 마찬가지였다), 어쩌면 당시의 장
례 풍속이 그랬을 수도 있다. 유물 중에
는 불에 탄 명도전도 있지만 아무래도
무덤의 부장품은 아니라는 의심이 든다.

단퉈쯔-피쯔워 채문토기

오후 1시에 박물관으로 가서 동지들
에게 보고를 했다. 내용은 중원 신석기
문화의 연구개황, 랴오둥반도 원시문화
에 대한 몇 가지 인식을 담고 있다. 특히
후자의 문제에서는 여기에 룽산문화,
양터우와문화, 창산長山열도의 빗살문토
기문화 등을 대표로 제시했다. 나는 양
터우와문화가 룽산문화의 토대 위에 북방문화의 영향을 더 많이 받았으며(석검,
석창, 환상석부 등) 청동단검과 관련이 있을 것이라고 주장했다.

그리고 해방 후 채집품을 보았다. 궈자툰郭家屯의 유물 중 윤제 흑도와 단각도
가 있으니, 룽산문화에 속한다. 그중에 거친 갈도(양터우와?)는 다른 유형을 대
표할 수도 있다. 장산열도의 광주리문과 침선문은 모두 운모(雲母)와 같은 비짐
을 섞었는데 어골분과도 비슷한 성격으로 북한과 일정 정도 영향이 있다. 하지
만 일본인들이 말하는 층위관계라는 것을 신뢰할 수는 없겠지만 적어도 룽산과
양터우와의 유형이 있는 것 같다.

쫭허시莊河西 가오리청高麗城 출토 토기 또한 운모 등의 여러 혼합물을 포함하
고 있는데, 비교적 섬세하고 침선문이 많다. 석모와 가늘고 긴 석촉은 그 성격이
뤼다旅大(다롄의 옛 이름) 지역과 크게 유사하지 않기 때문에 또 다른 성질을 대
표할 수도 있다. 그렇다면 북한과 어떤 접근성이 있을지 의심된다.

하루 종일 바쁘게 일해서 그런지 저녁에 몹시 피곤했다.

5월 1일 수요일 맑음

오늘은 메이데이 국제노동절이다. 초대소는 2식(8시, 3시)을 제공하지만 우리는 조사를 나가야 해서 특별히 7시에 식사를 달라고 요구했다.

8시에 쉬밍강, 쑨허우춘孫厚淳 동지와 버스를 타고 난산리南山里에 가서 조사하고 인자춘尹家村 앞 정류장에서 내려 군용도로를 따라 장쥔산將軍山으로 직행했다. 그것은 라오톈산 서북쪽에 있는 작은 산등성이다. 산 정상부에는 17~18개의 석총이 산포되어 있다. 모두 크고 작은 돌을 모아 원형을 만들어서 미세하게 凸자형으로 솟아 있어서 멀리서 보아도 쉽게 판명할 수 있었다. 적석총의 가운데에는 원형의 윤곽이 있다. 그중 4기는 크게 움푹 파여 있으니, 일본인들의 도굴로 인해 착란된 것이다(과거 라오톈산 적석총 일부가 이곳에 있었다고 하는데, 도리이 류조鳥居龍藏(1870~1953), 하마다 고사쿠濱田耕作(1881~1938) 또는

장쥔산 유적 현황

안즈민安志敏 일기

다른 일본이 조사한 바가 있다). 여전히 돌무더기를 쌓아서 관을 만든 흔적을 볼 수 있다. 우리는 돌들 사이에서 적지 않은 토기편들을 찾았는데, 모두 룽산문화 계통이다. 여기서 수많은 유물이 버려진 것으로 볼 때 일본인들의 발굴이 얼마나 조악하고 거칠었는지 충분히 알 수 있다. 또한 적석총 내의 부장품이 상당히 풍부했음도 증명한다. 무덤 내의 유물들이 돌에 눌려 깨졌는데, 발굴 시에 유의하지 않으면 흘려서 지나치기 쉽다. 소형의 명기(明器·토기)는 보존이 용이해서 그런지 많이 발견된다. 나머지 적석총 중에 몇 개는 대형도 있어 그 형체의 구조를 밝혀낼 만한 가치가 있는 것 같다. 이 산과 맞닿아 있는 북면의 작은 산봉우리에도 훼손된 돌무더기가 있어 적석총이 존재한 것으로 보인다. 이 산에 유적이 없는 것으로 보아 동남쪽으로 4, 5리 떨어진 구릉(궈자툰유적)에 살았을 가능성이 크지만, 석총들은 계속 발굴할 가치가 있다.

궈자툰郭家屯 유적(뤼순에서 약 30리 떨어짐)은 작은 산 구릉에 위치하는데, 동서로 약 500~600m, 남북으로도 400~500m이다. 남쪽 비탈의 계단식 밭 절벽에 드러난 회색층에 토기 석기(석기가 가장 많다)가 꽤 풍부하다. 회층은 표토 하에서 3m 이상에 이른다. 그 안에는 붉은색 불 먹은 흙이 많으며, 어떤 것은 그 표면이 편평하게 되어서 주거지의 바닥 유적으로 보인다. 한 부분에서는 층위를 분류할 수 있으니 한 곳에서 명백한 지층의 증거를 볼 수 있었다. 한 지역의 층층이 쌓여 있는 유적의 위에는 침선문의 갈도가 발견되었는데, 양터우와유형과 비슷한 점도 있다. 붉은 소토의 밑에는 약 2m 두께의 회층이 이어지는데 아직 밑바닥을 볼 수 없었다. 출토품 중에는 흑도와 단각도 등이 출토되어 룽산문화 층이 있는 것이 확실하다. 이것이 야말로 처음 발견된 층위적인 증거 중 하나

궈자툰 출토 신석기시대 후기 토기

이지만 아쉽게도 도면지와 카메라를 갖고 있지 않아 기록으로 남겨 둘 수 없는 것이 안타까울 따름이다. 이 유적은 발굴의 가치가 있는 만큼 매우 중요하다.

무양청牧羊城은 일본사람들이 발굴한 뒤로 유명해졌다[26]. 그 크기는 매우 작아서 길이와 너비가 겨우 100여m에 불과하고, 성벽의 판축토에는 신석기시대 도편이 섞여 있었다. 이 성은 군사적인 용도로 사용되었으며, 그 비탈 아래에는 한나라 시기 유적이 있어서 주민들의 거주지로 사용된 듯하다. 부근에는 신석기시대 유물이 산재한 곳도 있다. 난산리 일대는 한나라의 무덤이 있던 곳이다. 즉 일본 사람들이 발굴한 곳은 지금의 소학교 자리이다.

장쥔산 도로에서 양터우와羊頭窪 유적을 멀리서 바라본 적이 있다. 대양두大羊頭, 이양두二羊頭, 삼양두三羊頭(즉 양터우와이다) 등이 있는데 보고된 사진과 일치해 한눈에 알아볼 수 있다. 세 곳의 유물은 성격이 같다고 한다.

뤼순으로 돌아가기 위해 먼저 차를 타고 초대소로 돌아와서 식사를 했다. 때마침 오늘은 노동절이라 식사에 술이 곁들여져 축하했다.

양터우와 유적 원경(1940년대 촬영)

---

26) 일본인들에 의해 발굴되어 보고서가 1931년에 출판된 바 있다(東亞考古學會 編, 1931, 『牧羊城 南滿州老鉄山麓漢及漢以前遺跡』, 東方考古學叢刊 甲種第二冊).

식사 후에 또 박물관에 가서 쌍퉈쯔 유적의 유물을 살펴보았다. 여기에는 양터우와와 룽산문화의 두 유형의 특징을 보여주는 유물이 있었다. 아마 여기에도 지층의 증거가 있을 수 있다는 것을 말해준다. 원래는 내일 이곳에 가서 조사할 예정이었는데, 시간이 너무 촉박하고, 또 천춘시 동지가 몸이 좋지 않아 계획을 취소하고 내일 오전에 다롄으로 돌아가기로 했다.

그런 후에 동물원, 공원을 한번 둘러봤다.

이번에 동북에서 얻은 자료의 수확이 많으므로 귀소 후에는 이들을 소화해서 과거 자료와 합쳐 보고문을 작성하거나 나중에 동북 관련 논문을 쓸 때 사용할 것이다. 아니면 더 많은 용도가 있을 것이다.

5월 2일 목요일 맑음

아침 식사 후, 박물관에 가서 투청쯔土城子 청동단검묘의 유물을 추가로 조사했다. 이곳의 청동단검(靑銅短劍)은 불에 타서 약간 파손되었으며, 토기 1점이 이미 불에 타서 사라졌고, 인골 역시 불에 타서 탄화되었다. 석관 또한 불에 타서 불에 타서 없어졌을 정도이니 당시의 화력이 대단했음을 알 수 있다. 무청역牧城驛에서도 일찍이 이와 비슷한 상황의 예가 있었으니, 소위 즉주묘(聖周墓)[27]라는

1920년대 동아고고학회가 조사한 소위 즉주묘

---

27) 일제 강점기 시절 동아고고학회가 발굴한 비파형동검이 출토된 무덤이다. 위의 각주에서 소개한 『牧羊城』에 수록되었는데, 당시 일본 고고학자들은 무덤 가장자리에 숯이 있음을 들어서 [禮記]에 기록된 "有虞氏瓦棺, 夏後氏聖周"의 내용대로 무덤 주변에 구운 벽돌을 넣는 풍습과 연결시켜서 이름 붙였다. 물론, 그런 주장은 근거없는 억측인 바, 지금은 이 용어가 사용되지 않는다.

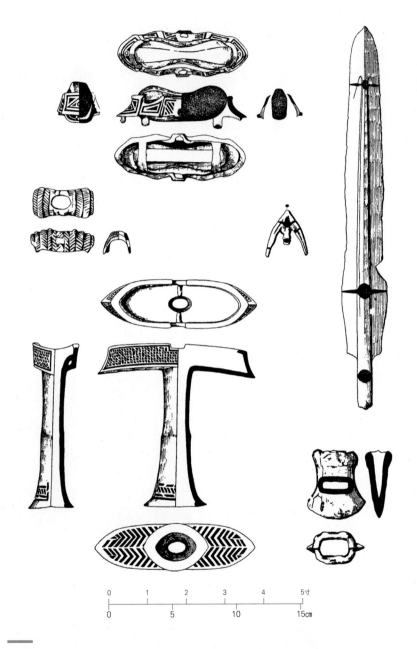

1920년대 동아고고학회가 조사한 소위 즉주묘 출토 비파형동검과 공반 유물

안즈민安志敏 일기

무덤도 불에 탄 흔적이 있어서 이런 류의 무덤에 모두 이와 같은 특징이 나타나고 있는 것 같다[28].

오전 11시에 쉬밍강 동지가 동행하여 버스를 타고 다롄으로 돌아왔다. 남로를 경유해 오는 내내 경치가 마음에 든다. 12시쯤 다롄에 도착해 문화국의 소개로 다롄호텔에 투숙하게 되었다.

오후에는 쉬밍강 동지가 동행하여 다롄자연박물관을 참관했다. 이곳은 유물이 매우 풍부하여 동북 유일의 자연박물관으로 꼽힌다.

그러고 나서 집에 돌아가 부모님을 뵈었다. 징셴은 이미 선양에서 다롄으로 왔다가, 오늘 새벽에 선양으로 돌아갔다고 한다. 거의 4시가 다 돼서야 여관으로 돌아왔다.

5월 3일 금요일 맑음

오전 8시 반에 시 문화국으로 가서 보고했다. 레이 국장雷局長, 천 국장沈局長, 리 과장李科長, 차이 관장柴館長 등이 참석했다. 시 문화국의 지도자가 예전에 뤼다지역에는 살펴볼 만한 고고학이 없다고 강조한 적이 있었다. 그래서 나는 뤼다지역 유물의 풍부함과 고고학적 연구의 중요성을 강조해서 천 국장의 흥미를 끌었다. 또한 뤼순박물관의 역할을 강조하고 그에 합당한 공작을 해야 한다고 했다. 레이 국장도 박물관에서 응당 많은 일을 해야 한다고 강조했기 때문에 앞으로 일이 좀 전개될 것으로 보인다.

레이 국장은 나에게 박물관의 전시품에 대한 의견을 요구했다. 이에 나는 몇 가지 의견을 제시했는데, 나는 지방사를 전시하기 위하여 뤼다지역의 출토 유물 또는 기타 여러 주제를 표현할 수 있어야 한다고 했다. 레이 국장과 천 국장은

---

28) 이런 안즈민의 관찰은 이후 조중고고발굴대가 실제로 다롄 일대의 적석묘에서 발굴하는 과정에서 확인되는 다인 화장묘를 순장으로 추정하는 주요한 근거가 된다.

내 의견에 동의해 민간 공예의 전시 부분을 철폐하자고 주장했다.

오전에 천춘시 동지를 데리고 톈진가天津街, 추림공사(秋林公司), 다롄시장과 루쉰魯迅공원 등을 다녔다.

오후에 문물 상점에 가서 소식(蘇軾)의 서찰과 심주(沈周)의 그림을 보았다.

천춘시 동지와 싱하이星海 공원을 유람하고 그를 집에 초대하여 함께 밥을 먹었다.

5월 4일 토요일 맑다.

오후에 집에 돌아가서 원탁, 의자 등을 정거장으로 탁송했다. 오후 2시에 호텔로 돌아왔다.

뤼순박물관 차이 관장이 역으로 와서 배웅했고 우리는 4:05발 열차를 타고 다롄을 떠났다. 차 안에서 보고의 개요를 준비했다.

5월 5일 일요일 흐림.

오후 3:10 베이징역에 도착했다. 안자치安家琦와 안자아오安家璈(딸들)가 마중 나왔다.

북한과의 공동발굴을 위한 사전 조사는 1차 사전 조사에서 1달간 각지를 돌아다니며 광범위하게 이루어졌다. 이번 2차 조사에서 안즈민은 조금 더 구체화되어서 8월 1일~17일간에 북한 측 발굴단이 오기 전의 사전 준비를 한다. 이 시기에 중국 측에서는 북한 측의 정확한 의도를 파악하기 위한 준비와 행정적인 준비에 전력을 쏟았다.

안즈민의 일기에는 등장하지 않지만 이미 북한 측은 중국에 와서 광범위하게 활동하던 중이었다. 먼저 6월 28일에 북한 조선과학원 대표단 20여 명은 저우언라이 周恩來와 면담을 하고, 이 자리에서 조중 고고발굴대의 활동을 공식적으로 인정받게 되었다. 이때 만주 지역 일대의 한국사와 관련한 저우언라이의 발언은 국내에서도 몇 차례에 걸쳐서 소개된 바 있다.

저우언라이과의 만남에는 조중고고발굴대의 주축이 되는 리지린과 김용간도 참석했다. 이후 고고연구소의 소장인 샤나이의 일기에 따르면 북한방문단은 적어도 7월 8일까지 중국에서 머물렀음이 확인된다(夏鼐日記 1963년 7월 8일). 이후 북한 조사단의 행적은 샤나이나 안즈민의 일기에 등장하지 않는 것으로 보아 7월 중에 북한으로 돌아가서 공동조사단의 준비에 착수한 것으로 보인다. 2차 사전조사가 이루어진 시점은 이미 조중고고발굴대가 총리의 면담까지 마친 상태로 중국의 고고학계는 총 역량을 동원하여 발굴을 준비하는 상황을 잘 보여준다(강인욱).

제2장

1963년 2차 사전조사

8월 1일~8월 17일

8월 1일 목요일 맑음

나는 오후 5시 10분 17호차 열차를 타고 선양에 갔다. 왕중슈王仲殊[1], 셰돤쥐
謝端居 두 사람은 같은 차를 타고 창춘長春으로 갔다. 쉬광지徐光冀 씨와 내몽골 문
화공작팀 자저우제賈洲傑 동지는 츠펑赤峰으로 가서 진저우錦州에서 차를 갈아탈
작정이었다. 차 안에서 쉬광지와 중조연합고고대[2]의 내몽골 조사에 관한 여러
정보를 교환했다. 츠펑 부근이 문제가 워낙 많은데다가 특히 닝청寧城 난산건南
山根의 숙소와 교통도 문제가 컸다. 그래서 세 가지 의견을 냈다.

(1) 닝청현寧城縣 초대소에 머물며 당일 왕복하는 경우 두 곳의 거리가

---

1) 왕중슈王仲殊(1925~2015)는 한-당을 전공하는 중국의 대표적인 고고학자로 몇 차례 한국에도 방문
한 적이 있다. 그는 조중고고발굴대에서 고구려 발해 조사단의 중국 측 대표를 맡아서 안즈민과 비슷
한 역할을 수행했다.
2) 조중고고발굴대를 이르는 중국의 명칭. 안즈민 일기의 원문 표기임. 원 저자의 뜻을 존중하여 '중조연
합고고대'로 표기한다.

약 140리 떨어져 있어 반드시 일찍 일어나고 늦게 자야 하며, 도로사
정을 잘 알고 있어야 한다.

(2) 바리한공사(八里罕公社)나 난산건초등학교에서 숙박할 경우 전자가
비교적 낫다.

(3) 근본적으로 조사 자체가 불가능할 수도 있다(불가능하다).

그들이 다시 한 번 이 점을 이해하도록 부탁했다. 상황이 이미 대체적으로 분
명해졌기 때문에 류관민劉觀民 동지가 다시 선양에 가서 보고할 필요는 없다. 대
신에 그들이 츠펑에 와서 노선과 일정을 연구하도록 요청해야 한다. 그리고 회
의 때 보고의 편리를 위해 알고 있는 관련 사정을 선양에 보내기로 했다.

우등석은 찜통처럼 뜨겁다. 섭씨 35도에 달해 참을 수 없다.

8월 2일 금요일 맑음.

열차는 8시 30분에 선양에 도착했는데, 한 시간 반이나 연착했다.

기차역을 나와 곧바로 성 문화재청으로 갔다. 사무실 허주임何主任의 소개로
즉시 랴오닝 호텔로 가서 219호에 머물렀다. 즉시 전화로 징셴에게 연락해서 내
일 저녁에 호텔로 오라고 했다. 외국 서점에 가서 책 두 권을 샀는데, 그중에는
《소련 역사 백과사전》 제2권이 있었다. 이곳에서 이 책을 구매할 줄은 몰랐다.

오후 3시 문화청 사회문화처 잔처장戰處長(산둥山東 펑라이蓬萊)과 궈원쉔 동
지가 찾아와서 그들에게 이번에 선양에 온 임무에 대해 이야기하고 국제교류처
의 중조연합고고대의 지시를 전했다. 그들의 말에 따르면 지금 자료를 준비 중이
라 내일 오후에나 이야기할 수 있을 것이라고 한다.

궈원쉔 동지의 말에 따르면, 랴오시지역은 물난리가 나서 일부 지역은 재조
사를 할 수 없었고, 차오양朝陽 스얼타이잉쯔十二臺營子의 저수지 언덕에는 석판
(또는 석관)이 발견되었다 한다. 이곳은 주목할 만하다.

안즈민安志敏 일기

4시쯤 궈원쉔과 함께 랴오닝박물관에 가서 리원신 동지를 방문했다. 그는 일찍이 뤼순 일대를 답사했다. 허우무청역의 모래 언덕위에 무덤의 흔적이 있고, 관툰쯔허완官屯子河灣에도 석관의 흔적이 있어 시굴이 가능하며 장래 발굴지로도 비교적 유망하다. 저녁에는 문화재청의 초청으로 선양극장에 가서「요남희遼南戱」(蓋平戱)를 보았다. 이것은 그림자연극을 각색한 새로운 형태의 극예술인데, 레퍼토리는 많지 않고 퍼포먼스는 좀 더 향상되어어겠지만, 그래도 지방의 특색이 살아 있는 것은 좋았다.

하루 종일 땀이 줄줄 흘러서 옷을 몇 번이나 갈아입을 정도로 흠뻑 젖었지만, 그래도 날씨는 매우 상쾌했다. 선양에서 가장 더운 날씨라고 하는데, 나는 그다지 덥지 않았다. 그래도 땀을 줄줄 흘리는 것으로 보면 이곳의 기후에 익숙하지 않아서 그런 것 같다.

8월 3일 토요일 맑음

오후에 궈원쉔 동지가 호텔로 와서 조사 자료를 넘겨줬다. 이 목록에는 유적의 명칭, 소재지 규모, 현황, 교통 여건, 숙박 여건, 정치 상황, 생산 상황, 민족 상황 등을 포함하여 목록이 상당히 자세했다. 대부분 시급의 기관에서 보고한 것이라 학술적 가치에 대한 언급은 많지 않았다. 주요 결과는 다음과 같다.

(1) 총 23개 지점 조사 (제2차 명단에 랴오양벽화묘도 포함).
(2) 그중 16개 지점은 참관 가능, 뤼순 허우무청역, 진시[3] 우진탕烏金塘, 푸순 가오얼청撫順 高爾城, 카쥐 샤오좐산喀左 小轉山 등은 시굴 가능함.
(3) 창하이현長海縣은 해안 방어 전선이고, 난산리南山里는 국가방위의

---

3) 지금은 후루다오시葫蘆島市로 개편됨.

요충지이며 뤼다지구는 외국인 출입금지구역으로, 국무원과 군사위원회의 비준을 받아야 한다.

(4) 성에서 가지 않았으면 하는 권장 지점 1-창하이현(교통이 불편하고 숙소가 없어 필요시 배를 확보하거나 함정의 협조가 필요하다) 2-하이청 량자산海城 亮甲山('랴오양遼陽'을 '하이청海城'으로 잘못 표기하였음), 랴오양에서 100여 리 떨어져 있으며 길이 좋지 않고 4개의 강을 건너야 하며 자동차는 지나갈 수 없다) 3-환런桓仁(돈화까지는 적어도 300리의 거리로, 자동차가 강을 건널 수 없으며, 숙소도 없고 저수지 구역이다).

(5) 원래부터 조사할 곳이 없는 지역은 안산鞍山 전국묘(羊草莊은 남아 있지 않다.)이다. 푸순도 조사할 곳이 없지만, 렌화바오蓮花堡, 한청漢城과 가오얼산청高爾山城 정도는 손꼽을 수 있다.

당시 나는 갈 수 없는 장소를 발굴 후보지로 따로 선택할 수 있는지 물어보았다. 궈원쉔은 어렵다고 하면서 다시 점검을 해봐서 비교적 어려운 지역도 넣어보겠다고 했다. 나는 다시 궈동지와 리원신과 함께 후보지의 동선과 일정 등을 논의해보자고 했고, 그에게 먼저 성의 문화재청에 먼저 보고해달라고 했다.

오후에 궈원쉔 동지가 전화를 걸어와 리원신 동지가 오늘 공무로 외출을 한 상태라 다시 시간약속을 잡아 이상의 문제를 상의할 예정이라고 했다.

저녁 6시에 징셴이가 호텔에 와서 차를 마시고, 밖에 나가서 저녁을 먹었다.

8시에는 문화재청의 동지와 함께 소련 영화 「대장장이의 깃발(Знамя кузнеца)」을 보았다. 잔처장은 월요일에 다시 관련 문제를 함께 연구하자고 말했다.

8월 4일 일요일 맑음

아침 식사 후에 뉴牛소장[4]에게 편지를 써서 선양으로 온 이후의 일련의 정황

안즈민安志敏 일기

을 보고했다. 그리고 문화재청 자료 중 몇 가지 문제점(어제 일기의 5개 문항 참조)도 함께 보내 지도자들이 참고하도록 했다.

10시쯤, 랴오닝박물관으로 가서 전시실을 참관하고, 지난번에 미처 그리지 못한 약간의 기물을 다시 보완하여 그렸다. 이번에야 뤼순 쐉퉈쯔에서도 검과 침상기가 발견되었음에 주목하였다. 청동단검은 양터우와문화의 패총유적과 일정한 관계가 있다. 아마도 북한의 동지들도 이 유적지에 관심을 가질 것 같으니, 반드시 후보지로 포함시켜야 할 것 같다. 전국시기의 무덤은 선양에서만 1기가 발견됐으며, 랴오양에서 발견된 어골분, 토기 정도 전국시대 유물이다.

한족과 예맥(濊貊)의 관계를 보여주는 항목에 푸순 렌화바오 유물이 전시되어 있어서 그 의도가 무엇인지 모르겠다. 이곳에서 출토된 전국철기가 북한 출토품과 같다는 뜻인지 아닌지 따져볼 필요가 있다.

고구려 부분은 이미 관구검의 비를 없애자(撤下) 훨씬 좋았다. 다만 "한족과 고구려족의 관계"라는 표제에서 "족"이라는 말이 타당한지는 새로 따져볼 일이다. 기타 많은 부분에서도 "족(族)"이라고 쓰고 있으나, 발해에서는 "족(族)"과 "국(國)"을 언급하지 않았으니 비교적 타당하다.

정오에 리원신은 내가 전시실에 있다는 소식을 듣고 찾아와서 잠시 한담을 나눈 뒤에 나는 바로 돌아왔다.

오후에는 외출하지 않고 호텔에 머물렀다. 저녁 식사 후에 거리를 한 바퀴 돌았다.

---

4) 조중고고대에의 활동을 실질적으로 지도하던 사람으로 뉴 소장으로만 등장한다. 실제 이름은 뉴자오쉰牛兆勳(또는 牛兆勳)이다. 중국고고망의 홈페이지에는 그가 1958~1982년 사이에 부소장을 역임한 것으로 나온다. 하지만 정작 뉴 소장은 고고학 관련 저술이나 문헌에는 전혀 등장하지 않는다. 아마 학자 출신이 아니라 행정 관련을 담당하던 부소장으로 추정된다.

8월 5일 월요일 맑음

하루 종일 무소식이었다. 아마 문화재청이 성 박물관에서 보고한 자료를 검토 중이라 그런 것 같다. 오후 5시가 돼서야 궈원쉔 동지가 전화를 걸어왔다. 그는 동선과 일정 등에 대해 내일 검토하겠다고 했다고 전했다. 그의 전언에 따르면 중앙에서 공문이 와서 중조연합고고대의 공작을 준비하라고 통지했으나 구체적인 회의 날짜는 언급하지 않았다고 한다.

저녁 무렵 궈원쉔 동지께서 사람을 파견해 내가 국제교류처에 전달했던 지시 사항을 보내면서 수정해달라고 요구했다. 상황을 보니 그들은 상신하려고 준비하는 듯했다. 나는 나의 기록에 근거하여 수정했다.

저녁식사 후 류주석의 월남방문 영화를 보러갔다. 길에서 우연히 쑨서우다오 동지를 만났는데, 내일 진저우錦州로 갈 예정이라고 한다. 길에서 다음과 같은 몇 가지 문제를 얘기했다.

① 랴오둥 청동단검묘는 화장을 한 것이 특징이다. 리원신 선생은 이것이 초기 고구려의 화장묘와 관련이 있으며, 요서지역과는 관계가 없다고 생각했다.

② 랴오둥 청동단검묘는 일부 모 유적지와 관련이 있다.

③ 진시 우진탕의 묘장에서 토기는 발견되었지만 진저우박물관이 수집하지 않았다고 한다.

④ 차오양 스얼타이잉쯔의 토기편은 봉토 중에서 출토된 것일 수 있다.

⑤ 하이청[5] 량자산[6]에서 출토된 동검 세 자루 가운데 2개를 회수할 수

---

5) 안즈민의 표기에 혼동이 있는 듯하다. 하이청 다툰, 랴오양 량자산(얼다오허즈) 등에서 수습한 동검을 함께 언급하면서 하이청 량자산이라고 잘못 표기한 듯하다. 이후에도 하이청 량자산이라고 하는데 두 유적을 함께 표기한 것으로 생각된다. 이후 본문에 등장하는 하이청 량자산은 랴오양 량자산으로 통일하겠다.

안즈민安志敏 일기

있었다.

⑥ 이상의 청동 단검묘는 종종 한나라 시기 석관묘와 함께 섞여 있는데, 어느 정도 관련이 있는 것 같다.

⑦ 진시 스얼바오향寺兒堡鄕[7] 유적은 그것을 발견한 사람들의 진술 정황을 보면 토광묘인 것 같다.

8월 6일 화요일 맑음

오후에 리원신 선생. 잔처장, 궈원쉔 동지 등이 호텔을 찾아와서 중조연합고고대의 조사 노선 및 일정 등의 문제를 함께 연구했다. 노선의 배정 이외에도 다음과 같은 작은 변동이 있었다.

① 랴오양 벽화묘인 보존상황이 분명하지 않아 취소했다.

② 하이청 시무청析木城의 고수석(姑嫂石)은 원래 제안된 지점에 있지 않고, 또 돌아가야 하니 취소를 하되 발굴 후보지로 둔다.

③ 뤼다 허우무청역, 쌍튀쯔를 발굴 후보지로 적극 추천한다.

④ 창하이현長海縣 다창산다오大長山島, 랴오양 량자산, 환런 등은 어려움이 있더라도 잠정적으로 조사지점에 포함을 시키고 후에 지도자들의 결정에 따른다.

⑤ 안산 전국묘는 기본적으로 남아 있는 것이 없으니, 외빈들에게 분명히 설명하도록 한다. 푸순은 성에서 제시한 발굴지를 가지고 외빈들

---

6) 랴오양 량자산: 1955년 11월에 발견되었다. 그 일대에는 한성(漢城)과 한·위 시기 무덤이 있어서 후에 북한 학자들이 이 유적을 주목한다.

7) 1956년 5월에 이미 발견되었다. 진시 스얼바오는 조중고고발굴대의 1차 조사가 끝난 직후 푸순 다훠팡, 랴오양 량자산, 하이청 다툰 등과 함께 『考古』 잡지에 보고되었다. 그 시기는 1964년 5기로 후에 나오지만 북한과의 합작 끝에 공동보고서에 싣지 않기로 결정된 직후에 국내 발표로 방향을 바꾼 것 같다.

의 의견을 구할 예정이다.

⑥ 성 안의 실무자로 성 박물관에서는 쉬빙쿤徐秉琨을 뽑았고, 뤼순박 물관에서는 쉬밍강(나는 잔처장에게 중앙에서는 인원의 검열문제에 주의를 하고 있지 않으니 성에서 자체적으로 고려해달라고 했다)을 뽑았다. 한편, 쉬빙쿤은 그다지 적합하지 않은 듯했으나[8] 대놓고 언급하기에는 곤란했다. 나중에 다시 협의해야 한다.

궈원쉔 동지의 말에 의하면, 중공 중앙정부와 국무원이 합동으로 보낸 전문이 도착했고, 문화부에서도 공문을 보내와 성에 보고할 필요 없이 그 자료를 내게 주면 된다고 알려왔다.

저녁에 초대소에 "뉴 소장이 7일 29호 차를 타고 선양으로 출발했다"라는 전보를 받았다. 전보에는 내일 선양에 도착한다는 것인지 아니면 내일 베이징에서 출발하는 것인지 분명치 않다.

위주裕珠의 편지를 받았다.

8월 7일 수요일 맑음

오전에는 외출하지 않고 11시 반에 뉴 소장을 만나러 역에 갔는데, 기차가 연착하는 바람에 12시 반이 되어서 도착했지만 만나지 못했다. 내일 선양에 오는 것이 증명되었다.

오후에는 궈원쉔 동지가 조사표와 일정을 가지고 호텔에 와서 어제 작업하던

---

8) 쉬빙쿤徐秉琨은 요령성박물관에서 근무하며 이 지역 요나라와 삼연문화의 고분을 다수 조사했다. 특히 1965년에 조사된 遼寧 北票 馮素弗墓와 1974년에 조사한 遼寧 法庫 葉茂台七號遼墓의 조사가 유명하다(https://tv.cctv.com/2012/03/25/VIDE1355664600751210.shtml). 이 당시 쉬빙쿤은 이미 진시 스얼바오와 푸순 다훠팡 석관묘 등을 직접 발굴했고 요령성박물관의 실무를 담당한 고고학사였다. 안즈민이 그가 고조선 관련 조사와는 맞지 않았다고 생각했던 이유는 다른 데에 있었던 것 같다.

두 가지 방안을 검토했다.

트롤리버스를 타고 다난大南으로 갔다가 돌아왔다. 도중에 청고궁清古宮을 지나갔지만, 이미 너무 늦어서 경내를 참관할 수 없었다. 그 후에 소서문小西門 일대의 번화가를 따라 걸은 후 다시 트롤리버스를 타고 호텔로 돌아왔다.

6시쯤, 왕중슈 동지가 창춘에서 선양으로 왔다. 시간이 이미 늦었기 때문에 소개장을 받지 못했지만, 호텔에서는 임시로 머무를 것을 허락했으며 내일 다시 소개장을 수정하기로 했다.

8월 8일 목요일 맑음

오전에 왕중슈 동지와 함께 랴오닝성 박물관을 찾았지만, 때마침 휴관하고 학습중이어서 들어가지 못하고 돌아왔다.

정오에 왕중슈 동지와 함께 뉴 소장을 맞이하러 기차역으로 갔다. 문화재청 처장, 궈원쉔, 리관장, 장관장 등이 마중을 나왔다. 기차가 연착하는 바람에 역에서 한 시간을 기다렸고, 둥베이국東北局에서도 사람을 보내 맞이했다. 잠시 랴오닝호텔에서 투숙했지만 앞으로 베이링北陵호텔로 옮겨야할 것 같다.

오후에 둥베이국 톈서기田書記와 선전부장이 호텔로 왔고, 뉴 소장은 업무의 추진일정 등의 문제를 논의했다. 그 결과 12일부터 둥베이국 주최로 3일간의 회의를 열기로 했다. 4성의 문교서기·국제교류처·문화국장에게 회의에 참석할 것을 요구하고 전화와 전보로 베이징에 통보하게 했다.

8월 9일 금요일 맑음

오전에 리원신 선생 초대를 받아서 랴오닝 성박물관에서 「동북 원시 문화의 여러 문제」라는 보고를 했다. 동북 원시 문화에 대한 나의 약간의 견해를 대략 두 시간 반에 걸쳐 보고했다.

정오에 류관민동지에게 편지를 써서 그들의 편지와 일정표를 모두 받았다고 알렸다. 자세한 일정은 추후에 다시 통지하겠다고 했다.

오후에는 왕중슈와 함께 뉴 소장을 따라 둥베이국에 가서 보고를 했다. 톈 서기와 관부장關部長 등이 보고를 들었다. 5시경에 호텔에 돌아왔다.

저녁식사 후에 같이 영화 「요원燎原」을 보았다. 이번이 두 번째 보는 것임에도 여전히 흥미로웠다.

8월 10일 토요일 맑은 뒤 비.

밤에는 찌는 듯이 덥더니 한밤중에는 폭우가 쏟아졌다. 종업원이 문을 두드려서 우리에게 창문을 닫으라고 했다. 잠이 깬 후에 한동안 잠을 이루지 못했다.

아침 식사 후, 뉴 소장은 왕중슈동지와 함께 랴오닝 성박물관을 참관했다. 나는 둥베이제약공장으로 징셴을 찾아갔다. 베이얼마루北二馬路에서 버스를 타고 종착역에 내리면 된다. 중공제重工街 제약공장制藥廠은 역 근처에 있어서 2동 3층 59호는 쉽게 찾을 수 있었다. 기숙사 안은 마치 학생 기숙사 같이 붐볐다. 11시 20분에 제약공장을 떠나서 랴오닝호텔로 돌아왔다.

오후에 뉴 소장, 왕중슈 동지 등과 고궁을 유람했다. 이곳은 규모는 비교적 작지만 만주족이 발흥한 설명 중에 "북쪽으로는 몽골을 장악하고 남쪽으로는 조선을 통제했다北撫蒙古, 南控朝鮮" 등의 구절이 있는데, 상당히 부적절해 다시 심사해야 할 것 같다. 반면 무기관에 그려진 고대 무기 그림은 근거가 부족하거나 과학적이지 않은 것이 꽤 있었다. "화약서전도(火藥西傳圖)"는 꽤 문제가 많아 국제문제로 이어질 수도 있다. 따라서 이상의 여러 문제는 미련 없이 단념해야 한다. 박물관에서 리원신동지를 만났는데, 문화재청에서 그에게 심사를 부탁한 것 같았다. 그렇다면 정말 잘된 것이고, 그렇지 않다면 소소한 문제들을 피하기는 어려울 것 같다.

5시에 랴오닝호텔로 돌아왔고, 곧바로 베이링北陵의 랴오닝호텔로 옮겨서

370호실에 머물렀다. 이곳은 건물 규모가 매우 커서, 높이가 8층에 달한다. 실내가 너무 호화스러워 낭비처럼 느껴졌다.

8월 11일 일요일 맑음

5시에 중조연합고고대의 자료를 정리했다. 제1지점 안내 및 조사 경로, 일정 초안은 장유위張友漁 등의 지도자에게 주어 참고하게 했다.

오후 2시쯤, 대외문위(對外文委)의 차오잉曹瑛, 장잉우張映吾, 학부(學部)의 장유위, 쑹서우리宋守禮, 문화부의 리장루李長路, 천쯔더陳滋德 등이 베이징에서 선양으로 왔다. 내몽골의 세 사람도 오늘 아침에 선양에 도착했다.

쑹서우리 동지에 따르면 북한 측은 아직까지도 북측 대원의 명단을 알려주지 않았다고 한다. 무슨 영문인지 모르겠다.

차오잉曹瑛 332 [9]

장잉우張映吾 318

장유위張友漁 328

쑹서우리宋守禮 324

랴오닝

저우환周桓 성서기省書記

가오보高波 선전부장宣傳部長

원페이文菲 문화청장文化廳長

탕홍唐宏 광외판부주임光外辦副主任

---

9) 이하의 명단이 무엇인지 정확하지는 않으나 회의의 참석자 명단으로 추정되며, 병기된 숫자는 호텔의 방 번호로 추정된다.

8월 12일 월요일 맑음

오늘 아침 9시에 둥베이국 주최로 둥베이국 강당에서 회의가 열렸다. 우선 둥베이국 톈田서기 주최로 개회했다. 대외문위 차오잉동지는 중조연합고고대에 대한 중앙정부의 지시사항과 정신을 전달했다. 학부의 장유위 동지는 학술문제와 관련하여 몇 가지 보충할 점을 지적하며, 각 성에서는 오후에 문건을 보완하여 내일의 토론을 준비하라고 했다. 랴오닝 성서기는 다음과 같은 점을 지적했다.

1) 박물관의 전시 내용을 상세하게 검열할 것,
2) 내부 자료를 준비하여 북한 동지가 수시로 제기하는 문제로 수세에
   몰리지 말 것,
3) 이미 사라진 유적에 대해서는 그 예비 지점을 제시할 것
4) 진현金縣[10]박물관은 정리와 공작을 위한 예비지점으로 준비할 것

등이다.

오후에 각 성은 각각 헤어져서 문건을 토론했다. 우리도 외출은 하지 않았다. 서쪽으로 늘어선 방은 오후에 햇볕이 들어 방 안에 있기가 어려웠다. 오늘 오후에 일부분이 조정되어서 나는 309호로 방을 옮겼는데, 즉시 매우 시원함을 느꼈다.

8월 13일 화요일 맑음.

오늘 둥베이국 강당에서 회의를 계속했다. 오전에 각 성에서 조사 및 준비 상황을 보고하고 관련된 문제들을 제기했다.

---

10) 진현金縣: 지금은 다롄시大連市 진저우구金州區에 해당한다.

점심 식사 후, 차오잉 동지, 장유위 동지가 공동으로 연구를 했다. 오후에 장 잉우 동지가 설명회에서 제시한 질문들에 다음과 같이 답을 했다.

① 학술문제, 중앙의 지시에 따라 과학적인 평가만을 해야 하며 역사 문제와 관련시켜서는 안 된다. 또한 부화뇌동하여 논쟁을 일으키지 말아야 한다. 토론할 때는 여지를 남겨두어야 한다.

② 지도의 변방 경계 문제, 중앙에 요청하기로 한다.

③ 과학원, 문화부에 남은 동지들은 박물관이 진행하는 학술적, 기술적 검토를 도와준다.

④ 조사의 예비항목 중에 파악하지 못한 것이 있을 경우 먼저 제안하지는 않으며 먼저 확대하지 않는다. 보여 달라는 상대방의 요구가 있을 때는 가능한 다 보여준다. 일부 지방박물관은 유물을 볼 수만 있다.

⑤ 대중교육, 특히 옌벤지역의 교육을 강화해 적극적으로 실시해야한다.

⑥ 생활대우는 대체로 절약을 하되 관대하게 한다. 우리 측 직원은 차이를 두지만, 과도한 차별은 피한다. 현장 작업과 저녁 식사는 분리해야 한다.

⑦ 인원의 검열과 심사는 성에서 책임진다.

⑧ 이 작업은 외교통상위원회에서 책임을 진다.

⑨ 접대 계획은 아직 승인되지 않았지만, 성 문화청장의 접견과 배웅은 가능하다.

차오잉동지는 북한의 국경절이 이미 9월 9일로 바뀌었다고 했다.

8월 14일 수요일 맑음

오전에 리창루李長路 국장이 각성의 문화재청국을 불러서 조사일정과 노선 등에 관련된 회의를 열었다. 이로써 회의는 거의 끝났다. 오후에는 리창루, 천쯔더, 뉴 소장, 왕중슈 동지 등과 함께 고궁을 찾았다. 이번 임무는 성(省) 측이 요구하고 장張 선생이 남겨둔 전시실의 심사 업무를 부여한 것으로, 주요문제는 다음과 같다.

① 장황하고 긴 설명에 문제가 있으며

② 만주족의 대두 그림에 관한 설명에 "북쪽으로는 몽골을 장악하고, 남쪽으로는 조선을 통제했다"는 표현은 국제문제를 야기할 수 있다.

③ 만주족의 입장에서 설명하고 있는 부분, 예를 들면, 잦은 대파명병 (大破明兵)과 홍승주(洪承柱) 생포 등의 표현은 상당히 불쾌하다.

④ 도표(圖表)가 비과학적인데, 특히나 무기관의 그림들이 가장 두드러진다.

⑤ 박물관의 방침, 업무 등이 분명하지 않은데, 베이징 고궁박물관을 모방해 만든 각종 관이나 명대사의 전시 등이 그러하다.

이번 회의에서 일부 설명과 무기관 및 의장 등을 철회할 것을 권고했다.

사무실에서 선양 남탑 앞에서 1959년에 출토된 부러진 동검 1점, 톄시구鐵西區 정자와쯔鄭家窪子에서 출토된[11] T자형 손잡이, 그밖에 여러 개의 동경(銅鏡)과 절약 등 과거에 발견된 것과는 다른 유물들을 보았다. 이들 자료는 매우 중요하다. 또 1957년 파쿠法庫에서 출토된 깨진 청동손잡이 1점도 살펴봤다. 청동 단검

---

11) 남탑 동검은 1955년, 정자와쯔(1지점) 청동기는 1958년 출토된 것인데, 약간 혼동한 것 같다.

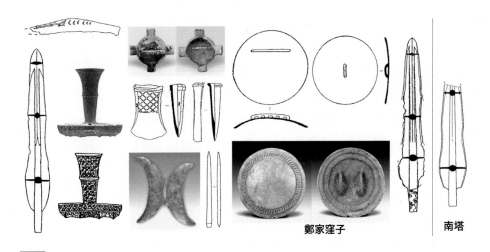

1963년까지 정자와쯔와 그 근방에서 출토된 청동검과 관련 유물

에 자료를 추가했는데, 특히 선양瀋陽 부근이 더 중요하니 그 지역을 중점적으로 조사할 것을 건의했다. 아울러 북한 측 동지들에게도 이 자료들을 줄 준비를 했다.

8월 15일 목요일 비오고 흐림

아침부터 큰 비가 내리기 시작했다. 아침식사 후 리국장, 천처장, 뉴 소장, 왕중슈 동지 등과 함께 랴오닝성 박물관에 가서 오전 내내 전시를 보았다. 사소하게 지적할 부분은 있었지만 큰 틀에서는 문제가 없었다. 전반적으로 볼 때 여기의 전시는 어느 정도 노력을 기울였으며 비교적 성공적이었다.

오후 3시에 호텔에서 나와서 자동차를 타고 동릉을 참관했다. 이곳은 나무가 울창하고 들풀이 여기저기 자라 있어 보기에 거슬렸다. 특히 비루(碑樓)가 불에 타고 자취만 남아 있어 거친 황야로 보였다. 이곳은 누르하치의 무덤이지만 둘러볼 만한 가치가 없는 것 같고, 특히 외빈들에게는 더욱 부적절할 것 같다.

동릉을 보고 북릉을 다시 보니 여기는 이미 공원으로 개척되었고, 연못에 연꽃이 만발하였다. 사방이 20여 리에 달해 꽤 볼 만하다. 북릉은 홍타이지릉묘皇太極陵墓가 있는 곳으로 동릉보다 규모가 약간 크고 새로 개축을 해서 더욱 볼 만하다.

저녁에는 리국장, 천처장, 류소장, 왕중슈 동지 등과 함께 문화재청으로 가서 시의 리국장에게 성박물관과 선양 고궁에 대한 의견을 전했다.

문화재청에서는 각 박물관에서 제시한 북한동지의 참관 가능 자료와 참관 불가능한 자료의 서면자료를 내게 줬다.

8월 16일 금요일 흐리고 맑음

오전에 랴오닝 각 박물관의 자료를 한번 쭉 읽어보았다. 궈원쉔 동지와 이야기하고 다음 몇 가지 항목을 성에 보고하기로 결정했다.

① 랴오닝 박물관의 자료는 모두 쓸 수가 있으니, 원래 의견대로 처리할 수 있다.

② 뤼순박물관은 원칙적으로 전시를 위주로 하고 있으며, 허우무청역과 다창산도의 토기편은 보강할 수 있다. 만약 북한 사람들이 일본인들이 발견한 청동단검을 요청하면 참관하도록 제공할 수 있으며, 일반적인 자료는 잠시 언급하지 않아도 된다.

③ 진저우錦州박물관의 우진탕 자료 및 다니와大泥窪 자료는 성 박물관에 집중되어 있어 이번에 관람하지 않는다.

④ 선양 고궁의 유물, 선양 출토 청동단검은 랴오닝박물관에 집중돼 있는데, 실제 출토지점을 조사하기 바란다.

⑤ 진현金縣박물관은 관람하지 않는다.

왕중슈 동지는 정오 후 4시 기차를 타고 귀경하고, 나와 뉴 소장은 9시 30분 기차를 타고 귀경했다. 성박물관의 장관장 및 궈원셴 동지가 역까지 나와서 배웅했다.

8월 17일 토요일 맑음

정오, 11시 35분 정시에 기차가 베이징에 도착했다.

해제 　중국과 북한이 최초의 조사를 한 기간의 일기이다. 사전조사를 마치고 2주 후
인 9월 2일에 북한 측 조사단이 선양에 도착했다. 본 발굴단은 고조선팀(안즈민 담
당)과 고구려 발해팀(왕중슈 담당)으로 나뉘어져서 조사가 이루어졌다. 초기 북한
측은 이미 베이징에서 유학을 한 리지린이 주로 의견을 주도했다. 사전조사 내용에
서 알 수 있듯이 안즈민은 북한의 의도를 잘 모른 채 중국 동북지역의 대표적인 유적
을 목록화하고 발굴에 준비하며 의전을 하는 데에만 신경을 썼다. 하지만 리지린은
고고학자가 아니라 역사학자로 고조선과 관련된 여러 문헌 자료를 증명하려고 했기
때문에 조금씩 고조선의 문제로 갈등이 격화되는 상황이 드러나 있다(강인욱).

제3장

1963년 본 조사

9월 1일~11월 1일

9월 1일 일요일 맑음.

중조연합고고대(=조중고고발굴대)[1]는 오늘 오후 8시 30분발 열차를 타고 베이징을 출발한다. 중조 양측의 전체 인원, 학부 부주임인 류다오성劉導生 동지 역시 동승했다. 북한 측 인원들이 가지고 있는 짐이 많고 승차할 때 다소 긴장한 모습이었다. 찬 공기가 밀려와 셔츠를 입고 있는데도 쌀쌀한 기운이 느껴졌다.

9월 2일 월요일 맑음

낮 11시 36분에 열차가 선양에 도착했다. 성 문화재청의 왕청장, 문화재처 잔처장, 시문화국의 국장, 박물관의 리관장과 장관장이 모두 나와 영접했다.

우리는 랴오닝호텔에 투숙했다. 점심식사 후 뉴 소장이 문화재 등의 책임을

---

1) 안즈민은 중국 측이기 때문에 "중조연합고고대"라고 서술했다. 이 일기는 중국 측의 입장에서 서술된 것임을 감안하여 원문 그대로 쓰겠다.

맡은 동지들을 소개하는 과정에서 랴오닝 벽화묘의 문제가 크다고 판단, 대신에 선양에서 일정을 임시로 정했다. 점심때 외빈과의 일정을 확정했다. 3일에는 성박물관, 4일에는 고궁과 북릉을 둘러보고 관람. 5일 오전에는 중장비 공장을 둘러보고 오후에는 지린성吉林省, 내몽골內蒙古 등으로 흩어져 가기로 했다. 북한 측 동지는 랴오양에 먼저 가지 않고 보존 상황에 따라 추후 논의하자는 데 동의했다.

뉴 소장은 먼저 창춘으로 가기로 결정했다. 김석형 동지도 먼저 창춘으로 가기로 했다. 따라서 그들은 내몽골에는 가지 않는다.

오후에 외빈[2]은 차를 타고 도시를 둘러봤다. 나는 성박물관의 초대를 받아 준비된 예비 전시품을 보았다. 그중에는 청동단검, 고구려(환린묘), 발해 등의 유물이 포함되어 있었는데, 수량은 많지 않았지만 대체로 양호했다. 이어서 장관장, 리관장 및 궈원쉔 동지 등과 함께 남탑의 남쪽으로 가서 청동단검의 출토지를 답사했다. 이곳은 수로를 팔 때 발굴한 곳으로, 그 위치는 남아 있지만 지면에 흔적은 없다. 서쪽, 남쪽 지대가 비교적 높기 때문에 지하에 당연히 묻혀 있을 것으로 추정된다. 그리고 다시 톄시 정자와쯔 청동단검 출토지점으로 갔다. 이것은 돼지우리를 만들다가 발굴한 곳으로, 시(市)가 수백 명의 학생들을 동원해서 정비했는데, 대체로 고르게 잘 정리해 볼 만하다. 지면에 있는 약간의 거친 홍도편은 무덤과 관련이 있는 것 같다. 근처에도 (유적이 있을) 약간의 희망이 있을 것 같다.

저녁 6시에 성서기 저우환周桓의 주최로 북한의 외빈을 접견했다. 이 자리에는 정/부청장과 부성장, 선양시 문화국 국장, 중조우호협회장 등이 참석했으며, 이후 비공식적인 저녁에 뒤풀이 모임에도 참석했다.

밤 9시, 내몽골 류푸劉富동지가 와서 츠펑에 갈 준비사항에 대해 문의해왔다.

---

2) 본 일기에서는 북한 측을 '외빈'이라 표현한 바, 저자의 표현을 존중해 그대로 표시한다.

안즈민安志敏 일기

9월 3일 화요일 맑음.

　　오전에는 전체 외빈들이 성 박물관을 참관했다. 외빈들은 특히 청동 단검, 전국시대, 고구려 시기의 유물에 특별히 관심을 보였다. 오전에 명대(의 유물)까지 참관했다. 오후 2시 30분에 계속 참관하고 마지막으로 전문적인 참고실을 참관했다. 선양시 남탑, 정자와쯔, 랴오양 량자오산 얼다오허쯔二道河子, 하이청 다툰 등지의 청동 단검, 환런 고구려묘 유물, 발해 유물 등이 있다. 외빈들은 따로따로 기물의 그림을 그리고 사진을 찍었다.

　　오후에 또 다른 그룹의 박시형(朴時亨), 채희국(蔡熙國), 최운학(崔雲學)[3], 김기웅(金基雄) 등은 성 도서관에 가서 책을 읽었다. 박시형은 호태왕비의 자료를 수집하고, 다른 사람들은 지방지, 근대사료 등의 도서자료에 치중했다.

9월 4일 수요일 맑음

　　오전에 중조 전체 인원이 항미원조열사릉에 갔다. 이어서 두 조로 나뉘어 한 조는 북한 동지 9명이 성 박물관에 가서 도면을 그리고 사진 찍는 작업을 계속했다. 나머지는 북릉과 청나라 고궁을 참관했다.

　　오후에는 성 박물관에서 도면 및 사진작업을 계속하는 사람을 제외하고 다른 사람들은 도서관으로 갔다. 이 도서관에는 장쭤린張作霖, 장쉐량張學良의 장서(藏書) 자료가 풍부하다.

　　4시에 도서관을 나와서 남탑 청동 단검 출토지로 가서 조사했다. 이곳은 백탑(白塔)의 남쪽 약 150m의 오수로에 위치하는데, 1955년에 수로를 파다가 나

---

3) 다른 북한학자들과 달리 그 이름이 많이 등장하지 않는다. 그는 이 시기 조중고고발굴대의 고구려-발해조에서 활동한 자료를 근거로 북한에서 정혜공주에 대한 자료를 단 1차례 발표한 적이 있다(최운학, 1965, 「자료:발해정혜공주묘비」, 『력사과학』 3기) 이로 볼 때 정식 고고학자보다는 보안 등의 역할을 주로 하며 조선 측 발굴단을 동행했던 사람으로 보인다.

왔다. 정황을 보니 지대가 낮고 남단이 높은 것으로 보아 여기에 무언가 묻혀 있을 희망이 있다. 그러나 지면에는 아무런 흔적이 없고, 토기편도 보이지 않는다.

례시 정자와쯔 청동단검 출토지는 정황상 고분이 틀림없다. 지하에도 아직 유적이 남아 있을 것으로 보지만 분명하지는 않다. 지상에서 적지 않은 도편을 채집했는데, 그중에는 홍도 삼족기(鬲) 다리편도 있다. 정황상 인근의 또 다른 유적지로 보이는데, 규모 역시 제법 크다. 리지린李趾麟 동지는 이곳이 시굴할 만한 가치가 있다고 생각한다. 상황을 봐서 발굴 후보지로 고려할 가치가 있다.

저녁에 동방 가무단의 공연을 보았다.

밤 10시 이후에 통역담당자들을 불러 이야기를 나누었다. 성 박물관이 제공한 편의에 외빈들이 만족하고 있다는 반응이었다.

9월 5일 목요일 맑음

오전에 외빈들과 성 박물관에서 사진을 찍고 도면을 그리는 사람들을 제외한 모든 사람들은 중장비 공장을 참관했다.

정오에 랴오닝성 저우환 동지는 간단한 모임을 열어 외빈을 환송했다. 류다오성 동지, 뉴 소장, 김석형 소장 및 제2조 전체 동지는 2시 20분 열차로 지린으로 갔다. 문화재청 왕칭장王慶長을 필두로 남역에 가서 환송한 후, 북역에 와서 제1조의 동지를 환송했다.

제1조 전체 동지는 15시 15분에 츠펑으로 가는 열차에 탑승했다. 역에는 왕청장, 하오주임郝主任, 잔처장, 박물관장, 도서관 관장, 국제교류처의 동지 등이 배웅했다.

이번 열차는 우등석이 없고, 랴오닝성에서 객차 하나를 통째로 대절해 주었다. 양측 대원이 함께 탔기 때문에 차 안에서 서로 인사하며 잘 어울렸다.

내몽골 자오우다멍昭烏達盟[4] 문교판공실의 왕치거王其格 주임 및 공안국 바오寶 동지는 어제 선양에 가서 외빈을 모시고 츠펑으로 동승하였다. 랴오닝성은 통

안즈민安志敏 일기

역사인 퍄오빙쭤朴秉柞와 의사 저우샤오량周紹良 동지를 파견해 제1조와 함께 일하게 했다.

<자오우다멍昭烏達盟과 츠펑시현赤峰市縣의 지도자 명단>
중공자오우다멍위서기中共昭烏達盟委書記 레이다이푸雷代夫
부서기副書記　　무린穆林
부서기副書記　　둥훙예董洪業
부서기副書記　　장더화張德華
자오우다멍장昭烏達盟盟長　　우리겅烏力更(蒙)
자오우다멍장昭烏達盟副盟長　　뤄진羅進
중공자오멍선전부부부장中共昭盟宣傳部副部長　　위언보於恩波
맹공서문교판공실주임盟公署文教辦公室主任　　류웨이劉維
맹공서문교판공실부주임盟公署文教辦公室副主任　　왕치거王其格(蒙)
츠펑시시장赤峰市市長　　리춘화李春華
츠펑현부현장赤峰縣副縣長　　한뎬의韓殿義
츠펑현문교국부국장赤峰縣文教局副局長　　중옌쥔鍾彦俊
츠펑현문교국부국장赤峰縣文教局副局長　　장춘이薑純一

9월 6일 금요일 맑음.

밤에 너무 추워서 담요를 덮었건만 추위에 여러 번 깼다. 6시쯤 일어나보니 열차는 이미 내몽골 경내로 들어섰다.

9시 31분, 열차가 츠펑시에 도착하였다. 맹(내몽골 지역단위) 위원회의 제1

---

4) 자오우다멍昭烏達盟: 몽골어 Juu Uda에서 유래한 행정구역으로 청대에 설치되었으며, 1955년에는 내몽골, 1969년에는 랴오닝성으로 편입되었으며 1979년에는 다시 내몽골로 편입되었다. 1983년에는 츠펑시로 개명되었다.

서기, 맹장, 문교판공실 주임, 선전부 부부장, 내몽골 문교청 사무소 주임 안쯔쯔安子自, 츠펑시와 현의 문교국장 등이 마중 나왔다.

자오우다멍 호텔에 도착하여 맹의 지도자 동지에게 간단하게 일정을 이야기했고 자오우다멍 문물참에 가서 문물 전시실을 둘러봤다. 여기는 유물이 적지 않으니 외빈들도 둘러볼 만한 가치가 있다고 생각했다. 그 후 호텔로 돌아와 리지린 동지와 일정을 이야기했다. 당초 예정보다 이틀 많은 12일 동안 내몽골 체류가 확정됐다. 담화 중에 리지린 동지는 내몽골에서 조양으로 가겠다고 언급했지만, 나는 그에게 계획이 바뀌어서 랴오난遼南으로 먼저 가게 되었다고 일러주었다.

점심에는 뤄맹장羅盟長이 배석하여 외빈들과 점심 식사를 했다.

오후 3시에 중조조사대 전체 인원이 맹청(盟廳)에 갔다. 자오멍의 제1서기 레이다이푸雷代夫 등 지도자들을 접견했다. 우호적인 분위기 속에서 대략 한 시간 정도 환담을 나누었다.

진 도량형 토기(츠펑박물관)

그리고 즈주산蜘蛛山으로 갔다. 여기는 시내의 변두리에 위치하며 내몽골 부대가 이미 발굴 중이다. 북한 동지는 큰 관심을 보이며 소개를 들었고 유적지를 둘러보았다. 진조판(秦詔版) 도기에 있는 문자[5], 도철문의 반와당, 그리고 명도전과 일도전 등을 보았다. 이 유물들은 연(燕)·진(秦) 강역을 설명하는 데 상당한 가치가 있다. 내몽골팀이

5) 진조판(秦詔版)은 도량형의 통일을 명령한 청동판이다. 본문의 뜻은 다소 모호하지만, 츠펑박물관에는 이 지역에서 발굴된 통일된 무게를 다는 신권(秦權)과 통일된 도량형을 적어놓은 명문이 새긴 도량형 도기가 전시되어 있다.

안즈민安志敏 일기

이곳에서 발굴한 목적은 츠펑 부근의 문화퇴적층의 순서관계를 해결하기 위한 것으로, 발굴로 완전히 목적을 달성하였다. 여기서 표토층 이하로는 전국~한대의 소면(素面), 도철문의 반와당, 명도전, 일도전, 진조판문 등이 발견되었다. 그 밑으로는 샤자뎬 상층문화, 그리고 그 밑으로는 샤자뎬 하층문화가 이어졌다. 그리고 개별 지층에 따라서 깊은 곳에서 채도편도 발견되어서 홍산문화층이 존재했을 가능성을 보여준다.

저녁 6시, 자오우다멍 제일서기는 간단한 모임을 열어 북중 양측 모두를 접대해 아주 즐거웠지만, 나는 술을 너무 많이 마셔 밤에 많이 불편했다. 앞으로 적당히 절제해야겠다. 연회 후에 영화 「오늘의 내몽골」을 관람했다.

마지막으로 동지들과 상황을 논의했고, 아울러 류관민劉觀民[6) 동지와 일의 진행상황도 이야기했다. 12시 반에 잠이 들었는데 자못 피곤하다.

류관민의 반응에 따르면 맹청(盟廳)에서는 북한의 동지들이 맹(자오우다멍)으로 와서 조사하는 것을 매우 중시해 곳곳에 도로를 닦고, 심지어 난산건 주민들의 복장이 남루해 보일까 만여 장의 포표(의복배급표)를 발행하기까지 했다고 한다.

9월 7일 토요일 맑음.

8시 30분에 5대의 가즈 69(Gaz-69, 소련의 군용차량)를 타고 호텔을 출발해 싸수이포撒水坡 고성을 조사하러 갔다.

길에서 많은 군중들이 길을 수리하는 것을 보았다. 차로 약 1시간을 가서 잉진허英金河를 건너 싸수이포 고성에 도착했다.

---

6) 류관민劉觀民(1931~2000)은 중국사회과학원 고고연구소의 연구원으로 재직하며 주로 츠펑지역 일대의 연구를 담당했다. 특히 난산건, 샤자뎬 등 1970~80년대에 이르는 내몽골 동남부 일대의 주요한 발굴을 주도한 핵심적 인물이다.

싸수이포 고성은 츠펑에서 동북쪽으로[7] 약 50리(25㎞) 정도에 위치한다. 성
터는 직사각형 형태로 동서로 약 180m, 남북으로 120m로 이루어져 있다. 성벽
의 높이는 약 1m 내외이고 동쪽 벽은 허물어져 있다. 성안에는 기와 편이 많이
있으며 자오우다멍문물공작참은 일찍이 여기에서 산자형 와당편 한 점을 채집
한 적이 있다. 토기편도 적지 않은데, 대체로 전국~한대 초기의 유물이다. 또한
명도전 파편도 채집한 적이 있으니, 모두 이 성의 시대구분의 근거로 삼을 수 있
다. 이 성의 북서부는 고대 장성의 자취로서 이 성은 고대 장성과 약간의 관련이
있는 것으로 의심된다.

오후 3시, 모든 대원은 자오우다멍문물공작참에 가서 문물전시실을 참관했
는데, 이곳의 유물이 매우 매력적이었다. 외빈을 모시고 참관했기 때문에 도면
을 충분히 그리지는 못했는데, 중요한 시사점 몇 가지는 다음과 같다.

① 자오멍昭盟 아오한기敖漢旗 스양후무덤石羊虎墓[8]에 묻힌 기물들은 매
   우 특이하여 홍산문화와 밀접한 관련이 있는 것으로 의심된다.[9]
② 츠펑 시뉴보뤄西牛波羅에서 출토된 2개의 청동 시루(銅甑)는 중원의
   상주시기와 일치하는 바, 샤자뎬夏家店의 하층문화와 관련이 있는
   것으로 의심된다는 것, 적어도 이 지역이 중원문화와 연계되어 있음
   을 설명한다.
③ 1958년 닝청寧城 난산건南山根에서 발견된 청동기 중에는 등날이 있
   는 곡인검[10]도 1점이 포함되어 있는데(『고고(考古)』1959-6기에 보
   고되었으나 도면은 발표되지 않음[11]) 주목할 만한 현상이다.

---

7) 실제로는 서서북 방면 20여㎞에 위치한다. 참고로 동북방향으로는 샤자뎬향에 있는 산수이포山水坡
   고성도 있다.
8) 스양스후무덤石羊石虎墓의 오기이다.
9) 이후 소하연문화로 판명
10) 비파형동검
11) 난산건에서 1958년에 출토된 청동기 중에서 누락된 비파형동검은 이후 1975년에 보고된 조중고고

안즈민安志敏 일기

④ 문물참[12]의 사진 자료에 따르면 지금도 곡인검 1개(올해 난산건 발견)가 발견되었는데, 동과, 궤(簋)와 함께 발견되었다는 것은 이들이 춘추시기에 해당함을 설명한다.

⑤ 츠펑에서 발견된 전국묘에서는 환저 승문토기와 두형토기가 발견되었다. 전자는 탕산唐山 자거좡賈格莊[13]의 것과 일치하기 때문에 전국 조중기의 유물임을 증명한다.

⑥ 츠펑 부근서 많이 출토된 양평포(襄平布)는 츠펑 부근에서 새로 나온 예로서, 양평(지금의 랴오양)에서 주조한 것이니 역시 특히나 믿을 수 있다. 저녁에 만나 상황을 설명했는데, 상황은 아직 좋은 편이었다. 리지린李趾麟 동지와 협의해 북측은 김용간이, 우리 측은 쉬밍강이 공동으로 유물을 고르는 책임을 맡았다. 북한 측도 중국 측 기록방식을 채택하는 데 동의했다. 북한 측은 내일 문물참에서 도면을 그리고 사진을 찍자고 했다.

밤에 또 한 차례 일정을 검토했다. 잘 조정을 하면 하루 더 단축하고 휴식시간도 적절하게 조정할 수 있을 것 같다.

9월 8일 일요일 맑음

아침 식사 후 리지린과 일정을 조정하는 문제를 상의했다. 그는 전적으로 동의했다. 퍄오빙쥐 동지는 조선국경절을 축하하는 중조 양측의 연설문을 번역해야

발굴대의 일환으로 조사된 난산건의 보고에 함께 도면이 소개된다(中國科學院考古研究所內蒙古工作队, 1975,「寧城南山根遺址發掘報告」,『考古學報』1975-1).

12) 자오우다멍의 文物工作站을 의미한다.

13) 안즈민 본인이 발굴하고 정리한 대표적인 유적으로 그의 편년관은 후에 전국시대 하북지역의 기반이 되었다.

해서 오늘 휴가를 내고 실내에 남아 번역했다. 북한 측은 전주농[14], 장주협[15], 이제선(李濟善) 등 3명을 자오멍창으로 보내 도면을 그리고 사진을 찍었으며, 우리 측은 천춘시 동지를 배석시켰다.

다른 동지들은 오전 8시에 출발해서 먼저 고장성 유적을 조사했다. 핑딩산平頂山 언덕에 돌로 쌓은 담장의 흔적이 있었는데, 대부분 무너져 있었지만 그래도 원래의 모습은 볼 수 있었다(즉 남아 있었다.). 또 산기슭의 수로 단면에는 성벽의 단면이 보이는데, 북대자(北台子) 일대를 지나면서 검은 띠 같은 것이 멀리 싸수이포撒水坡 고성까지 이어진다. 산꼭대기에는 평평하고 융기된 담장이 2.5㎞에 걸쳐 있다. 군데군데 돌로 쌓은 기초가 있다. 성벽의 내외에 두 군데의 원형 돌무더기의 흔적이 있어서 성벽의 건물과 관계있는지는 모르겠다. 어쩌면 다른 시기의 유물일 수도 있다. 성벽의 서쪽 끝에서 농민들이 감초를 캐다가 커다란 판와 몇 장을 파낸 적이 있다. 이미 기와는 산산조각 났지만 기와 중심에는 기와 못을 뚫은 동그란 구멍이 뚫려 있어 전국시대의 특징을 보여준다. 다른 곳에도 산발적으로 기와 편이 나왔지만 유물은 적었다. 이 성은 서쪽 끝자락이 끊겼고, 서쪽으로 10여 리 떨어진 관제묘에도 잔흔이 남아 있다.

정오에 하산하여 관개구(灌漑區) 관리소에서 식사를 하고 휴식을 취한 뒤 오후 3시에 다시 출발해 산꼭대기를 조사했다.

산터우유적지山頭遺址에 대해 퉁주천佟柱臣 동지는 고성지에 속한다고 보았는데, 현지 답사한 결과 흙 언덕이 돌출되어 있기는 하지만, 성벽 같지는 않았다. 그리고 판축을 한 흔적도 없어서 성지가 아닐 가능성이 있다. 지표면에는 토기 편들이 꽤 많고 단면에는 3m 남짓한 회층이 드러나 있는데, 샤자뎬 하층문화에 속하며, 상층부는 전국시기의 유물이 남아 있다. 오늘 채집한 유물이 꽤 많다. 부

---

14) 원문에는 전주진(田疇辰)으로 되어 있는데 전주농의 오기로 보임.

15) 원문에는 장주앙(張宙泱)으로 되어 있는데, 정황상 장주협으로 보인다. 장주협은 1973년에 이순진과 함께 [고조선 문제 연구]를 집필한 바 있다. 아바 이때의 발굴 경험이 큰 기반이 되었으리라 쉽게 생각해볼 수 있다. 이하 본문은 모두 장주협으로 고쳐서 표기한다.

안즈민安志敏 일기

근의 주민이 삼릉식 청동촉 1개를 가져왔다. 조사를 마친 시간이 이미 4시쯤 되어서 호텔로 되돌아 가야했기에 라오예링老爺嶺은 갈 수 없었다.

오후 8시에 호텔에서 가무연회를 열었다. 레이서기雷書記와 라오부맹장羅副盟長 등이 배석했는데 맹의 문화공연단이 연출한 것치고는 그 수준이 매우 높았다.

9월 9일 월요일 맑음

오늘은 조선민주주의인민공화국 건국 15주년으로 맹의 건의로 오늘은 조사를 잠시 중단하고 행사에 참가했다.

오전에 우싼五三인민공사를 참관했다. 인민공사대표의 소개에 따르면 이 인민공사는 "대약진" 때에 우수성을 드러냈으며, 인민공사가 성립된 이래 생산수준과 인민의 생활이 크게 향상되었다고 한다. 특히 해방 전에는 과수가 전혀 없었던 이 지역에서 지금은 널리 재배되고 있었다. 다양한 종류와 맛있는 과일을 맛볼 수 있다는 것은 과거에는 상상할 수 없었던 일이다. 좌담이 끝난 뒤 과수원을 둘러봤다. 새로운 재배기술이 완전히 완성되지도 않은 상태에서도 이 같은 성과를 낼 수 있다니 놀라운 것이다.

계속해서 츠펑시의 가죽공장을 참관했다.

오후 3시에 츠펑시 양탄자 공장 및 제약 공장을 참관했다. 후자는 마황소(=에페드린)를 주로 생산하고 있는데, 이곳의 원료가 많고 품질도 우수하여 수출품의 대부분을 차지한다고 한다.

정오에 맹위부서기 무린穆林(문교부 서기), 위언보於恩波 선전부 부부장, 내몽골 문교청 안쯔쯔 주임이 방문해 접대 상황을 함께 챙겼다. 우리는 모든 것이 양호하다고 생각했다. 나는 세 가지 문제를 제기했다. ①난산건에 새로 발견된 청동기 무덤은 중조연합고고대 성과로 채택하길 바라며 그 청동기는 베이징으로 가져갔으면 좋겠다. ②조선동지가 자오우다멍문물참에서 그린 그림 및 사진의 유물들은 문물참 측에서 조속히 간략한 보고를 작성하여 미리 발표해 주기를 바란다. ③ 학술적 임무를 완수하기 위해 문물참이 소장하고 있는 일련의 유물들을 인용해서 발표할 수 있게 해주기를 바란다.

저녁 6시에 조선민주주의인민공화국 건국 15주년을 기념하는 축하연이 벌어졌다. 술자리 뒤에는 북한 영화 「붉은 선전원(紅色宣傳員)」이 공연되었다.

저우비중周必忠 동지께서 츠펑으로 와서 소조들의 계획을 담은 궈원셴의 편지를 가져왔다.

9월 10일 화요일 비오고 흐림

오전 8시 30분에 호텔을 나와 둥바자석성東八家石城 등의 유적을 조사하러 가려는데, 출발할 때 빗방울이 떨어지기 시작하더니, 도중에 빗줄기가 점점 굵어져 잉진허英金河 변에 이르렀을 때는 비가 폭포수처럼 세차게 내렸다. 강을 건너기는 위험했고 도로도 질퍽거려서 조사하기가 불편해 호텔로 되돌아갔다. 도중에 비가 그치기는 했지만, 진흙탕이었다.

오전의 빈 시간을 이용해 11시에 자오밍문물공작참에 들러 유물을 보고 도면 기록을 했다.

오후에 계획을 바꿔 홍산紅山으로 조사하러 갔다. 먼저 홍산허우紅山後로 가서 동쪽 끝의 두 번째 주거지(홍산2기층을 말하는 듯함)에서 토기편을 많이 채취했는데, 대부분 샤자뎬 상층문화이며 하층문화는 드물었다. 근처에서 두 기의 무덤을 볼 수 있었는데, 모두 토광묘로 인골의 보존상태도 좋았고, 유적의 분포 범위가 넓었다. 서쪽 끝 역시 샤자뎬 상층문화가 주를 이루지만, 홍산문화의 토기편도 보이는 것으로 보아 이곳을 제1기의 주거면으로 볼 수도 있다.

그 다음으로 홍산첸紅山前으로 갔다. 여기는 홍산문화 유적이 주를 이룬다. 채집된 유물이 많고 세석기도 적지 않다. 그밖에 샤자뎬 하층, 상층, 그리고 전국시기의 유물도 있었다. 또한 석관도 일부 발견된 것으로 보아 샤자뎬 상층문화의 유적도 있었을 것으로 보인다.

9월 11일 수요일 흐림

　오전 8시에 호텔에서 출발해서 먼저 라오예묘老爺廟에 갔다. 이곳의 유적 범위는 그리 크지 않지만 대체로 전국시대 유물이었다. 또한 별도로 샤자뎬 상층 문화의 유물과 채도들도 있었다.

　둥바자석성은 그리 높지 않은 작은 산의 정상에 위치한다. 산꼭대기부터 남쪽 언덕까지 일부는 돌담으로 둘러싸여 있다. 형태는 퉁주천 동지가 보고한 바와 같다. 성 안에는 원형 주거지도 볼 수 있다. 그러나 산비탈의 경사는 매우 커서, 원래 측량도와는 크게 차이가 났다. 산꼭대기에 가까운 언덕에는 계단 모양으로 돌을 많이 쌓아놓았는데, 원도에는 나와 있지 않다. 동남쪽 한 원형의 돌무더기(원래 매긴 일련번호 14의 인근)가 있고 일단은 파괴된 것으로 보인다. 토층의 바닥 쪽에 백회면의 흔적이 보인다. 토기 편은 샤자뎬 하층문화의 것이라 시대구분의 근거가 된다. 북한 동지들은 이 돌담에 큰 관심을 보였다. 이들은 이런 석성이 고구려, 심지어 고조선과도 관련이 있다고 보고 있다. 정황상 향후 발굴지의 하나로 거론될 수도 있다.

　밖에서 점심을 먹으면서 즐겁게 이야기를 나누었다. 리지린은 몽골인민공화국 경내에서 고조선의 것으로 보이는 도시 유적이 발견된 적이 있다고 말했는데, 무슨 의도인지 모르겠다. 또 하북의 가오리수이高麗水를 예수濊水라 하는 등 우리의 대화는 서로 엇갈리기만 했다. 상황을 보니 우리의 의견을 떠보는 것 같았다.

　오후에는 샤자뎬을 계속 조사하고 내몽골 팀이 발굴한 발굴 구덩이를 살펴봤다. 이 유적도 작은 산꼭대기에 자리 잡고 있고, 그 배후에 돌로 쌓은 담의 흔적이 있어서 둥바자석성과 유사하다(약간의 돌무더기의 흔적도 있다). 그러나 내몽골 팀의 발굴 보고서에는 이에 대한 언급이 전혀 없었다. 북한 동지들이 이곳에 관심을 갖고 있다. 그들은 샤자뎬 상층문화 또는 하층문화를 "고조선"으로 편입할 가능성을 타진하는 것 같다.

싼자三家유적의 범위는 범위가 넓지 않다. 유물은 많지 않고 전국시대의 유적만 남아 있다.

마지막으로 반라산半拉山을 갔다. 그 남반부는 이미 무너진 채 강에 묻혀 있다. 다만 그 뒤쪽으로도 돌담이 확실히 있다. 이곳에는 전국, 샤자뎬 상, 하층의 유물이 있다. 이로 볼 때 샤자뎬 문화(아마도 하층)의 마을에서는 모두 이런 방어물이 있으므로 반드시 성벽이라고 볼 수는 없다.

오늘은 다섯 곳의 유적지를 조사해서 상당히 피곤하다. 이어 저녁에는 경극「바레인의 분노」를 보았다.

경극을 보고 나서 또 천춘시, 퍄오빙줴 등과 오늘의 학술적 상황을 종합검토하고 나서 자정이 훌쩍 넘어서 잠자리에 들었다.

9월 12일 목요일 맑음

오전 8:30 출발해서 먼저 우리차五里岔에 갔다. 여기는 소위 성지라고 알려져 있는데, 형태가 비교적 작지만 흙구덩이 안에는 판축을 한 흔적이 있다. 따라서 반드시 성지라기보다는 방어성의 보루터일 수도 있다.

상수이촨上水泉은 두 곳으로 나뉠 수 있다. 서쪽에는 돌담의 흔적이 있다. 전국, 샤자뎬상, 하층의 유물은 있지만, 홍산의 유적은 극히 드물다. 동쪽에는 홍산 문화 유적지가 있는데, 내몽골 팀은 이곳에서 집터 등의 유적을 발굴하고 있으며, 그 부근에는 홍산 문화의 유산이 비교적 풍부하다.

오후에 위언보於恩波 동지가 와서 레이서기의 의견을 전하면서 난산건의 청동기 중에서 중복된 유물은 지방에 남겨둘 수 있는지의 여부를 물었다. 나는 이 지역에서 청동기를 가져가는 것을 원하지 않는다고 느꼈다. 정오에 그를 만났을 때 나는 이 청동기를 안 가져갈까 생각한다고 이야기하자 그는 곧바로 동의를 했다. 나의 예측은 매우 정확했다. 저녁에 류관민 동지와 의견을 교환하여, 이 청동기를 둘러싸고 자치구와 맹 사이에 모순이 있고 류관민 본인도 그 때문에 감

안즈민安志敏 일기

정이 상했다고 한다. 상황을 보니, 그 싸움에 휘말리지 않으려면 정당한 수속 절차에 따라 일을 처리해야 할 것 같았다.

오후에는 두 명의 의사가 팀 전체의 신체검사를 했다. 모두 다 좋았다. 다만 나에게는 최고 혈압이 130, 최저혈압이 96으로 혈압이 높다고 했다. 의사가 나에게 술을 마시지 말라고 권했지만, 아마도 연일 피곤해서 그런 것 같다.

오후에 외빈들은 휴식을 취하면서 수습한 유물들의 사진을 찍었다.

5시에 무서기, 위부장, 안주임이 와서 처우가 어떤지 묻자 근로자들은 아직 괜찮다고 했다. 다만 일정이 빡빡해 외빈들도 피곤해했다.

저녁 6시에 레이서기는 외빈들과 함께 만찬을 했다.

8시에 내몽골 가무단의 공연을 보러갔다. 10시 반에 호텔로 돌아왔고, 이어 쉬광지동지께서 다시 왔다. 12시 가까이에 잠을 청했다.

9월 13일 금요일 맑음

새벽 5시에 일어나 5시 반 아침식사를 하고, 6시경 역에 도착했다. 6시 45분 출발 열차를 타고 츠펑을 출발했다. 연일 피로가 쌓여 차 안에서 얼마간 잤다.

10시 33분에 톈이天義에 도착했다. 현위원회의 서기 등이 역에 마중나왔다. 곧바로 간부초대소에서 휴식했다.

오후 1시에 톈이를 출발해 도중에 요중경(遼中京)을 지나 백

요중경백탑

탑을 보았다. 연일 피곤한 데다 아침 일찍 일어난 탓에 자동차가 달리는 도중에 졸음이 와서 길가의 경치를 제대로 감상할 수 없었다. 5시경에야 바리한八里罕에 도착해서 바리한 인민공사에 투숙했다.

저녁 식사 후 팀 내에서 회의를 열어 외빈의 처우 상황에 대해 자유롭게 이야기하고 요 며칠 동안의 업무 상황을 결산했다. 혈압을 재보니 최저혈압이 80 정도로 회복되었다. 이는 휴식을 잘 취한 것과 관련 있을 수 있으니, 앞으로도 이 점은 주의해야겠다.

9월 14일 토요일 맑음.

아침식사 후 먼저 난산건에서 출토한 청동기를 보았다. 수량은 200여 점으로 정말 경탄할만하다. 그 안에는 서주 말~춘추 초기의 궤(簋), 보(盨), 정(鼎), 과(戈) 등이 있었다. 그밖에 역, 정 등과 같은 샤자뎬 상층문화의 토기와 기형이 일치하는 지역적인 특색이 강한 청동기들도 있었다. 동검으로는 등날이 살아 있는 곡인검[16] 1기, 그리고 다수의 유병식 청동단검이 있었다. 그밖에 청동도, 동모가 있고 황금장식도 있었다. 이 청동기들은 이 유적의 연대를 판단하는 데에 중요한 가치가 있다. 조선 외빈들도 이 청동기에 관심을 보였으며, 리지린 동지는 이 것은 동양 고고학의 위대한 발견이라고 하며 이러한 청동기를 더 찾는 것이 목적이라고 말했다. 여기서 며칠 더 있어도 괜찮을 것 같다고 했다(이상은 그들의 대화중에 나온 것임). 또한 이곳의 무덤은 반드시 발굴해야 한다고 하면서 이곳 유적 조사에 큰 흥미를 보였다.

유적지에 도착한 뒤에 이 무덤의 묘광이 이미 드러난 상태였고 잘 보호되어 있다는 것을 알았다. 대형의 석곽묘로 주변에는 대형의 자갈돌들을 둘렀다. 상면을 덮은 석판은 깨어져서 무너진 상태였다. 아마 원래 목관과 같은 장구가 있

---

16) 비파형동검.

었던 것 같다. 묘광의 상부는 이미 발굴되어 거대한 타원형의 구덩이처럼 되어 있었다. 남쪽 벽의 자갈은 제거되었고, 동쪽 끝에는 일부 덮개돌이 남아 있지만, 상황을 보아서는 이미 다 파서 비어 있는 것 같다. 리지린 동지도 흔쾌히 발굴할 것을 결정했다.

오전에는 우선 구덩이 옆에 쌓인 흙을 솎아내다가 작은 기물을 많이 발견했다. 아주 작은 동포도 있었다. 다른 동지들은 유적지를 둘러보았다. 내몽골 발굴대가 발굴 중인 큰 피트(=구덩이)도 아주 주목된다. 상황을 보니 이곳은 무덤인 것 같은데 그 분포가 조밀하지 않아서 좀 더 탐색해봐야 할 것 같다.

오후부터 무덤 입구를 깨끗이 정리하고, 석곽의 윤곽을 노출시키고 평면도를 그렸다.

맹의 리 조직 마을 사람들에게서 유적이 발견된 다섯 곳의 정보를 얻어 들었다. 그에 의하면 그중 하나는 21년 전에 발견된 것으로 가장 유력하다고 한다. 그 결과를 리지린 동지에게 말했더니 그도 큰 관심을 보였다. 그러나 결국 한 곳도 찾지 못했다. 여기서 한 가지 경험을 얻었으니 향후에는 정보를 확인한 후에 외빈에게 알려야 하며, 이렇게 하는 것은 적절하지 않다는 것이다.

오후 6시 랴오닝 잔처장의 전화를 받고 그가 이미 톈이에 왔으며, 우리의 전체 일정에 변동사항이 있는지 물었다.

9월 15일 일요일 맑음

아침 식사 후 세 팀으로 나누었다. 1조는 조선의 외빈들로 실내에서 도면과 사진촬영을 맡았다(3명). 그들은 천춘시가 함께 했다. 오후에 일이 다 끝나지 않은 관계로 네 명으로 늘었다. 오전에 장주협이 베이징으로 유물을 가지고 가서 그림을 그려도 될지 물었는데, 북한 동지의 최소한의 바램을 나타낸 것이다. 오늘도 북한 동지가 밤늦게까지 야근을 하면서 바쁘게 그림을 그렸다. 유물 반출을 허용하여서 충분히 해결될 수 있는 상황이라면 근본적으로 이런 긴박한 상황

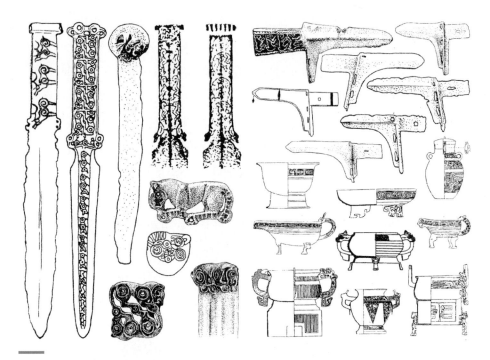

난산건 101호 무덤 출토 청동단검과 동물장식 및 중원예기

은 피할 수 있었다. 지도부에 보고하고 유물을 베이징으로 옮길 수 있도록 해야
한다.

　1조는 마안산馬鞍山유적에 갔다. 여기에는 한나라 시기의 기와층만 있으며,
유적 범위가 넓지 않아 봉수터로 추정되었지만 외빈들의 관심은 크지 않았다.
그 이유는 성터가 아니기 때문이다. 오후에 주선먀오성지九神廟城址를 조사했다.
성터는 매우 잘 보존되어 있으며, 성 안에는 한나라 시기의 기와편과 요遼(?)시
기의 기와편이 널려 있었다. 성벽 안쪽에는 샤자뎬 상층, 전국, 한나라 때의 토기
편들이 있는 것으로 보아 축성 시기는 한나라 때보다 빠르지 않으며, 늦으면 요
나라 시기까지도 갈 수 있나. 상황이 이렇다 보니 북한 동지들도 관심을 보이지
않았는데, 그들이 생각했던 것과는 달랐기 때문이다.

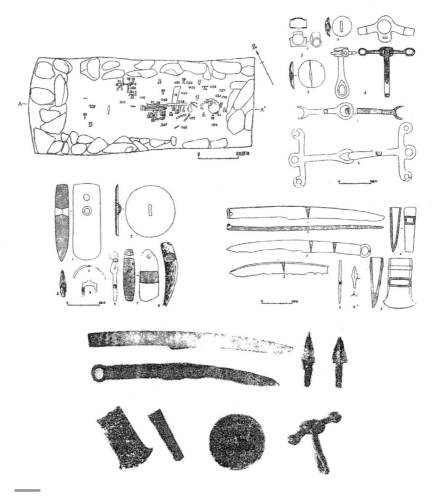

난산건 102호묘와 출토 유물

　　난산건 대형묘 1호분[17]은 어제 윤곽을 깨끗하게 정리했다. 그래서 오늘은 무덤 안의 충전토를 정리했다. 이런 대형 무덤의 곽실은 본 적이 없으면 전체가 흐트러져 있었다. 정리 과정에서 자잘한 유물들이 적지 않게 많이 나왔고, 금사원식(金絲圓式)도 출토됐다. 마지막에 단면도를 그릴 때는 이미 날이 저문 관계로 서둘러 마무리했고 내일 아침 묘광 내부의 사진을 찍으러 갈 예정이다.

1호 무덤의 서쪽에 현지 농민들이 정보를 준 작은 무덤[18]을 하나 발굴하고 있었다. 먼저 청동제 재갈이 1기 나와서 모두 흥미를 느꼈으며, 신속하게 이어서 발굴을 했다. 그 결과 이 묘는 반쯤 도굴되었지만 상부 부장품은 풍부한 편이었다. 청동칼·단추·도끼·끌·돌도끼 등이 출토되었다. 그 외에도 커다란 골편이 나왔는데, 그 위에는 차마와 활을 들고 있는 인물의 모습이 새겨져 있었다. 동지들은 이 뜻밖의 발굴에 매우 흥분했다.

저녁에 상황을 결산을 했다. 이틀간 외빈들의 주요 반응은 다음과 같다.

① 어제 난산건의 출토 기물을 볼 때 리지린은 중국어로 '위대한 공헌' 이라 하고, 나올 때는 '박이 굴러떨어졌다(한국어로 보물을 얻었음을 의미)'고 하며 '우리가 찾고 있는 것이 바로 이런 유물이 아니겠습니까? 한번 발굴해 봅시다'라고 했다.

② 전주농은 동양 고고학의 위대한 공로라고 생각했다.

③ 시굴한 1호분에서 비단편이 나왔는데, 리지린 동지는 기자(箕子)가 인민들에게 누에를 길러 천을 짜는 것을 가르친 것이라고 했다.

④ 리지린은 이 무덤의 수량이 매우 많다고 생각한다.

야간에 리지린 동지께 일정문제로 연락했다. 리지린은 이 기물(M1)들을 베이징까지 운반해갈 수 있겠지요? 하고 물었다. 나는 한번 연구해보겠다고 하면서 나중에 그들을 정식 발굴보고서에 포함시키겠다고 말했다[19]. 동시에 북한은 네댓 명을 동원해 밤늦게까지 유물을 그렸다. 내가 이 요구를 안주임과 위부장에

---

17) 후에 난산건 101호묘로 명명되었다.

18) 후에 난산건 102호묘로 불리는 무덤을 말한다.

19) 이 두 무덤 중에서 102호묘만 포함되었고, 난산건을 대표하는 101호묘는 공동 보고에서 빠지고 중국이 단독으로 출판했다. 북한과 중국의 갈등에 따른 결과이다.

안즈민安志敏 일기

게 말했더니, 그들은 난처해하며 내게 외빈들에게 유물을 가져갈 수 있다고 전해달라고 했다. 또한 자기들도 관련 지도자에게 문의할 것이니 우리도 중앙을 통해 조정하고 빌릴 것을 요구했다. 본래는 좋은 마음으로 유물을 베이징으로 가져가라고 했으나, 몇몇 지도자들의 작은 이기심 때문에 일을 피동적이고 꼴사납게 처리하게 되었다. 오늘 밤 외빈의 그림 작업은 밤 12시까지 진행되어 소등이 되어서야 멈추었다.

9월 16일 월요일 맑음.

오늘 아침에는 톈이로 돌아갈 예정이라, 아침 7시에 7명(중국 측 4명, 북측 3명)을 난산건에 파견해 사진을 찍고 도면을 마저 그렸다. 8시 30분 전원이 함께 출발해 11시 30분에 톈이 간부초대소에 도착했다.

정오에 현 위원회에서 간단한 연회를 열었다. 라오부맹장도 톈이로 배웅하러 왔다. 잔치 내내 즐겁고 좋았지만 술을 너무 많이 권했다. 김용간, 전주농, 이제선(李濟善)은 모두 취해서 결례를 범하기도 했지만, 다행히 중국 측 대원들이 많이 마시지 않았다. 그렇지 않았다면 상상조차 하기 싫은 상황이 일어날 뻔 했다.

5시 40분에 톈이에서 출발했다. 랴오닝문화재청 잔처장, 공안청 장동지 등이 톈이로 와서 외빈을 맞이해 함께 차를 타고 선양으로 갔다.

9월 17일 화요일 맑음

오전 8시 5분에 열차가 선양에 도착했다. 문화재청 왕청장 등이 역에서 우리를 맞이했다. 리지린과 선양에서 이틀간 휴식하기로 했다. 오전에 회의를 열어서 중국 측 조사단의 요구 사항을 정리했다.

오후에 왕청장과 랴오난遼南의 기초적인 일정에 대해 이야기를 나누었다.

전주농은 병원에 갔다가 신장염이라는 진단을 받았다. 8시에 난후南湖병원

내과병동에 입원하여 치료를 받았다. 나와 황기덕黃基德이 그를 병원에 데려다 주었다.

9월 18일 수요일 맑음

오늘도 선양에서 휴식을 취했다. 나는 학부와 연구소에 보낼 보고문을 썼다 (천춘시 동지가 3부로 복사해서 1부를 남겨 두었다). 또한 왕중슈와 중사오린鍾少林 동지에게 편지를 썼다.

동지들은 오늘을 이용하여 기록과 발굴된 유물을 정리했다. 그리고 난산건 묘장의 유물을 조선의 동지들에 인계하여 살펴보게 했다. 오후에 김용간, 정찬영 씨가 성 박물관에 가서 전시품을 봤는데, 특히 원시사회와 청동 단검 등에 치중해서 봤다. 퍄오빙쥐가 동행했다.

오후 4시, 중조단원 전체가 전주농을 보러 난후병원에 갔다. 문화재청 왕청장, 잔처장도 함께 면회를 갔다. 의사의 말에 따르면 만성신장염이 급성으로 변했지만, 아직 심하지 않다고 한다. 일주일을 관찰한 후 결과를 진단할 수 있다고 한다.

저녁에 영화 「붉은 태양」을 봤다.

9월 19일 목요일 맑음

아침 8시에 선양을 출발해 10시경 안산에 도착했다. 류부시장과 문화국 이국장 등이 역으로 마중을 나와 승리호텔로 안내했다.

오후 2시에 호텔에서 나왔다. 안강(鞍山鋼鐵公司)에 가서 압연, 초연, 제강, 제철, 무봉강관 등을 견학했다. 규모가 매우 크고, 노동자들의 고단함을 이해할 수 있어서 우리에게 큰 교육이 되었다.

5시에 탕강쯔湯崗子의 온천에서 목욕을 하니 매우 상쾌했다. 초등학교 때 한번 온 적이 있는데, 벌써 30년 가까이 됐다.

저녁에는 시위원회 서기 대리 자오민趙敏과 부부장 등이 와서 우리를 만나고 간단한 연회를 베풀어줬다.

오후 9시에 성의 국제교류처와 문화재청에서 함께 상황을 검토했다. 류롄커劉連科 동지의 제의에 따르면 성 위원회는 외빈을 선양으로 초청하여 국경일을 보내게 할 것이라고 했다. 나는 량자산의 작업 상황을 보고 다시 외빈과 논의하기로 약속했다.

연회에서 리지린 동지는 안산에 살던 많은 조선 사람들이 지금은 중국인으로 변했다고 했다. 당시 연회에 있던 사람들은 아무도 대꾸하지 않은 채 한참 동안 침묵했다. 이어서 리지린은 조선에서도 많은 중국인이 조선인으로 변했다고 했는데, 그 자리에서 할 말은 아니었다.

9월 20일 금요일 맑음.

오전 8시 여행버스로 안산을 출발해서 오전 10시 20분에 량자산 공위(工人運動委員會, 노동위원회)에 도착했다. 여기에서 숙식을 할 예정이다. 일대의 수려한 경치는 산간 지역의 특징을 잘 보여주고 있었다. 도착 후 리지린 동지에게 랴오닝성 위원회가 국경절에 외빈을 선양으로 초청해 지내게 할 예정이라고 전해주자 리지린도 초청에 동의했다.

오후 2시에 얼다오허쯔二道河子(亮甲山) 청동단검 출토지에 도착했다. 여기에서는 1954년에 수로를 열다가 청동 단검 두 자루를 파냈다. 그러나 수로가 이미 마르고 인근에 도편이 많지 않아 토기의 기형조차 파악하지 못했다. 토기의 태토를 관찰해보니 정자와쯔 출토품과 유사하다. 농민이 제시한 단서에 따라 석관묘 1기를 발굴했다. 다만 유물은 전혀 없었고 한나라 시절의 것으로 추정된다. 충전토에서 발견된 토기편들은 대부분 무문이지만 1점에서는 새김무늬가 있어서 번시本溪 셰자웨이쯔謝家葳子[20]와 비슷하거나 같은 문화계통이다.

랴오양 얼다오허쯔

저녁에 성과 시의 동지와 함께 현재의 상황을 참작해 내일은 안산으로 돌아가기로 했다. 아울러 일련의 일정을 정하고 23일 가이핑蓋平으로 가기로 했다.

9월 21일 토요일 맑음.

오전 7시 30분 량자산을 출발해 9시 반에 랴오양에 도착했다. 백탑공원에서 백탑을 구경했다. 이 탑은 금(金)대에 세운 것으로 높이는 71.24m이다. 탑 꼭대기 부분이 비교적 심하게 무너지고, 제법 큰 나무가 탑 꼭대기에서 자라고 있었다. 결국 이 탑에는 해로울 수밖에 없다. 그러나 탑을 보수하는 데는 상당한 비

20) 쑨서우다오가 1961년에 요령일보 1961년 11월 19일자에 간단한 약보고서(本溪謝家葳子洞穴及其附近發現古文化遺存)를 낸 동굴유적. 상세한 유물상은 불명

안즈민安志敏 일기

용이 든다. 10시 반에 안산에 돌아왔다.

오후 1시에 첸산千山에 가서 협곡으로 들어서자, 푸른빛이 감도는 절벽에 경치가 그야말로 가관이었다. 정문에 들어선 뒤 산길을 따라 우량관無量觀에 올랐다. 마지막으로, 한 발짝 하늘로 올라가서, 톈와이톈天外天에 도착했다. 커다란 바위에 앉아 저 멀리 첩첩 산봉우리와 싱그러운 녹음 바라보며 푹 빠져 있는데, 돌 틈에서 자란 반룡송이 더욱 정원(원경)의 정취를 더했다. 오늘 찾은 것은 이 봉우리뿐이지만 이곳에서 바라본 풍경은 정말이지 마음에 쏙 든다. 듣자하니 첸산에는 구백구십구봉이 있다고 하니 다른 날 시간이 나면 꼭 한번 기이한 풍광을 찾아봐야겠다. 유명한 산은 반드시 구경해야 한다고 믿고 있다. 이런 산이 중원에 있었다면 아마 몸값이 10배는 더 뛰었을 것이다. 이를 통해서 깨달은 바가 있으니, 사람이 자신이 있는 곳을 선택할 수 없듯이 명산이라 알려지지 않았다고 명승지가 아니라는 법도 없다는 것이다.

9월 22일 일요일 맑음.

오전 8시에 호텔에서 나와 버스를 타고 시무청析木城에 가서 석붕(石棚)[21]을 조사했다.

이 석붕은 랴오둥에서 비교적 온전하게 남아 있기 때문에 과거 적지 않은 기록이 남아 있다. 이번에 동지들이 측량하고 사진을 찍었다. 내가 관찰한 바에 따르면 다음 몇 가지 특징은 주목할 만하다.

① 석재는 거대한 화강암 석판으로 표면이 대체로 반듯하다.
② 문마다 모두 높은 난간이 있으며, 꼭대기는 반들반들하지만, 작은
  구멍(=성혈) 30여 개가 밀집했다. 그 동그라미(=성혈)는 지름이

---

21) 석붕(石棚): 탁자식 고인돌을 일컫는 중국식 명칭이다.

3~4cm, 깊이는 0.5~1cm로 가공한 흔적이 보인다.

③ 우벽 내부 벽에는 50여 개의 성혈이 있고, 각 지름은 3~8cm, 깊이는 1.5cm이다. 가공한 흔적으로 의심된다.

④ 좌우 벽문 바깥쪽에 각각 긴 홈이 하나씩 있다(과거에는 기록된 적이 없는 것 같다),

⑤ 개석의 앞면에는 홈이 하나 있고 오른쪽 하나, 왼쪽에 두 개 있는데, 석판을 쉽게 운반하기 위해 뚫은 것 같다.

이상의 특징은 주목할 만하다.

여기는 원래 고수석(姑嫂石)이라고 하는 것도 있었는데, 1954년에 다리를 놓을 때 옮겨졌기 때문에 외빈에게는 소개되지 않았다.

시무청 석붕(2005년)

안즈민安志敏 일기

정오에 시펑산石棚山 아래에서 식사했는데, 정말 별미였다.

돌아오는 길에 다툰大屯을 조사했다. 다툰은 안산 남쪽 17킬로미터에 위치한다. 예전에 가마터가 되었는데, 지금은 지면이 이미 1미터 남짓의 깊이로 파헤쳐져 있다. 1953년에 동검 한 자루가 발견됐다. 성 박물관은 검자루가 나온 곳으로 확인했지만, 인근에 한나라 시기 벽돌무덤이 많아 승문의 벽돌과 깨진 토기들이 흩어져 있다. 그리고 철삽 편도 수습할 수 있다. 초기의 도편은 매우 적어서 기형을 알 수 없지만 량자산의 것과 같은 것 같다. 이곳에 유적이 남아 있을 가능성이 있지만, 별로 희망적이지 않은 듯하고 외빈도 크게 실망하는 눈치다.

5시에 탕강즈 온천에서 목욕하고 7시에 호텔로 돌아왔다.

저녁 식사 후 김용간 동지가 방으로 왔다. 3개의 조사기록을 서로 교환했다. 그들은 이미 관련 내용과 약도를 자랑했다. 나는 그들에게 난산건의 2기 무덤 기록을 다시 건넸다.

저녁의 회의석상에서 다시 한번 외빈에 대한 예우 문제를 언급하면서(예: 호칭 및 일상행동), 농담으로 일에 지장을 주어서는 안 된다고 강조했다. 사진 촬영은 적절하게 절제해야 하며, 특히 풍경과 사람은 적게 촬영해야 한다. 10시 반에 회의가 끝났다.

9월 23일 월요일 맑음.

오전 중국 측 팀 동지는 기록을 정리하느라 바빴다. 9시 반에 나는 외빈을 모시고 219공원을 한 바퀴 돌았다.

11시 30분에 점심 식사를 했다. 1시 15분에 호텔을 나서 1시 33분 차로 가이핑으로 출발, 3시 30분에 도착했다. 잉커우시營口市 부시장 궁샤광宮霞光 등 동지들이 마중 나와 나와 현간부초대소로 안내해 이곳에서 휴식을 취했다.

저녁 6시에 뉴 소장이 선양에서 전화했다. 그와 김석형 대장이 이미 선양에 왔다고 알려왔다. 나는 우리가 선양으로 돌아가면 함께 푸순에 가는 것이 좋겠다고 했다. 뉴 소장은 좋다고 하면서 김 소장과 협의해 만약 가이핑을 오지 않는 다면 다시 전화하지 않기로 했다.

저녁 6시 30분, 잉커우시와 가이핑현에서 간단한 연회를 열었다.

일정을 이야기할 때 리지린이 다음 문제를 제기했다.

① 어니하淤泥河의 위치
② 고분의 유무 문제
③ 슝웨청熊嶽城에 고성지가 있는가의 유무.

준비가 안 되어 확답을 할 수 없었다. 현 문화국장과 함께 『가이핑현지』를 살펴본 후에 이러한 질문들은 모두 『현지』를 근거로 해서 나온 것임을 알게 되어 곧 답안을 준비했다. 다시 물어본다면 다음과 같이 답할 수 있을 것이다.

슝웨청의 현재 모습

안즈민安志敏 일기

① 어니하는 민간의 전설이라 그 위치를 확정할 수 없다. 『가이핑현지』
　 에 기록된 곳만 해도 3곳이나 된다.
② 가이핑의 경내에는 한나라 시기 벽돌무덤만 발견되었을 뿐 『현지』
　 에 실려 있는 고구려묘가 남아 있지 않다.
③ 당나라 사람들이 슝웨청이라 부른 것은 석성인데, 지금은 명대의 토
　 담만 남아 있다.

가이핑에 이르자 리지린 동지가 고대 조선과 중국인들은 모두 가이핑에서 거주한 적이 있다는 의견을 내놓았다. 궁시장은 회피하고 대답하지 않았다.

리지린은 또 '잉커우嘦口'의 의미를 물었다. 궁시장은 어민들이 모여 살았던 집이라는 대답을 내놓았다. 그러자 리지린은 대답이 만족스럽지 않다는 듯 또 왜 랴오커우遼口라고 하지 않는지 물었다.

리지린의 질문방법은 그다지 타당하지 않았지만, 우리의 준비도 부실했다.

9월 24일 화요일 비 온 뒤 갬

동틀 무렵부터 비가 내리기 시작했는데, 빗줄기가 제법 굵었다. 오전 내내 멈추지 않아 조사 계획에 영향을 주었다.

오전 중국 측 팀 내 동지들은 기록을 정리했다. 오후에는 당 조직 생활을 했다.

밤과 점심때 푹 자서 연일 누적된 피로가 말끔히 해소되었다. 앞으로도 몸을 잘 관리해야 한다. 그렇지 않으면 몸을 망칠 수 있다.

오후에 리지린은 슝웨청을 보자고 했다. 석성을 찾았으면 하면서 우리의 견해를 잘 믿지 않는 것 같았다. 성, 현 동료들과 상의해 내일 석붕을 보기 전에 슝웨청을 먼저 보기로 했다.

9월 25일 수요일 흐림

　오전의 날씨는 여전히 그다지 좋지 않았지만, 조사를 마치기 위해서 8시에 차를 타고 출발했다. 가는 도중 비가 그쳤다.

　11시 시펑산石棚山에 도착했는데, 이곳은 과거 쉬자툰許家屯이라 불리었으며, 지금은 푸현復縣으로 귀속되었는데, 석붕산이라는 명칭이 가장 적합하다. 이 석붕은 랴오둥에서 가장 크며, 이미 사당(廟宇)이 되었다. 여기 비문 중에서 가장 빠른 것은 동치(同治) 6년(1867)이니, 적어도 이때부터는 석붕이 알려진 것이다. 천정석은 거대하고 세 벽을 평평하게 가공했는데, 시대는 좀 늦는 것 같다. 이 유적의 위치는 구릉 꼭대기에 있고, 산 앞으로 푸두허浮渡河가 흐른다. 사당은 이미 오랫동안 보수되지 않아 꽤 파손되었다. 좀 늦은 시기의 비석은 강희(康熙) 5년(1666)으로 구릉 위에는 돌도끼 파편 1점, 모래가 섞인 태토의(협사갈도) 홍

시펑산 석붕

　　　　　　　　　　　　　　　　　　　안즈민安志敏 일기

도편 1점 등 유물이 드물었다. 후자는 랴오둥 청동단검과 관련된 유적과 일치하거나 밀접한 관계가 있다.

도면을 그릴 때 마침 소나기를 만나 동지들이 큰 낭패를 보았다.

점심에는 슝웨청 얼타이농장二臺農場에서 식사를 하고 잠시 쉬었다. 김석형 소장과 뉴 소장이 오늘 오후에 가이핑에 온다는 소식을 듣고, 천춘시, 그리고 북한 측에서 장주협을 가이핑역으로 보내서 영접했다.

오후에 돌아오는 길에 슝웨청을 올라가서 살펴보았다. 역시 명대의 토성이었으니 리지린 등 동지의 요구를 만족시킬 수 없었다. 이어 왕얼산望兒山을 가자고 했는데, 실제로는 석성이 있는지 없는지 살펴보기 위해서였다. 초대소에 들어갔을 때는 6시 반이었다.

김 소장과 뉴 소장은 이미 가이핑에 왔는데, 박태호(朴太鎬)라는 통역을 대동하고 있었다. 밤에 환런에서 전화가 와서 정찬영이 귀국을 했다고 알렸다.

9월 26일 목요일 맑음

오전 8시에서 나서 조사를 갔다. 리지린 동지는 허리 신경통으로 집에서 쉬었다(어제 발작했지만 슝웨청을 보기 위해 여전히 버티고 있었다.).

칭스관青石關 고구려 산성[22]은 가이핑의 북쪽 15화리(7.5km)에 있다. 자연 산세가 장벽을 이루고 있는데, 형세가 험준하고 중앙에 분지가 있다. 그 출구는 판축을 이용하여 벽을 쌓았다. 대체로 일반적인 고구려 산성의 규칙에 부합한다. 산성의 둘레는 7~8km[23]로 추정되는데, 실제로는 더 클 것으로 보인다. 작은 도시의 기와편은 많지 않다. 줄무늬와 뒷면에 천 무늬가 있는 기와편, 인동무늬가

---

22) 중국 안산시 슈옌만족자치현岫巖滿族自治縣 양자부향楊家堡鄉 낭랑청촌娘娘城村에 있는 삼국시대 고구려의 포곡식 석축 성곽. 낭랑산성이라고도 불리는데, 내성의 길이는 2.8여km에 이르고, 외성은 약 2.4km이다. 외성은 반원형으로 내성에 이어져 있다.

23) 원문은 78km로 되어 있으나 오기인 것 같다.

있는 화전 조각(와당으로 추정?), 그리고 소량의 토기편을 채집했다. 모두 한 산봉우리에 올라와서 전모를 살펴보았다. 쉬밍강동지는 설명도를 하나 그렸다. 나는 김 단장을 모시고 다녔기 때문에 완주할 수는 없었고, 사실상 등산 자체만으로도 피곤했다.

오후 1시에 잉커우시와 가이핑현에서 간단한 연회를 거행하고, 나도 술을 좀 많이 마셨다. 오후에 비록 한 시간을 잤지만, 여전히 불편했다. 앞으로 술자리는 가능한 한 피하도록 해야겠다.

오후 6시 3분에 완행 기차를 타고 가이핑에서 출발해 선양에 돌아왔다.

11시 15분이 되어서야 도착했다. 랴오닝호텔에 도착해서 밤참을 먹고 나니 이미 자정이 다 되었고, 거의 1시가 되어서야 잠자리에 들었다.

정찬영 동지는 명령에 따라 귀국길에 올랐는데, 오전 9시에 퍄오빙쮀가 동행해 함께 선양으로 왔다가 다음 날 오후 3시 20분 국제열차를 타고 귀국했다.

9월 27일 금요일 흐림.

현재 선양에서 휴식 중이며, 일부 중조 발굴대의 대원들은 난후병원으로 가서 신체검사를 했다. 북한 측에선 리지린, 김용간, 황기덕, 중국 측에선 뉴 소장, 천춘시, 자저우제와 내가 있었다. 의사는 류머티스성 신경통 진단을 받은 리지린에게 선양호텔에 머물며 3일간 휴식을 취하도록 했다. 내 혈압은 여전히 높아서 최고혈압 140, 최저혈압 95이었다. 이는 아마도 어젯밤에 제대로 쉬지 못한 것과 관련이 있을 것이다. 의사는 나에게 운동을 많이 하고 지방을 적게 먹으며 과일을 많이 먹고 충분히 수면을 취하라고 하면서 베이징으로 돌아가서 다시 적혈구 침강속도를 검사하라고 했다.

오후 3시 반에 자동차로 선양에서 푸순으로 이동했다. 차로 1시간 반 정도 걸려 도착해 유이호텔에 머물렀다. 저녁에 간단한 연회가 열렸다.

선양에서 푸순으로 가는 길에 김 소장은 뉴 소장과 함께 제1조의 학술 목적

안즈민安志敏 일기

에 대해 이야기하면서 북한 대원들은 끝도 없이 중국 측에게 정보를 제공해 달라고 요구하고 있다고 했다(북한 측이 또 『현지縣志』를 보여 달라고 요구하는 것도 이것 때문으로 보인다). 또 고장성(古長城)의 위치 문제가 아직 해결되지 않았다고 했다. 어떤 사람은 랴오양遼陽이라고 하고 또 어떤 사람들은 산해관(山海關)이라고도 했다. 만약 랴오양이 고조선에 해당한다면 고장성의 위치는 당연히 랴오둥이 되어야 하고, 그렇지 않다면 랴오시까지 이어진다. 또한 이르기를 번시에서 안동(=단동)에 이르는 지역은 고고학 자료가 부족해 고조선과의 관계를 입증할 수 없다고도 했다.

퍄오빙쥐 동지의 보고에 따르면 28일에 고이산 산성에서 김 소장과 임건상(林健相) 등은 낙랑군이 어디에 있는지 낙랑군이 해결되면 고조선 문제도 해결될 것이라고 토의했다고 한다. 그리고 우리들은 그들이 정말 낙랑군의 소재를 모르는지 아니면 한사코 기존의 사실을 인정하고 싶지 않은 것인지 의문이 들었다. 판단컨대, 조선사학자들은 기존 자료가 아닌 개인의 소견을 먼저 가지고 우리 자료를 자기 입맛에 맞게 요구한다는 점에서 큰 특징을 보인다. 과연 이것이 학술연구를 하는 데에 필요한 방법인지는 따져볼 필요가 있다.

9월 28일 토요일 맑음.

오전 8시에 출발해서 가오얼산성을 조사했다. 자연적인 산세를 이용하였고 어떤 곳은 판축기법으로 성을 쌓았다. 김용간은 이런 기법은 고구려성에서 비교적 드물게 보인다고 했다. 사실상 이것은 쓸 수 있는 재료의 한계 때문이니 꼭 석성을 고집할 필요는 없었을 것이다.

성은 불규칙한 원형으로 북쪽, 남쪽, 서쪽에는 문이 있고 성의 둘레는 약 8화리(4㎞)에 이른다. 성안에 기와편은 매우 많았지만, 와당은 없었다.

오후 2시 반에 출발하여 푸순 노천동일광을 참관했다. 이 광산은 소학교 때 온 적이 있는데 지금은 규모가 훨씬 커졌다. 들리는 바에 따르면 이곳의 석탄층은 최대 120m, 평균 70m로 끝없이 묻혀 있다고 한다.

저녁 7시부터 9시 30분까지 뉴 소장, 천춘시, 잔리꽝戰力光, 장張관장, 류롄커 등과 함께 향후 일정과 전 단계의 발굴 작업에 대한 중간결산을 했다.

9월 29일 일요일 흐림.

오전 8시에 호텔에서 나와 다휘팡댐大伙房水庫으로 출발했다. 푸순에서 약 20㎞, 자동차로 40분 거리이다. 먼저 수이쿠水庫호텔에서 휴식을 취했다. 저 멀리 저수지 전경을 바라보니, 푸른 물결이 장관을 이루었다. 댐의 면적이 1,100㎢에 달해 댐으로는 비교적 크다. 1960년에 미증유의 홍수가 몰아쳤을 때 효과가 입증되었다. 만약 주변 녹화에 성공하면 이후 좋은 휴양지이자 관광지로 꼽힐 것 같다.

댐 부근에서 증기선을 타고 호수를 향해 약 20분 정도 달려서 롄화다오蓮花島 (蓮花堡)에 도착했다.

섬 주변의 봉초(풀) 사이사이에서 기와편을 보았다. 물에 침식된 땅에는 유물이 더 많이 퍼져 있다. 그중에는 타제석기, 거친 홍도편, 전국~한대의 기와, 일도전—刀錢(?), 고구려의 구와편(溝瓦片; 숫기와? 또는 촉달린 기와?), 조각 난 석제 청동단검병수(침상기?) 등이 발견되었다. 이곳의 타제석기는 꽤 원시적이어서 번시本溪 셰자웨이쯔謝家崴子의 것과 일치한다. 북한 함경북도에서 발견된 구석기도 동류의 유물이 아닐까 하는 강한 의심이 들기도 했지만, 수량이 많지 않을 뿐만 아니라 몇몇 유물들에서 도구로 만든 타격흔은 매우 뚜렷한 특징이다. 채집된 유물로만 보면 랴오닝 경내에서 발굴 작업을 한 이래 가장 많은 수확이 있은 날이다. 그래서 북한 동지들도 큰 흥미를 느꼈고 임건상도 이 지역을 발굴하면 좋겠다는 생각에 김 소장과 오후에도 계속 조사를 진행할 것인지에 대해 논의했다. 김용간은 오후에 시굴하자고 제안했다.

오후 1시에 호텔에서 출발하여서 롄화다오 시굴을 이어갔다. 하지만 표토 밑에서 바로 생토가 드러나는 것으로 보아 유적이 저지대에 있을 수도 있다. 예컨 대 성 박물관이 발굴한 곳은 이미 물속에 잠겨 있다. 봄철 물살이 약해질 때(큰 물이 지기 전에는 3m 정도까지 내려간다고 함) 발굴이 가능하다고 한다. 그래 서 시굴하지 못했다. 다른 곳은 조사해도 별다른 단서가 없었다. 김용간은 내년 봄에 다시 조사하여 발굴할지 판단해야 할 것 같다고 했다.

돌아오는 길에 댐 근처에서 드러난 석관을 발견했다. 곧바로 가서 관찰하니 석관은 물에 침식되어 반쪽만 남아 있었다. 유물은 없지만 그 부근에서 부장품 으로 추정되는 도기 1개와 돌도끼 1점을 채취했다. 또한 나는 부근에서 또 타제 석기를 하나 채집했다. 이를 통해 인근에 유물 일부가 있고, 어떤 유물은 물속에 가라앉았을 수도 있다는 것이 충분히 입증되었다. 과거 성 박물관이 이곳에서 석관묘를 발굴한 적이 있다는 사실과 연결해서 보면 이 인근에는 많은 유물이 남아 있을 것으로 보인다.

저녁 7시 30분부터 9시까지 김 소장과 향후 일정에 대해 이야기했다. 마지막 으로 김 소장은 또 다시 고장성이 랴오시까지 이르는지의 문제를 제기했다. 나 는 비록 몇 가지 질문에 대답했지만, 상당히 긴장했다.

9월 30일 월요일 비 오고 흐림

새벽에 궂은비가 내렸다. 전에 김 소장이 푸순의 고성에 대해 문제를 제기한 적이 있었는데, 시 안에서 그 흔적을 찾았지만, 근처 위생 상태가 너무 안 좋았 다. 그래서 내게 다시 한번 가서 보기를 청했다. 나는 정처장과 함께 비를 무릅 쓰고 조사를 했다. 이 성에는 일부 판축의 흔적이 있을 뿐, 성벽은 거의 평평해 졌고, 근처가 너무 지저분해 상황상 조사가 힘들었다. 또한 이 성은 비교적 작아 서 약 2,500㎡ 정도이다. 도대체 북한 측에서는 무슨 속셈이 있는지 모르지만, 이 유적을 조사할 필요는 굳이 없다고 결론 내렸다. 이에 시에서 성이 존재하지 않는다고 설명해 줄 것을 건의하고 다시 외빈의 의도를 살폈다.

푸순 라오둥공원의 성지(현도군으로 추정됨)

　　오전에 빗줄기가 매우 세져 외빈들의 동의 아래 활동을 중단하고 이발과 휴식을 취했다.

　　오후 2시에 노동공원에 가서 성지를 보았다. 공원 가운데에 위치한 소학교 뒤쪽에는 흙 언덕이 있고 기와편이 산포되어 있었지만, 판축의 흔적은 없었다. 이른 시기의 토기편들도 수습했지만, 초목이 우거진 관계로 조사가 어려웠다. 김용간은 내년에 다시 조사하러 올 필요가 있다고 생각했다.

　　2시 반에 차를 타고 푸순을 떠나서 3시 반에 선양에 도착했다.

　　저녁에 랴오닝성 지도부는 북한 평안북도 인민우호방문단과 역사고고대표단을 접견했다. 만찬을 베풀어 건국 14주년을 경축했다.

　　연회 후 북한 외빈과 함께 뤼다가무단旅大歌舞團의 공연을 보러 갔다.

10월 1일 화요일 맑음

　새벽에 중산광장에서 사람들의 시끌벅적한 말소리, 방송 소리, 그리고 행렬 소리가 들렸다. 국경절의 분위기가 살아나는 것 같지만, 기온은 어제보다 6~7도 이상 떨어졌다.

　국경절 행사를 볼 수 있는 관람석은 랴오닝호텔 1층 베란다에 설치되었다. 우리는 북한 외빈 및 주석단과 함께 있었다. 9시에 행사가 시작되었다. 먀오성장苗省長은 약 30분 정도 연설을 했고, 11시 반에 행사가 시작되었다. 대오는 아주 길고 멋있었다.

　오후 4시에 중사오린, 딩류룽丁六龍, 구쥔밍雇俊明 동지들이 랴오시지역 시굴 상황을 보고했다.

① 차오양朝陽 스얼타이잉쯔十二臺營子에서 3,000㎡를 시굴했으나 소득이 없었다.

② 차오양 위안타이쯔袁臺子에서 과거 청동단검 다섯 자루가 발견되었지만, 현재는 산비탈의 수토가 흘러내려 유실이 크다.

③ 그 밖에 차오양 치다오촨쯔七道泉子, 우란우수(烏蘭烏蘇)에서 모두 청동단검이 출토되었으며, 아직 별다른 단서를 찾지 못했다.

④ 진시錦西 우진탕烏金塘에서 2,000여㎡를 시굴했는데, 흙(문맥상 문화층)은 거의 보존되지 않았다. 전국시기의 문화층이 약간 남은 것 이외에 별다른 흔적은 없었다.

⑤ 진시 스얼바오에서는 400㎡에 걸쳐 시굴했고, 2×15m의 발굴 구덩이를 팠다. 하지만 금-원대의 문화층(대정통보大定通寶 1점 출토) 이외에는 수확이 없었다. 보아하니 랴오시의 세 지점 모두 희망이 없는 것 같다.

즉석에서 다음의 결정을 내렸다.

① 랴오양 량자산은 토질이 시굴에 적합하지 않기 때문에 갈 필요가 없다.
② 계속해서 선양에 남아 난타南塔와 정자와쯔를 시굴하되, 정자와쯔는 농장 내에 있기 때문에 시굴할 필요가 없다.
③ 시굴이 끝나면 딩류룽 동지는 귀대한다.

저녁 7시에 운동장에 가서 불꽃놀이, 축포, 폭죽 등을 보는데 정말이지 대단했다. 이렇게 가까이서 불꽃놀이를 보기는 처음이었다.

저녁에는 뉴 소장, 천춘시, 나 세 사람은 9월을 결산하고 문제를 다시 검토했다. 또한 천춘시가 쓴 초고를 수정했다.

10월 2일 수요일 맑음

오전 10시에 뉴 소장이 성위원회省委 저우환 서기에게 9월의 중조합동고고대 근무 현황을 보고했다.

정오 내내 9월 중간 보고서를 작성하느라 바빴다. 성 박물관이 랴오양 벽화묘의 모사본을 보내왔다. 모두 비공식 모사본이어서 외빈에게 내놓기는 곤란하고, 김 소장이 참고할 수 있게 "참고자료용"으로 제시했다. 이렇게 중요한 무덤에 모사본이나 상응하는 사진도 없다는 게 참 이상하다.

저녁 식사 후 3층 강당에서 다과와 놀이를 준비했다. 조중 양측은 추석 명절을 함께 보내고 10시에 산회했다.

정찬영은 9시쯤에 평양에서 다시 선양으로 돌아왔다. 10시36분 열차를 타고 다롄으로 향했는데, 문화재청 원페이文非 청장이 동행했다.

후밍胡明 시위원회대리제일서기市委代理第一書記

쉬시許西 서기 겸 시장書記兼市長

신수辛束 부시장副市長

위딩화餘定華 문화국 국장文化局局長

레이펑雷鋒 (뤼다시旅大市)문화국 부국장文化局副局長

차이푸柴夫 뤼순박물관관장旅順博物館館長

충샤오웨이崇小薇 뤼다시도서관관장旅大市圖書館館長

왕차오청王朝成 국제교류처부처장外事處副處長

10월 3일 목요일 맑음

　오전 6시 5분에 다롄에 도착해서 바로 다롄호텔에 투숙했다. 다롄호텔은 이전의 다화호텔大和旅館이다. 곧이어 지도자와 일정을 논의했다.

　오전 9시에 외빈들과 일정을 이야기했다. 그 후 나와 쉬밍강, 차이관장柴館長 등은 함께 차를 타고 뤼순박물관[24]에 가서 준비상황을 살펴봤다. 참고실은 잘 꾸며져 있었으나, 전시실에서 출토지점을 완전히 제거해 놓아서 그다지 과학적이지 않았다. 전시도 다소 과도하게 유물을 쌓아 놓은 듯한 느낌이 들었다. 성(省)과 리원신 선생의 지도 아래 두 번이나 수정했다고 한다. 다만, 문제가 없도록 하려다 보니 너무 나간 것 같았다.

　오후 1시에 다롄으로 돌아오는 길에 시간을 내어 부모님을 찾아뵙고 4시 20분에 호텔로 돌아왔다.

---

24) 1915년에 일본 관동청이 러시아의 장교클럽 건물을 재활용하여 "滿蒙物産陳列所"로 개관하며 시작되었다. 이후 일본 지배 시기에는 "관동청박물관"으로도 불렸으며 1934년부터 "뤼순박물관"으로 확정되었다. 1945~1951년에는 일본의 패망과 소련의 주둔 하에 "뤼순동방박물관"으로 개칭되었다. 이후 1951년에 박물관은 중국에 다시 귀환되었다. 러시아, 일본, 소련 등을 거치면서 만주 일대의 다양한 유물들이 소장되었으며, 다른 만주 일대의 박물관과 달리 그 진열실도 당시로서는 현대화된 편이었다.

10월 4일 금요일 맑음

8시 30분에 다롄호텔에서 나왔다. 자동차는 남로를 따라 뤼순으로 직행했다. 먼저 뤼순박물관을 살펴봤다.

정오에 해군의 초대소로 가서 점심을 했다. 여기서 묵을 예정이다. 이곳은 원래 제정 러시아 시기의 해군 사령부로, 해구가 바라보이는 바이위산白玉山 언덕에 자리하고 있어 그 풍경이 너무나 아름답다.

오전에 이어서 뤼순박물관의 전시를 계속 보았고 외빈들을 위하여 준비한 전시실도 살펴보았다.

그들은 전시된 청동단검에 큰 관심을 보였다. 대화 중에 김용간 등이 양터우와羊頭窪와 쓰핑산四平山을 언급했는데, 전자에 대해서는 준비가 필요할 것 같고, 후자에 대해서는 이미 존재하지 않아서 가 볼 수 없다고 설명했다.

10월 5일 토요일 맑음

오전 8시에 난산리南山里로 조사를 갔다. 먼저 인자춘尹家村에 가서 난허南河(관툰쯔허官屯子河라고도 불림)를 따라 조사했는데, 과거 일본인들이 발견한 동주묘東周墓와 돌무더기 등이 이곳에 있었으나 이미 강물에 휩쓸려 흔적을 찾아볼 수 없었다. 절벽에는 훼손된 적석총과 옹관 두 곳이 남아 있는데, 이곳은 발굴할 예정이다. 또 한 곳은 '패묘貝墓'로 보이는데, 단애면의 회색층에 드러나 있고 그 두께는 1m 정도 되는데, 그 안에 토기편은 별로 많지 않았다. 지표면에서는 꽤 많은 유물을 채집할 수 있었는데, 대부분 모래를 포함한 거친 토기로 적갈색의 무문 위주이다. 또한 여러 종류의 침선문도 있다. 과거 일본인들이 적석총 안에서 발견한 토기와 같은 계통일 것이다. 이 유적은 청동 단검과 관련이 있어 상당히 주목할 만하다.

이어서 다우아이大塢崖에 갔다. 이곳은 한나라 시대의 유적으로 알려졌지만

다롄지역의 패묘 단면도(다롄한묘박물관)

사실상 전국시대 유물도 포함된 것이다. 이 단애 상에서 '와관(瓦棺)' 파편과 도모(陶模) 1건이 발견되었다.

무양청은 서북벽의 일부가 보존되었고, 그 외 흔적은 없다. 여기에서 돌도끼, 진(秦)나라의 반와당[25] 등이 출토되었는데, 인자춘 난허 지역에서 발견된 이른 시기의 것과 유사하다.

오후 2시에 출발하여 먼저 좐산터우轉山頭로 갔다. 좐산터우는 궈자툰郭家屯의 북쪽에 위치해 궈자툰과는 마주 보고 있다. 과거 산꼭대기의 큰 석갱에서 15점의 동검이 발견되었으며, 모리 슈森修[26]가 이를 고고학계에 보도한 바 있다. 이 작은 산에는 돌멩이가 많아, 누군가는 밭을 갈다가 그 돌을 모아 담이나 언덕 모

---

25) 진(秦)나라의 반와당: 원문에는 '소반와당(素半瓦當)'으로 되어 있어 '무늬가 없는'이라는 뜻으로도 볼 수 있지만 문맥상 이른 시기라는 점을 감안하면 '소(素)'는 '진(秦)'의 오기로 보인다.

26) 모리 슈森修: 청일전쟁으로 일본이 랴오둥반도를 차지한 직후에 세운 관동청박물관(關東廳博物館) 과 뤼순박물관(旅順博物館)에서 촉탁직으로 오랜 기간 근무하면서 랴오둥반도 지역의 고고학 유물을 조사한 인물이다.

인자춘 마을(2015년)

양으로 쌓기도 했다. 여기에도 적석총이 있는데 농민들이 파괴해 돌을 쌓아놓은 것이 아닌가 하는 생각이 들었다. 남쪽 비탈에는 토기편이 조금 있는데, 전형적인 룽산문화(흑도 및 반월형 석도)도 있고, 또 마연을 한 거친 태토의 굵은 홍도(紅陶) 등이 있는데, 사이사이에 침선문이 있다. 아마 관툰쯔 난허南河와 가까운 것으로 의심된다. 이 지역의 유적들은 궈자툰과 같은 유물이지만 그 수는 많지 않다.

궈자툰은 수수(=고량)를 막 수확해 수숫대가 바닥에 눕혀 있어서 유물의 채집이 비교적 쉽지 않았지만 석기 및 토기가 풍부하다. 이번에 나는 지난번에 발굴한 단면에 가서 도면을 그리고 사진을 찍었다. 이곳의 문화층은 상당히 뚜렷해 아래층은 룽산이고 위층은 무문의 거친 태토로 만든 홍도 위주이며 사이사이에 침선문도 적지 않다. 상층부에서 발굴된 토기 중에는 이 형식의 토기가 적지 않다. 인자춘 난허와 일치하는 것으로 생각되니 어쩌면 궈자툰문화라 할 수 있을지도 모르겠다.

안즈민安志敏 일기

10월 6일 일요일 맑음

　오전 8시에 장쥔산將軍山 적석총을 조사하러 출발했다. 남단과 라오톈산이 맞닿아 있는 첫 번째 봉우리에서 일본인들에 의해 훼손되고 우리가 조사했던 일부 적석총을 관찰했다. 일본인들이 훼손한 적석총에서 토기편들을 찾아내고 또 삼족기의 다리(역족)도 한 점 찾았는데, 룽산문화임이 분명하다. 김석형 소장은 지안集安의 적석총과 같다고 생각했고, 리지린 동지는 내년 발굴 후보지 중 하나로 넣으면 좋겠다고 생각했다.

　또 두 번째 봉우리에 올랐는데, 이전에 와본 적이 없는 곳이다. 쉬밍강 동지가 이전에 조사하러 왔었는데, 이곳의 대형석총은 일본인에 의해 훼손된 적이 있지만, 그래도 석총 안에 있는 5~6개의 석실을 볼 수 있었다. 그 밖에도 몇 개는 여전히 원래 모습을 보존하고 있다.

　세 번째 봉우리는 이전에는 조사한 적이 없다. 이번 등반에서는 훼손되지 않은 적석총들이 여럿 관찰되었는데, 특히 산꼭대기에 있는 일조량 측량 장소에서 관찰되었다. 아주 큰 적석묘도 나왔는데, 보존상태가 아주 좋았다. 또한 산비탈에서 수습한 토기편과 돌도끼는 전형적인 양터우와 문화유물로 이번에 새롭게 발견한 것이다.

　장쥔산에서 다시 양터우와로 가서 조사를 했다. 이곳은 현재 산양터우(三羊頭)로 불린다. 일본인들이 발굴조사를 한 제1구 근처를 조사했는데, 이곳에서 수습한 유물은 많지 않았으며, 대부분 토기편이고 마제석부도 있었다. 여기에는 발굴 구덩이를 넣은 흔적이 아직도 남아 있고, 평평한 초니토(草泥土, 풀을 섞은 진흙)가 있는 것으로 보아, 주거지의 바닥면 흔적인 것 같다. 아마 일본인의 발굴 구덩이 발굴에서도 드러났겠지만, 일본인들은 이 흔적에 주목하지 않은 것으로 보인다. 기타 부분은 무성한 들풀 때문에 조사가 용이치 않아서 제대로 살펴보지는 않았다.

　오후 2시에 투청쯔土城子에 갔다. 청동 단검이 발견된 언덕은 이미 평평해졌고, 그 근처에도 유적의 흔적이 전혀 없어서 성과 없이 돌아왔다.

오늘 문화국의 레이펑 국장과 일부 불필요한 잡음이 일어났는데, 간단히 적으면 다음과 같다.

① 지난밤 일정을 논의할 때 우리를 참석시키지 않은 채 일정을 짰다. 오전에 장쥔산에 간 다음에 시가지를 구경했다. 오후에 양터우와에 가는 것은 오늘 내가 낸 아이디어로 레이국장이 이에 동의하지 않아 국제 교류처 과장과 상의했다. 생각건대 레이국장이 우리의 계획에 동의하지 않은 것은 우리가 자신을 존중하지 않아서 불편한 감정을 드러냈다고 생각하는 것 같았다.

② 레이국장은 우리가 장쥔산과 양터우와를 언급해(실제 후자는 외빈이 제시한 것이며, 전자는 외빈들이 쓰핑산四平山에 갔을 때 추가한 것이다.) 많은 정보를 주었다고 생각한다.

③ 일본어 보고서는 외빈들에게 보여줘서도 안 되고, 우리 보고서에 수록된 지도 역시 외빈들에게 보여주면 안 된다고 생각했다. 사실 이모든 것은 일본인들이 발표한 것으로, 레이국장이 그 사실을 모르고 우리들이 쓸데없이 정보를 많이 주었다고 생각했다.

④ 외빈이 피쯔워貔子窩로 가는 것에 동의하지 않는다며, 오늘 아침에 논의할 때 그는 참지 못하고 화를 냈다.

이상의 문제로 인하여 레이국장은 앞서 쉬밍강 동지를 신랄하게 비판했다. 이를 통해 이번 사안에 관한 생각의 차이를 볼 수 있었으며, 적어도 외빈들이 빨리 떠나야 하며 내년엔 이곳에서 발굴하지 않았으면 하는 것 같았다. 이 같은 갈등이 시 위원회의 차원인지 아니면 레이국장 개인의 의견인지는 알 수 없었지만 어쨌든 이번 일을 그렇게 열정적으로 하는 것 같지 않았다.

10월 7일 월요일 맑음

오전 8시에 인자춘의 난허로 가서 시굴했다.

나와 뉴 소장은 궈자툰에 가서 석기와 도편 일부를 추가로 채집했다. 침선문이 새겨진 토기편이 많은 것으로 보아 상층의 유물로 보인다. 이번에 유적의 분포를 살펴보니까 앞쪽의 비탈뿐만 아니라 뒤편의 비탈에도 분포되어 있다. 그 범위는 산꼭대기 전체에 이른다.

현재 발견된 인자춘尹家屯[27] 난허의 적석묘는 살펴본 결과 기존에 발굴된 무양청 1호분으로 밝혀졌다.

오늘 발굴 정리한 것은 모두 훼손된 무덤들로 모두 4기인데, 그 양상은 다음과 같다(순서는 북쪽에서 남쪽으로 이어지며 모두 강의 서안에 위치해 있다).

1호묘(M1)는 옹관장(=독무덤)으로, 구연이 크고 바닥은 둥글며 노끈무늬를 시문한 것으로 한나라 시기의 지층 밑에서 발견된 바 전국 혹은 그보다 조금 이른 시기의 유물이다.

2호묘(M2)는 이른바 즉주묘[28]로 3분의 1 정도가 남아 있다. 묘광은 붉은색의 소토로 덮여 있는데, 불에 타서 그런 것 같다. 충전토 안에서 약간의 토기와 구리 녹 덩이 한 점이 출토됐다.

3호묘(M3)는 즉주묘로 약 5분의 1 정도가 남아 있다. 단면은 J자형으로, 묘광은 2층으로 단을 만들고 붉은 소토가 있다. 묘광은 2단으로 단을 지어서

인자춘(무양청지 주변) 2호 패묘

---

27) 본문에서는 인자춘尹家村과 인자툰尹家屯을 혼용해서 쓰고 있다. 같은 마을을 의미하는 바 공식 유적 명칭인 인자춘으로 통일한다.

28) 여기서는 화장한 흔적이 있는 목관묘를 의미한다.

만들었으며 시신을 묘안에 안치한 후에 그 안에 불을 질렀다. 그래서 묘실에만 붉은 홍소토가 있으며, 묘광의 상부에는 붉은 소토의 흔적이 없다. 무덤 안에서는 불에 탄 시신의 잔해가 나왔지만, 유물은 보이지 않았다. 그만큼 즉주묘라는 설명은 정확하지 않다. 충전토에서 발견된 토기편이 유적 출토와 유사하다는 점에서 무덤과 유적과의 관계를 증명할 수 있다. 허우무청역·투청쯔·진현 량자뎬 시거우에서 출토된 청동 단검은 모두 불에 탄 흔적이 있지만, 이 시기의 특수한 묘장풍습을 증명할 수 있어 이번에는 이런 무덤과 그 연대문제를 해결한 셈이다.

4호묘(M4)는 옹관장이다. 그러나 남아 있는 토기편이 많지 않은데, 원래부터 깨진 토기로 만든 뚜껑이었을 가능성도 있다. 부분적으로 강물에 쓸려나가 훼손되어 온전하지 않게 된 것이다. 도편 중에 항아리와 대야의 구연부가 나왔는데 그 토기의 질이 유적 출토와 유사하다. 토제 대야의 등장에 특히 주목할 필요가 있다.

오전에 묘실을 정리해서 12시 1분에 마무리를 했다. 초대소에 돌아오니 1시 가까이 되었다.

오후에 3시에 출발해 황진산(黃金山)의 전암포대(電岩砲臺)를 둘러봤는데, 이곳은 제정 러시아가 만든 바다를 방어하는 해안포대이다. 이어서 바이위산(白玉山)에 올라 항구의 전모를 굽어보았다.

저녁 뤼순구 구위원회 류서기가 배석한 저녁을 하고 이후 영화 「고성에 휘몰아치는 들불과 봄바람(野火春風鬪古城)」[29]을 관람했다.

---

29) 「고성에 휘몰아치는 들불과 봄바람(野火春風鬪古城)」: 중국 공산당의 지도하에 중국 인민의 항일투쟁을 그린 영화이다.

10월 8일 화요일 흐림

　오전 8시에 뤼순을 떠나서 9시쯤 다롄으로 돌아왔다. 동지들은 쉬고, 뉴 소장, 성과 시의 동지들과 나는 일정을 논의했다. 나는 남은 일정이 여전히 빡빡하니 외빈과 몇 가지 문제를 검토해서 수정해야 한다고 제기했다.

　점심에 손님들과 식사하고 휴식시간을 이용해 부모님을 뵈러 집에 갔다 왔다.

　오후 3시 외빈과 향후 일정을 논의했다. 푸현復縣의 석붕(石棚)과 랴오양 벽화묘는 제외하고 나머지는 그대로 진행하기로 했다. 회의 중에 김용간 동지는 또 팀을 나누어 다타이산大臺山과 산터우난산山頭南山 왕관차이王官寨(진저우金州)·간징쯔구甘井子區 및 다링툰大嶺屯·황자량쯔黃家糧子(新金)·주자툰朱家屯(廣鹿島) 등의 성터를 조사하자고 제안했다. 나는 시에서 준비가 안 돼 있고, 아직 상황이 파악되지 않은 유적도 있어 내년으로 옮겨도 되는지 되물었고, 동시에 올해는 시간도 부족하다고 했다. 정황상 김용간이 개인적인 생각으로 이런 의견을 내놓은 것 같은데, 별로 좋아 보이지 않았다.

　밤에는 영화 「회화나무 마을(槐樹莊)」을 방영했는데, 이미 본 것이라 뉴스만 보고 쉬었다.

10월 9일 수요일 맑음

　오전 8시 30분에 뤼다시 도서관으로 갔다. 이곳은 과거 '만철(滿鐵)'도서관이라 불렸다. 이곳에 소장된 고서 중 일부분은 해방 후 일본인들이 밀반출해갔으며, 소련인도 일부(『영락대전(永樂大典)』과 송원선본(宋元善本) 50여 권을 포함)를 가져갔지만, 여전히 24만 5천 권이 남아 있다. 구 만몽(滿蒙)문고(지금은 둥베이자료실東北資料庫이라 불린다.)에 꽤 유용한 자료가 많으며 고고학 자료도 적지 않다. 희귀본 서고에도 좋은 책이 많다. 대묘서고(大廟書庫)(이전 동본원사[東

뤼다시 도서관(구 滿鐵圖書館)(위키피디아에서)

本願寺]이다.)에는 일본어 도서가 대부분이었다. 외빈을 맞이하기 위해 방금 서가에 진열되었으며, 그중에는 쓸 만한 자료가 꽤 있는데, 특히 잡지가 가장 귀중하다. 하지만 이 책들은 정리가 필요해서 현재로서는 이용할 수 없을 것 같다. 외빈들이 도서고에서 몇 권의 책을 빌렸는데, 『내몽골장성지대(內蒙古長城地帶)』, 『고대북방계문물연구(古代北方系文物研究)』, 『동검봉연구(銅劍鋒研究)』[30] 등도 들어 있었다. 보아하니 그들은 이전에 이 자료들을 본 적이 없는 것 같았다.

오후에는 외빈들은 자연박물관을 참관하러 갔고 나는 호텔에 남아 기록을 손보고 토기편을 보았다.

내 생각에 따르면 궈자툰상층은 인자춘 난허와 대체로 비슷하지만, 후자는 대형 기물이 많고, 전자에서는 보이지 않았던 기둥처럼 생긴 손잡이(정의 다리?)가 많았다. 하지만 새김무늬(예를 들면 격자무늬) 등은 공통점이 꽤 많아 같은 문화의 다른 시기일 수도 있다. 이 부분을 증명하려면 앞으로 좀 더 연구해야 할 듯하다.

---

30) 『동검봉연구(銅劍鋒研究)』: 일본 고고학자로 야요이시대와 고분시대를 연구한 다카하시 켄지高橋健自가 1925년에 출판한 『銅鉾銅劍の研究』의 오기로 보인다.

10월 10일 목요일 맑음

오전 8시에 출발해서 먼저 허우무청역에 가서 조사를 했다. 예전에 큰 흙더미에서 세 기의 무덤을 판 적이 있다.[31] 석관은 불에 탄 흔적이 있고, 흙더미의 서쪽에서 석관의 잔흔처럼 보이는 두 무더기의 돌무더기가 보였다. 다만 보존 상태가 어떤지는 모르겠고, 동쪽에는 토광묘로 보이는 무덤이 노출되었다. 외빈이 이에 관심을 보여서 시굴하기로 했다. 나는 적어도 5~6일은 걸릴 것이라 예상했지만, 외빈들은 이틀 뒤 조를 짜서 하자고 했다.

그리고는 쐉뛰쯔로 가서 조사를 했다. 다뛰쯔 위에는 토기편은 그리 많지 않았지만 적지 않은 돌도끼를 채집했다. 토기편을 보니 룽산, 양터우와 문화가 포함된 것 같고, 침선문과 토기 질이 비교적 단단한 것으로 볼 때 인자춘 난허와 관련이 있는 것 같다.

오후 2시 30분에 잉청쯔營城子로 가서 한나라 벽화묘지를 보았다. 이곳은 해방 이후 건물이 들어서면서 흙과 진흙에 덮여 벽화 대부분이 불분명해졌다.

10월 11일 금요일 맑음

오전부터 허우무청역에서 시굴했다. 동쪽에 있는 소위 토광묘는 2군데에서 회토와 자갈이 섞여 있는 층을 파고 들어갔다. 이 회토 토질은 비교적 깨끗하고 숯이나 소토가 없으며 토기편도 발견된 것이 없어서 부식토로 의심되는바, 결국 이곳은 얼마 파지 않고 폐기했다.

또한 옆 절벽의 단애면에 돌덩이가 드러난 부분이 있어서 여기에서 길이 약 10m, 너비 2m의 공간을 팠다. 표토 밑에 1m가량의 회토력석층이 있고, 한 곳에서 석판 한 줄이 발견되어서, 처음에는 석관으로 여겼다. 나중에 그 윗부분에

---

31) 러우상 무덤의 발굴을 의미한다.

교란된 흔적이 있고 아랫부분에 자갈층이 있는 것을 발견하고는 적어도 석관은 아니라고 생각했다. 큰 돌을 발굴할 때 그들이 원형으로 가지런하게 배열했음이 밝혀졌기 때문에 어쩌면 이것은 인공적으로 쌓은 것, 즉 무덤 주변에 큰 돌을 한 바퀴 쌓고 그 위에 회토와 자갈층을 쌓은 것인지도 모른다는 생각이 들었다. 이것은 묘지 시설의 일부이다. 인근의 흙더미에서도 비슷한 현상이 보이는 것에서 당시 무덤을 만드는 풍습 중 하나인지 주목할 필요가 있다.

저녁 7시 30분부터 10시까지 30분까지 회의를 열고 외빈 처우문제 및 업무와 관련된 각종 문제에 대해 이야기했다.

10월 12일 토요일 흐리고 비.

오전에 두 조로 나누어서 한 조는 진현의 샤오관툰小官屯 석붕石棚과 량자뎬亮甲店 시거우를 조사하기로 했다. 이 조에는 뉴 소장·천춘시·정나이우(鄭乃武)·자저우제·저우샤오량·퍄오빙쥐 등이 있으며, 외빈으로는 임건상, 황기덕, 정찬영 등 세 명이다. 다른 한 조는 허우무청역으로 가는데, 나와 쉬밍강, 런창타이任常泰, 류위劉玉, 박태호(朴太鎬) 등이며 외빈은 리지린, 김용간, 장주협 등 세 명이다.

출발이 늦어진 관계로 허우무청역에서 흙 언덕의 돌 더미를 꺼내 그림을 그릴 때 두 부분으로 나누어서 그렸다. 한 부분은 우리가 그리고 나머지 한 부분은 외빈들이 그렸으니, 이야말로 공동 작업이라 할 수 있다. 12시 반에 기본적인 평면도를 그렸다. 오후에는 원래 단면도를 그릴 예정이었다. 3시에 현장에 도착한 뒤로 비가 내려 작업을 진행할 수 없었다. 김용간 동지는 후에 계속 발굴할 생각에 표지로 돌을 하나 파묻었다. 4시에 다롄으로 돌아왔고 내일 다시 그릴 예정이다.

오후 7시에 「63년 국경절」, 「고대 건축의 정화」, 「붉은 호수의 적위대(洪湖赤衛隊)」 등의 영화를 봤다.

안즈민安志敏 일기

10월 13일 일요일 맑음

　오늘은 쉬기로 했다. 나는 쉬밍강, 런창타이, 자저우제, 박태호 그리고 외빈으로는 김용간과 함께 허우무청역으로 가서 단면도를 마저 그렸다. 작업이 순조롭게 진행되어 오전에 모두 마쳤다.

　오후에 중국 측 대원은 쉬면서 자유 활동을 허락했다. 연일 바빠서 미처 지금까지 제대로 쉬지 못했다. 나는 이 시간을 이용해 부모님을 뵈러 집에 갔다가 저녁 식사 후에야 호텔로 돌아왔다.

10월 14일 월요일 맑음

　아침 6시 30분에 아침 식사를 하고 7시에 출발했다. 자동차로 약 3시간 반 정도 걸리는 피쯔워 화학공장狸子窩化工廠으로 갔다. 이곳에서 휴식을 취하고 점심을 먹었다.

　오후 1시에 자동차를 타고 청쯔퇀城子瞳을 지나서 약 1시간 만에 가오리차이高麗寨에 도착했다. 이곳은 작은 산으로, 일본 사람들이 일찍이 발굴해 많은 수확을 낸 곳이다. 그러나 지금은 지표면에 토기가 많지 않고, 신석기시대 외에 전국과 한대 시기의 도편도 있다. 그중에는 일부 침선문을 한 붉은 토기와 삼각형의 심선을 한 회도도 있어서 난산리 인자춘과 모종의 관계가 있는 것 같다. 이런 무늬는 보고문 중에서는 발표된 적

가오리차이 출토 청동기시대 토기

동아고고학회가 발굴한 단퉈쯔 1호묘

이 없는 것 같다. 석기는 많지 않아서 깨진 돌칼과 돌도끼만 하나씩 수습했다. 절벽 위로 드러난 회층의 두께는 1.8m로 끝까지 이어져 있지 않다. 이 유적의 연대는 비교적 복잡하다. 내가 과거에 분석한 바에 따르면 이곳의 층위는 교란된 것이다. 지난번 조사에서도 나의 추측이 틀리지 않았다는 것을 증명할 수 있었다.

단퉈쯔單坨子는 가오리차이의 남쪽에 위치한 작은 섬으로, 지금은 육지와 서로 연결되어 있지만 과거에는 바닷속에 있었다. 이곳은 면적이 꽤 작고 유물 또한 매우 적었다. 겨우 몇 점의 토기편만 수습했다. 여러 종류의 룽산 흑도와 깨진 돌칼(장방형?) 등을 수습했다. 과거 이곳에서 룽산문화의 무덤을 발굴한 적이 있는데, 지금은 아무 것도 남아 있지 않다. 단퉈쯔의 남쪽으로 약 200~300m 떨어진 곳에 2개의 작은 섬이 있다. 염전이 이어져 있기 때문에 속칭 솽퉈쯔라고 한다. 쉬밍강 동지의 말에 따르면 이곳에서 석기를 채취한 적은 있지만 토기는 거의 볼 수 없었다고 한다. 이곳에도 초기 인류 활동의 흔적이 있을 것이지만, 이번에는 미처 조사하지 못했다.

4시쯤 자신쯔夾心子의 피쯔워 화학공장 초대소로 돌아가서 쉬었다.

10월 15일 화요일 맑음

오전 8시에 피쯔워 화학공장에서 자동차를 타고 다롄으로 돌아왔다. 도중에 리지린 동지가 수로 옆에 쌓인 흙을 성터로 착각했다. 그만큼 리지린의 마음속은 성터를 찾으려는 생각으로 가득 차 있었으니, 이런 상황은 역시 처리하기가

안즈민安志敏 일기

쉽지 않다. 8시 반에 다롄호텔로 돌아왔다. 점심때도 쉬지 않고 뤼다지구의 업무 상황 보고문을 썼다.

오후 3시 중국 측의 대원들만 모여서 내년도 가능한 발굴지를 논의했다.

저녁에 대장(隊長)들의 연석회의가 열렸다. 북한 측이 내놓은 내년도의 발굴지가 너무 많기 때문에 우리들은 단기간 내에 해결하기 어렵다고 보았다. 또한 숙박 조건도 일부 지역에서는 해결되지 않을 것 같았다. 마지막으로 북측은 내년 봄에 허우무청역, 인자춘 난허, 귀자툰 장쥔산, 량자뎬, 시거우의 발굴을 제안했다. 또한 푸순 롄화다오, 라우둥 공원, 하이청 다툰 등에 사람을 파견해 조사하자고 했다. 또 가을에는 닝청 난산건, 선양 정자와쯔 등을 제안했다. 결국 몇몇 지점은 내후년으로 미룰 수 있다고 하면서 우리의 의견에 동의했다.

10월 16일 수요일 흐림

한파의 영향으로 기온이 갑자기 7도까지 내려갔다.

오전에 다롄 조선소를 참관했다. 조립 중인 웨진躍進 2호를 보았다. 화물 적재가 1만 2천 톤까지 가능하여 규모가 매우 크고 장관이다. 우리는 침몰된 웨진 1호를 떠올리며 매우 안타까워했다. 이어 장비 중 5000t 화물선을 둘러보았는데 수확이 적지 않았다.

오후에 다롄유리가공공장大連玻璃制品廠을 참관하면서 생산 과정과 제품을 봤다. 이곳의 커트 글라스(Cut Glass)는 체코의 제품과 비교될 정도이며 국내 유수의 제품을 24개국에 판매하며 인기를 끌고 있다.

저녁에 뤼다시 시 위원회가 주최한 간단한 연회에 외빈을 초청했으며, 영화「최전선(前哨)」을 보았다.

10월 17일 목요일 맑음

오전 9시 30분에 김석형 소장과 뉴 소장은 차를 타고 옌지로 향했다.

10시에 조중발굴단 전체 인원은 유람선을 타고 다롄 항만을 유람했다.

오후에 집에 가서 부모님을 뵙고 나서야 첫째 딸 자웬家瑗이 어제 이미 유치원에 갔다는 것을 알았다.

오후 5시 10분에 열차를 타고 다롄을 떠났다.

10월 18일 금요일 맑음

오전 5시 10분에 진저우錦州에 도착했다. 갑자기 한기가 엄습했다. 진저우 시 위원회와 시장, 관계자들이 마중을 나왔고 우리를 시의 초대소로 안내했다. 이곳은 원래 독일 전문가들이 건설한 주택이다. 규모는 작지만 아주 웅장하고 화려했다. 딩류룽 동지가 이미 진저우에 와서 기다리고 있다.

아침 식사 후 외빈들은 쉬고, 나와 잔戰처장은 판潘국장과 함께 랴오선 전쟁기념관(遼沈戰役紀念館)[32]에 갔다. 4개의 전시실을 둘러본 뒤 창고를 둘러보았다. 유물은 적지 않았지만, 너무 산만했다. 샤자뎬 하층문화의 유물은 많으나 상층부(=샤자뎬 상층문화)는 절대적으로 적었다. 이현義縣 솽타이쯔雙臺子의 채도는 비교적 특이했다. 전체적으로 진저우 일대에는 많은 유적지가 있다. 장래에 실마리가 될 수 있으니, 내년에 사람을 보내서 조사하는 것이 좋겠다.

오후 2시 30분에 출발하여 다니와大泥窪를 조사했다. 이곳은 1952년 이래 벽돌을 만들기 위해 흙을 채취하는 바람에 깊이 2m의 구덩이가 만들어졌는데, 남북 약 300m, 동서 약 50m에 이른다. 게다가 올해 진저우에 홍수가 나는 바람에

---

32) 랴오선 전역기념관(遼沈戰役紀念館): 국민당과 공산당이 최후의 결전을 벌였던 3대전 가운데 하나인 랴오선 전투를 기념하기 위해 1959년 랴오닝성 진저우시에 세워진 기념관이다. 역사, 문화, 예술, 관광 등의 기능을 갖춘 대형 군사테마파크이다.

1척이 넘게 진흙토가 쌓인 상태라 기와편을 찾아보기 어려웠다. 하지만 농민들이 방치한 흙더미 안에서 전국~한대에 이르는 토기편을 약간 수습했다.

저녁에 시에서 초대 연회를 거행했다.

10월 19일 토요일 맑고 흐림

오전 8시에 기차를 타고 진시錦西로 출발했다. 9시쯤 진시역에 도착해 현 일급위원회의 당서기와 현장 등이 동승해 스얼바오향寺兒卜鄕 라오볜툰老邊屯으로 향했다.

여기서는 단지 동검 한 자루를 발견한 적이 있다. 탐사팀은 이곳에서 400㎡ 범위에 탐사 구멍[33]을 넣었고 2×15m의 발굴 구덩이를 발굴했지만, 수확이 없었다. 표토 바로 밑에 있는 금-원층에서 대정통보(大定通寶) 1점이 출토되었다. 근처의 땅에는 토기 1점도 없었다. 부근을 두루 뒤졌지만, 소득이 하나도 없었다. 외빈들도 크게 실망했다.

리지린 동지는 타산塔山에 갈 것을 제안했다. 이곳은 진시현에서 10㎞ 떨어진 곳으로 산 정상에 타산저격혁명열사기념탑(塔山阻擊革命烈士紀念塔)이 세워져 있다. 화강암으로 지었는데, 린뱌오 원수林彪 元帥의 글씨가 아직도 남아 있다. 부속건물이 아직 완전히 준공되지 않았다. 이후 진시현 간부 초대소에서 점심을 먹고 잠시 휴식을 취한 뒤 3시 열차를 타고 진저우로 돌아왔다.

저녁에 「해혼(海魂)」과 「갑오풍운(甲午風雲)」 두 편의 영화를 보았다.

김석형이 쓴 「『세계통사』(소련 과학원 편)의 북한 관련 서술의 심각한 오류에 대하여」라는 기사가 18일 자 「인민일보」에 실렸다. 그중 첫 단락에서 고조선 문제를 언급하고 있는데, 일부 동의할 수 없는 논점이 있기는 하지만, 현대 수정주

---

33) 탐사구멍: 원문은 '찬탐(鑽探)'으로 뤄양삽(洛陽鏟)을 이용해서 보어링을 하듯 일정 간격을 두고 땅을 파서 문화층을 조사하는 중국 고고학의 독특한 방법을 의미한다.

의와 대국 쇼비니즘을 비판하고 미신을 타파하자는 부분은 상당히 중요하다. 「인민일보」가 「노동신문」의 기사를 번역해 게재한 것도 바로 이 때문이다.

저녁 전화를 걸어 뉴 소장에게 전보를 보냈다. 우리 팀은 21일에 차오양朝陽, 23일에 카쥐喀左로 갔다가 25일에 선양으로 돌아오기로 확정했는데, 2조 일정에는 변동이 있는지, 우리 팀을 선양에서 어떻게 안배할 것인지? 등에 대해 전보로 회답을 달라고 했다. 주로 일정통지와 2조에게 빨리 일정을 마무리해 달라고 요청하기 위해서였는데, 이는 오전에 리지린 동지 역시 다른 지역에 가서 참관할 수 있도록 가능한 한 빨리 귀경하는 것이 좋겠다고 의견을 밝혔기 때문이다.

10월 20일 일요일 맑음

오전 8시에 차를 타고 우진탕烏金塘으로 갔다. 도로가 열악해서 차가 꽤 심하게 흔들렸다. 뉘얼허女兒河를 아홉 번이나 건너 도착했는데, 약 90화리(45㎞)에 이른다. 출발 후 두 시간 반이 지나서야 겨우 도착했다.

이곳의 댐 공사는 잠시 중단된 상태이다. 1958년 홍수로를 개척 공사하던 중에 한 무더기의 청동기가 발견되었다. 이듬해 농민들이 이것을 협동조합에 내다 팔면서 회수되기 시작했다. 류첸劉謙의 브리핑에 따르면 이곳에서 무덤 3기를 정리했다는데, 이는 전혀 근거가 없다(앞으로 류첸의 원고는 각별히 주의해서 봐야 한다). 홍수로의 표토에서 거친 홍도 조각이 채집되었고, 남쪽 끝에 있는 얇은 전국시대의 문화층(=회층)에서는 회색의 바구니문籃紋 토기편들이 일부 출토되었다. 이 층 아래에서 거친 홍도편이 나와 편년적인 증거를 보여준다. 홍수로 서쪽 산의 남쪽 언덕 아래서 삼족기(역)의 다리가 나오기도 했다. 홍도로 대표되는 이들 유물은 모두 청동단검묘와 동시기이다. 토기는 모두 무늬가 없으며 태토는 거칠고 광택이 없어 선양 정자와쯔 등과 가까운 듯하지만, 샤자뎬夏家店 상층문화와는 차이가 있어서 또 다른 문화계통으로 의심된다. 인근에 많은 유적이 있을 수 있지만 일이 번잡해질 것 같아서 깊이 탐색하지는 않았다.

정오에 난퍄오南票 탄광 초대소에서 식사하고 4시 30분에야 진저우로 돌아왔다.

10월 21일 월요일 맑음

오전에 랴오선 전쟁혁명열사기념비와 랴오선 전쟁기념관을 참관했다.

오후에 진저우 옥기공장을 둘러보았는데, 이 공장은 1958년 이후 소조들을 합해(합작소조) 결성되었다. 현재 근로자는 400여 명이고, 숙련공을 제외한 대다수는 청년이다. 신축 공장은 건물이 5,000㎡에 달하고, 제작 원료는 진저우 근처에서 나는 마노, 수암옥이 주를 이루며 일부 허난河南 남양옥(南陽玉)과 신장新疆 백옥(白玉)도 있다. 완제품으로 인물, 짐승, 그릇, 공예품 등이 있으며, 자본주의 국가에 주로 수출한다. 공장에서 각 외빈에게 마노제 담배 파이프 하나씩을 증정했다.

4시에 진저우의 런任 서기, 판範 시장과 문화국의 판潘 국장 등이 만나서 접대 상황을 논의했다. 전반적으로 외빈들은 진저우시의 열렬한 환영에 만족해했다. 유적지의 보존 상태는 별로 좋지 않았지만, 사전에 언급해두었기 때문에 별다른 의견은 없었다. 특별히 판국장이 직접 상황을 설명한 것이 효과를 봤다. 또 외빈들은 우진탕의 지층관계와 전국시기의 지층 아래에 홍도기 층이 있는 것에 만족감을 표시했다. 나는 시에서 우진탕과 시 소속 각 현의 유적을 재조사하자고 건의했다. 이는 외빈들이 다시 와서 조사할 경우를 대비하는 차원에서 제안한 것이다.

저녁에는 시 지도자가 환송회를 열었다. 6시 35분에 열차를 타고 진저우를 떠나 11시 5분에 차오양에 도착했다. 시 위원회 초대소에 투숙했다. 시의 지도자들과 일정에 대해 이야기를 나누고 야식을 먹었다. 한참 동안 잠을 이루지 못해 부득이 수면제를 복용했다.

10월 22일 화요일 맑음

어젯밤 잠을 잘 자지 못하여서 아침에 아주 피곤했다. 김 소장과 뉴 소장으로부터 다음 전보를 받았다.

> "당신 팀은 선양으로 돌아와 시간이 있으면 정자와쯔의 시굴을 준비해 보시오. 2조는 30일에 선양으로 돌아오시오. 김 소장과 뉴 소장."

리지린 동지도 전보를 보고는 동의했다.

오전 8시 40분에 스얼타이잉쯔 유적으로 출발했다. 탐사팀이 과거에 무덤이 발견된 흔적을 따라서 3,000㎡에 시추공을 넣었지만, 소득이 없었다. 부근의 지면에는 도편이 거의 없고, 거친 홍도편 일부와 전국시대 토기 소량이 출토되었다. 외빈들이 주변을 한 바퀴 돌아보았지만, 중요한 발견은 없었다. 부근에서 타제석기 몇 점을 발견한 것은 꽤 주목할 만하다.

스얼타이잉쯔 서쪽의 샤와쯔下窪子 유적은 성과 시의 동의를 얻어야하기 때문에 조사하기 불편하다. 딩류룽 동지가 전하는 유적지의 정황을 보면 샤자뎬 하층문화로 보인다.

어젯밤에 늦게 차오양에 도착한 관계로 외빈들도 제대로 잠을 못 잤다. 그래서 오후에는 쉬기로 했다. 나는 이 시간을 이용해서 목욕하고 이발을 했다.

저녁에는 시위원회 허우侯 서기와 왕王 시장이 연회를 베풀었고 경극 「타초찬(打焦贊)」과 「요천궁(鬧天宮)」을 보았다.

10월 23일 수요일 맑음

아침 식사 후 신문을 읽고, 「신식민주의자의 변호사」를 학습했다. 10시 10분에 기차를 타고 차오양을 떠났다. 12시에 공잉쯔公營子에 도착했다. 카쮀현 위원회 등의 사람들이 역으로 마중을 나왔다. 이후 자동차를 타고 2시간을 달려 카쮀에 도착했다(공잉쯔는 카쮀에서 80화리[40㎞] 떨어져 있다).

저녁 식사 전에 다청쯔大城子 초급중학교로 가서 요탑(遼塔)을 보았다. 이곳에는 두 개의 전탑이 있는데, 대탑은 요금시기 탑의 일반적인 형식에 속한다. 꼭대기가 무너지고 탑신 부분이 갈라져 오래 보존되지 않을 수도 있다.

탑의 동쪽에는 토성지(土城址)가 있는데, 요금시기의 리저우성지利州城址이다. 성터는 넓지 않지만 그래도 요금 시기의 자기편을 채집할 수 있었다.

10월 24일 목요일 흐림

밤중에 굳은비가 내려 기온이 뚝 떨어졌다. 카쮀현에서 외투 한 벌을 빌려주었다.

아침 식사 후에 차를 타고 샤오좐산쯔小轉山子(카쮀에서 70화리[35㎞] 떨어져 있다.)으로 갔다. 이곳의 산언덕에서 1955년에 후우(侯盂) 등 16점의 청동기가 발견된 바 있다. 랴오닝성 박물관에서 170개의 발굴 트렌치를 넣어서 조사를 했다. 청동기의 교장은 유적의 문화층을 깨고 만들어진 것임이 증명되었다. 현재 지표면에는 많은 도기편과 적지 않은 석기와 세석기도 많이 채집할 수 있는데, 유물 성격상 샤자뎬의 하층문화다. 샤자뎬 하층문화에 신뢰할 만한 절대연대를 제공해 주었다. 정찬영 동지는 청동기의 교장(窖藏)이 샤자뎬 하층문화와 동시기에 존재할 수 있는지, 그렇다면 후자는 연나라 초기의 문화라고 제기했다. 증거는 없지만 좀 더 탐색할 만한 가치가 있다.

리지린 동지는 이 유적이 꽤 희망적이라고 생각을 하고 이곳으로 와서 발굴할 용의가 있다고 한다. 나는 이 유적이 이미 성 박물관이 발굴해 어지럽혀진 상태인지라 희망이 그리 크지 않다고 생각한다. 1시 반에 카쮀로 돌아왔다. 점심 식사 후에 외빈들은 요탑을 참관했고, 그 후에 영화 「류삼저(劉三姐)」를 보았다.

10월 25일 금요일 맑음

9시 30분에 자동차로 카쭤를 떠나서 11시에 공잉쯔에 도착했다. 잠시 쉬었다가 준비된 점심 식사를 마치고 12시 30분 열차를 타고 차오양으로 갔다.

카쭤에서 공잉쯔로 가는 도중에 간자오량甘招梁을 지나가는데, 도로 양편으로 황토 중에 수많은 나무 화석이 드러나 있었다. 이곳은 먼 옛날에 삼림 지대였던 것 같다. 지금은 화석조각들이 아주 많을 뿐만 아니라, 무게가 백여 근에 달하는 나무줄기의 잔해도 있다. 우리는 한 덩어리를 채집했지만, 운반할 방법이 없어 현에 보낼 수밖에 없었다. 동행한 동지들은 모두 약간의 나무 화석을 채집해서 기념으로 가지고 돌아갔다.

오후 3시에 차오양에 도착했다. 휴식을 하고 샤워를 했다. 시의 천陳 서기, 사무실의 왕王 주임 및 문교국(文教局)의 한韓 국장이 와서 의견을 구했다.

저녁 6시에 시에서 간편한 연회를 열어 외빈을 환송했다. 이후 영화 「추적해 공격하다(跟蹤追擊)」를 보았다.

밤 9시 40분 열차를 타고 차오양을 떠났다.

10월 26일 토요일 맑음.

아침 8시 5분에 선양에 도착했다. 문화재청 왕 청장과 박물관의 장 관장, 리 관장이 마중 나왔다. 선양은 외빈이 비교적 많기 때문이다. 중국 측 대원들은 나를 제외하고 모두 국제여행사에 배치되었으며 북한 외빈들도 사이사이에 배치해 함께 묵었다.

아침 식사 후, 일정을 초보적으로 상의했다. 나는 둥베이 화학 제약 공장에 여동생 징셴을 보러 갔지만 만나지 못했다.

정자와쯔의 조사와 시굴을 위해 오후에 나, 잔처장, 류롄커, 궈원쉔, 천춘시, 딩류룽 등의 동지들은 현장을 답사했다. 청동 단검이 출토된 부근은 이미 300

여㎡를 시추했다. 위만주국 시절에 이곳은 벽돌공장으로 이미 1m 내외를 파낸 상태이다. 이후 불도저로 삭평을 해서 지층이 거의 남아 있지 않다. 가장 얇은 것은 0.1미터에 불과하며, 가장 두꺼운 것도 1m 정도에 불과해서 이곳은 어떤 희망도 없다.

새로 발견된 지점은 벽돌공장의 취토장이다. 현대묘지 인근에 일부 남아 있는 부분을 제외하면 대부분 파괴됐지만 지표에는 토기편들이 많이 남아 있고, 대형의 손잡이와 두형토기의 다리 등이 있으며 뚜렷하게 회층도 있다. 만약 이곳이 파괴되지 않았다면 그래도 희망이 있다.

4시에 국제여행사를 가서 중국 대원들을 만났다.

10월 27일 일요일 맑음.

오전 8시 30분에 출발해서 정자와쯔에 도착했다. 우선 양돈장과 인근 유적을 조사했다. 나와 딩류룽 동지가 유적지의 탐침[34] 상황을 소개하고 외빈을 모시고 지층의 단면을 보았다. 고고학자들은 이곳이 중요하지 않다는 것을 깨닫고 더 이상 발굴 문제를 제기하지 않았다.

뒤이어 채토장에 가서는 토기를 많이 채집했다. 초기의 거친 태토의 홍도는 두형토기가 가장 많았고 기형변화가 복잡하였으며, 깨진 정의 다리 1개와 동포 1개만 출토되었다. 돌도끼도 두 점 수습했다. 절벽 위에는 20~50㎝의 회층이 드러나 있었다. 그래서 외빈들이 특히 관심을 가지면서 리지린 동지는 처음으로 묘지의 시굴을 주장했다. 우리는 무덤 주인에게 연락해야 한다고 생각했다. 최종적으로 지층의 단면만 잘라보기로 했다. 외빈들은 매우 흥미로워했지만, 나는 이것이 물이 넘쳐서 쌓인 2차 퇴적층이라 생각했다. 이유는 다음과 같다.

---

34) 탐침: 정식 발굴 이전 테스트 피트를 넣어 보는 상황을 말한다.

① 회층이 충분히 두텁지 않고, 너무 얇아 층을 나눌 수 없으며, 각 지층의 색깔이 일치한다.

② 대부분의 층은 도편을 포함하지 않으며 토질이 알갱이 형태이기 때문이다. 외빈들은 비록 이 견해에 전적으로 동의하지는 않았지만 적어도 본인들도 확신에 차서 주장한 것은 아니었다.

오후 3시 30분에 리지린, 김용간과 함께 결과 보고에 관련된 문제를 이야기했고, 천춘시도 참석했다. 총결산하면서 발굴 지점에 대해서 이야기했는데, 지난번 대담과 동일하다. 내년 한 해는 뤼다지역에서 발굴(가을 이후에는 정자와 쯔를 발굴한다.)할 예정이다. 푸순 렌화다오, 노동공원, 하이청 다툰 등도 재조사가 필요하며, 내후년에는 내몽골 닝청 난산건을 발굴할 예정이다. 발굴방법도 교환해 유적지에는 피트(탐방)방법을 도입하기로 했다. 대담은 비교적 성공적이었다.

저녁에 일본 와라비좌蕨座 민족가무단의 공연을 보았다.

10월 28일 월요일 흐림

어젯밤에 뉴 소장이 하얼빈에서 전화를 걸어 10월 30일에 선양에 온다면서 중국 측 전체 인원도 베이징으로 돌아가서 사업을 종결하라고 알려왔다. 내가 이미 기차 예매가 끝났다고 하자, 오늘 아침에 다시 전화해서 기차를 변경(28호차로 변경)하는 것이 좋겠다고 했다. 아침 식사 후 궈원쉔 동지와 상의해서 31일 28호차로 변경했다.

잔처장이 와서 성의 통역과 의사들은 처음에 각각의 기관들과 월말까지 약정했기 때문에 연기하기 어렵다고 했다. 나는 의사는 각자 일터로 돌아가도 되지만 통역은 오늘 오후까지 연기할 수 있는지 물어봤다. 잔처장은 또 "통역은 내년에도 쓸 수 있게 약속대로 원래 기관으로 돌려보내는 것이 좋겠다는 저우 서기

안즈민安志敏 일기

의 의견"을 알려왔다.

　오전에 외빈들은 선양 동교고감인민공사(東郊高坎人民公社)를 참관했다. 오후에 랴오닝성 공업관을 참관했다.

　점심시간을 이용해 랴오시와 선양의 업무 활동 보고서를 완료했다. 저녁에 천춘시가 쓴 결과보고서를 수정했다.

10월 29일 화요일 흐림

　오전에 외빈들과 함께 선양의 풍동공구공장(風動工具廠)을 참관했다. 오후에는 선양의 공작기계 공장을 참관했다. 오전과 오후의 빈 시간을 내서 결과보고서의 초고를 가다듬었다. 저녁이 되어서야 문화재청은 결론에 관련된 25일 자김 소장과 뉴 소장의 지시를 전보로 보내왔는데, 너무 늦은 감이 있다.

　뉴 소장이 내일 새벽 3시에 선양에 온다는 전보를 받았다. 2조는 2조는 오후 7시에 선양으로 올 예정이다.

10월 30일 수요일 맑음

　새벽 2시 30분에 일어나 궈원쉔 동지와 함께 역에 가서 뉴 소장을 맞이했다.

　오전에 성 박물관의 동지가 호텔에 와서 랴오시지역과 선양 일대에서 채집한 유물을 보았다.

　오전에 소장과 나는 다시 리지린 동지와 대화해서 발굴지점을 분명히 하고, 결론에 대한 여러 의견을 나눴다. 리지린 동지는 쉽게 쓰자는 데는 동의했지만, 리스트에서 문화적 성격이라는 항목은 삭제해야 한다고 했다. 결국 목록은 작성하지 않고 분업해서 따로 작성하기로 했다. 돌아온 목록에 명시된 내용을 보면 룽산문화와 전국(戰國) 두 가지에 동의하지 않는다는 것을 알 수 있었다. 룽산문화와 전국시기의 내용이 고조선의 주장과 모순되기 때문이다. 이를 통해 그들의 생각을 엿볼 수 있었다.

오후 1시 3분에 뉴 소장이 성의 저우환周桓 서기에게 보고했다. 저녁 7시 22분에 제2조 전체 동지들이 하얼빈에서 선양으로 귀환했다.

10월 31일 목요일 맑음

오전에 뉴 소장은 둥베이국東北局에 보고하러 가고 나는 랴오닝성 박물관에 갔다. 마침 장 관장이 부재중이라 리 관장에게 실무자의 유동성에 관해 이야기 하고, 중조연합고고대의 조사와 시굴 상황에 대해 개략적으로 소개했다. 또한 향후 파견된 사람들이 미리 정보를 조사해 북한 동지들에게 주어 쉽게 선택할 수 있게 성 박물관에서 향후 랴오시와 랴오둥에 관련된 자료를 제공해 달라고 요청했다.

오후에 1조의 학술적 견해 차이를 문서화해서 뉴 소장에게 주었다.

저녁 6시에 성위원회에서 환송회를 열어주었으며, 저녁 9시에 차를 타고 선양을 떠나왔다.

11월 1일 금요일 맑음

오전 11시 35분 베이징에 도착했다. 류다오성劉導生[35] 동지와 샤 소장 등이 역으로 마중나왔다.

정오에 베이징호텔에서 조중대원들은 점심을 함께 먹었다. 연구소로 돌아온 후에 시간을 내어 1조의 결과보고서 초고를 작성했다.

저녁에 류다오성 동지가 연회를 열었다.

---

35) 류다오성劉導生(1913~2014), 베이징시 시위원회 주석을 역임.

안즈민安志敏 일기

안즈민의 일기는 11월 1일에서 끝나고 이후 북한 학자들이 언제 다시 북한으로 돌아갔는지는 나와 있지 않다. 샤나이 일기(夏鼐日記)에 따르면 11월 8일에는 저우언라이가 조선대표단과 회담할 때 샤나이夏鼐도 배석했다는 부분이 있다. 저우언라이는 조중고고발굴대의 활동 직전인 6월 28일에 북한 조선과학원 대표단과 면담한 바 있다. 이번 회담은 저우언라이의 결정으로 실행된 조중고고발굴대의 1차 조사 연구 결과를 보고받는 성격이었다. 이 시기 중국 측은 북한의 심기를 건드리지 않기 위하여 극도로 신경을 쓰며 검열을 한 흔적도 있다. 예컨대 샤나이 일기에는 11월 중순에 샤나이가 집필한 "신중국의 고고 수확(新中國的考古收穫)"의 초고를 검토한 장유위張友漁가 고구려 고고학 부분을 삭제하는 것이 좋다는 의견을 제시했다. 북한 측에서 고구려는 한국사의 일부이지 중국의 소수민족이 남긴 지방정권은 아니라는 의견을 제시했기 때문이다. 실제로 1961년에 발간된 "신중국의 고고 수확(新中國的考古收穫)"에 고구려와 발해에 관한 서술은 빠져 있다(강인욱).

2부

1964년의 조사

제1장

1964년 사전조사

3월 19일 ~ 4월 2일

3월 19일 목요일 맑음

저녁 8시 30분에 29호 열차를 타고 베이징에서 출발했다. 장유위張友漁 주임, 장잉우張映吾 사장(司長), 문화부 판공청 황뤄펑黃洛風 주임, 천쯔더陳滋德 등이 동행했다.

3월 20일 금요일 맑음

오전 11시 36분에 선양에 도착해서 랴오닝 호텔에 머물렀다.

오후 3시에 둥베이국 서기가 주관한 회의에서 장유위 동지가 발표했으며, 그후 분과별로 회의를 열어 문제를 제기했다.

저녁에 영화 「분수장류(汾水長流)[1]」를 관람한 후, 내몽골 선전부 부부장 선샹

---

1) 「분수장류(汾水長流)」: 1963에 개봉된 후정胡正의 동명 소설을 영화화한 작품으로 1950년대 과도기 총노선의 일환으로 진행된 농업합작사운동을 둘러싼 농촌 문제를 다루고 있다.

한沈湘漢·문화국 판공실 주임·자치구 동지와 내몽골의 상황에 대해 담화를 나누었는데, 난산건南山根2) 유적에 현재 2기의 무덤이 이미 노출된 것을 제기하며 사람을 파견해 달라고 요청했다. 난산건 대묘에서 출토된 다른 하나의 동검을 준비해서 우리에게 주었다.

다롄大連(=뤼다)3)시는 사람을 파견해 유지(留地)4) 문제를 살펴보도록 요구했다.

밤 11시 30분에 수면을 취했다.

3월 21일 토요일 맑음

오전에 잇달아 회의를 열어 각 성(省)에서 의견을 내놓았는데, 대체로 각성은 업무를 어떻게 관철시킬 것인지에 대해 논의했다. 뤼다(=다롄)시는 발굴 범위를 한번 검토해 달라고 요구했다. 이에 뉴 소장은 나와 먼저 다롄(=뤼다)에 갔다가 다시 난산건에 가기로 했다. 우리 일정은 며칠이 걸릴 것으로 보인다.

오후 계속해서 회의를 열어 둥베이국 위喩 서기·펑馮 비서장·관關 부장과 장잉우 동지가 발언했고, 개막을 선언했다(둥베이국 후보 서기 위핑喩屛).

장라오張老·장잉우·쑹서우리·왕중슈·셰돤쥐 동지가 밤기차를 타고 베이징으로 돌아갔다.

---

2) 난산건南山根: 중국 내몽골 자치구 츠펑시赤峰市 닝청현寧城縣에 위치하는 샤자뎬夏家店 상층문화를 대표하는 주거지 및 분묘 유적이다. 1958년 처음 조사된 이래 1961년 주거지 유적에 대한 조사가 진행되었으며, 1963년에는 난산건 101호 및 102호 무덤이 발굴 조사되었다.
3) 원문은 '뤼다旅大'로 표기되어 있다. 1950~81년간 뤼순과 다롄을 포함한 행정구역상의 명칭이다. 공식적으로는 중국 다롄시의 옛 이름으로 불리지만, 고고학적으로는 뤼순, 다롄, 뤼다 등이 각각 다르게 사용되어 혼란이 있다. 필자 안즈민 역시 뤼다와 다롄을 혼용하고 있다. 이에 본 번역에서는 '다롄'으로 통일하되, 원문에 뤼다로 표기된 것은 괄호를 하고 병기한다.
4) 유지(留地)는 농민의 기초생활 보장을 위해 촌락이 소유하는 토지를 가리킨다. 여기에서는 발굴 작업에 따른 농지의 피해보상 범위를 살펴보라는 의미로 보인다.

3월 22일 일요일 맑음

랴오닝 호텔에 다롄으로 가는 32호 열차표를 부탁해 겨우 일반석[5]을 구할 수 있었다. 아울러 출발시간이 1시 40분으로 변경되었다고 해서 우리는 믿어 의심치 않고 편안한 마음으로 휴식을 취했다. 오늘 오전에는 기분이 그다지 좋지 않았는데, 어젯밤에 푹 자지 못해 그런 것 같다. 10시 30분에 갑자기 11시 8분에 열차가 출발한다는 말을 듣고 이에 서둘러 출발을 재촉했다. 다행히 열차 시간에 맞출 수 있었으며 아울러 우등석으로 변경되었다. 너무 급하게 와서 온몸이 땀에 젖어 오전에는 다소 불편하긴 했으나 곧 괜찮아졌다.

같은 열차를 타고 다롄에 간 사람은 다롄(=뤼다)시 국제교류처 처장 왕차오청王朝成·공안국 부국장 장커張克 등이었다. 7시 35분에 다롄에 도착해서 다롄 호텔에 여장을 풀었다.

3월 23일 월요일 맑음

오전에 신辛 시장·레이펑 국장·장커 국장 등과 함께 자동차로 뤼순旅順으로 이동해 먼저 뤼순커우구旅順口區[6]에 갔다. 유遊 구장(區長) 및 박물관 동지들은 먼저 인자춘尹家村 난허南河로 내려가 지세를 살펴보고 원래 확정했던 8,500㎡에는 농사를 짓지 않을 작정이었다. 우리는 발굴 면적이 그다지 넓지 않을 것이므로 역시 평상시대로 경작할 것을 건의했으며, 정한 기일이 되면 발굴 면적에 따라 보상하겠다고 했다. 그들은 이 의견에 동의하고서 다시 궈자춘郭家村에 갔다. 그들은 원래 25,000㎡를 확정했으나 9월 중순이 되면 추수를 할 수 있다는 것을

---

5) 일반석: 원문은 '경석(硬席)'이다. 중국의 열차는 연석(軟席, 우등석), 경석, 침대칸 등으로 나뉘는데 경석은 의자가 딱딱하다는 의미로 일반석을 가리킨다.

6) 뤼순커우구旅順口區: 중국 랴오닝성 다롄시의 행정구역으로 랴오둥반도의 남쪽에 위치하는 군사 및 항구도시이다.

감안해 이곳 역시 예전대로 경작할 수 있게 되었다. 설령 9월 초에 발굴 작업에 들어가더라도 그 영향은 크지 않을 것이다. 만일 선양의 정자와쯔를 먼저 발굴한 다음 9월 중에 다시 이곳에 온다면 문제는 더욱 적을 것이다. 논의한 결과 외빈들은 자동차로 30분 정도 소요되는 뤼순에 머무는 것이 좋으며, 점심은 발굴현장에서 먹고 휴식은 궈자춘 대대(大隊) 판공실에서 할 수 있다고 했다. 장쥔산은 부지의 문제가 없으므로[7] 가지 않았다.

점심 때 뤼순으로 돌아와 뤼순 식당에서 점심을 먹고 뤼순박물관에 가서 내부 수리 상황을 잠시 둘러보았다.

그 후, 북쪽 도로를 따라 허우무청역後牧城驛[8]에 이르렀는데 이곳은 원래 1,035㎡로 계획했지만 의심할 여지 없이 범위가 너무 넓어 흙 구릉의 가장자리를 3m 남겨두어 흙 구릉이 붕괴되는 것을 방지하면 충분하다고 건의해서 과대한 손실을 초래하는 것을 피하게 했다.

오후 4시 반에 다롄 호텔로 돌아왔다.

밤에 집으로 돌아가 부모님을 뵈었다.

3월 24일 화요일 맑음

오전 8시에 신 시장·레이 국장과 장 국장 등과 함께 진현金縣 량자뎬亮甲店 샤오시거우小西溝[9]로 향했다. 진현에서는 동현 위원회·공사(公社) 당위원회와 함

---

7) 장쥔산 유적은 바위산의 가파른 비탈에 위치하여 그 주변은 농지보상을 신경 쓸 필요가 없다는 뜻이다.

8) 강상 러우상 등 대표적인 유적이 위치한 허우무청역後牧城驛 일대는 다롄시의 북쪽 발해만에 인접한 곳에 위치한다. 이 지역은 당나라 이전에는 木廠堡로 불렸다. 이후 명대에 모문룡이 후금의 침입을 막기 위한 군사적인 거점을 마련하며 "木場驛"으로 개명되었고 역참으로도 기능했다. 청대에 다시 木廠驛으로 개명되었다. 후에 일대의 울창한 숲에서 방목을 많이 해서 牧城驛으로 개명되었다. 허우무청역을 중심으로 그 서쪽에 잉청쯔, 남쪽에는 첸무청역 등이 위치한다(於歡, 2013, 「大連地名的社會語言學研究」, 沈陽師範大學 碩士論文).

9) 이 유적은 본 일기에서 꽤 비중 있게 다루어서 조사한 유적이다. 하지만 생각보다 파괴가 심하여서 정

께 청동단검의 출토지에 갔다. 이곳에는 작은 구릉 위에 원래 두 개의 토총이 있었으나 지금은 이미 평평하게 내려앉은 상태이다. 과거 발굴한 하나의 석관에서 동검 1개, 동부(銅斧) 1개가 출토되었고, 다른 하나에서는 석판이 출토되었다고 하는데, 그 아래에는 당연히 석관이 있었던 것으로 추정된다. 원래 계획한 보존 범위가 다소 넓어 축소했다. 만약 5월 초에 발굴을 진행하면 땅콩을 파종하는 데에 문제는 없을 것이다.

이어서 량자뎬 공사 초대소에 가서 한차례 둘러보니 이곳이 매우 이상적이라는 것을 발견했다. 집도 매우 크고 또한 공사 내에 위치해 있어 매우 이상적인 주거 장소로, 앞으로 이곳에서 거주하기로 했다. 교류처에서 취사원을 파견해 주어 그럭저럭 초기 단계의 문제를 해결했다.

정오 12시쯤 다롄 호텔로 돌아와 정오에 고서점에 갔다. 아울러 사과 몇 근[10]을 사서 가는 길에 먹으려고 준비했다.

3월 25일 수요일 맑음

오전 8시 55분 71호 열차를 타고 다롄에서 출발했다. 시 국제교류처 후胡 과장, 뤼순박물관 쑹수청宋樹成 동지가 기차역까지 나와 배웅했다.

기차 안에서 뉴 소장과 연구소의 일에 대해 이야기를 나누다 보니 적적할 틈이 없었다.

오후 4시 56분에 선양에 도착해서 보니 문화재청 궈원쉔 동지가 마중을 나와 랴오닝 호텔에 묵었다.

저녁에 원페이文菲 청장이 호텔에 와서 그에게 다음과 같이 보고했다.

식보고서에는 포함되지 않았다(해제의 부록 2 참조).
10) 근: 무게를 재는 단위로 중국에서는 사과 등 과일은 무게를 달아서 판다.

① 다롄(=뤼다)에 간 정황,

② 박물관에서 랴오허遼河 동쪽의 고고 현장을 제공해 달라고 요청하고,

③ 발굴현장에 대한 지도 문제를 해결

해 달라고 요청했다. 뉴 소장은 문교청(文教廳) 인사처장을 통해 리원신李文信 관장의 여러 정황을 알아보았다.[11]

3월 26일 목요일 흐림

오전 8시 30분 뉴 소장과 나는 랴오닝성 박물관에 가서 장 관장·주구이 동지와 함께 북한 측 동지가 요구하는 다링허大凌河와 랴오허 사이, 선양과 압록강 사이의 유적지를 제공하는 문제를 논의했다. 박물관은 관련 문제에 대해서 아는 바가 그다지 많지 않았다. 그래서 먼저 성의 문화재청이 진저우錦州·선양·안동安東시[12]의 문화재 실무자 위원회(문물공작위원회)를 개최하여 그 정보들을 제공하기로 했다. 그 결과를 박물관이 주도하고 각 문물공작소는 실무자를 파견하여 협조하는 것으로 결정했다. 3월부터 조사를 시작해서 10월 말까지 예비 결과를 제출하고 이 결과를 근거로 해서 외빈에게 어느 지점을 제공할지 다시 고려하기로 했다. 필요할 경우, 나는 이듬해 4월 한 차례 내려가 답사를 하려고 박물관에 랴오닝성의 지도를 요청했다.

그 후 리원신 선생의 집에 가서 뉴 소장과 그가 고고학 회의 준비위원회 문제를 논의하고 아울러 그에게 준비위원회에 참가할 것을 요청했다.

11시에 호텔로 돌아왔다. 시 문화재팀 동지는 정자와쯔의 준비 문제에 대해 다음과 같이 논의했다.

---

11) 같은 시기에 또 다른 조중고고발굴대인 발해발굴대는 지린성 박물관의 리원신이 담당하고 사전준비를 하고 있었다.

12) 안동安東시: 북한 신의주와 접한 항구도시. 1965년에 지금의 단동丹東시로 개명되었다.

① 발굴 대상은 묘역 경계 밖을 위주로 해서 경계 내에 이를 수는 있으나 현대 묘역에는 절대로 접근하지 않는다.

② 묘 주인의 성명을 찾아 놓아야 사람들을 제대로 동원할 수 있다.

오후 3시 5분 240호 기차를 타고 선양 북역(北站)을 출발해서 츠펑으로 향했다. 궈원쉔 동지가 역까지 나와 배웅했다. 기차에서 일반석을 우등석으로 교환해서 야간에도 잠을 푹 잤다. 내몽골 선전부 선수샹沈叔湘 부장은 뉴 소장에게 류머티스성 신경통을 치료하는 데 효과적인 처방을 소개했는데, 치료받은 200명에 의하면 90% 이상이 효과가 있었다고 한다. 그 처방은 다음과 같다. 바싹 말린 생강편을 혈도 위에 올려놓는다. 마른 생강 편 위에 사향 몇 알을 올려놓고 그 위에 다시 쑥을 얹어 뜸을 떠서 피부에 열을 전달한다. 피부가 많이 탈수록 좋은데 피부가 검게 변하면 가장 좋으며, 한번 만에 효과를 보거나 통증을 줄일 수 있다.

3월 27일 금요일 흐림

새벽에 눈이 떠져 차창 밖을 보니 모래바람이 거세게 부는데 어제보다 더욱 심하다고 한다. 9시 36분에 츠펑에 도착했다. 자오멍昭盟[13]의 왕자오쥔王兆軍이 역으로 맞이하러 왔다. 자오우다昭烏達 호텔에 묵고 있는데, 선전부 부부장 바이쥔칭白俊卿이 방문했다. 오후 우리겅烏力更[14] 맹장이 방문했다.

오후 뉴 소장과 함께 자오멍 문물참(文物站)을 관람했다. 새로 전시된 문물 중

---

13) 맹(盟): 내몽골자치구의 행정단위는 내륙 지역과 다르다. 기(旗)는 현에 해당하며, 맹은 현보다 상위 개념이다. 현재의 츠펑시에 해당하는 자오우다멍昭烏達盟의 준말이다.

14) 우리겅烏力更: 우리겅(1924~2005)은 내몽골 파린유巴林右 기인으로 몽골족이다. 1946년 혁명에 참가해서 1950년 츠펑 웡뉴터기襄牛特旗 부서기를 거쳐 2년 후에는 서기 겸 기장이 되었다. 1964년에는 자오우다군 분구 당서기에 임명되었다.

에 훙산 댐에서 출토된 동기가 있다. 매우 주목할 만한 것으로 3자루의 동검이 출토되었는데 하나는 돌척곡인(突脊曲刃)이고[15] 하나는 긴 몸신에 등날이 낮은 형식을 하고 있다. 나머지 하나는 ⚓ 형태를 하고 있는데, 오르도스(鄂爾多斯)[16] 식과 매우 유사하며 여기에서 동서양의 문화 관계를 살펴볼 수 있다. 모두 샤자뎬 상층문화의 유물이다.

문물참의 동지들과 이런저런 상황에 대해 담소를 나누었고 그들에게 여러 번 『고고(考古)』에 투고하길 희망한다고 했다. 왕종장王宗章 동지가 여러 해 동안 츠펑에서 조사한 바에 의하면 츠펑 남쪽으로 40여 화리(20㎞)의 장성이 끊어졌다 이어졌다하며, 아울러 매우 많은 전국시대의 유물을 찾을 수 있다고 한다. 나는 그에게 신문 보도 기사를 쓰길 바란다고 했다. 저녁에 초대를 받아 헝가리 영화 「군악(軍樂)」을 감상했다.

3월 28일 토요일 맑음

오늘은 바람이 그치고 날이 맑았다. 뉴 소장과 나는 8시 30분에 가즈(GAZ)-69[17]를 타고 호텔을 출발해 닝청寧城 난산건 유적지를 향했다. 내몽골 선전부 부부장 선수샹, 자오밍 선전부 부부장 바이쥔칭, 문물참 왕자오쥔 등 3인이 함께 갔다. 츠펑에서 난산건까지는 300여 화리(150㎞)이다. 전반부는 도로 사정이 열악해 자동차로 달리는 데 매우 힘이 들었으나, 후반부에는 도로 사정이 다소 좋아 자동차는 조금 속도를 내며 달렸는데, 줄곧 차가 흔들려서 매우 피곤했다.

12시 좀 지나 다청쯔공사大城子公社에 도착해 이곳에서 점심을 먹고 우룽산五

---

15) 비파형동검을 말한다.

16) 오르도스鄂爾多斯: 내몽골 자치구 남서쪽에 위치한 시이다. 오르도스식 동검은 중국의 북방에서 출토되는 손잡이와 칼날을 한 번에 주조한 소위 아키낙이라 불리는 스키타이식 동검을 말한다.

17) 가즈(GAZ)-69: 원문은 '와사(瓦斯)69'이다. 1950년대 소련의 고리키 자동차 공장에서 개발된 사륜구동의 군용차량이다.

안즈민安志敏 일기

龍山의 조림 작업을 둘러보았다. 이곳은 매우 성공적으로 어린나무들이 숲을 이루고 있는데, 10년 뒤에는 틀림없이 면모를 일신할 것이며, 현재의 기후와 풍토를 보호하는 데에도 매우 커다란 도움이 될 것이다.

4시쯤 바리한공사八里罕公社에 도착했는데, 오전에 이미 도착한 닝청현 현장과 함께 바리한 중학교와 시가지를 둘러보았다.

저녁 회의에서 다음의 내용을 결정했다.

① 명현盟縣에서 교부금을 받아 춘진거우存金溝[18]에 건물을 지어 연합대(聯合隊)가 사용한 이후에 춘진거우에 이관한다. 해당 공사는 신설 건물이 많지 않으므로 일거양득이다. 바리한공사는 연합대 건물을 짓기 위해 이미 10여 칸의 가옥을 철거하고, 아울러 자재를 준비하고 기초를 잘 다져 장차 맹이 완성하는 것을 보조한다.

② 외빈의 물품은 톈이초대소에서 준비하고 중국 측 대원은 스스로 준비한다.

③ 목욕할 수 있도록 자동차로 20리 떨어진 곳의 온수(온천)를 운송한다. 츠핑에서 가져오는 쌀국수를 제외하고 기타 주식·부식은 현지에서 해결한다.

④ 일용품, 예를 들면 차·담배·치약 등은 베이징을 통해 해결한다.

3월 29일 일요일 맑음

오전 8시 리 현장과 춘진거우공사 부사장 등 동지와 함께 난산건에 가서 답사했는데, 이른바 구방지묘(溝旁之墓)는 도랑 옆에 있는 작은 묘지로 상류에 수

---

18) 춘진거우存金溝: 내몽골 자치구 츠핑시 닝청현에 속한 행정구역으로 14개의 행정촌을 관할하고 있다.

원(水源)이 있어 기본적으로 보존할 수 있으며, 다른 한 곳은 단지 석괴(石塊)가 노출되어 있는데, 이들 무덤은 지역에서 모두 보호할 수 있으므로 북한의 동지들이 난산건에 온 후에 다시 발굴을 진행하기로 합의했다. 그 후 다시 춘진거우공사에 들러 공사 및 건물을 지을 장소를 둘러보았는데, 이곳은 매우 이상적이어서 조건 면에서 바리한공사보다 훨씬 좋다고 느꼈다.

10시 30분에 춘진거우공사를 출발했으나 도로 사정이 여의치 않아 오후 1시에야 핑좡(平莊)에 도착해 핑좡광무국(礦務局) 초대소에서 점심을 먹고 잠시 휴식을 취했다. 3시 반에 핑좡 노천탄광을 참관하러 갔다. 비바람이 매우 거셌기 때문에 차를 타고 가도 매우 피곤했다. 함께 갔던 사람들은 핑좡에서 기차를 타고 츠펑으로 돌아갔으며, 자동차만 홀로 되돌아와 기차역에서 우리를 맞이했다.

3월 30일 월요일 맑음

오늘은 바람도 없고 날씨가 맑고 청량하며 기온도 다소 높다. 오전에 뉴 소장과 53농업중학 및 농목(農牧)연구소를 방문했다.

나는 자오멍 문물참에 가서 몇 가지 유물에 대한 도면을 그렸다. 그중 훙산댐에서 출토한 청동기 중에 특히 주목할 만한 것은 세 자루의 동검이다. 한 자루는 돌척곡인(突脊曲刃)식[19]이고 다른 두 자루는 비록 곡인은 없으나 동검의 자루가 서로 연결된(=합주식) 형태다. 청동칼(=동도)은 모두 자루에 따로 고리가 있다. 그 밖에 도끼(斧), 자귀(錛), 끌(鑿), 청동장식(銅飾), 청동거울(銅鏡) 등도 있고, 돌칼은 반월형이다. 또한 잘 보존된 석제 거푸집도 1점 있었는데, 하나의 거푸집에 동도와 2개의 단추를 주조할 수 있게 되어 있다. 모두 단범이다. 왕자오쥔 동지가 대표로 세 자루의 동검을 그렸다. 모두 샤자뎬 상층문화에 속하는 것이다.

관찰 결과에 의하면 이 등날이 있는 곡인검은 랴오닝의 유물과 다소 유사하

---

19) 돌척곡인(突脊曲刃)식: 중간에 돌기가 있는 등날을 한 비파형동검이다.

안즈민安志敏 일기

지만, 다음과 같은 점에서 다르다. 첫째로 곡인이 중앙부에 있다. 둘째로 등날에 마연의 흔적이 없다. 셋째로 나무 자루를 사용한 탓인지(?) T자형 칼자루와 침상기 등이 없다. 이외에 함께 발견된 유물을 종합해보면 모두 하나의 민족이 소유한 것이 아님이 명확하다.

오후 4시 반 레이다이푸雷大夫 서기·무림穆林 부서기·우리겅 맹장·바이쥔칭 부장이 찾아와 이듬해 발굴 준비 작업에 대해 논의했는데, 내몽골 선수샹沈叔湘 선전부장도 참가했다.

저녁에 TV 프로그램 「무산계급혁명과 후르쇼프[20] 수정주의」를 시청하고 밤 11시 반에 비로소 취침했다.

3월 31일 화요일 흐리고 비

새벽 5시에 일어나 맹위원회 선전부장 바이쥔칭白俊卿 및 문물참 왕자오쥔王兆軍 등의 동지가 우리를 배웅하러 기차역까지 나왔다. 6시 45분 302호 기차를 타고 츠펑에서 출발했다. 기차 안은 승객이 매우 적어 우등석에는 나와 뉴 소장 뿐이었으며, 일반석 승객도 그다지 많지 않았다. 대체로 모두 단거리 여행객이었다. 이 기차는 완행열차로 크고 작은 역마다 모두 정차했으며, 심지어 몇몇 승강소[21]도 있었기 때문에 기차의 운행은 매우 느렸다.

기차가 출발해서 톈이역에 이르렀을 때 눈이 내리기 시작해 함박눈처럼 날렸으나 땅에 떨어지는 순간 바로 녹았다. 랴오닝성 경내에 들어서자 이미 촉촉이 봄비가 내리고 있었다. 파종하는 봄날에 아주 좋은 날씨였다.

---

20) 흐루쇼프(=니키타 흐루시초프)(1894~1971)는 러시아의 혁명가로 1953년부터 1964년까지 소비에트 연방의 국가원수 겸 공산당 서기장을, 1958년부터는 소련 총리와 소련 국가평의회 의장을 지낸 정치가이다. 그는 1956년 제20차 당 대회에서 스탈린주의를 비판하고 대외적으로 미국을 비롯한 서방국가와의 공존을 모색했다. 그의 반스탈린주의 정책은 공산권 국가들에 커다란 영향을 미쳤는데, 당시 중국에서는 그의 정책을 수정주의 노선이라고 규정하고 비판했다.
21) 승강소: 역무원이 없는 간이역.

저녁 6시 59분에 진저우錦州에 도착하니 시문화국 쑨밍젠孫名健 국장, 차이주민柴柱民 동지가 기차역까지 마중 나와, 안내해 준 진저우 철도 초대소에서 휴식을 취했다. 여행으로 피곤한 나머지 8시 30분에 바로 잠자리에 들었다.

4월 1일 수요일 맑음

오전 9시 쑨 국장·차이 동지와 함께 랴오선 전쟁기념관을 견학했는데, 나는 두 차례 본 적이 있기 때문에 류첸劉謙 동지를 찾아가 진저우시 부근 유적지의 유물을 보고 도면을 그렸다. 시간이 촉박해서 그리는 데 한계가 있었기 때문에 극히 작은 일부분만을 그렸으며 관찰 역시 그다지 세세하게 하지 못했다.

전체적 인상으로 진저우시에는 소량의 훙산문화 유적이 남아 있는 반면, 샤자뎬 하층문화의 수량은 비교적 많고 전형적이다. 하지만 이곳에서는 샤자뎬 상층문화의 흔적은 찾아볼 수 없었다. 무문의 거친 홍도와 굵은 노끈무늬 홍도(편족扁足 있음)는 샤자뎬 상층문화와 매우 유사하다. 그중 거친 홍도와 노끈무늬(=승문) 홍도의 관계가 명확하지 않지만, 공존했을 것으로 의심된다. 진저우시 지자워푸紀家窩鋪에서 발견된 일대의 무늬가 그려진 것은 선양 및 랴오둥과 관련이 있는 것으로 의심된다.

오후 2시에 쑨 국장 등이 동행해서 진저우 도자창(陶瓷廠, 도자기 공장)을 견학하고 장張 창장의 안내로 각 생산 공정을 둘러보았다. 생산품은 매우 정교해서 대부분 해외에 판매하고 있다. 들은 바에 의하면 국내는 탕산(唐山) 도자창이 가장 선진적인데 주로 생산책임제를 명확히 하기 위해 이와 같은 조치를 취해 선진성을 보증받는다고 한다. 이 말은 우리에게 매우 시사하는 바가 있다. 우리 고고학 분야에서 과학 수준을 한층 더 향상하지 못한 것은 업무상의 책임 소재가 불명확해서 그런 것 아닌가.

저녁 8시 56분 열차를 타고 진저우에서 출발했다.

안즈민安志敏 일기

4월 2일 목요일 맑음

　새벽 7시 22분 베이징에 도착해 오전 연구소에 갔다가 오후에는 집에서 휴식
을 취했다.

안즈민安志畯 일기

제2장

1964년 1차 본 조사

5월 12일 ~ 7월 20일

5월 12일 화요일 맑음

　　연합 고고대 제1조는 오후 5시 10분, 17호 열차를 타고 베이징에서 출발했다. 샤夏 소장, 뉴 소장, 왕중슈 동지 및 북한 측 제2조의 일부 동지가 기차역에서 배웅했다.

　　북한 측의 조원은 리지린·임건상·김용간·정찬영·황기덕·김종혁·이제선 등 8명이다[1].

　　중국 측은 안즈민·정나이우·런창타이·쉬밍강·딩류룽·류위劉玉·파오빙쮀이·파오정이朴正一 등 8명이다.

---

1) 북한 측은 8명 중 7명의 이름만 언급되었다. 반면 중국 측은 8명의 이름을 모두 밝혔는데 그 이유는 명확하지 않다.

5월 13일 수요일 맑음

새벽 7시 8분에 선양에 도착하니 문화재청 왕 청장·잔 처장·국제교류처 단
畢 처장 등이 기차역으로 마중 나왔다.

랴오닝호텔에 도착한 후 바로 왕 청장에게 직접 보고하고, 아침 식사를 한 후
둥베이국 판공청 스창안史長安 동지에게 전화를 걸어 뉴 소장이 이미 창춘을 출
발한 것과 1조 외빈 인원수 및 준비상황을 통보했다. 그가 나에게 말하길 허가
를 받아 이곳에 주둔한 보병을 발굴대로 투입할 수 있다고 했다. 아울러 내게 그
부서에 연락을 취하고, 뉴 소장에게도 전해 달라고 했다.

오전에는 왕 청장이 외빈을 모시고 [선양]시 시가지와 베이링공원北陵公園[2]을
유람하고 오후에는 청조의 고궁(故宮)[3]을 유람했다. 저녁에는 저우환 동지가 외
빈을 접견하고 회의 후에 나에게 다롄에서의 업무를 알려주면서 모두 국제교류
처를 거쳐야 하며 문화국을 거칠 필요는 없다고 했는데, 이는 레이펑 동지의 모
호하고 두서없는 지휘 체계 때문에 그렇게 된 것이다.

저녁에 저우환 서기가 연회를 열어 중국과 북한 양측 대원을 대접했다.

5월 14일 목요일 맑음

오전 8시, 잔 처장과 함께 정찬영을 데리고 랴오닝성 도서관에 갔는데, 그는
북한 측을 대표해 랴오닝성 도서관에 『조선통사』 1권을 기증했다.

11시 58분에 선양에서 출발했는데, 문화재청 왕 청장·잔 처장·국제교류처
단 처장 및 선양시 문화국 리 국장이 기차역까지 배웅하러 왔다.

---

2) 베이링공원北陵公園: 청나라 태종 홍타이지皇太極와 효단문황후(孝端文皇後)의 능으로 건설되었다. 공
   식 명칭은 소릉(昭陵)으로 선양의 고궁(故宮), 동릉(東陵)과 함께 세계문화유산에 등록되어 있다.
3) 고궁(故宮): 1625년 청조의 태조인 누루하치가 선양을 후금의 도읍으로 정하고 짓기 시작한 궁전으
   로 홍타이지가 완성해 청조가 베이징으로 천도하기 전까지 사용했다.

안즈민安志敏 일기

쓰핑산과 원자툰 일대

　오후 7시 35분에 다롄에 도착하니 신수辛束 시장·왕촨원王傳聞 처장, 레이펑 국장 등이 역으로 마중 나왔다.

　다롄호텔에 도착해 신 시장 등에게 외빈의 상황을 보고하고 아울러 외빈의 요구 사항을 논의했다. 외빈이 제시한 다섯 곳의 조사 지점(쓰핑산四平山·원자툰文家屯·다공산大公山·다링툰大嶺屯 성터·왕하이궈望海堝)에 대해서는 살펴본 후에 성(省)에 문의하기로 했다. 신 시장은 발굴에 영향을 줄 수 있으므로 당분간 가지 않는 것이 좋겠다는 초보적인 의견을 내놓았다. 그러나 진현金縣에서 올해 3월에 발견된 세 자루의 청동단검의 경우 우리가 [북한 측에] 제시하지 않는다면 오해의 소지가 생길 수도 있다.[4] 발굴하려면 또한 일정한 준비시간이 필요하니, 역시 성에 문의한 뒤에 다시 처리하기로 했다.

　저녁에 천춘시 동지와 함께 일련의 상황을 논의하고 밤늦게 수면제를 복용한

---

4) 비파형동검이 나온 것을 근거로 북한 측이 발굴을 제안할 경우를 의미한다.

피쯔워 유적 현재 상황(2006년 촬영)

후 비로소 잠이 들었다.

5월 15일 금요일 맑음

아침 식사 후 임건상 동지와 활동 일정 및 업무 안배 문제를 논의했다.

(1) 오늘 유람 및 참관 일정 안배,
(2) 내일 샤오시거우와 허우무청역 현장을 답사하고 발굴 방식을 결정
한다.
(3) 먼저 허우무청역에서 일정 시간을 투자한 뒤에 분리한다.

오전 런창타이 동지를 부대에 보내서 이번 사업의 의의와 주의사항 등을 설
명했다.

오전에는 외빈과 함께 라오후탄老虎灘[5] 및 싱하이星海공원을 유람했고 중국 측 대원은 실내에서 준비 작업을 했다.

오후 외빈과 함께 다롄공작기계공장大連機床廠을 견학했다.

5시 30분에 시위원회 후㶌 서기·신 시장 등이 외빈과 회견하고 아울러 연회를 열어 접대했다. 연회 후 「세계견문(世界見聞)」·「세계인민공적(世界人民公敵)」 및 「초원신곡(草原晨曲)」 등의 영화를 방영했다.

5월 16일 토요일 흐림

오전 7시 30분에 다롄에서 출발해 진현 량자뎬亮甲店 샤오시거우에 갔는데, 대형차로 약 1시간 반 정도 걸렸다. 이곳에서 흙무덤(=土塚) 두 곳에 대한 발굴 방식을 논의했는데, 외빈 역시 사분법(四分法)을 이용하는 데 동의했다. 작년에 자저우제 동지가 일찍이 두 곳이 묘장이라고 알려주었기 때문에 임건상 동지는 일단 시굴을 한번 해보자고 했다. 나는 응당 두 곳의 토총을 발굴해 경험을 쌓은 후에 두 군데에 시험 구덩이를 파보자고 답을 했지만, 희망이 없어 보였다. 외빈은 부근에 흩어져서 주변을 한 바퀴 돌았다. 이들은 특히 돌무더기가 쌓여 있는 곳에 주의를 기울이며 묘장을 찾으려 했지만, 실제로 이곳은 모두 묘장과는 무관했다.

오후 2시 30분에 호텔을 출발해서 허우무청역에 가서 거대한 토총에서 약 1시간 정도 머물렀다. 우리들이 보기에 토총은 그다지 커 보이지 않았지만, 실제로 업무량은 상당해 보였다. 매장된 정황에서 볼 때, 서북쪽 모퉁이에서 묘 3기가 발견되었는데, 단지 1개 반만이라도 발굴할 수 있어 꽤 희망적으로 보였다. 외빈 동지는 사분법을 사용해서 중간에 십자 둑(=隔梁)을 남겨두고 우선 서북·

---

5) 라오후탄老虎灘: 다롄의 라오후탄 해양공원을 가리킨다. 다롄 남부 해변에 조성되어 해양문화를 전시하며, 관광·오락·쇼핑·문화를 동시에 즐길 수 있는 복합시설이다.

동남쪽 두 부분을 발굴했다. 아울러 부대[6]의 어우양歐陽 동지와 구체적인 방법을 논의해서 다음날 착공할 준비를 했다.

임건상 동지의 말에 의하면 그들은 허우무청역에서 1주 동안 머물면서 엄건상·정찬영·황기덕은 샤오시거우에 가고, 김용간·김종혁은 실제 현장에서 작업하기로 했으며, 김종혁은 또한 유물도 관리한다고 했다.

저녁에 시 지도자 소조회를 개최해 기본 정황을 갖추었다. 그런 후 다시 팀 내에서 회의를 열어 업무를 배치해 허우무청역의 토총은 사분법을 사용하고 정나이우·쉬밍강 동지가 책임을 맡기로 결정했다.

5월 17일 일요일 흐림

오늘 날씨는 흐리고 바람이 제법 세게 불어 허우무청역 토총에서 발굴할 때 자못 추웠다.

허우무청역 토총에 도착했을 때는 이미 8시 40분이 다 되었다. 우선 부대의 전사(戰士)[7]들에게 토총 위의 쇄석(碎石)을 정리하게 했는데, 작업 효율이 매우 빨라서 10시에 정도에 이미 기본적인 정리가 끝났다. 그런 후 4부분으로 구획해서 중간에 1미터의 십자 둑을 남기고 각각 Ⓐ Ⓑ Ⓒ Ⓓ 의 순서로 A~D 네 부분으로 편성했다. 우선 A·D 두 부분을 시작했다.

A구역, 오늘은 M1의 일부분이 노출되었는데, 과거에 이미 모두 파헤쳐진 부분이라 겨우 교란층에서 작은 구리구슬 2개만 발견되었을 뿐이다. 흑토층의 자갈 부분은 남은 부분이 그다지 많지 않은데 아마 대부분 파괴되었을 것이다.

D구역, 보존된 흑토층의 자갈은 극히 일부분만 남아 있고 대부분 파괴되어 A 쪽보다 더 심하며 교란층에서 송록석(松綠石) 석주(石珠) 1개를 발견했다.

---

6) 문맥상 발굴단을 지칭함. 허우무청역 근방에 주둔하는 군인을 발굴단으로 동원했기 때문에 이하 발굴단에서도 군사용어가 계속 등장한다.

7) 전사(戰士): 문맥상 발굴에 참여한 군 인력을 가리킨다.

러우상樓上 발굴 착수 광경

    총체적인 상황에서 보면 이 토층은 그다지 희망적이지 않다. 외빈은 각각 흩어져 부근을 조사해서 토층 북쪽의 유적지(L33)에서 약간의 양터우와羊頭窪 유형[8]의 도기 편을 채집했다. 또한 북쪽의 두 개 토층은 모두 흑토층 자갈이 있었으나 보존 상태가 좋지 않고 도기 편을 채집한 사람도 있었다. 서남쪽의 한 작은 흙무덤(=토층)의 경우 보존 상태가 다소 양호해 외빈은 이에 대해 관심을 가졌다.

    정오에 레이 국장과 함께 병사들의 주둔지를 둘러보았는데, 실내가 매우 말끔히 정리되어 있어 해방군으로부터 배울 만한 점이 많다고 장려했다.

    저녁에 뉴 소장으로부터 전보가 왔는데, 도서실에 환자가 많아 장궈주張國柱를 차출하는 데 어려움이 있다고 했다. 즉시 천춘시와 논의해서 그래도 필요하다고 생각해 내부에 편지를 써서 해결해달라고 요청할 생각이다.

    호텔에서 소련 영화 「초차고험(初次考驗)」[9]을 감상했다. 10시쯤 임건상이 꺄

---

8) 양터우와羊頭窪 유형: 지금은 다롄지역의 초기 청동기시대인 솽퉈쯔 3기문화로 통칭한다.
9) 초차고험(初次考驗): 소련의 야쿠브 콜라스의 소설 '십자로구(十字路口)'를 원작으로 해서 1960년에 만들어진 영화이다(원제는 Pervye ispytaniya). 러시아 시골 청년 교사들이 미래에 대한 희망과 이상

오빙쬐를 통해 다음과 같이 알려왔다.

> (1) 내일 오전 김신숙(金信淑)·이제선(李濟善)은 남아서 시도서관에 갈
>   예정이다.
> (2) 19일 샤오시거우에 갈 예정이다.

즉시 접대소조(小組)를 시의 동지들에게 보고하게 했다.

5월 18일 월요일 맑음

오늘부터 진현 샤오시거우의 발굴 작업을 시작할 예정이라 아침 식사 때 동
지들과 상의했다. 런창타이 동지를 샤오시거우에 파견해 발굴을 맡은 주둔군 병
사들에서 상황을 설명하게 했다.

출발할 때 차 안에서 임건상 동지가 샤오시거우 참가를 제안해 발굴 참가자
는 임건상·정찬영·황기덕·이제선 등 4명이 되었다. 샤오시거우 발굴이 끝나면
허우무청역 L33과 큰 흙무덤(=대토총) 부군의 작은 무덤(=소토총)을 다시 시굴
하기로 했다[10].

오전에 리지린·김용간·정찬영·차이𡻖 관장·쑨 과장·천춘시와 함께 L33을
조사했다. 이곳은 단애에 수혈이 노출되어 있으나 유물은 그다지 풍부하지 않으
며 양터우와 유형에 속하는 것 같다. 그런 후에 다시 대토총 서북쪽 약 480미터
에 있는 또 다른 토총에 이르렀다. 이곳에는 두 개의 토총이 나란히 있다. 하나
는 흑토자갈층이나 훼손 상태가 비교적 심하고 부근에는 역시 앙토우와 유형(일
련번호 L34)으로 보이는 몇몇 석회층[11]이 있다. 다른 하나는 흑토자갈층이 보

을 품고 시행착오를 거치며 혁명 활동에 뛰어드는 과정을 그리고 있다.
10) 후술하겠지만 L33은 허우무청역 근처의 쌍퉈쯔 3기문화의 주거지, 그리고 흙무덤은 각각 강상과 러
    우상무덤임.

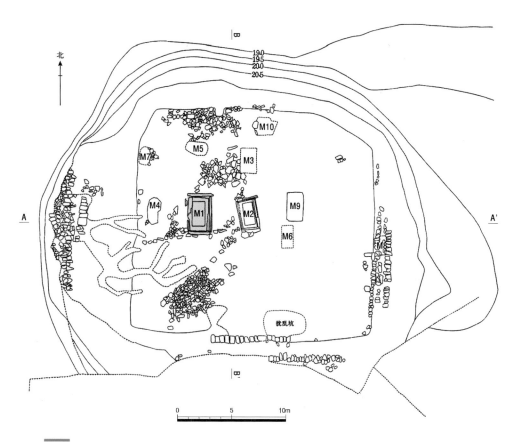

北

190
195
20.0
205

M10

M5
M7
M3

M4
M1
M2
M9

M6

M8

扰乱坑

A   A'

0   5   10m

붉은 색이 러우상 1호묘

이지 않는데, 거의 다 파괴되어서 그런 것 같다. 동남쪽 작은 토총(일련번호 L35)
은 시간 관계상 현장 조사는 하지 못했으나 면적이 비교적 작은 점에서 그다지
큰 희망은 없어 보였다[12].

11) 돌이 섞인 회층, 즉 문화층을 말함. 후에 '강상'무덤으로 명명된 유적임.

12) 안즈민의 보고에 따르면 이 지역에 강상과 러우상 이외에 또 다른 적석총이 있었을 가능성을 암시한
다. 다만, 지금은 완전 삭평되어서 그 양상을 파악할 수 없다.

A구역의 M1은 이미 모두 발굴했다. 묘지 바닥에는 거대한 석판이 깔려 있는데, 길이가 3.3미터이고 가운데에 길이 2.28미터 정도가 다소 돌출되어 있는데, 대체로 관을 안치하는 공간이다. 주위에 세워진 벽이 부분적으로 불에 타 훼손되어 있었다. 이 묘는 학생들이 흙을 파내다 파괴된 것이다. 그런데 쉬밍강 동지가 발굴한 묘는 남북 방향으로 안치되어 있고, 동쪽 벽 바깥의 흑토자갈층에서 어린아이의 유골이 출토되었는데, 순장한 것으로 의심되며 그 외 부분은 매우 흐트러져 있다.

D구역은 일부 매우 얇은 흑토자갈층을 제외하고 일부 황토는 비교적 깨끗해서 아직 교란되지 않았다. 아마도 묘를 조성할 때 단지 석관의 주변에만 흑토자갈층을 쌓고 석관이 없는 곳에는 흑토자갈을 두지 않아서 그런 것 같은데 이 사실은 추가 발굴을 통해 증명될 것을 기대한다.

오전에 북한 측에서 보낸 김신숙·이제선이 시도서관으로 떠나며 제출한 도서 목록은 고고학·민속학 및 『성경통지(盛京通志)』에 이르기까지 모두 17종에 달했다. 상황을 보니 그들은 책을 빌려서 복사하려는 것 같았다. 알아본 바에 의하면 김신숙의 남편은 당 간부학교(黨校) 교장이고 그녀 자신은 민속학을 전공한 것 같다.

궈이푸郭義孚·시쯔창洗自強 동지가 샤오시거우에서 측량한 도면을 가지고 오늘 다롄으로 돌아갔다.

저녁에 샤 소장·린 주임에게 서신을 보내 상황을 보고하고 아울러 장궈주 동지가 발굴팀에 참여해 업무를 볼 수 있게 파견해 달라고 요구했다.

5월 19일 화요일 맑음

북한 측 임건상·정찬영·황기덕·이제선, 중국 측 천춘시·런창타이·딩류룽·파오정이朴正一[13]가 오늘 진현 샤오시거우로 출발했다.

허우무청역 A구역, M1 동쪽 벽에서 유골(人架)이 나왔는데, 두 구의 유골이

러우상 1호묘 바닥

었다. 한 구는 머리가 북쪽을 향해 있고 아래에 있었는데 어린아이 같았다. 다른
한 구는 머리가 남쪽을 향해 있고 듬성듬성한 치아 상태로 보아 나이가 다소 있
었지만, 마모된 흔적이 없는 것으로 보아 역시 어린아이로 의심되었다. 석괴가
들쭉날쭉하고 무덤 구조가 매우 손상되어 역시 쉽게 발굴되지 않았지만, 순장을
한 것은 의심의 여지가 없었다.

　B구역은 대부분 교란되어 남아 있는 흑토석괴층이 매우 적어 그다지 큰 희망
은 없어 보였다.

　작업을 마칠 때쯤 M1 동쪽 벽에서 두 구의 유골을 수습했는데, 위쪽은 성인
이고 아래쪽은 어린아이이다. 이외에도 약간의 부러진 뼈가 나왔는데, 다 수습
하지는 못했다. 저녁에 영화 「초차고험(初次考驗)」 하편을 보았다.

---

13) 퍄오정이朴正一: 65년도의 일기를 보면 그는 한국어로 번역을 담당하는 바, 조선족으로 추정된다.

5월 20일 수요일 흐림

아침 식사 후 비가 내리자, 리지린 동지는 쉴 것을 주장했다. 그러나 얼마 지나지 않아 비가 그쳤다. 후에 리지린 동지는 허리 통증이 발발한 것을 알게 되었는데, 아마 연일 계속되는 노동으로 인한 피로와 아무것도 발견되지 않아 신이 나지 않아서 그런 것 같다.

북한 측은 『만몽(滿蒙)』, 『고고학』, 『고고학잡지』, 『사학잡지』 등 15권을 빌렸는데, 이는 역사고고학과 관련된 자료를 복사하기 위한 것으로 보인다.

오후에 집으로 돌아가 부모님을 뵈었다.

저녁 7시에 외빈을 초대해 영화 「홍기보(紅旗譜)」를 보았다. 레이 국장이 북한 측에 진현에서 새로 청동단검이 발견되었다고 알려주었다. 리지린은 매우 기뻐했는데, 보아하니 역시 걱정을 많이 했던 것 같다.

천춘시 동지의 전화를 받고 샤오시거우의 발굴이 이미 시작되었는데, 한 토구(土丘)의 석관은 이미 파괴되었고 다른 하나는 본래 묘가 아니며, 작업 상황은 내일 밤 다시 전화하겠다고 했다. 상황이 매우 빠르게 끝날 것으로 보이는데, 앞으로 어떻게 할지가 사실 문제이다.

5월 21일 목요일 비

자정부터 빗줄기가 세지더니 오후 4시에 이르러서야 비가 멈췄다. 그래서 오늘은 작업을 중단하고 중국 측 대원들은 『모택동선집(毛澤東選集)』을 학습했다.

문화국에서 진현 둥자거우東家溝 워룽취안臥龍泉에서 발견된 세 자루 청동단검(1자루는 유병식), 갈돌(磨石) 2점, 석제 방추차(石紡輪) 1점을 보내왔다(쉬밍강 동지의 조사에 의하

워룽취안 출토 청동단검

안즈민安志敏 일기

면 원래 묘는 3기였는데 농민이 이미 받침돌을 훼손했고, 위쪽은 화장한 뼈[燒骨]로 덮여 있었다. 다만 문화층이 극히 일부분만 남아 있어 그다지 희망적이지 않다고 한다.). 이를 즉시 리지린 동지에게 보내서 보여줬다. 그는 커다란 관심을 보이며 매우 희망적이라고 생각하고 발굴조사를 하고 싶어 했다. 나는 여전히 이곳에서 아무 성과도 없을 것으로 보았다. 더 중요한 것은 이러한 단서를 제시한 이후 우리는 더욱 수동적인 입장이 될 것이라는 점이다.[14]

오후 4~5시에 중고서점에 가서 5권의 일본어 중고서적을 구매했다. 가격은 매우 저렴했다. 저녁에 다시 집에 돌아가 한차례 부모님을 뵈었다.

류위劉玉 동지가 오늘 오후에 량자뎬 샤오시거우에 갔는데, 마침 그곳은 오늘도 비 때문에 작업이 중단되었다. 내일 만일 작업을 시작하면 발견된 석괴가 석관인지를 결정해야 하는데, 전체적으로 시간이 그다지 많이 걸리지는 않을 것으로 보인다.

5월 22일 금요일 맑음

오늘 계속해서 작업을 해서 A구역은 평면도를 완성하고 흑토자갈층을 제거하기 시작했다. D구역 가장자리에서 몇 개의 석판을 발견했는데, 마치 의도적으로 흙더미 가장자리에 쌓아 올린 것 같았으나 너무 심하게 파괴되어 크게 기대하지는 않았다.

A구역 M1 지점에서 여러 장의 석판이 발견되었는데 파손된 석관의 바닥에서 나온 석판이다. 원래는 묘장들이 서로 밀집해 있었으나 모두 파괴된 것으로 보인다. 교란층에서 오수전 1개가 나오고 또 이전에 발견된 명도전[15]도 나왔는데,

---

14) 안즈민의 이러한 비관적인 평가는 당시 기대하던 샤오시거우에서 성과가 제대로 나오지 않았기 때문으로 판단된다. 실제로 최종 보고서에는 샤오시거우는 빠지고 워룽취안이 포함되었다. 안즈민의 걱정은 빠른 시간 내에 그럴듯한 성과를 내야하는 상황을 잘 보여준다.

15) 명도전(明刀錢): 전국시대 연나라와 제나라에서 사용된 칼 모양의 청동제 화폐이다.

역시 부장품이 아닐 수도 있다는 생각이 들었다[16].

B구역 바깥에서 일단의 원석(圓石)이 발견되었는데 큰 자갈돌을 이용해 쌓아서 만들었으며, 약간 안쪽의 다소 높은 곳에 석판이 설치되어 있어 작년에 발굴한 T1단과 유사하다. 묘지의 봉분은 우선 주변에 큰 자갈돌을 잘 쌓고 자갈돌을 쌓기 편하게 약간 안쪽에 석판을 놓았는데, 이는 실로 일종의 특수한 묘지 구조를 나타내고 있다.

왕중수 동지의 전보를 받았는데 둔화敎化는 월말이면 작업이 끝날 것이라고 해서 궈이푸 동지에게 서둘러 둔화로 가라고 재촉했다. 마침내 궈이푸 동지에게 오늘 밤 앞당겨서 출발하게 했다(다음 날 열차표를 취소하고 오늘 밤 기차로 갈아탔다).

뉴 소장에게 편지를 보내,

(1) 부대 동지의 보상 문제는 뉴 소장이 다롄으로 오기를 기다려 다시
    논의하고,
(2) 최근의 작업 상황 및 발굴한 두 지점은 모두 그다지 희망적이지 않다.

는 보고를 했다.

천춘시 동지가 량자뎬에서 전화를 걸어왔는데, 샤오시거우는 내일이면 끝나고, 이른바 2기 토총(남쪽 것은 본래 묘지가 아니다)은 아무런 수확이 없다고 했다. 임건상은 병사를 인솔해서 이른바 유적으로 의심 가는 지점을 발굴했으나 아무런 수확이 없어 내일 다롄으로 돌아올 예정이라고 한다. 나중에 온 쑨수청孫樹成 동지가 말하길 차이柴 관장의 전화에 의하면 임건상이 오늘 처음 청동단검

---

16) 러우상樓上 무덤에서 발굴된 명도전은 1980년대까지 러우상 무덤의 연대를 기원전 4세기 이후로 떨어뜨리는 주요한 근거가 되었다. 이에 그 공반 유무에 대하여 많은 논란이 있었다. 안즈민의 이 기록은 발굴 당시에 이미 무덤과 별도로 전국~한대에 동전의 매납 유적이 있었음을 인지했음을 시사한다.

을 발견한 사람을 찾아서 상황을 물었다고 한다. 후에 그는 발견한 사람이 가르쳐준 곳이 언덕 한가운데인 것을 알았는데, 작년 차이 관장이 가르쳐준 지점과 1미터(실제 모두 발굴 범위 내에 있다)밖에 차이가 나지 않아 내일 다시 몇몇 사람을 찾아서 상황을 탐문하고자 한다고 했다. 상황을 보아하니 그가 품고 있는 희망이 너무 커서 우리들의 소개에 대해 의심하고 있는데, 이는 우리가 주의해야 할 상황이다.

5월 23일 토요일 맑음

A구역 M1의 서쪽에서 석관 바닥 판(일련번호 M4)이 나왔다. 이미 많이 파괴되었지만, 그래도 일부 남아 있는 부분을 통해 원래의 모습을 엿볼 수 있다. 석관 바닥은 하나의 거대한 석판으로 되어 있으며, 두 구의 유골은 머리가 모두 북쪽을 향해 놓여 있다. 불에 탄 흔적이 있고, 뼛가루가 가득 깔려 있어 원형을 판별할 수 없었다. 다만, 석관 내에서 불을 사용해 화장한 것으로 보이는데, 뼈대의 위치는 대략 판별할 수 있는 것으로 보아 화장한 이후에 별도로 매장한 것 같지는 않다. 발견된 치아를 살펴보니 오른쪽은 치아(어금니)가 마모된 흔적이 없어 비교적 젊어 보이지만, 왼쪽은 마모가 매우 심해서 노령으로 보이는데, 남녀를 합장한 것 같다. 다만, 이러한 합장은 동시에 죽은 것인지 아니면 순장한 것인지는 매우 흥미로운 문제다. M4에서는 겨우 두 개의 작은 호박 구슬만 발견되었다.

M1의 교란토층에서 작은 청동 단추(靑銅扣) 8개와 돌단추(石扣) 1개가 발견되었다.

B구역의 연이은 출토에 따르면, 대체로 원래의 생토는 '︿' 형이었으며, 생토 윗면에 약 10센티미터의 황사토(黃沙土)가 있고 그 위에 바로 흑토자갈층을 깔은 것으로 보인다.

량자뎬 샤오시거우의 발굴은 아무런 성과를 거두지 못하고 오후에 다롄으로 돌아왔다.

저녁에 시의 초대로 「시솽판나[17]의 밀림 속에서(在西雙版納密林中)」, 「저우 총리의 서아프리카 방문(周總理訪問西非)」 등의 영화를 감상했다.

영화를 본 후 리지린, 임건상 두 대장과 함께 작업 배치를 논의했는데, 그들은 내일 휴식을 취하자고 제안했다. 임건상 대장은 샤오시거우에서 여러 사람들의 뜻을 따르지 않은 것이 결정적 착오라며 조바심을 드러냈다. 중간에 리지린 대장이 북한 말로 저지하면서 사람을 난처하게 하지 말라고 했다(사실상 이 지점의 결정은 북한 측이 스스로 선택한 것이다). 허우무청역 두 곳의 토총을 시굴하고 아울러 현지 사람을 찾아가 물어볼 것을 요구했다. 이에 일정의 편의를 위해 국제교류처에 보고했다.

선양의 장거리 전화를 받으니 뉴 소장은 내일 새벽 다롄에 온다고 한다.

회의를 열어 업무를 논의하고, 쉬밍강을 내일 허우무청역에 파견해 현지의 제공 정황 등 문제를 알아보고 조치하게 했다. 심야에 비로소 회의를 마쳤다.

5월 24일 일요일 맑음

뉴 소장이 오늘 새벽 6시 5분에 다롄에 도착했다.

오전 뉴 소장에게 업무 상황을 보고하자, 뉴 소장은 리지린 대장과 다음과 같이 의견을 교환했다.

(1) 두 팀의 종료일은 7월 10일 전후로 한다.
(2) 두 팀의 작업 상황을 논의한다.
(3) 뉴 소장은 이달 말경 둔화로 출발한다.

---

17) 시솽판나西雙版納: 윈난雲南성 남부의 타이족을 주로 하는 소수민족 자치주이다.

신 시장이 뉴 소장을 찾아와서 다음의 내용을 결정했다.

(1) 공병(工兵)에게는 매일 0.5원을 보조한다.
(2) 진현 둥자거우 워룽취안의 세 자루 동검은 외빈에게 연구 자료로 제
공하며, 아울러 외빈이 발굴 조사를 준비한다(외빈이 가서 발굴 조
사할 예정이다.).

오후에 휴식을 취하고 나는 집에 한 차례 다녀왔다.
밤 9시에 회의를 열었다.

(1) 내일 업무를 분담하고,
(2) 둥자거우에 가서 조사하는 문제를 논의하며,
(3) 뉴 소장이 팀 내 주의사항을 말했다.

5월 25일 월요일 맑음

뉴 소장, 천춘시 동지는 오전에 레이 국장과 함께 진현 둥자거우에 가서 청동
단검 묘를 답사했다.

외빈은 모두 허우무청역으로 이동했다. 임건상, 정찬영, 황기덕은 오전에 서
북 방향의 토총(L34)[18]을 답사하고, 오후에 정식으로 발굴을 개시해 6×6m 탐
방(=피트) 두 개를 열고 중간에 둑을 남겨두었다. 정찬영의 말에 의하면 작년에
조사했을 때 한 농민이 부근에서 동편(銅片)이 출토되었다고 한 적이 있다고 한
다. 자저우제도 동행했을 때 문의한 것 같은데, 그 후 다시 언급하지 않아 이 일
은 우리를 매우 수동적으로 만들었다. 대대(大隊)[19]에 탐문해 이 사람을 수소문

---

18) 'L34'는 강상묘를 말함.

하니, 6대대 소속일 가능성이 있다고 들었으나 탐문은 비교적 어려웠다.

대토총(L21)[20] A, M1 지점에 노출된 M5는 대부분 교란되어 겨우 머리 부근만 남아 있고 밑바닥에는 석판을 깔지 않았으며 2구로 보이는 유골은 모두 불에 탔다. 동쪽 머리 부근에서 도관(陶罐) 하나가 출토되었는데 파괴되기는 했지만, 복원할 수 있을 것 같았다. 이곳에서 또한 석주(石珠) 하나가 발견되었다.

L21TA의 서북쪽에서 다시 어지럽게 흩어진 유골 더미(M7)를 발견했는데, 머리는 남쪽을 향하고 있는 것 같으나 교란되어 윤곽이 명확하지 않다. 이상의 뼈대는 중간의 대묘(예, M1·M2)를 둘러싸고 순장을 한 것 같다.

TB에서 어지럽게 흩어진 유골 더미(M6)를 발견했는데, 어른 1명과 어린아이 1명인 것 같다. 머리는 모두 남쪽(?)이나 방향은 일치하지 않으며 완전히 불에 타지 않아서 뼛조각은 비교적 많이 남아 있었다. 교란되었기 때문에 윤곽은 역시 그다지 명확하지 않았다.

이상의 묘지를 발굴하면서 어려움을 겪기도 했다. 화장한 유골이 매우 난잡하고 위아래가 뒤섞여 있어 정리하기가 쉽지 않은 데다가 그 위에 부수어진 돌들이 복잡하게 쌓여 있어 갈피를 잡기가 더욱 어려웠다. 이 방면은 아직 더 많은 경험을 쌓아야 한다.

뉴 소장이 둥자거우에서 돌아와 해당 묘지가 매우 희망이 있다고 여기고 외빈에게 발굴하자고 주장했다. 천춘시는 부근에서 회토층을 발견하고 묘장일 것이라고 했지만, 나는 다소 회의적이다. 저녁에 뉴 소장이 리지린 동지에게 상황을 설명하자 그들은 매우 관심을 보이며 사람을 파견해 조사하기로 했다.

---

19) 대대(大隊): 중국 농촌인민공사의 조직 중 하나인 생산대대를 가리키는 것 같다. 생산대대는 인민공사의 중간급 경제관리 기구이며 또한 국가의 기층정부 하에 설치된 행정관리기구이기도 하다.
20) 'L21'은 누상묘를 말함.

안즈민安志敏 일기

5월 26일 화요일 맑음[21]

　오전 8시 북한 측 임건상·황기덕, 나·천춘시는 레이 국장과 함께 진현 등자거우 워룽취안에 조사하러 갔다.

　아니나 다를까 내가 예상했던 대로 무덤은 이미 대부분 훼손되어 있었다. 가장자리 부분이 남아 있기는 했지만, 허우무청역처럼 큰 돌로 쌓은 것 같고 내부에는 유물이 남아 있지 않았다. 파헤쳐진 흙 속에 단지 뼛조각만 보일 뿐이어서 다른 유물에 대한 희망은 그다지 크지 않을 것으로 보았다. 북한 측 역시 같은 견해를 가지고 있어 임건상 동지는 리지린 동지와 상의한 후에 다시 결정하겠다고 말했는데, 반드시 발굴하려는 것은 아닌 것 같았다(또한 무덤에 채워진 것은 모래가 섞인 진흙계통으로 색은 비교적 진하지만 회토는 아니었다).

　천춘시 동지가 말한 무덤의 회토는 탐사 발굴해보니 실제 면적이 매우 적어 회토가 아닐 가능성이 있으며 동시에 발견된 하나의 도기 항아리 파편도 후대의

워룽취안 유적 전경

---

21) 이 날을 기점으로 큰 기대를 가지고 추진한 샤오시거우 발굴이 실패로 끝나자 워룽취안을 선택하여 만회하고자 한다.

교란된 구덩이에서 나온 것 같다.

하천의 골짜기를 따라 조사했으나 아무런 수확이 없었다. 단지 워룽취안 부근의 산 위에서 깨진 석기 몇 점은 거두었지만, 도기 편 등이 보이지 않는 것 역시 상당히 의심스럽기는 마찬가지이다.

오후 5시에 호텔로 돌아왔다.

5월 27일 수요일 맑음

오전 10시에 신 시장·레이 국장·왕 처장 등이 와서 작업 지역을 시찰했다.

L21의 A구역은 기본적으로 끝났으나 바람이 거세서 단면도를 그리지 못하자 병사들이 C구역 상면의 돌들을 옮기기 시작했다.

L21의 D구역 M7에서 나온 유골은 9개나 되었지만, 유골이 모두 완전하지 않고, 마치 한데 쌓여 있는 듯했다. 또한 불에 완전히 타지 않아 구분하기가 매우 어려웠다.

L34의 A·B 양쪽 구역은 모두 자갈이 섞인 흑토층(礫石黑土層)이 드러났다. 그중 큰 역석 및 부서진 석판이 줄지어 있는데 그들 사이의 관계를 일시에 밝히기는 쉽지 않다. 임건상 동지는 북쪽에 다시 C구역을 열어 역석의 주변을 관찰할 것을 제안했다. 그의 말에서 그가 전면적으로 발굴하거나 혹은 중심 묘지를 파볼 것을 요구하고 있음을 알 수 있었다. 나는 이에 그와 먼저 이 세 곳을 바닥까지 발굴해서 그 속에 포함된 것과 단면을 관찰한 후에 다시 확대해도 늦지 않다고 제안했고 그도 동의했다. 다만 그는 여기에서 L21과 동시에 끝낼 수 있는지를 물었다. 나는 이곳에서 시간을 연장해서 작업을 완료하는 것을 고려할 수 있다고 답했다. 앞으로의 발굴에는 일련의 변화가 일어날 수 있을 것 같다.

저녁에 영화 「세계 견문」(4·5편), 「황금몽」과 「저우(周) 총리의 알바니아(Albania) 방문」을 봤다.

천춘시 동지가 쓴 10여 일간의 업무 보고를 수정하고서 밤늦게 비로소 잠자리에 들었다.

5월 28일 목요일 맑음

오늘 새벽 진현 둥자거우에 사람을 보내 청동단검묘의 구조물을 정리했는데, 중국 측은 천춘시·링류룽·퍄오정이, 북한 측은 황기덕이 공병 5명을 데리고 왔다.

L21의 B구역 M6에서 잇달아 유골이 출토되었는데, 모두 11구로 대략 성인이 6명, 미성년자가 5명이다. 함께 쌓여 있는 데다가 또한 불에 탄 채로 뒤섞여 있어 판별하기가 어려웠다. 머리는 대부분 남쪽을 향했지만, 북쪽을 향한 것도 있어 난잡하게 함께 쌓았다는 것을 알 수 있다. 위쪽 유골은 비

러우상 6호묘

교적 불에 탄 부분이 비교적 많고 아래쪽 유골은 뼈대가 비교적 완비되어 있고 뼈에는 불에 그슬린 흔적이 있는 것으로 볼 때, 먼저 시신을 쌓아놓고 그 위에 불을 붙여 태웠기 때문에 이와 같은 현상이 나타난 것임을 알 수 있다[22]. 이것은 순장묘가 확실하다.

L34의 C구역은 계속 땅을 파고들어 가서 하나의 현대 참호를 발굴했으며, 그 외 부분 역시 초기에 교란이 진행된 듯하다. 이 구역에서는 자갈층이 많이 나오지 않았고 또한 부분적으로 교란이 진행되었기 때문에 묘장의 주변을 탐색하는

---

22) 이 부분은 화장의 순서에 대한 안즈민의 판단을 말한다. 즉, 외부에서 화장한 인골을 가져온 것이 아니라 무덤 안에 시신을 쌓아놓고 무덤 안에서 불을 질렀음을 의미한다. 이러한 판단은 향후 러우상과 강상의 무덤 성격을 파악하는 핵심적인 증거, 즉 순장이라는 풍습을 뒷받침하는 주요 근거가 된다.

러우상 6호묘 출토 토기

것은 이 구역에서 그다지 희망이 없어 보였다. A·B 두 구역은 오늘은 잠시 중단했다. 이 구역 내에서는 비교적 많은 도기 편이 출토되었는데, 그 표면의 문양들은 과거에는 비교적 드물게 보이던 것이며, 어떤 것은 샤오시거우에서 발견된 것(과 유사한 것)도 있으니, 어쩌면 이 청동단검묘의 도기를 대표하는 것일 수 있다.

리지린과 이제선은 오늘 현장에는 가지 않고 내근하면서 책을 복사했다.

둥자거우 묘지는 오늘 겨우 8분의 1만 발굴했는데, 상황을 보아하니 단기간에 해결될 것 같지는 않았다. 저녁에 대장 연석회의에서 중국과 북한 측이 각각 1명을 파견해서 다음 주에는 그곳에 머물면서 발굴할 준비를 하기로 결정했다. 뉴 소장과 리지린 대장은 모레 2조와 함께 갈 예정이다.

5월 29일 금요일 맑음

오전 현장에서 뉴 소장은 리지린, 임건상 두 대장과 협의해서 허우무청역 현장은 6월 10일에 작업을 마치고 개별적인 것은 다소 늦추기로 했다. 내가 그 자리에 없었기 때문에 회의 직후에 나의 의견을 물어 와서 나는 동의할 수밖에 없었다. 사실 북한 측은 충분히 다급한 상황이었는데 뉴 소장까지 이렇게 급하게 재촉하니 우리에게는 어려움만 가중되게 되었다.

임건상 대장은 L34의 자갈층을 한 층씩 파면 안 된다고 공개적으로 설명했다. 내가 우리는 경험이 없어 꼼꼼하게 작업을 해나갈 필요가 있다고 말하자, 그는 동의했다. 금후 이런 상황이 재발하면 우리들의 입장을 견지해 나갈 필요가 있을 것 같다.

L21, C구역에서 발굴을 개시했다. 대부분 교란되어 있기는 하지만 돌로 만든 울타리(石圈)의 흔적이 있는 것 같았다. D구역 M6에서 유골 15구가 나왔다. 아

안즈민安志敏 일기

울러 불을 먹어서 훼손된 토기 하나가 나왔는데, 꺼내어 보니 온전한 상태였다. 다만 김종혁(金鍾赫)이 도면을 그리러 가져가서 깨버렸는데, 이러한 상황은 막을 수도 없고 해서 정말 감당하기 힘들었다.

L34, A·D의 자갈층은 아래쪽을 향해 발굴하기 시작했다. 이곳의 흑토는 교란된 것과 아직 교란되지 않은 것의 구별이 거의 없었다. 내 생각에는 아마 대부분 이미 교란된 것으로 그렇지 않으면 석판이 이렇게 난잡할 수가 없었다. C구역의 자갈층도 이미 교란되고 회토층 역시 교란되었지만, 아래쪽의 양터우와 문화유형은 어느 정도 온전할 것으로 보인다.

저녁에 신 시장·레이 국장·왕 처장은 지린에 간 리지린 대장과 뉴 소장 대신 외빈들과 식사했는데, 중국 측 전 대원도 모두 참석했다.

9시~12시에 뉴 소장의 주재로 팀 내 회의를 열었다. 나는 작업의 성과와 당면한 문제를 언급했고 동지들 역시 의견을 개진했다. 뉴 소장은 작업 완수를 지시하고 아울러 내일 L34 3구역의 작업 방식에 대해 논의했다.

5월 30일 토요일 맑음

오늘, 나는 기차역에 나가 리지린 대장 등을 배웅하러 갈 예정이라 현장에는 나가지 않았다. 뉴 소장과 리지린 대장은 12시 15분 열차를 타고 창춘으로 향했다.

밤 11시 북한 측에 새로 보강된 대원인 장주협을 장궈주 동지가 데리고 다롄에 왔다.

5월 31일 일요일 맑음

오전 샤夏 소장과 임 주임에게 편지를 보내 장궈주가 이미 다롄에 도착했다는 사실을 알렸다. 지난 번 펑샤오탕馮孝唐과 량싱펑梁星彭 두 사람은 그다지 적합하지 않았기 때문에 받아들이지 않았으며, 아울러 현재 업무 중의 존재하는 문제를 보고했다.

영도소조(領導小組)에게 보고할 초안을 다음과 같이 작성했다.

(1) 북한 측은 허우무청역을 '고조선' 유적지로 보고 있다.
(2) 북한 측은 작업을 많이, 빨리하고자 해서 우리들의 작업 속도가 느리고 너무 꼼꼼하게 일하는 태도에 불만이 많다.
(3) 중국과 북한 양측은 작업의 기초가 다르고 일 처리와 태도 면에서 차이가 있는데, 특히 북한 측 대장은 역사학자로 고고학의 특징을 잘 알지 못한다.
(4) 우리는 이러한 성질의 유적지를 처음 접해서 어느 정도 모색하는 시간이 필요했는데, 북한 측이 빨리하기를 요구하면서 갈등이 생겨났다.

6월 1일 월요일 흐림

천춘시와 북한 측의 황기덕은 공병 8명을 데리고 둥자거우에 가서 워룽취안 청동단검묘를 발굴하는데, 그곳에서 4~5일 정도 작업할 것으로 예정하고 있다.

이른 아침 L34 현장에 도착해 우선 임건상 동지와 이곳의 발굴문제를 논의했다. 그는 발굴 면적을 확대하지만, 돌무덤만 파고 아래쪽 유적지는 이후 다시 논의하자고 주장했다. 나는 이 기회에 다음과 같이 나의 의견을 설명했다.

(1) 북-중 협력은 중대한 사항으로 발굴은 보고서 작성 문제를 고려해서 단지 일부분만 발굴해서는 안 되며 반드시 전면적으로 검토해야 한다.
(2) 발굴은 끝까지 해야지 도중에 포기해서는 안 된다. 필요한 경우에

는 계획을 변경하는 것까지 고려해야 한다. 이는 지하의 상황에 따라 예측이 불가능한 경우가 종종 발생하기 때문이다.

(3) 양측 협력은 국제적 수준에 도달해야 한다. 학술적 의의는 물론 정치적 의의도 있기 때문에 적들에게 약점을 보이는 것을 방지하려면 반드시 과학적 기준에 유의해야 한다.

(4) 중국 측은 이러한 석총의 발굴 경험이 부족하기 때문에 북한의 협조를 바란다.

임건상은 내 생각에 동의했고, 또한 그가 유적지를 발굴하지 않는 것은 중간에 그만두려는 것이 아니라 시간이 부족할까 걱정되기 때문이라고 설명했다. 북한은 후기 고구려 무덤을 발굴한 경험이 있을 뿐 이러한 석총에 대해서는 역시 초보이므로 힘을 합쳐 잘 해나가기를 바란다고 했다.

이야기를 끝낸 이후 바로 구덩이의 흙과 돌을 옮겨 발굴지역을 확대하기 시작했다. 그리고 북쪽의 발굴 구덩이 아래를 파서 지층 단면을 관찰했다.

L21의 B구역 대부분은 교란되고 철망편만 출토되었다. C구역은 대체로 밝혀져 거의 전부 교란되었고, 심지어 가장자리에 있는 돌조차 아주 일부만 남았으며, 남은 자갈흑토층은 어지럽게 구덩이를 메우고 있었다. D구역의 동쪽 가장자리에서 묘 1기(일련번호 M8)가 발굴되었는데, 인골 대부분이 교란되어 머리는 남쪽을 향해 있었다. 상면에 있는 깨어진 석판은 관 덮개로 의심되며 순장한 것으로 보인다. 동쪽 가장자리에서 가지런히 늘어선 세 줄의 커다란 돌들이 출현했는데, 한 줄은 매우 완전한 상태로 보존되어 묘지의 구조를 파악하는 데 매우 도움이 된다.

저녁에 영화 「수병장 이야기(水手長的故事)」를 봤다.

6월 2일 화요일 비, 흐림

자정부터 비가 내리기 시작하더니 오전이 되자 비가 더욱 세차게 내려 작업을 중단하고 휴식을 취했다. 오전에 중국 측 대원들은 시사를 학습하고 토기편을 세척했다.

접대 판공실에서 북측 황기덕 동지가 진현에서 위장병이 재발해 식사를 하지 못한다고 알려와 통역을 통해 북측 황기덕을 돌아오도록 건의했다. 이에 북측에서 김종혁 동지를 파견해 교대하러 보냈지만, 황기덕은 단호하게 버티며 돌아오지 않았다. 이에 접대 판공실을 통해 천춘시에게 전화를 걸어 그에게 가능한 한 빨리 작업을 마쳐서 외빈의 병세에 따른 의외의 사태가 발생하지 않도록 했다.

『신건설(新建設)』 편집부에 편지를 보내 「중국의 원인 문제와 인류의 기원에 관한 일부 이론 문제에 대한 논의 상황에 대해(關於中國猿人問題和人類起源的一些理論問題的討論情況)」라는 원고를 전달 받았고 아울러 「거대 원인은 과연 원인인가 아니면 인간의 계통에 속하는가?(巨猿究竟屬於猿還是人的系統?)」, 「'생물인'과 '사회인'의 재검토('生物人'與'社會人'的再商榷)」라는 두 편 원고의 오탈자에 대한 수정을 요구받았다.

장라오에 대한 보고서를 다음과 같이 다시 썼다.

(1) 북한은 허우무청역을 '고조선'의 유적지로 생각해 상당히 중시하고 있다.
(2) 북한의 요구가 아주 빠르다.
(3) 우리는 처음 이러한 발굴 대상을 접하기 때문에 모색과 경험이 필요하다.

저녁에 『세계견문』, 『신문간보(新聞簡報)』 그리고 『제1회 신흥국가 체육회』 등 영상물을 감상했다.

6월 3일 수요일 맑음

L34의 A·B 두 구역은 각각 서쪽 방향으로 3미터씩 확대했으나 여전히 가장자리에도 자갈흑토층이 이어지고 있다. A구역의 반원형 큰 돌돌림(대석권)은 세 층의 환요상(環繞狀)이나, 형상과 작용이 그다지 분명하지 않다. 따라서 현재로서는 계속 작업을 해나가기 어려운 상태이다. B구역의 남단은 바깥쪽을 향해 3미터 확대했으나, 대체로 자갈흑토층의 가장자리를 볼 수 있다. 이로부터 이어진 거대한 역석 담장은 동쪽을 향해 직각으로 꺾여 있으며, 가장자리가 매우 가지런해서 마치 낮은 담장처럼 보인다. 현재로서는 이 담장이 묘지의 가장자리인지 아니면 건축 터인지에 대해서는 아직 설명할 방도가 없어 좀 더 작업을 진행할 필요가 있다.

C구역의 북단은 계속 부분적으로 아래로 파내려 갔는데, 그 제2층이 교란되었는지 여부는 아직 정확히 밝혀지지 않았다. 출토된 도기 편에 획문(劃紋)(줄무늬와 유사)이 많은 것은 양터우와유형의 도기 편과 유사하지만, 결국은 한층 역시 교란을 거친 것인지에 대해서는 일시에 명확하게 판단 내릴 수 없었다. 상술한 획문 도기 편은 모두 가오리청高麗城 및 다창산다오大長山島[23]에서 출토된 것과 비슷하며 북한의 빗살문(=비문篦紋) 도기와 역시 모종의 연관성을 지니고 있는 것 같다.

임건상 동지가 동쪽으로 계속 확장하자고 제안했다. 나는 좀 더 확장할 수는 있지만, 동쪽에 대한 희망 역시 그다지 크다고 보지는 않았다(보리밭 지역은 지하의 파손이 비교적 심할 수 있고 수확이 임박했으니 잠시 손을 대지 않는 것이 가장 좋을 것 같다). 발굴한 흙의 처리 문제 역시 비교적 심각해 단지 서쪽으로 들어 운반하고, 남쪽으로도 조금 흙을 내다 나를 수 있다. 이 방법으로 할 경우, 적어도 7월 초가 돼야 작업을 마칠 수 있게 된다.

---

23) 다창산다오大長山島: 랴오둥반도 동남쪽에 위치하며 랴오닝성 창하이현長海縣 정부 소재지이다.

강상 하층 양터우와유형(=샹퉈쯔문화)의 토기편

L21은 계속해서 A구역의 밑바닥을 깨끗하게 했다. B구역에서 묘(일련번호 M9) 하나가 발견되었는데, 밑바닥에 커다란 석판(위에 두 글자가 있으나 알아볼 수는 없다)이 깔려 있으나 절반 정도가 이미 교란된 상태였다. 동구(銅扣) 1점, 동식(銅飾) 1점이 출토되었다. 잠시 보류하고 내일 재개하기로 했다.

오전 김신숙·김종혁 등이 솽퉈쯔雙坨子[24]를 조사하러 갔다.

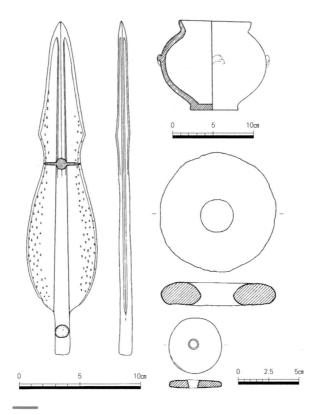

솽퉈쯔 무덤 출토유물

---

24) 솽퉈쯔雙坨子: 랴오닝성 다롄시 허우무청역 부근에 위치한 고대 문화 유적지이다. 1964년 가을 청동기 시대에 속하는 상·중·하 3개 층의 문화층이 발견되었다.

5월 20일경 솽튀쯔에서 채석공이 폭파해서 무너진 돌에서 청동단검 1점, 도관 1점, 석제 방추차 1점, 석환(石環) 1점이 나왔다. 시에서 이 소식을 듣고 오늘 유물을 동원하러 왔다. 들은 바에 의하면 깨진 석판이 바닥에 깔려 있었다고 하는데, 인골은 매우 온전한 것으로 보아 불에 탄 것 같지 않다. 단검은 검날이 넓은 비파형으로 내몽골의 것과 유사하거나 혹은 비교적 이른 시기의 유물[25]일수도 있다.

시에서는 외빈에게 제공되는지를 성에 이미 문의해 놓은 상태였다. 나는 이 유물이 반드시 외빈의 관심을 불러일으킬 것으로 생각해 오히려 상반기에는 허우무청역에 머물다가 하반기에 다시 난산리南山里로 방향을 전환하는 것도 나쁘지 않다고 건의했다.

6월 4일 목요일 맑음[26]

L34(강상崗上) TB의 서쪽 벽에서 큰 섬돌이 원형을 이루고 있는 것이 발견되었다. 따라서 TB의 남단에서도 구부러져 원형을 이룬 것이 있을 가능성이 있다. TA의 서쪽 벽에서는 아직 큰 돌이 노출되지는 않았지만, 서쪽으로 확장해 갈 필요가 있을 것 같다. 이상 양쪽에서 드러난 범위에서 볼 때, 거대 섬돌을 쌓아 원형을 이룬 것 같지만, 남북의 돌담은 먼저 섬돌을 쌓은 것인지, 외부가 둥근 것은 후에 부가된 것인지 등에 대해서는 역시 알 수가 없다.

TC는 현대 참호 아래에 하나의 커다란 역석이 깔려 있고 주변에는 도기 편이 비교적 많았다. 유물로는 대부분 홍색 비문도가 출토되었는데, 그중 일부는 깨진 조각이 컸다. 마지막으로 지름 약 50㎝의 재구덩이(灰坑)를 발굴했는데, 밑바닥까지 이르렀으며 윗부분은 이미 현대 참호 때문에 훼손되어 있었다. 이는

---

25) 이때 이미 비파형동검의 검날이 넓을수록 이르다는 형식편년안이 있었음을 암시한다. 이는 그 이전 차오양 스얼타이잉쯔의 발굴보고가 주귀에 의해 알려졌기 때문으로 판단된다.

26) 이때부터 강상과 러우상으로 발굴 인력을 집중함. L34를 강상으로, L21을 러우상으로 개명한다.

안즈민安志敏 일기

L21(러우상樓上)의 일련번호 H1로 했다. TA는 전부 생토(生土)[27]이고, TB는 계속 출토중이고 M9는 아직 정리가 덜 되었으나 출토 과정에서 M2의 북쪽 벽을 발견했다. 이 묘는 원래 쉬밍강 동지가 발굴한 것[28]으로 진즉에 훼손되었으며, 단지 동구(銅扣) 3점만 발견되었다. 이곳에는 석관의 북쪽 벽 및 그 밑 부분만 남은 것으로 보인다. TD에서는 전날 발견한 M8의 평면도를 그렸다. TC는 작은 평판을 이용해서 교란된 갱을 측량했다. 자갈흑토층을 제거하고 보니 대부분 교란되어 희망은 크지 않았다.

러우상 묘지는 정상 부분이 비교적 평탄해 보인다. 비교적 오목한 가장자리의 큰 돌을 제외하고 밑에 자갈을 깔고 그 위에 다시 석판을 놓았다(예를 들면, TA·TC·TD). 다만 TA의 북부는 석판이 부족했는데, 아마도 이곳이 비교적 평평했기 때문에 가장자리에만 큰 역석을 쌓았을 뿐 더는 석판을 설치하지 않은 것 같다.

저녁에 뉴 소장이 둔화에서 전화를 걸어와서 제2조가 7일 둔화를 출발해 둥징청東京城[29]으로 갈 예정이라고 했으며 아울러 제1조에는 문제가 없는지 물었다. 뉴 소장과 리지린 대장은 10~15일 사이에 다롄으로 돌아갈 예정이다.

6월 5일 금요일 맑음

L34(강상) C구역의 H1을 모두 정리하니 상부는 참호 때문에 훼손되어 겨우 0.1m만 남아 있었다. 내부에는 도기 편이 비교적 많은데 대체로 비문 계통의 홍도로 자못 다창산다오大長山島의 비문 도기와 유사하다. 이 재구덩이(灰坑)가 제4층을 깨고 들어갔다. 이 층에는 도기 편이 매우 적었지만, 재구덩이와 동일시기

---

27) 생토(生土): 고고학적 학술용어로 아직 인간에 의해 교란되지 않은 원생의 토양이다.
28) 러우상은 이미 1958년에 가을에 다롄제7중학생과 선생들이 흙을 채취하다가 유물을 발견하면서 알려졌고, 같은 해에 뤼순박물관의 쉬밍강이 조사한 바 있다.
29) 둥징청東京城: 헤이룽장성黑龍江省 닝안시寧安市 중부에 위치한 진이다.

에 속하는 것 같다. 제4층 이하는 토질이 단단하고 불순물이 섞여 있지 않아 생토로 의심되는데, 다음날 시추를 통해 생토 여부를 결정할 예정이다.

TB는 동쪽으로 확장하고 있으며 그 외 T[30]는 석권 벽이 동쪽으로 얼마나 뻗어 있는지 그 범위를 살피는 중이다.

L21(러우상樓上)의 TB에서 M2를 완전히 제거했다. 1960년 쉬밍강 동지가 이 묘지를 정리할 때 이미 훼손된 적이 있어 겨우 동구 3점만 출토되었다. 이 묘지 사방의 벽은 M1에 비해 더욱 보존이 잘 되어 있었다. 관 바닥의 중앙 역시 융기해서 감싸는 형상을 하고 있으며, 일부 묘지석을 보존하고 있다. 또한 덮개석 위에는 불에 탄 흔적이 많은데, 화장을 한 후에 다시 석판을 덮은 것으로 보인다. M2와 M1·M4·M9는 한 줄로 배열되어 있는데 M1·M2의 구조는 비교적 양호하며 바닥판이 두텁고 가공되었다. 사방의 벽에는 석판이 있는데, 양측에 위치하는 M4·M9는 각각 하나의 커다란 석판만 깔려 있을 뿐 둘레 벽의 흔적이 없는 것으로 보아 서로 다른 신분을 나타내는 것 같다.

저녁에 레이 국장이 잉청쯔공사營城子公社 사강쯔촌沙崗子村 대대 채석팀이 5월 26일 쑹튀쯔에서 흙을 제거하는 과정에서 발견한 청동단검·도관·석제 방추차 등을 가져왔다. 모두 석관에서 출토되었지만, 화장한 흔적은 없었다. 성에서 이미 외빈에게 제공하기로 동의해서, 돌아와서 임건상 대장에게 알려주었더니 그들은 큰 관심을 보였다.

후에 임건상 대장은 다시 나를 찾아와 다음과 같이 몇 가지 문제를 제기했다.

(1) 유물은 그들이 사진을 촬영하고 참고하기 위해 가지고 있을 것이며, 그에 따른 책임은 그들이 진다.
(2) 실측도는 그들이 복사한다.
(3) 기록하기 전 일부 토론의 여지가 있는 복잡한 현상은 통일시킬 필요

---

30) T: 일기에서 기록이 누락되어 있다(원문의 각주).

가 있다.

(4) 공병의 증원을 희망한다(이미 둥자거우에 8명을 증원하는 데 동의했다).

(5) L34는 시간을 연장할 수 있다고 표명했다.

6월 6일 토요일 맑음

오전 레이 국장이 북한 측 임건상·김용간·김신숙, 나 그리고 런창타이 동지 등과 함께 솽튀쯔에 조사하러 갔다.

청동단검묘는 솽튀쯔(서쪽)의 서쪽 언덕(西坡) 위에 위치하며, 5월 26일 표토를 제거하면서 발견되었다. 비교적 긴 단애(斷崖)로 되어 있는 것은 인공적으로 조성된 것으로 보인다. 물에 침식되어ﾟ., 머리가 남쪽을 향해 있는데 세 구가 함께 겹쳐 있는 것 같다. 그 밑에 깔린 석판에서 청동단검 1점, 도관·석제 방추차 1점이 출토되었다. 정황상, 이 단애가 비교적 길다 보니 집단묘지로 보여 채석공들이 주의하지 않은 것 같다.

강상무덤에서 바라본 솽튀쯔 유적(2006년 촬영)

쐉뛰쯔 남파의 유물은 매우 많아 유적지의 중심에 해당한다. 우리는 적지 않은 석기를 채집했는데, 그중 획문 도기 편은 러우상 및 강상에서 발견된 것과 아주 유사해 동일시기의 유물로 추정된다. 이곳에서 일찍이 본 얇은 층의 흑토는 러우상과 강상의 것과 일치하는데 아마 그곳의 흑토 역시 이곳에서 운반해 가져간 것으로 사료된다. 묘장에는 아직 적지 않은 유물이 있을 터인데 찾기가 쉽지 않다. 정오에 레이 국장에게 이곳 유적을 보호할 것을 건의하면서 채석의 위치를 약간 변경해서 산 뒤쪽으로 옮길 수 있다면 유적지에 대한 영향은 비교적 적을 것이라고 했다.

임건상은 또한 묘는 발굴하되 유적은 파지 않겠다는 의미에서 동쪽으로 확장하자고 제안했다. 심지어 T1(C)마저 잠시 중단하고 단기간에 역량을 집중해서 확장할 것을 요구했다. 내가 기왕 발굴한 이상 끝까지 파야지 도중에 중단할 수 없다고 입장을 고수하자 그도 마지못해 동의했다. 그런데 내가 현재까지 확장된 면적에서 작업을 마칠 때까지 유적을 발굴할 수 없을까 걱정된다고 했더니 그는 두 차례로 작업을 나누어서 하되, 유적을 발굴할지는 리지린 대장과 대장 회의에서 논의해 결정하자고 했다. 상황을 보아하니 그들은 유적을 발굴하지 않고 작업이 끝날 때까지 미룰 생각인 것 같았다. 이 문제는 신중하게 논의할 필요가 있다.

둥자거우 워룽취안臥龍泉의 발굴이 완료되어 천춘시와 황기덕이 발굴대로 돌아왔다.

6월 7일 일요일 맑음

오늘은 휴일이다. 오전에 샤나이夏鼐 소장에게 편지를 써서 발굴과정에서 드러난 외빈의 조급한 정서와 강상에서 단지 묘지만 파고 유적은 파지 않으려고 한다는 내용을 보고했다. 이러한 상황에서 규정을 지킬 것인지 아니면 그들의 견해에 동의할 것인지에 대해 샤 소장이 윤 소장과 의견을 나누어 지도부에 구체적인 지시를 내려 주기를 바란다고 했다.

오후에 외빈을 모시고 베이징 체육원 팀 대 상하이공인 팀, 상하이 팀 대 허베이청년 팀의 축구 경기를 관람했다.

밤 8~10시에 시 지도부 회의를 열어 최근 열흘간의 작업 상황을 보고했다.

6월 8일 월요일 맑음

둥자거우에 참가했던 공병 9명을 허우무청역으로 이동시켜, 현재 이곳의 공병은 30여 명으로 증가해 이곳의 작업 속도가 가속화되었다.

러우상 A구역을 측량하고 B구역은 계속 M9를 정리했다. 잔존하는 유골로 살펴보니 남북의 유골은 모두 두골과 팔다리뼈가 있으며, 적어도 2명 이상을 의미한다. 남단에는 또한 몇 군데서 두골이 나왔는데, 불에 타서 뼈가 부서지고 부패가 매우 심해서 유골의 숫자를 명확히 알기 어려웠다. 나는 후에 이 사람들의 목을 베고 나서 순장한 것은 아닌가 하는 의심이 들었다. 묘지 밑바닥과 인골 중간에 돌들이 섞이지 않은 것은 그들이 먼저 화장된 후에 매장되었다는 사실을 충분히 증명한다.

강상에서는 T4, T5구역의 돌들을 치우고 아울러 T4구역을 파기 시작했다. T4구역에서 현대 묘 2개가 발견되었는데 전체적으로 탐방의 인골이 교란되어 있었다. 상층부에서는 일찍이 온전한 토기 관 하나가 발견되었다. 교란되어 뒤집혀서 나온 것 같은데, 인근에는 결코 아무런 흔적도 없었다. T6구역에도 현대 묘 하나가 있는데 돌과 돌판을 사용하며, 탐방도 대부분 교란되어 있어 이 두 개의 탐방은 아무런 희망이 없어 작업 속도를 올릴 수 있을 것으로 보인다. 내일 다시 한번 살펴서 T4구역을 중지하고 T1~T3은 계속할 것을 건의해서 혹시라도 작업 시간을 절약할 수 있다면 인자춘尹家村 난허[31]로 갈 가능성 역시 커졌다.

---

31) 인자춘尹家村 난허: 다롄시 무양청 동남쪽에 위치한 인자춘 남쪽 하천변으로 이 일대에서 석곽묘, 화

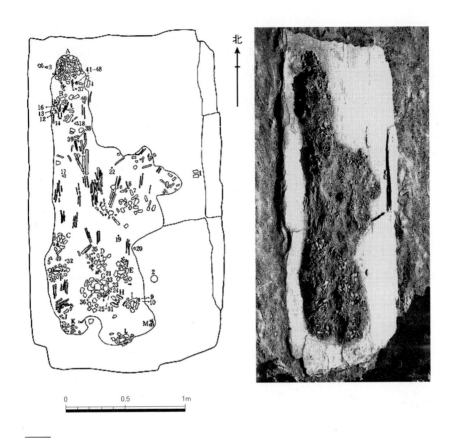

러우상 9호묘의 실측도와 사진

장라오로부터 편지로 다음과 같은 지시를 받았다.

(1) 발굴 속도는 북한 측 대장과 잘 상의해서 작업에 유리하게 진행하
고, 원칙에 어긋나지 않는 한 북한 측 의견을 최대한 존중한다.
(2) 시간이 부족해 북한 측이 원래 정한 계획만 진행하느라 지도자에게

장묘, 토광묘, 전실묘 등의 무덤들이 다수 확인되었다.

안즈민安志敏 일기

보고하기 불편하면 우리가 대신 보고해도 된다.

저녁에 쑹서우리 처장의 전화를 받았는데, 장라오의 의견을 그대로 전하면서 우리에게 다시 서면으로 보고하라고 했다. 나는 그에게 문제가 그다지 심각하지 않고 단지 상황만 보고하면 되니 그에게 대신 장라오에게 보고해 달라고 요청했다.

6월 9일 화요일 맑음

오전 장라오에게 보고서를 작성해서 이곳에서의 작업 진행 속도는 이미 가속화되었고 북한 측의 조급한 성격 역시 이미 다소 개선되었다고 설명했다. '러우상' A구역의 평면도 및 단면도 그리고 C구역의 평면도를 그렸다. 종횡으로 두 단면만 남길 예정이기 때문에 A, C 사이의 격량(隔梁)[32]은 제거해 나가기 시작했다. 여기에서의 작업을 가속하기 위해 강상의 공병 8명을 조달해 왔다.

M9 구역은 대체로 정리를 마쳤는데, 두개골에서 보면 10여 명의 유골이 나왔으며, 그중에는 어린아이의 발가락뼈 등이 있었다. 이곳의 순장은 무덤 주인의 몸 위에 쌓아 함께 소각하는 것으로 두개골의 수가 비교적 많으며 역시 목을 베어 순장한 것 같다.

강상 T5구역에서 계속 현대 묘가 발견되었는데, 적어도 절반 이상이 이미 교란되어 정황상 이 탐방은 희망이 없어 보인다.

T6의 북반부는 이미 심하게 교란되어 흙조차 없이 단지 자갈돌만 남아 나열된 것 같았다. 동쪽 부분의 커다란 쇄석도 역시 교란된 것 같으나 아래 면에 공동이 만들어져 있어 계속 탐색해야 한다. 자갈돌 위에서 뼛조각(일련번호 M1)이

---

32) 격량(隔梁): 탐방격량이라고도 한다. 발굴 현장에서 발굴하지 않는 부분을 통행 등을 위해 미리 남겨 둔 부분을 말한다. 격량은 문화의 퇴적과 일부 유적의 단면으로서 발굴의 방향을 결정하는데 매우 중요한 구성 요소이기도 하다.

발견되었는데, 별개의 것으로 보인다. 서쪽은 화장을 거쳤고 동쪽은 화장하지 않아 유골이 비교적 어수선하고 손잡이가 달린 도관 1개가 나왔는데 토기의 질이 이곳에서 출토된 도기 편과 달라 시기가 비교적 늦은 것으로 사료된다.

6월 10일 수요일 비 오고 흐림

오전에 비가 내려 작업을 중단하고 실내에 머물며 중국과 북한 양측 대원들은 도기 편에 넘버링을 했으며, 북한 측에서는 도기를 사진 촬영했다. 북한 측이 샤오시거우와 둥자거우의 기록을 요구해 교정을 마친 후 임건상 동지에게 넘겨주었다. 나는 북한 측에게 기록을 다 보고 난 후에 의견을 제출해 달라고 요청했다. 아울러 서로 비교 검증할 수 있도록 북한 측에게도 기록을 내주길 희망했다. 그러나 그들은 개별적으로 상세히 기록은 했으나 아직 정리가 되지 않았다고 하는데, 상황을 보아하니 그들은 작년과 마찬가지로 우리들의 기록을 저본으로 사용하려는 것 같았다[33]. L21 구역의 사진 촬영을 위해 시 건축공사에 골조 설치 문제 협조를 요청하자 기술자 2명을 현장에 파견해 주었다.

오후에 작업을 시작해 점심 식사 후 현장으로 출발했다. 그러나 저녁에 경극 관람 문제로 진행요원들은 5시 전에 퇴근하고 공병들은 6시까지 계속 작업을 했다. 저녁에 내몽골 경극단 리완춘李萬春 주연의 「구강구(九江口)」를 관람했다.

6월 11일 목요일 맑음

이른 아침에 왕중슈 동지의 전보를 받았는데, 리지린 동지와 뉴 소장이 11일 둥징청을 출발해 13일에 다롄에 도착할 것이라고 했다.

---

33) 후에 북한에서 발간된 보고서는 중국 측의 것과 전혀 차이가 없다. 북한 측의 노트는 보고서에 따로 사용되지 않았던 것으로 보인다. 또한 본문 곳곳에서는 북한 측 조사원들이 도면과 사진 촬영 작업을 했다고 되었지만, 그들 역시 보고서에는 반영되지는 않았다.

임건상 동지가 L34 구역을 계속 확장해 나가자고 주장해서, 오늘 T4 구역을 열어보니 표토 이하는 자갈흑토층이고 주변은 탐방의 북벽에 가까웠다. 그가 거듭 계속 동쪽으로 확장해 나가자고 주장해서 동쪽 부근의 밀밭 역시 준비해야 할 것 같았다. 발굴하면서 북한 측은 처음 시작할 때와 달리 오히려 한 층씩 파 나갈 것을 요구했다.

T6M1 구역에서는 어제 두 구의 뼈대(그중 하나는 화장하지 않은 것으로 보아 동시기가 아닌 것 같다)를 수습했다. 오늘은 그 아래에서 다시 4구의 뼈대가 나왔는데 모두 화장했으며 이상하리만큼 난잡했다. 골주(骨珠: 뼈로 만든 구슬) 1개가 출토되었다.

T5구역의 서남쪽 모퉁이는 토양이 교란된 듯했다. 그러나 치아 및 팔뼈가 출토되어 아직 교란된 것 같지 않고 화장도 하지 않은 것 같았다. 녹송석(綠松石) 구슬 1점, 귀걸이 1점도 출토되었다. 그 남쪽 벽에서 또한 훼손된 석관 1개와 대퇴골이 발견되었는데, 화장하지 않았고 시대도 명확하지 않았다. 탐방 서쪽 벽 부근에서 다시 깨진 뼛조각이 나왔으나 정황상 역시 명확하지 않았다.

러우상(L21) 단면도를 다 그리고, 두 개의 격랑을 제거하고 D구역의 평면도를 보완 완성했다. 현재는 단지 B 구역의 평면도만 아직 손을 대지 않은 상태이다.

M9 좌측 구역에서 나온 인골 경추부에서 옥, 녹송석 및 마노주(瑪瑙珠: 옥구슬) 6점이 발견되었는데 한 꿰미로 엮여 있는 것이 묘 주인의 장식품이 틀림없다.

러우상 9호묘 출토 목걸이

저녁 8~10시 회의를 개최해 다음과 같이 업무를 논의했다.

(1) 러우상의 작업 완료 시기

(2) 강상의 구역 확장

(3) 합작 중의 문제-현재 작업 인원이 대등하지 않아 발굴과정에서 서로 배려하기가 다소 난감하니 앞으로는 1:1로 하는 것이 가장 좋다.[34]

6월 12일 금요일 맑음

이른 아침부터 가랑비가 내리더니 현장에 도착해 10시경이 되자 빗줄기가 더 굵어져 결국 작업을 중단하고 휴식을 취했다. 예상치 못하게 낮잠을 잔 이후 비가 더 심해져 결국 호텔로 돌아왔다.

오후에 다시 장라오에게 다음과 같이 편지를 써서 보고했다.

(1) 외빈들의 초조한 정서가 이미 바뀌어서 그들 스스로도 한 층 한 층씩 땅을 파고 있다.

(2) 발굴 범위를 확대해서 뜻밖에 생토까지 파게 되었다.

6시에 임건상 동지가 나를 불러서 기록 문제를 논의하며 다음과 같이 제안했다.

(1) 양측이 논의해서 한 사람이 작성한다.

(2) 우선 상세한 제요를 작성한다.

(3) 개인적 의견은 반영하지 않고 실제 상황만을 반영한다.

(4) 중문 기록은 한글로 번역한다.

---

34) 각각의 무덤 구역에서 북한 측과 중국 측 단원이 1:1로 합동으로 조사하는 것을 의미한다.

안즈민安志敏 일기

(5) 샤오시거우와 둥자거우에 대한 구체적인 의견은 내가 분석하고 설
　　명하기로 하되, 역시 각자 자신들의 관행에 따르는 것으로 한다. 중
　　국 측은 북한 측의 보완 사항과 다른 의견을 부기하기로 한다.

　밤 10시 차이 관장(원주: 차이 선생은 당시 뤼순박물관 부관장으로 재직)으로
부터 전화가 와서 입국 수속을 3일 전에 할 필요가 있으므로 외빈이 언제 뤼순
으로 떠나는지 문의해 왔다.

6월 13일 토요일 맑음

　출발하기 전에 임건상 동지와 뤼순에 가는 인원수 및 날짜 문제에 대해 의견
을 교환했다. 임건상에 의하면 뤼순에 가는 사람은 자신과 리지린, 김용간, 김신
숙 4명이고 이제선과 임건상 두 사람은 양쪽을 오간다고 했다.

　L21(러우상)은 둑을 남기고 그 주변 발굴도 기본적으로 마쳐 다음 주부터는
사진촬영이 가능해졌다. B구역의 평면도는 보완이 끝나 평면도는 전부 작업을
마쳤다. B구역 M10도 정리를 마쳤으나 이미 교란되어 인골이 난잡하게 섞여 있
었다. 과거에 이곳에서 청동자귀 1점, 훼손된 석제 방추차 1점이 출토된 바 있
다.

　건축공사가 세운 철제 사다리(鐵架)는 높이가 22.5미터에 달하며, 이미 기본
적으로 완공되었다.[35] 이것은 연통을 쌓아 내부의 철골을 설치하는 방식으로 고
고학에서는 처음 사용되었으며, 외부에는 8자형의 받침(八根)으로 보강했다.

　L34(강상) 구역은 우선 임건상과 상의해서 중국과 북한 쌍방이 각각 한 구역
씩 관찰하면서 서로 배려할 수 있게 했는데, 황기덕·천춘시-T3, 정찬영·런창타
이-T5, 장주협·딩류룽-T6, T7 구역은 표토의 노출로 인해 아직 아무도 배치하

---

35) 무덤 전체를 촬영하기 위한 철제 사다리로 추정된다.

지 않았다. 각 구역에서 각자 아래로 파나갔는데, 이러한 안배는 비교적 적절해서 과거의 혼란했던 상황을 피할 수 있었다.

6월 14일 일요일 맑음

새벽 6시 5분에 리지린 동지와 뉴 소장이 하얼빈에서 기차를 타고 다롄에 도착했다. 임건상 동지, 레이 국장, 류위 그리고 내가 기차역으로 맞이하러 갔다.

오전 뉴 소장에게 발굴대의 상황을 보고하자, 뉴 소장은 제2조의 작업 상황을 전달했다.

오후에 집에 돌아가 부모님을 뵈었다. 저녁에 감기로 인해 몸 상태가 매우 좋지 않았다.

6월 15일 월요일 맑음

L21(러우상) 구역의 평면도를 다 측정한 후 철골 위에서 사진을[36] 촬영했다. 오후에는 나도 철골에 올라갔는데 실제 높이는 19.5미터로 러우상의 전경이 한눈에 들어와 비교적 좋은 사진을 찍을 수 있을 것 같았다.

뉴 소장과 나 그리고 리지린, 임건상 두 대장은 작업 배치를 논의했는데, 뉴 소장은 다음과 같이 제안했다.

(1) 다롄(=뤼다)의 작업은 다링허 동쪽은 비교적 이상적인 유적에 해당되지 않기 때문에 내년 상반기로 미룰 수 있는지,

(2) 상반기에 집중해서 허우무청역 L34 구역(=강상, 역자 주)을 끝까지 발굴하고, 다른 1조는 솽퉈쯔를 발굴(북한 측은 역시 L34 구역 시굴

---

36) 다링툰 성터: 일제 때 이미 조사되었음.

안즈민安志敏 일기

을 제안)할 수 있는지,

(3) 기록은 역시 양측의 관습에 따르되 서로 교정한다.

북한 측은 모두 동의했다. 임건상 대장은 또한 장래 다링툰大嶺屯 성터 발굴 문제도 고려해야 한다고 제안했다. 그는 그곳이 고조선 성터일 가능성을 염두에 둔 것으로 보인다. 이번 협상이 잘 진행되어 인력 집중 문제가 해결되었다.

공병은 강상(L34)에 집중해서 땅을 파는 속도를 올렸다. T3 구역에서 동서 두 줄로 가지런하지 않은 큰 돌 석벽이 발견되었다. 그 안에는 불에 탄 뼈가 흩어져 있어 교란된 묘장으로 보인다. 석벽 외부에서 석제 방추차 1점과 흐트러진 치아가 나왔는데 교란으로 인한 것으로 생각된다.

T4 구역은 아직 시작하지 않았고, T5 구역의 M2는 정리를 마쳤다. 두개골은 북쪽에 있고 아래턱뼈는 발아래에 놓여 있으며 인골 역시 정돈되지 않은 채 어지럽게 흩어져 있는데, 확실히 교란 때문에 그런 것이다. 밑바닥에 깔린 큰 쇄석 역시 교란 때문에 그런 것 같다. 북쪽 벽에 최근에 자라난 꽃의 뿌리 아래로 불에 탄 큰 묘가 깔려 있을 것 같아 아직 정리하지 않고 있다. 탐방 중심의 자갈층

사다리를 이용해서 촬영한 러우상 유적 전경

아래로 황토가 드러나 있는 것으로 보아 묘지바닥까지 다 발굴한 것 같다.

T6 M1은 기본적으로 정리를 마쳤다. 아래에 홍소토(紅燒土, 붉게 그을린 흙) 덩어리가 한층 깔려 있으며, 하층의 인골은 불에 타지 않고 비교적 잘 보존되어 있었다. 척추뼈를 보면 최소한 7구의 유골은 나올 것으로 보인다. 아마도 시신 위에 땔나무를 얹어 소각한 탓에 아래쪽 시신이 다 타지 않은 것 같다.

저녁 8~10시에 업무 회의를 개최해 대장 회의의 결정 사항을 전달하고 아울러 다음 사항을 논의했다.

> (1) 강상(L34)의 발굴을 가속하되 하부 유적[37]에 어려움이 있으면 일부분은 보류하고 일부분은 완성해서 이번 분기 내에 매듭을 지을 수 있도록 노력한다.
> (2) 쌍퉈쯔의 발굴은 발굴 구덩이 발굴법(=탐구(探溝)[38]법)을 채용해서 퇴적의 층차 및 그 문화 성질 문제를 중점적으로 분석한다.
> (3) 기록은 대장 회의의 결정에 따르며 주요사안은 일치시키되, 똑같이 기록할 필요는 없다.

계획 변경 및 쌍퉈쯔 발굴 문제에 관해서는 시에서 성에 문의하고, 동시에 중앙에도 문의했다. 뉴 소장이 저녁에 장거리 전화를 걸어 장라오에게 문의하자, 장라오는 계획 변경에 동의했다. 더불어 둥베이국 판공청 스石 주임에게도 보고하여 공병 한 팀을 증가해 달라고 요청했다. 들리는 말에 의하면 곤란할 것 같다고 한다.

---

37) 강상 무덤 밑에 있는 쌍퉈쯔 3기문화의 주거지 문화층을 의미하는 듯하다.
38) 탐구(探溝): 길죽하게 파는 발굴 구덩이(트렌치). 반면에 탐방은 피트에 해당한다.

안즈민安志敏 일기

6월 16일 화요일 맑음

러우상(L21)은 오늘 기본적으로 작업을 완료했으며, 단지 M6의 남은 절반은 아직 정리되지 않았다. 정오에 다시 딩류룽을 철골로 올려보내 L21의 전경을 사진 촬영하게 했는데, 이미 잘 나온 것이 있지만, 우리가 몇 장 더 찍었으면 해서였다.

강상(L34)의 T2, T3는 계속해서 아래쪽으로 파면서 돌을 걷어냈으며, T3의 서쪽 M3는 이미 정리가 끝났다. 두 사람의 머리가 동쪽으로 놓여 있었는데, 모두 자갈돌 위에 시신을 놓고 화장을 한 것이다. T4, T5는 잠시 작업을 중단했고, T6의 M1에서는 인골을 정리했다. 그 과정에서 구리 장식 2개를 발견했으며 나머지 부분은 아직 작업을 하지 않았다. 오늘은 공병들을 시켜 T8 위쪽의 역석을 치웠으며, 묘지의 구조를 명확히 알아내기 위해 T7 역시 10m 크기로 확장할 예정이다. 오늘 쑤이隋 과장에게 T8 범위 내의 밀과 현대 묘지 문제로 연락을 취했다.

6월 17일 수요일 맑음

러우상(L21)에서의 작업이 기본적으로 끝나 오늘은 뤄양삽(洛陽鏟)[39]을 사용해 묘지를 탐사했다. 그 결과 아래에 1m 이상의 숙토(熟土)[40]가 있고, 그 속에 소수의 도기 편이 섞여 있었지만, 가장자리의 아래쪽 경사면에는 도기 편이 없다는 것을 알게 되었다. 이를 통해 원래의 묘지는 생토 위에 세워진 것이 아님을

---

39) 뤄양삽(洛陽鏟): 원문은 '탐산(探鏟)'이다. 뤄양삽은 중국 허난성 뤄양(洛陽) 부근 촌민이 20세기 초에 처음 발명한 것으로 중국 고고학 시추 공구의 상징이다. 중국의 저명한 고고학자 웨이지셴衛聚賢은 이를 사용해 안양 은허 등의 발굴을 진행했다.

40) 숙토(熟土): 고고학에서 사용하는 용어로 인간의 활동으로 유물이 많이 포함된 토양을 통칭한다. 이와 반대되는 개념으로는 인간의 흔적이 전혀 없는 '생토(生土)'가 있다.

강상묘 유적 전경

알 수 있었다. M6의 남은 부분을 계속 정리하면서 동시에 평면도와 단면도를 그렸다. 쉬밍강 동지와 김용간 동지는 기록 문제를 상의하고, 내일 숙소에 남아 함께 정리할 예정이다. M6에서 청동단검 1점이 출토되었다.

사진을 찍는 철골을 완전히 철거하는 데에는 하루밖에 걸리지 않았다. 뤼순 박물관에서 묘지의 모형 제작을 위해 현장에 사람을 파견했다.

강상(L34) T2는 일부 황토지역에서 1직 3호형의 돌담이 발견되었는데, 그 역할이 불분명하다. 남쪽에서 묘 1기가 나왔는데, 묘의 반이 둑 아래에 깔려 있었다.

T3는 대부분 황토지역이고, M3는 인골의 머리 옆에서 돼지 송곳니 1개가 나왔으며, 다른 쪽에서 사슴뿔의 끝부분 1개가 나왔는데 모종의 의미가 있을 것으로 생각된다.

M4는 한 구의 유골만 나왔는데, 머리 방향이 불분명하고 위쪽의 석판은 기울

어져 있다. 탐방 사이에 역시 세 줄의 돌담이 있는데 그 기능은 명확하지 않다.

T4, T5는 잠시 작업을 중단했다.

T6, M1의 아래쪽은 주로 네모 형태의 부서진 소토 덩어리가 깔려 있고, 주위는 모두 황토이며, 동남쪽은 큰 돌로 바닥을 깔았다.

T7은 동쪽을 향해 3m 확장했고, T8의 서북쪽 귀퉁이 부분도 조사를 시작했다. 동쪽과 남쪽은 아직 밀을 수확하지 않았기 때문에 잠시 작업을 미루었다.

오후에 리지린 대장, 임건상 대장, 뉴 소장과 함께 쏭퉈쯔에 가서 발굴 지점을 선정하고, 동남쪽 비탈과 동쪽 비탈에 탐방 3곳을 파기로 결정하고, 작업은 모레부터 시작하기로 했다.

저녁에 영화 「신문간보(新聞簡報)」, 「세계견문(世界見聞)」, 「춘연전시(春燕展翅)」 등을 관람했다.

6월 18일 목요일 맑음

러우상에서 작업하는 양측 당사자들이 내근하면서 기록을 작성했다.

강상 T2는 남쪽의 절반이 둑 아래의 묘지(일련번호 M5)에 깔려 있고, 그 동쪽에서 다시 깨진 뼛조각이 나왔는데, 묘에서 나온 것인지는 아직 확정할 수 없으며, 아래에서 석판(일련번호 M6)이 출토되었다.

T3, M3는 뼈대를 들어 올리자, 작은 돌 구슬(石珠) 1점, 마노주(瑪瑙珠) 2점이 나왔는데, 자갈돌 위에 시신을 놓고 쌍인장(雙人葬)(동서 방향, 머리는 동쪽을 향함)을 지낸 것이 틀림없다. M4는 자갈돌 바닥의 석관묘로, 남북 방향으로 놓여 있다. 남쪽과 북쪽에서 각각 사람의 두개골이 나왔으며, 두 사람의 유골로, 화장했다. 또한, 불에 탄 청동단검 1점이 발견되었는데, 검은 비교적 얇고 작으며 재질이 좋지 않아 명기(明器)[41]로 의심된다. 그러나 이것은 발굴 당시 처음 발견된 청동검이다.

T4는 계속해서 아래쪽으로 파면서 역석을 걷어내자 두 군데에서 인골 조각

이 나왔다.

T5는 작업을 하지 않았다.

T6는 움직이지 않은 큰 돌덩어리를 제외하고, 그 외 부분은 대체로 황토이다.

T7의 무덤 바닥 가장자리를 정리했으며, 그 외 부분은 대체로 황토이다.

T8은 단지 드러난 부분에서만 역석층이 노출되었고 그 외 부분은 밀 때문에 아직 작업을 하지 못하고 있다. 농민과 연락을 취해 다음 주 월, 화요일에 밀을 수확하면 발굴 구덩이를 확장할 예정이다.

구(區) 문화과 쑤이 과장이 이미 생산대에 연락해둔 상태라 내일이면 쌍퉈쯔는 작업을 시작할 수 있다.

궈바오쥔郭寶鈞 선생이 어젯밤 베이징에서 다롄에 도착해 휴식을 취하고 오늘 저녁 호텔에 왔다.

저녁 8시~9시 30분까지 시 지도자 소조 회의를 열어 10일 동안의 업무 상황을 보고했다.

6월 19일 금요일 흐림

러우상의 기록이 아직 끝나지 않아서 러우상의 중국과 북한 양측 관계자들은 숙소에 남아 있고, 리지린 대장이 강상 현장에 왔다.

강상 T2는 남쪽 벽 단면도를 그리고 아울러 남쪽 벽을 확장했다.

T3는 북쪽과 동쪽 벽의 단면을 그리고 아울러 동쪽 벽을 넓히기 시작했다.

T5는 계속해서 탐방 밑 부분의 깨진 돌을 제거해 나가자 남쪽 벽의 부서진 석판 아래에서 큰 석판이 나왔다. 이곳은 묘지 가운데에 위치한 대묘일 가능성이 있는데, 상부는 이미 교란되어 하부에 비교적 좋은 유적이 남아 있기를 바라

---

41) 명기(明器): 장사지낼 때 죽은 사람과 함께 무덤 속에 묻는 식기, 악기, 무기 등의 기물을 통틀어 가리킨다.

는 마음이다. 남쪽 벽의 단면도를 완성하고 아울러 둑을 제거하기 시작했다.

T6는 탐방 밑 부분을 정돈하고 아울러 서쪽 벽의 단면도를 그렸다.

T8, T9는 아직 밀을 수확하지 않아서 일부 탐방은 잠시 작업할 수 없기 때문에 오늘은 둑을 넓히기 시작했다. 부분적으로 둑을 다 제거하면 먼저 작은 평판을 사용해 평면도를 측정할 수 있으므로 최종 마감 시간을 절약할 수 있다.

오후 4시에 신 시장·레이 국장·왕 비서장이 현장에 와서 참관했다. 저녁에 신 시장이 만찬을 베풀어 중국과 북한 양측 발굴대원을 초대해서 공로를 치하했다.

6월 20일 토요일 맑음

강상 T2 남쪽 벽의 둑을 제거하자 M5의 남쪽에서 돌담이 나왔는데, 손을 댄 흔적이 비교적 뚜렷하다. M6에서 청동단검 1점(쌍퉈쯔에서 출토한 것과 일치), 석촉 7점이 나왔으며, 지금 막 인골이 나왔는데, 아래쪽에도 매장된 것이 있을 것으로 추정된다.

T3 M4는 위쪽에서 인골 두 구가 나왔으며, 아래쪽에도 두 구의 인골이 깔린 것 같다. 동쪽은 계속 발굴 중이다.

T5는 계속 남쪽 벽 쪽을 발굴 중이다.

쌍퉈쯔(L22)는 오늘 정식으로 착공해서 외빈의 요청에 따라 5X5의 탐방을 파고, 남쪽 비탈에서 두 곳(T1, T2)의 발굴 구덩이를 넣었다. 그들은 절벽의 홍소토에 근거해서 이곳에서 거주지를 찾으려고 했는데, 탐방의 높이가 어중간해서 다소 불편했다. 북한 측의 김용간·김신숙, 중국 측의 쉬밍강·장궈주는 동북쪽의 비탈에 탐방(T11)하나를 팠다. 김종혁·정나이우가 담당했는데, 작업을 마쳤을 때는 이미 석회토 일부가 노출되었고 홍토의 질감은 비교적 단단했다.

휴식 시간에 동지들이 게와 조개를 많이 잡아 와 저녁에 집으로 가져갔다.

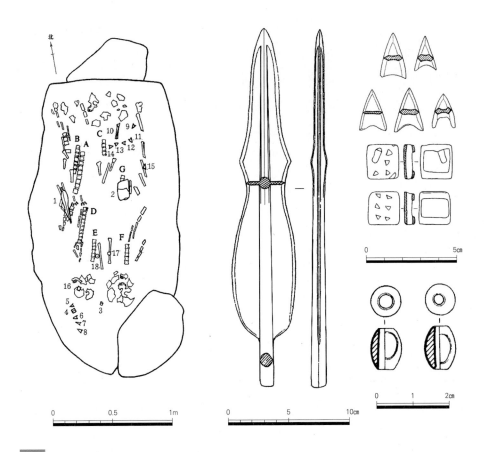

강상 6호묘와 그 출토유물

6월 21일 일요일 맑음

　　오전에 중국과 북한 양측 동지들이 푸자좡博家莊에 가서 배를 타고 해수욕을 했다. 나는 시험 삼아 수영을 해봤는데 바닷물이 차가우면서도 매우 상쾌했다. 중국과 북한 양측은 모두 즐겁게 일요일을 보냈다.

　　오후에 집에 돌아가 부모님을 뵈었다.

6월 22일 월요일 맑음

　강상의 T2M6에서 4구로 보이는 뼈대가 나왔다. 또한 청동단검 외에 석촉 12점, 방형 구리장식 2점이 나왔는데, 그 밖에 부장품이 더 있을 것으로 추정된다. 다만 시신을 안장한 방식은 명확하지 않아 그림을 그리고 사진을 촬영한 후에 다시 자세히 살펴볼 예정이다.

　T3 M4는 이미 7구의 유골이 확인되었다. 오늘 평면도와 단면도를 그렸으며, 석제 곤봉두가 나왔는데, 샤현夏縣[42]의 고대 동광석 창고에서 출토된 것과 유사

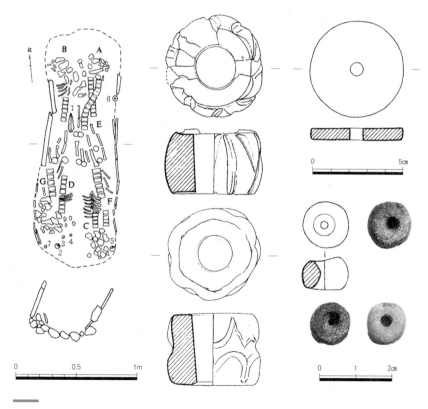

강상 4호묘와 그 출토유물

하다.

T3 서쪽 벽에서 발견된 M8에는 불에 탄 뼈가 흩어져 있었는데, 보존 상태가 그다지 좋지 않았다. 적어도 3인의 유골로 확인되며, 틀림없이 계속 나올 것으로 추정된다. 또한 구멍이 난 석탄(石彈) 1점이 나왔다.

밀 수확이 끝나 T9 발굴을 개시했다.

쌍튀쯔(L22) T1에서 현대 묘 2개를 발견했는데, 하나는 5~6세 정도의 어린 아이의 묘이고, 다른 하나는 40~50세 정도의 여자 묘이다. 지표면에서 아래로 1m 정도 내려가니 모두 교란되어 있었다.

T2는 약 50㎝ 정도 파고들어 갔을 때 토양이 모두 교란되어 있었다. 도기 편이 많이 나왔으나 대부분 자잘하게 부서져 있었다.

T11은 전체 깊이의 약 3분의 2가 석회토였다. 출토된 도기 편은 회흑도가 가장 많고 홍도는 드물어 룽산문화와 매우 유사하며 양터우문화와는 다소 차이가 있는 것 같다. 언족(甂足)과 삼족분(三足盆)(?) 등이 나왔다.

6월 23일 화요일 맑음

강상 T2 M6은 대체로 정리가 끝났으며, 척추뼈로 보아 인골 7구로 단정할 수 있다.

T3 M4는 대체로 정리가 끝났으며, 아래쪽에 자갈돌이 깔려 있다.

M9는 남북에서 각각 작은 뼈 구슬이 한 무더기 출토되었는데, 원래의 꿰매진 위치를 찾을 수 없었다.

쌍튀쯔 T1은 이미 석회층[43]이 노출되었으며, 위쪽의 교란층은 두께가 1m 이상에 달했다.

---

42) 샤현夏縣: 산시성山西省 윈청시運城市에 속한 현으로 고대 동광산의 유적이 있다.
43) 석회층: 문맥상 주거지의 문화층을 의미한다.

T2는 다시 현대 묘 1기가 발견되었는데, 무덤의 바닥이 이미 석회층을 드러 냈다.

T11은 동남쪽 구석에 돌 한 무더기가 어지럽게 쌓여 있었다. 북한 측에서 건물터로 의심하면서 확장을 요구해서 마침내 T12로 확대했다. 별도로 깨진 돌이 있었지만, 특별한 형태를 띠지 않았고 석회층 부분 역시 잘 보존되지 않아 그다지 희망이 없어 보였다.

저녁에 개최된 대장 연석회의에서 우리는 시간이 촉박해서 강상 묘지는 작업을 마치지 못할 위험이 있으니 잠시 쐉튀쯔 작업을 중단하고 인력을 집중해서 강상 묘지에 매진할 수는 없는지, 그리고 강상 유적과 쐉튀쯔 유적에 대해서는 하반기에 다시 작업할 것을 제안했다. 북한 측은 이 제안에 동의하며 그들 역시 같은 견해를 갖고 있다고 하며 아울러 7월 15일 작업을 마치고 17일 배를 타고 톈진을 거쳐 베이징으로 돌아갈 것이라고 했다.

6월 24일 수요일 맑음

쐉튀쯔에서 오늘 탐방의 평면도와 단면도를 그리고 아울러 부토를 위에 덮고 반년 뒤에 다시 작업하기로 했다. 시간이 날 때마다 강상을 계속 발굴하기 위해 T11, T12는 잠시 흙을 덮지 않고 그대로 두었다.

러우상은 오늘 M1의 석관 밑을 파기 위해 기중기를 사용해 석판을 들어 올렸다. 석판은 중량이 4.5톤에 달하고 이미 적지 않은 균열이 있었다. 뤼순박물관까지 운반하기 위해 기중기업자들은 엄청 신경을 써서 석판을 들어 올려 대형트럭에 실었다. 석판은 전체가 화강암으로 되어 있고 밑바닥은 가공한 흔적이 없으며, 가공한 면은 약간 솟아 있었다. 당시에 이렇게 크고 무거운 석판을 운반하는 일은 확실히 용이한 일은 아니었을 것이다.

M6의 무덤 바닥에서 청동단검 1점이 출토되었는데, 지난번에 발견된 칼자루의 칼날 같았으며, 약간 돌려 움직이자 바로 노출되었다.

M5의 자갈석 틈에서 석촉 1점이 발견되었으며, M1의 자갈석 틈에서 석촉 1점, 구멍 난 둥근 장식 1점이 발견되었다.

이로부터 발굴 작업은 철저하게 해야 한다는 것을 알 수 있었다. 만일 이 청동검이 농민에게 발견되었다면 정말 웃음거리가 되었을 것이다.

오후에 공병이 집중 투입된 강상 T2M5에서 모두 7구의 유골이 나왔고, 어제는 훼손된 동모(銅矛) 1점이 발견되었다.

T3 M8은 뼈대 8구(2구는 색이 변함), 흙구슬(陶珠) 213점이 나왔다.

공병 동지들이 역량을 집중해서 T8, T9를 발굴했다.

6월 25일 목요일 맑음

오늘부터 역량을 집중해 '강상'을 발굴했다. 먼저 T1~T2 격량에 있는 무덤(M9~M11) 3기를 정리했다.

M9는 대체로 남북 방향으로, 불에 탄 인골이 어지럽게 노출되어 있었으며, 뼈대의 수 역시 명확하지 않았다.

M10 역시 남북 방향으로, 화장한 인골이 비교적 어지럽게 놓여 있었다. 약 4구로 보이며 그중 1구는 어린아이의 것이다. 도면을 완성했다.

M11은 남북 방향의 석관묘이다. 관 덮개는 이미 훼손되어 들린 곳도 있고 내려앉은 곳도 있었다(혹은 의식적인 덮개 방식일지

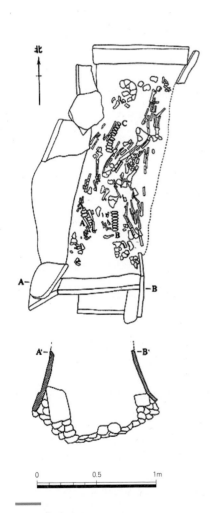

강상 6호묘

안즈민安志敏 일기

도 모른다). 사방의 벽에도 석판이 있는데 불에 탄 흔적이 있다. 관 바닥에는 한 층의 홍소토가 있고 그 아래로 인골이 깔려 있었는데, 인골이 홍소토 밖으로 거의 드러나 있었다.

T4, T5 사이의 격량을 제거하자 두 곳에서 인골이 드러났는데, 묘장으로 추정된다. 그 동쪽 끝으로 인골이 남북 방향으로 어지럽게 드러나 있는데, 불에 타지 않은 채였다. 인골은 기울어진 상태로 있었는데, 머리는 높고 다리는 낮았다. 메운 흙 속에서 얇은 줄무늬 기와(薄繩紋瓦)가 나왔는데 시대가 M8 상층의 인골과 유사한 것 같았다. 서쪽 끝에서 석제 방추차 1점이 나왔으며, 무덤의 형태 및 시대는 모두 명확하지 않다.

T8, T9는 계속 아래쪽으로 파 내려가서 T9 안에서 무덤 1기를 발견했다. T5, T8사이의 격량 역시 제거했다.

T3 M8는 유골이 11구가 잇달아 나왔으며, 토제 구슬(陶珠) 총 312점도 나왔다.

6월 26일 금요일 맑음

강상 T1~T2 격량, M9의 두 개 층에서 약 4구의 유골이 출토되었다. 꽤 어지럽게 분포되어 있었으나, 척추뼈만은 비교적 명확했다.

M10은 9구의 유골이 나왔다. 무덤 바닥에는 홍소토가 많이 깔려 있으며, 긴 석주 1점이 출토되었다.

바닥에 깔린 홍소토의 상태가 M1과 서로 유사하다.

M11은 석관묘이다. 벽에 홍소토가 묻어 있었는데, 인골을 불에 태울 때 생긴 것이다. 유골 3구가 발견되었는데, 2구는 머리가 남쪽을 향해 있고 나머지 1구는 북쪽을 향해 있었다.

M8(T3 동쪽 격량)은 토기·뼈·석주가 총 447점이나 나왔다.

T4, T5 사이의 격량에서 발견된 M12의 상부 남쪽 끝에서 온전한 도관 2점

강상 11호묘

(인골보다 높이 돌 위에 쌓여 있었다)이 발견되었다. 아래에서는 불에 타지 않은 유골 2구가 발견되었는데, 머리는 북쪽을 향해 있고 척추뼈는 보이지 않았다. 팔다리뼈 역시 어지럽게 흩어져 있는 것으로 보아 2차 매장된 것으로 보인다. 석제 방추차 1점(과거에도 이곳에서 일찍이 석제 방추차 1개가 발견된 적이 있다.)이 출토되었는데, 이 무덤은 화장하지 않은 것 같다. 척추뼈가 보이지 않고 다소 어지럽게 흩어져 있다는 점에서 M2와 유사하다. M2 위쪽에서 출토된 온전한 도관 역시 M2의 부장품에 해당한다.

　M13은 어제 모습을 드러냈다. 인골은 불에 타지 않은 채 어지럽게 흩어져 있으며, 머리는 남쪽, 다리는 북쪽으로 비스듬히 놓여 있었다.(머리가 높고 다리는 낮다) 어제는 메워진 흙 속에서 줄무늬 기와 편이 출토되었는데, 시대는 비교적 늦을 것으로 생각되지만, 아래쪽에 홍력석(紅礫石)이 있는 것으로 보아 적어도 부근에 무덤이 있을 것이다.

　T5, T8 사이의 둑을 제거하자 북쪽 끝에서 무덤 1기(일련번호 M14)가 발견

되었다.

T8, M15 위쪽은 깨진 석판으로 덮여 있었다. 석판 아래의 인골은 흙으로 덮어 놓은 것은 없고, 불에 탄 상태였다. 척추뼈로 보았을 때 적어도 3구는 되며 머리는 모두 남북 방향으로 놓여 있었다.

T8, T9는 모두 아래쪽으로 파 내려갔으며, T8과 T9 사이에 있는 격량 역시 제거했다.

6월 27일 토요일 맑음

T1의 M9호묘는 대체로 정리를 마치자 모두 8구의 유골이 나왔으며 아울러 청동단검(끝이 뾰족하며 일부 파손되었다.) 1점, 석촉 1점이 발견되었다.

M10호묘 역시 정리가 끝났는데, 모두 9구의 유골이 나왔으며, 밑바닥에는 홍소토가 깔려 있었다. 무덤 바닥은 남북으로 이어지는 석벽을 깨트리고 아울러 동서 방향의 석장 위에 눌려 있다(打破[44]?). 마지막으로 평면도 상에서 돌담과의 관계가 드러나 있지 않는 것을 발견하고 장궈주에게 도면을 보완하고 아울러 단면도를 보완해 그리게 했다.

M11은 유골 5구와 석제 방추차 1점이 나왔다. 이 무덤은 석관묘로, 벽에는 풀을 섞은 진흙(草泥土)을 발라 놓았는데, 불에 타서 이미 홍소토가 되었다.

M12는 어제 남쪽 끝의 위쪽에서 온전한 도관 2개가 발견되었고 북쪽 끝에서는 석제 방추차 3점(오늘 또 1점을 발견했다)이 나왔다. 척추뼈가 없는 유골이 나왔는데, 대퇴골로 보면 총 5구의 유골에 해당한다. 다만 교란이 너무 심한 것으로 보아 2차 매장으로 보이는데 M2의 상황도 이와 같다. 시대는 꽤 늦은 편에 속한다.

---

44) 타파(打破): 고고학에서 한 유적이나 유물이 다른 유적이나 유물의 일부를 침범하는 것을 나타낸다. 이는 두 유적의 연대와 상호작용을 이해하는 데 중요한 단서를 제공한다.

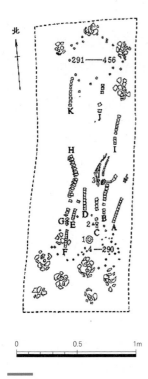

강상 8호묘

M13의 정황은 아직 명확하지 않다. 위쪽 인골 매립지에서 노끈무늬 기와편이 나왔고, 지금 또 부근에서 오수전(五銖錢) 1점(서한시대)이 출토되었는데, 어쩌면 이 무덤의 연대를 밝힐 수 있을 것 같다. 아래쪽에서 타다 남은 아래턱뼈가 발견되었고, 또한 심하게 파손된 도관 1점이 나왔는데, 원래의 무덤이 한나라 때의 무덤에 의해 훼손된 것으로 추정된다.

M15는 이미 발굴이 끝나 모두 화장한 유골 4구가 나왔다. 그러나 부장품은 전혀 없었다.

M8(T3 격량)은 모두 화장한 유골 11구와 토기, 돌, 골주(骨珠) 454점이 나왔으며, 오늘 발굴 작업을 끝냈다.

T2 동쪽 둑을 제거하기 시작했고, T6 동쪽 둑은 완전히 제거했다. T9의 동쪽 끝은 이미 묘역의 가장자리를 다 파냈지만, 큰 돌이 어지럽고 가지런하지 않은 것이 교란된 것 같았다. 노출된 부분은 원형이 아니라 원각(圓角)의 직선 벽과 같았다.

6월 28일 일요일 맑음

오전 10시에 중국과 북한 양측 대원은 샤자허쯔夏家河子에 가서 하루 종일 해수욕을 하며 놀았는데 매우 즐거웠다. 중국 측의 천춘시와 정나이우 동지는 참석하지 않았다.

6월 29일 월요일 맑음

오늘부터 장주협, 딩류룽은 강상 묘지의 평면도를 측량해 그리기 시작했다.

M9는 오늘 작업을 완료했다. M9는 동쪽과 서쪽 돌담 위에 깔려 있으며, 부근의 석회암은 불에 타서 붉게 변해 있었다. 외빈은 홍력석 역시 불에 타서 붉게 변한 것이라고 주장했지만, 나는 이 견해를 믿지 않았다. 오후에 나는 허우무청 역 강가에 가서 같은 종류의 역석을 주웠다. 농민의 말에 의하면 동남쪽 산에서 이런 종류의 역석이 나며, 하천 계곡 내에 있는 역석들은 모두 산속에서 떠내려온 것이라고 한다.

M10은 작업이 모두 끝났다. 무덤이 동서남북 두 개의 담장에 깔려 있는데, 이 담장이 무덤 바닥의 구석에 위치해 있는 것 같다.

M11은 작업이 모두 완료되어 석제 방추차 2점, 석주 3점이 출토되었다.

강상 16호묘 거푸집 출토 정황

M13은 한나라 시기(?) 무덤에 의해 교란된 적이 있다. 위쪽에서는 일찍이 타지 않은 유골과 토기 4점이 나왔다. 두(豆), 도관 등은 판별할 수 있었으며, 또한 침상기(枕狀器)[45] 1점이 발견되었다.

M16은 이제 발굴하기 시작했다. 인골은 불에 타서 모호해 몇 구인지 명확하지 않으며, 석촉 4점, 석주, 석범(石範) 3점(도끼, 자귀)이 출토되었다.

M17은 오후에 발굴을 시작했으나 아직 범위를 확정하지는 않았다.

M7은 주위를 깨끗이 정리하고 아울러 무덤의 단면도를 그렸다.

T4의 서쪽 격량, T7의 남쪽 격량은 오늘 제거했으며, M14는 이미 전부 발굴했다.

6월 30일 화요일 비

오늘은 비가 내려 작업을 중지하고 대원들은 내근하면서 기록을 정리했다. 뉴 소장이 일부 업무 활동 보고 자료를 요청해 하루 종일 서둘러 써서 저녁 무렵에야 비로소 초고를 완성했다.

트럭으로 공병을 맞이하러 가는 기회를 이용해 책을 포장해 베이징으로 보낼 생각에 나무 상자 7개를 집으로 옮겼다. 나무 상자가 너무 커서 옮기기가 쉽지 않았다. 딩류룽 동지의 협조를 얻어 겨우 이 일을 끝냈다.

저녁에 영화 「저우 총리의 동북 아프리카 방문(周總理訪問東北非)」[46], 「청년 루반(青年魯班)」[47]을 봤는데, 대여료 225위안은 너무 비싼 것 같다.

---

45) 비파형동검의 뒤에 붙이는 검파두식을 말함.

46) 저우 총리의 동북 아프리카 방문(周總理訪問東北非): 1963년 12월 14일부터 1964년 2월 4일까지 저우언라이 총리가 이끄는 중국 정부 대표단이 알제리, 모로코, 튀니지, 에티오피아, 소말리아 등 아프리카 10개국을 포함해 아랍 6개국을 방문해 중국과 아프리카, 아랍의 우의를 증진한 내용을 담은 다큐멘터리 영화이다.

47) 청년 루반(青年魯班): 1964년 제작된 흑백영화로 문화 수준은 낮지만 자신의 일을 사랑하는 청년 노동자가 기술 혁신을 통해 성장하는 과정을 그린 영화이다. 각고의 노력을 통해 난관을 극복해 나

안즈민安志敏 일기

7월 1일 수요일 맑음

　계속 강상 묘지의 평면도를 측량해서 그렸다. 기본적으로 T1~T3의 평면도는 완성했다.

　M9의 밑바닥에서 도관(파손) 1점, 갈돌 1점, 유골 총 11구가 출토되었다. 오늘은 대체로 작업을 마쳤다.

　M13에서는 단검의 봉부 파편 1점이 발견되었다. 그러나 검신은 보이지 않았는데, 한나라 때의 묘에 의해 교란됐을 때 사라진 것 같다. 또한 석주 1, 석촉 1, 작은 뼈 구슬 10여 점이 발견됐다. 인골은 두개골 조각이 5개나 보였지만 척추 뼈는 1개밖에 보이지 않았다.

　M16은 엊그제 끝까지 다 발굴하지 않았다. 남쪽으로 계속 일부 확장해서 석범(도끼) 2점, 도주(陶珠) 5점을 발견했다.

　M17은 작업이 일시 중단되었다.

　M18은 표토를 제거하고 보니 진흙이 지나치게 많은 관계로 더 이상 아래쪽으로 파 내려가지 않았다.

　M19(T2 동쪽 격량 위에 위치한다)는 위쪽에 거대한 덮개돌이 덮여 있었다. 비스듬히 덮어 놓았지만, 묘광(墓壙) 전체를 덮지는 않았다. 작업을 마무리할 때 단검 1점을 발견했다.

　M7(거대 덮개돌 중심)은 위쪽의 덮개돌을 걷어내자, 청석판(青石板) 아래에서 홍석판(紅石板)이 나왔고, 그 아래에서 흩어져 있는 유골이 나왔다. 두 개의 아래턱뼈와 두개골 조각이 있고, 팔다리뼈도 부서져 불규칙하게 방치되어 있었으며, 또한 화장하지 않았다. 묘장과의 관계는 검토해 봐야 알겠지만, 유골의 보존 상태로 보아 2차 매장으로 보인다.

　T1은 이제 동쪽 격량을 제거하기 시작했고, M20은 아직 드러난 것이 없으

　가는 청년 노동자의 강인한 삶을 담담하게 다루고 있다.

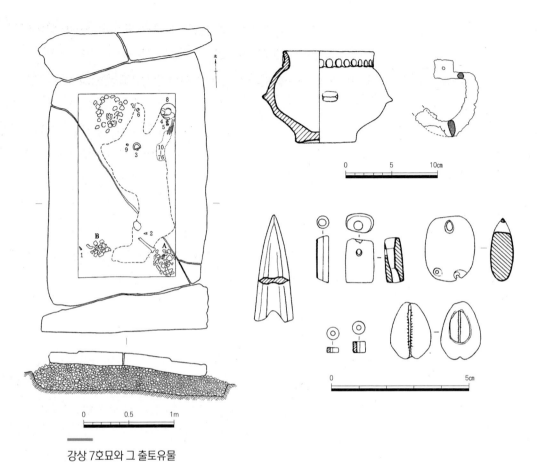

강상 7호묘와 그 출토유물

며, T2 서벽 돌돌림(석권) 밖에서 홍석이 나왔다. 별개의 묘장으로 의심되지만, 홍석이 묘지 밖으로 뻗쳐 나와 있었다.

T7 및 T9는 모두 계속 아래로 황토가 나올 때까지 팠다.

뉴 소장과 리지린 대장은 향후 작업 부서에 대해 다음과 같이 논의했다.

(1) 8일 이전에 강상의 작업을 끝내고 9~13일까지 마무리 작업을 완성
한다.

(2) 9~13일까지 솽퉈쯔에 가서 T11, T12를 정리한다.

(3) 14~16일까지 기록 정리, 전시 보고 등 실내에서의 작업을 완료한다.

(4) 하반기에는 먼저 강상과 솽퉈쯔에 집중해서 처리하고, 그 후 뤼순 난산리에 가서 각 유적은 1개월씩 작업한다.

(5) 북한 측은 8월 20일 전후로 직접 뤼순 다롄(=뤼다)에 올 예정이다.

귀 선생님이 호텔에 와서 뉴 소장을 만나 3일 내로 현장을 참관할 예정이다.

저녁에 동지들은 개별적으로 뉴 소장이 둥베이국에 가서 보고하는 데 참고할 수 있게 도면과 사진 자료를 준비했다.

밤 10~11시에 회의를 열어 뉴 소장은 향후 업무 배치를 알리고 아울러 대원들에게 이전 작업 임무를 보다 성공적으로 수행하기 위해 외빈과의 관계에 주의할 것을 당부했다.

7월 2일 목요일 맑음

뉴 소장은 학부 쑹 처장의 전화를 받고,

(1) 작업 기간을 연장해서 20일에 베이징으로 돌아가는 것에 동의하고

(2) 성에서 현장에 파견한 사람의 배웅여부는 성에서 결정한다.

(3) 외빈이 배를 타고 귀경하는 문제는 공안부의 동의를 얻은 후 다시 통지하겠다

고 했다.

뉴 소장은 정오 12시 15분 71호 열차를 타고 하얼빈으로 가서 열차를 갈아타고 둥징청으로 향했다. 리지린 대장과 나는 역까지 배웅을 나갔다가 오후에야 현장에 갔다.

뉴 소장은 떠나기 전에 다음 사항을 요구했다.

(1) 베이징은 외빈의 승선을 동의한다.
(2) 강상 대묘에서 발견된 유물은 전보를 쳐서 자신에게 통보한다.

강상 현장 M13의 작업이 완료되자 또한 석촉 1점이 나왔다. 본 무덤에서는 일찍이 부서진 동검 끝과 침상기(枕狀器) 등과 석주 1점, 석촉 2점, 작은 뼈 구슬 27점, 인두골 5구가 출토된 적이 있었지만, 척추뼈는 한 점만 보인다.

M14(T6 동쪽 격량)는 발굴이 시작되자 위쪽에서 깨진 석판이 나왔다. 석판을 대체로 교차해서 위로 쌓아 올린 것으로 보아 무덤의 표식인 것 같다. 사방에는 깨진 석판이 묘벽으로 사용되었다. 관 내부의 비교적 높은 곳에서 도완(陶碗) 1점이 나왔는데, 놓인 방식은 다른 도기가 나온 묘장과 유사하다.

M16은 완전히 정리가 끝나자, 석범 4점, 화살촉 5점, 구리 화살촉 1점, 도골주(陶骨珠) 120여 점이 나왔다. 유골의 수는 명확하지 않지만 대체로 뼛조각이 5무더기 정도 된다.

M18(T9)은 발굴을 시작해서 정리까지 모두 끝났다. 청동단검 1점이 온전하게 출토되었고, 인골은 땅속에서 화장한 것과 달리 상당히 훼손되고 흩어져 있었으며 어른 2명과 어린아이 1명의 유골 같았다. M19는 청동단검 1점이 출토되었으며, 인골은 아직 정리가 덜 되었으나 어른 2명에 갓난아기 1명의 유골인 것 같다.

M20(T1 동쪽 격량)은 발굴을 시작해서 꼭대기부분에서 온전한 작은 도관 1점이 출토되었으며, 일부 인골과 골주 2점이 나왔다. 이곳의 도기 역시 무덤 위에 놓여 있었다.

M7은 무덤 바닥까지 발굴했다. 교란을 거친 듯 인골이 심하게 흩어져 있었다. 토양의 색은 흑회, 회갈, 황갈색 등 각각 다르며, 입구의 밑바닥에도 역석(=자갈)이 섞여 있었다. 도관 1점, 조개 4점, 석촉 1점 및 작은 구리덩어리(불에 타

서 변한 것 같다) 등이 나왔다. 인골은 불에 탄 부분과 타지 않은 부분이 뒤섞여 있었다. 이것은 모두 교란되었다는 명백한 증거이다. 무덤 바닥의 큰 석판 위에도 네모난 단상이 약간 융기되어 있었으나 형상이 아주 반듯하지는 않았다. 남북 양쪽 끝에 각각 두 개의 석판이 서로 이어져 있었다.

저녁 식사 시간에 무덤 기록의 작성 방법을 논의하고 아울러 러우상(L21)에 관한 의견을 교환하는 모임을 가졌다.

7월 3일 금요일 흐리고 비

일기예보에 비가 내린다고 해서 오늘은 현장에 가지 않고 실내에서 정리 작업을 했다. 외빈들은 주로 기물의 사진을 찍거나 도면을 복사했다.

나는 오전 오후 각 한 차례씩 집에 가서 책 5상자를 포장했다. 상자가 너무 무거워 옮길 때 좀 고생할 것 같았다. 오늘따라 몹시 피곤했다.

저녁 6~7시 시 지도자 소조 회의에서 최근 업무 상황을 보고했다.

7월 4일 토요일 흐리고 비

밤중에 갑자기 비가 많이 내렸다. 일기예보에서 소나기가 내린다고 했다. 외빈의 요청에 따라 발굴현장에 갔는데 발굴 구덩이 안은 물이 너무 차서 거의 작업을 할 수 없을 지경이었다. 자동차가 진흙에 빠져 30여 명의 공병이 한참 동안 차를 밀고 나서야 겨우 진흙 구덩이에서 빠져나왔다. 갑자기 소나기가 쏟아져 모두 물에 빠진 생쥐 꼴이 되어 마침내 작업을 중지했다. 다롄 시내로 돌아오니 비가 내린 흔적이 거의 없었다. 오후에 빗줄기가 다시 세차게 내렸다.

실내에 머물며 기록을 보았으며, 동지들도 대부분 기록을 정리했다.

저녁에 영화 「세계견문」, 「9호」, 「리솽솽(李雙雙)」, 「저우 총리의 북아프리카 방문」을 봤다.

7월 5일 일요일 맑음

날씨는 맑게 개었지만, 이상하리만큼 후덥지근한 것이 또 비가 내릴 것 같았다.

이른 아침 샤 소장에게 편지를 보내 최근의 작업 상황과 발굴 현황을 보고했다. 레이 국장의 전화를 받았는데, 둥자거우에서 또 청동단검이 발견되었다는 소식을 듣고 그가 현장에 간다고 해서 쉬밍강·런창타이 동지를 보냈다.

오전 10시에 천춘시와 함께 다롄(=뤼다)간부 요양원에 가서 궈쯔헝郭子衡 선생을 만났다.

오후 1시에 외빈을 모시고 싱하이星海공원에 수영하러 갔다. 바닷물이 더러워서 나는 수영하지 않고 한차례 포커를 쳤다. 6시에 돌아오다가 나는 중간에 집에 들러 저녁을 먹었다.

저녁 식사 후 천춘시 동지가 차를 타고 집으로 나를 찾아왔다. 농민들이 워룽취안臥龍泉[48] 묘장 M4 묘의 큰 바위 아래에서 또 청동단검 1점, 마구 2점, 동포(銅泡) 2점, 청동도끼 1점, 침상기(반제품) 1점을 발견했다고 하는데 이를 어떻게 처리하면 좋을지 물었다.

호텔로 돌아와 레이 국장과 함께 논의했다. 신 시장의 의견에 따라 바로 외빈에게 (이 소식을) 알려주기로 하고, 런창타이 혼자서 조사하러 갔다고 말했다(싱하이공원으로 가는 도중에 딩류룽이 무심코 런창타이가 둥자거우에 간다고 언급했기 때문이다). 당장 레이 국장과 함께 리지린 대장과 임건상 대장을 찾아가 상황을 이야기했다. 나는 시간이 촉박한데다 처음으로 이러한 묘장을 접했기 때문에 일부 누락이 있을 수밖에 없었다고 해명했다. 임건상 대장은 나의 말을 듣고는 정해진 시간이 너무 촉박했기 때문에 주된 책임은 자신들에 있다고 했다. 이리하여 일시에 분위기가 다소 누그러졌다.

---

48) 워룽취안臥龍泉: 원문에는 칭룽취안靑龍泉 이라고 되어 있는데, 오기로 보인다.

안즈민安志敏 일기

7월 6일 월요일 비

　오전 현장에 도착했을 때 비가 내리고 있어 차 안에서 두 시간 정도를 기다렸다. 그러나 비가 조금도 멈추지 않아 결국 차를 돌려 호텔로 돌아왔다. 하루 종일 비가 내렸다.

　오후에 장거리 전화를 걸어 학부의 쑹 처장에게 연락했다가 규정상 중앙 정부에서 북한 측 대원들의 승선을 반대하고 있음을 알게 되었다. 아울러 최근 비로 인해 작업 완료시점이 조금 늦어질 수 있다는 사실도 보고했다.

　2시 30분에 발굴대에서 회의를 열어,

　　(1) 작업 완료 일시,
　　(2) 완료된 분업,
　　(3) 둥자거우의 사진과 도면 보완 문제

를 논의했다.

　저녁에 둥징청에 있는 뉴 소장과 장거리 전화를 걸어 다음 사항을 보고했다.

　　(1) 베이징에서는 외빈의 승선을 불허한다.
　　(2) 우천으로 인한 중단된 작업과 우리들의 계획.
　　(3) 각 묘의 발견 정황.
　　(4) 둥자거우의 발굴 정황.

　뉴 소장은 다음 사항을 지시했다.

　　(1) 최선을 다해 작업을 마치고 늦어도 19일에는 다롄에서 출발한다.
　　(2) 제2조는 16일 둥징청을 출발해 19일 하얼빈을 떠나 20일에는 베이

징에 도착한다.

7월 7일 화요일 흐리고 맑음

오늘은 일기 예보에 비가 내린다고 하고 오전에도 비가 조금씩 내려 현장에는 가지 않았다. 오후에 날이 개긴 했지만, 매우 후덥지근해 다시 비가 내릴 것 같았다. 일기예보에 의하면 내일도 비가 내린다고 하니 당분간 작업을 진행하지는 못할 것 같다.

오전에 리지린 대장·임건상 대장과 회의를 열어,

(1) 베이징에서 외빈들의 승선을 불허한다는 것을 알리고,
(2) 날이 갠 뒤에 강상에 역량을 집중해서 매진하고 19일 이전에는 다롄에서 출발하자고 협상했으며,
(3)둥자거우의 도면과 사진 보완

을 요구했다. 마지막으로 리지린 대장이 중간 결산 요구를 설명하면서 나에게 작성하도록 요청했다.

오전과 오후 발굴대의 중간 결산을 쓰기 시작했으며 나머지 동지들은 기록을 정리했다.

저녁에 영화 「신문간보(新聞簡報)」, 「임가포자(林家鋪子)」, 「저우 총리의 동북 아프리카 방문」을 봤다.

7월 8일 수요일 흐리고 맑음

일기 예보에서 비가 내린다고 했지만, 촉박한 작업 일정 때문에 현장에 가기로 했다. 오전에 비가 내려 잠시 작업을 중단했다가 다시 시작했다. 그러나 공병

은 비를 피할 곳이 없었기 때문에 옷이 흠뻑 젖었다.

비가 내린 후 진흙탕 때문에 무덤 바닥을 정리하는 데 어려움이 있었다. 그래서 역량을 집중해서 무덤을 정리했다.

T2 서쪽에 묘장의 흔적이 있어 바깥쪽으로 정리할 생각에 위쪽에 쌓여 있는 흙을 치웠다. 기점의 관건주(關鍵柱)[49]를 오늘 제거한다.

M19 바닥부분에서 거대 석판이 나왔다. 아울러 돌침상기 1점, 돌화살촉 1점, ⌐◦⌐ 모양의 매우 특이한 침상기 형상을 한 것이 새롭게 발견되었으나, 진흙탕으로 인해 잠시 정리를 중단했다.

강상 19호묘 침상기(=검파두)

M20은 대체로 정리가 끝났으나 묘지에서 발견된 것은 없다. 본 무덤에서는 작은 도관 1점, 석제 방추차 1점, 골주 2점이 출토되었다. 무덤 바닥 역시 가장자리의 돌담 위에 깔린 것 같았다.

무덤 7은 대체로 정리가 끝났는데, 무덤 바닥 흙 속에서 골주 50여 점이 계속 출토되었다.

무덤 17은 계속 정리 중이며 인골이 발견되었으나 아직 정리하지 못했다.

무덤 16의 동쪽에서 다시 무덤의 흔적이 발견되었다(임시 일련번호 M21). T2의 서측에 무덤 흔적이 있으나 명확하지 않아 아직 일련번호는 매기지 않았다.

중국 잡기단의 공연을 보기 위해 1시간 앞당겨 작업을 마쳤다.

---

49) 관건주(關鍵柱): 구덩이에서 전체 층위를 보기 위해 마지막까지 제거하지 않은 기둥형태의 컨트롤 둑을 말함.

7월 9일 목요일 맑음

M19는 무덤 바닥까지 정리하자 3구의 유골과(전체 사람 수는 8명이다.) 도관 1점이 나왔다(과거에 청동단검 1점, 석검 자루 1점, 돌화살촉 1점이 출토된 바 있다).

M14는 계속 무덤 바닥을 정리해서 훼손된 청동촉 1점과 청동촉 1점이 출토되었다.

M21(M6의 동쪽)은 정리를 시작하자 어지럽게 흩어진 화장된 유골이 나왔는데, 어지럽고 무질서하며, 일부는 돌담에 깔려 있었다.

M16은 바닥을 정리한 결과 역시 돌담 위에 깔려 있었다. M17은 돌담을 제거했고 M18 역시 돌담 위에 깔려 있었다. M15도 돌담 위에 깔린 것 같다.

T2의 서쪽 바깥쪽에 무덤 2기가 드러났다. 거대한 돌이 바깥쪽으로 뻗어 있는 상황이라 그 범위를 탐색해서 발굴할지 고려하기 위해 계속해서 상부에 쌓인 토사를 치워냈다.

신 시장, 쉬徐 시장과 레이 국장이 오후에 발굴 현장에 와서 둘러봤다.

7월 10일 금요일 맑음

오전에 궈쯔헝 선생이 발굴 현장에 와서 참관했다. 사진을 찍기 위해 세울 예정인 철골이 오늘 현장으로 운반되어 와서 내일 철골을 세울 예정이다.

M19는 인골 16구가 출토되었는데, 그중에는 아직 태어나지 않은 것으로 보이는 영아의 것도 있었다.

M14는 계속 정리하는 중이다. 인골이 접혀 있는 상황으로 보아 허리 부분이 접힌 것도 있는데, 이들 묘장의 매장 방식이 다양함을 알 수 있다.

M21은 골주 1점, 석주 1점이 발견되었다.

T2, T3는 서쪽으로 바깥을 향해 퇴적된 흙을 계속 정리하는데, 석권이 외부

안즈민安志敏 일기

를 향해 뻗어 있어 전부 다시 묘장을 파서 밝힐 예정이다.

묘지 내부의 적석 대부분은 정리를 마쳤고 측량과 그림 역시 대부분 완성했다.

7월 11일 토요일 흐리고 맑음

오늘은 사진을 찍기 위한 철골 설치 공사를 시작했다. 내일은 쉬고 다음 주 월요일에는 공사를 마무리할 예정이다.

M19는 기본적으로 완료되어 17구의 인골이 확인되었다.

M14는 계속해서 석주 18점, 석촉 1점이 출토되었다.

M17은 골조를 완료하고 도면을 그리기 시작했으며, 불에 탄 청동단검 1점이 발견되었다.

T2, T3의 서쪽 바깥 측은 대체로 정리가 완료되었으며 대권(大圈)에 접해 있고 타원형을 이루고 있었다. 내부는 아직 명확하지 않으나 1기의 묘장이 있는 것 같다.

오늘은 '중조우호협력상호조약' 체결 3주년으로, 시에서 연회를 개최해 1시간 30분 정도 작업을 일찍 마쳤다.

연회 후 영화 「전쟁 중의 청춘(戰火中的靑春)」을 관람했다.

7월 12일 일요일 맑고 흐림

일정을 서두르기 위해 오늘은 평소대로 작업을 했다. 오전에 이 대장과 논의해서 16일 들판 작업을 마치고, 17일에는 시에 전시 기물을 보고하고, 18일에는 개별적으로 외빈이 뤼순 박물관을 참관하기로 했다.

M14는 두나래(雙翼) 동촉 1점, 석촉 4점, 석주 20점, 청동방울(동탁) 2점(?), 도완(陶碗)(파손)이 나왔다. 몇몇 인골은 머리통이 아주 컸다. 인골은 6~7구가

나왔다.

M17은 발굴이 대체로 완료되어 모두 불에 탄 인골 7구가 출토되었으며 부장품으로는 녹아서 엉겨 붙은 동괴(銅塊)가 나왔다.

M21은 발굴이 대체로 완료되어 골주 6점, 인골 4구(어린이 2명 포함)가 출토되었다.

T2, T3의 서쪽 석권은 대체로 정리가 끝나 타원형을 이루고 있었다. 단지 아주 얇은 한 층의 흑토 역석층이 덮여 있고, 1개의 묘장(일련번호 M22)만 있는데, 오늘 정리를 시작했다.

7월 13일 월요일 비

오늘은 비가 내려 작업을 중단했다. 빗줄기가 매우 거세서 내일도 계속해서 비가 내린다면 필시 마무리 일정에 영향을 줄 것이다.

쉬밍강 동지가 뤼순으로 부모님을 뵈러 간다기에 그에게 뤼순 박물관에 가서 120㎜ 필름 5롤을 빌려오게 했다. 현재 발굴대에는 단지 3롤 밖에 없는데, 강상의 전경을 더 많이 촬영하려면 필요하기 때문이다. 뤼순 박물관에서는 현재 러우상의 모형을 제작하는 중이며, 강상 역시 모형을 제작해야 한다. 향후 이들 모형을 북한 측에 증정할 때 중앙 또는 뤼순 박물관이 나서야 하는데, 장차 영도 소조의 확정을 받을 필요가 있다.

오후 임건상 대장이 다음과 같은 내용을 제안했다.

(1) 작업을 서두르기 위해 기물도를 그릴 인원을 조정해야 한다.
(2) 김신숙·김종혁·장주협은 내근으로 돌려야 한다.
(3) 북한 측의 대형 카메라가 고장 나서 시에서 카메라를 빌려 강상 묘지의 전경을 대신 촬영하고자 한다.
(4) 묘지는 모형 제작의 편의를 위해 잠시 발굴하지 않으며, 묘지 바닥

까지의 단면을 그릴 수 있을 정도로 주변만 정리한다.

(5) 강상의 묘지 기록은 16~17일까지 마치도록 한다.

(6) 둥자거우의 도면 보완 역시 17일 이전에 마무리한다.

(7) 인골 감정 후 북한 측은 일부를 나눌 것을 요구한다.

저녁에 뉴 소장이 하얼빈에서 전화를 걸어와 16일에 다롄에 도착할 예정이라고 했다.

7월 14일 화요일 맑음

오전에 쌍퉈쯔에 가서 탐방의 보존 상황을 둘러봤다. T11, T12은 상황이 좋아 내일 공병을 보내 평평하게 메울 예정이다.

묘지의 정리는 대체로 마무리되어 내일 약간만 정리하면 사진을 촬영할 수 있다. 사진 촬영용 철제 골조는 높이가 27m나 되어, 기본 고도는 충분해서 내일 완성할 수 있다.

M14는 대체로 정리가 끝나 인골은 모두 15~16구가 나왔으며, 도완 1점, 석주 46점, 석촉 4점, 두나래 동촉 1점, 동 비녀(銅笄) 1점, 뼈 비녀(骨笄) 1점이 출토되었다.

M22는 대체로 정리가 끝나 인골 4구가 나왔으나 부장품은 없었다. 돌 위에 유약을 칠한 물건이 있는데 붉은 녹 얼룩이 삼색과 아주 흡사하다. 아마도 돌이 불에 그슬려서 그렇게 된 것 같다.

저녁 8~10시까지 시 응접사무실에서 회의를 열어 최근의 작업 상황을 보고했다.

7월 15일 수요일 맑음

철제 골조는 정오에 대체로 완성해서 시 공안국의 장張 동지가 대신 묘지 전경을 촬영해 주었다. 북중 양측은 모두 사진을 촬영하고, 내일 현상한 결과를 보며 다시 논의할 예정이다.

강상(L34)은 정오에 대체로 정리가 끝나 오후 내내 단면도를 그리고 평면도를 측량하고 그렸다.

정오에 천춘시와 류위와 함께 공병 숙소에 가서 앙케이트 조사를 하고 기념품으로 각각 볼펜 1자루와 노트 1권을 주었다.

7월 16일 목요일 맑음

리지린 대장, 김용간, 황기덕, 천춘시가 진현 둥자거우 워룽취안 묘장의 도면을 보완하기 위해 갔다가 정오에 돌아왔다.

강상 현장에서 평면도를 측량하고 단면도를 보완하러 북한 측은 임 대장·정찬영 두 사람이, 중국 측은 나와 런창타이·딩류룽·장궈주·천춘시가 오후에 서둘러 현장에 갔다. 묘지의 단면도는 대체로 완성했다.

뉴 소장이 오늘 다롄으로 돌아와 강상의 현장을 한 차례 둘러보았다.

7월 17일 금요일 흐림

오늘 발굴 표본을 전시하고 보고를 진행했다. 오전에 시인민위원회(市人委) 등 관련 대표가 호텔에 와서 참관했다. 오후에는 뤼순박물관 등의 기관이 참관했다.

평면도 측량을 서두르기 위해 정나이우·딩류룽·장궈주, 북한 측에서는 장주협을 파견해 오늘 대체로 완성했다.

나는 오후에 중간보고 원고를 수정했다.

7월 18일 토요일 맑음

오전에 기차역에 가서 표본을 발송했다. 아울러 류위·장궈주·딩류룽 등 동지들의 협조를 얻어 5상자의 서적을 동역(東站)까지 운반해서 발송했다.

오후에 외빈을 모시고 샤오푸자좡小傅家莊에 가서 수영했다.

7월 19일 일요일 맑음

오전에 전체 대원이 증기선을 타고 약 2시간 정도 바다를 유람했다. 바람은 제법 강하게 불었지만, 파도는 잔잔했다.

오후에 집으로 가서 어머니께 작별 인사를 고했다.

전체 대원은 오후 6시 열차를 타고 다롄에서 출발했다.[50] 신 시장·왕 비서 장·레이 국장 및 부대의 왕정웨이王政委 등이 모두 기차역까지 나와 배웅했다.

7월 20일 월요일 맑음

오후 5시 15분에 베이징역에 도착했다. 샤 소장·쑹 처장·왕중슈 동지 등이 기차역으로 마중 나왔다. 제2조 동지들은 우리보다 2시간 먼저 돌아갔다.

---

50) 북한 단원들에 대한 별다른 설명이 없는 것으로 보아 이때 같이 헤어진 것으로 보인다.

안즈민安志敏 일기

제3장

1964년 2차 본 조사*

8월 19일 ~ 10월 21일

8월 19일 수요일 맑음

오전 10시 천춘시가 다롄에서 장거리 전화를 걸어왔다. 숙소 등은 이미 준비가 되었고, 공병은 이미 도착했다면서 외빈이 언제 다롄에 도착하는지를 물었다. 나는 아직 연락을 받지 못했다고 대답했다.

11시에 연락처에서 전화가 와서 외빈은 이미 19일에 평양에서 출발했다고 한다. 그런데 김석형(金錫亨)이 발굴대를 지휘한다는 것은 예상치 못한 돌발적인 것이었다. 다만, 김석형이 어느 조에 들어가 있는지, 대원의 배치 정황은 아직 확인되지 않았다. 즉시 뉴 소장에게 전보를 쳤다.

밤 10시 30분에 베이징 호텔 연락소에 갔더니, 이흔영(李欣榮) 동지가 이번에는 김석형이 발굴대를 인솔해서 다롄으로 갔다고 한다. 리지린은 이번에는 오지 않으며 1조는 10명으로 늘었고 2조는 겨우 7명이라고 했다.

---

* 『안즈민 일기』에는 별다른 설명이 없이 한 달 뒤로 이어진다. 앞의 6월 23일자 조사에서 언급된 추가 조사 요청이 받아들여진 것으로 생각된다. 이에 절을 구분하여 "1964년 2차 조사"로 따로 구분하였다.

11시 25분 기차로 베이징에서 출발했다. 외빈은 임건상·김용간 2명이고,[1] 우리 측 대원은 정나이우·딩류룽·장궈주·류위·런창타이 등이었다.

8월 20일 목요일 맑음

하루 종일 열차를 탔다. 선양에 도착해서 호텔에 전화를 걸고 나서야 김석형 등은 어젯밤 10시에 선양에 도착했다가 그날 밤 다롄으로 가는 열차를 바꿔 타고 오늘 새벽 다롄에 도착했다는 사실을 알았다.

밤 9시 58분 다롄에 도착하니 시의 왕비서장·레이 국장 및 일부 북한 측 대원이 기차역으로 마중을 나왔다.

야간에 천춘시와 정보를 교환하고 준비 작업을 물으면서 아울러 내일 발굴팀의 내부 회의를 열겠다고 했다. 또한 천춘시가 김석형이 다롄에 온 소식을 뉴 소장에게 통지했다는 사실을 알았다.

8월 21일 금요일 맑음

오전에 발굴팀 내의 회의를 열어 외빈과의 우호적 관계를 강조하고 학술적 관점을 견지하며 발굴팀 내의 일치된 의견을 요구했다.

북한 측 인원의 변동이 있었다. 단지 인원의 증가만이 아니라 김석형이 통역에게 말한 바에 의하면 올해 부대장(副隊長)은 단지 주영헌(朱永憲) 동지 1인이며, 임건상 부대장은 해임되었고, 새로 온 김용남(金勇男)(고고민속소 3급 연구원)이 조사단의 조장을 맡는다고 한다. 무슨 이유로 변경되었는지는 모르겠다.[2]

---

1) 임건상, 김용간 등은 선발대로 미리 베이징에 와서 준비하고 있었던 것 같다.
2) 임건상이 부대장에서 해임된 것은 제대로 된 유적을 찾지 못하고 현장에서 대응하기 어려운 고대사 전공자였기 때문으로 추정된다. 이는 궁극적으로 북한이 고대사와 고고학의 괴리를 절감하고 이때부터 고고학자들이 실제 공동발굴의 주도권을 차지하는 주요한 변화가 있었음을 짐작할 수 있다. 그럼

안즈민安志敏 일기

오후 2시 신임 조장 김용남·임건상·김용간·김종혁 등과 일정을 논의하는데 천춘시 동지도 참가했다. 북한 측은 다음과 같이 밝혔다.

(1) 내일 작업 개시를 희망한다.
(2) 강상의 묘지는 보존에 동의하되 인근은 일련의 작업을 해야 한다.
(3) 쐉퉈쯔와 강상 각각 절반씩 작업 인원을 나누어 강상 부분이 끝나면 바로 뤼순 인자춘尹家村 난허南河로 이동해 발굴한다.
(4) 10월 20일에 작업이 끝나면 평양으로 돌아가야 해서 10월 전후로 작업을 마무리한다.

협의 결과 일치된 의견은 다음과 같다.

(1) 내일 오전에 우선 현장에 가서 한번 보고, 오후에는 참관하며, 모레 일요일(23일)은 쉬지 않고 먼저 작업을 시작한다.
(2) 강상의 묘지는 보존하되 작업 규모는 줄일 수 있으니, 현장에 도착한 후에 다시 논의한다.
(3) 쐉퉈쯔를 중심으로 해서 우선 1단계를 마치고 마지막으로 함께 인자춘 난허로 이동한다.
(4) 작업 기간은 북한 측의 의견에 따라 2개월로 한다.

오후에 짬을 내서 집에 다녀왔다. 아직 짐을 찾지 못해 다롄에 들고 온 물건을 가져오지 못했다. 딸 샤오위안(小瑗=자웬家瑗)이 쐉산제松山街 소학교에 들어가게 되었음을 알게 되었다. 이 학교는 전일제 5년제로, 아주 이상적인 소학교

에도 임건상은 계속 발굴대원으로 참여했다. 이는 고조선의 실체를 규명하기 위해서는 고대사 전공자가 반드시 필요하다는 현실적인 점을 반영한 것으로 생각된다.

이다.

오후에 쉬시許西·신수辛束 시장이 외변을 접견하고 연회를 열어 초대했으며, 연회 후에는 영화 「베트남을 지원해 미제국주의에 맞서다(支援越南反擊美帝國主義)」, 「청산연(靑山戀)」을 보았다.

저녁에 뉴 소장에게 전화로,

(1) 북한 측이 강상 묘지 보존을 동의했다
(2) 시에서는 외빈들이 트럭을 타는 것을 동의하지 않는다.
(3) 북한 측의 인원 조정
(4) 북한 측의 일정

등을 보고했다. 뉴 소장은 현재 둥징청은 비가 내리고 있어 북한 측이 비로 인해 문제가 생겼으니(도로가 차단됨), 우리에게 트럭 문제를 내부에 보고하도록 요구했다.

8월 22일 토요일 맑음

오전에 중국과 북한 측 전체 인원(북한 측 이제선[李濟善] 결시)이 허우무청역에 가서 현장을 살펴보았는데, 문화국 레이펑雷鋒 국장, 국제교류처 쑨훙윈孫紅雲 등이 배석했다.

먼저 강상에 도착한 김 소장은 이번 발견은 단지 고고학자만이 할 수 있는 일로, 발표하게 되면 세계에 커다란 충격을 줄 것이며, 특히 일본인들이 이곳 방문을 요청할 가능성이 있다고 했다. 북한 측은 관찰 결과 여러 곳을 발굴하는 요구를 접고 결국 묘역 남쪽에 발굴 구덩이를 파서 지층 퇴적 및 그 문화적 함의를 파악하는 선에서 내일 작업을 개시하기로 합의했다. 이곳은 중국과 북한 양측에서 각각 1명씩만 남으면 충분하다.

그리고 쐉튀쯔를 둘러본 후 북한 측은 T11·T12는 계속 발굴하자고 했다. T1·T2 부근을 어떻게 확장할 것인지는 내일 현장에 와서 다시 구체적으로 논의하자고 하는데, 정황상 그들은 관심이 그다지 크지 않은 것 같았다. 12시에 호텔로 돌아왔다.

오후 1시 25분에 다롄 통조림 식품공장(罐頭食品廠)을 참관한 후 싱하이星海공원에 가서 유람(북한 측의 황기덕·이제선은 사진 재료를 구입하러 갔기 때문에 동행하지 않았다)을 하고 5시에 호텔로 돌아왔다.

저녁에 집에 가서 어머니를 뵙고, 9시에 호텔로 돌아왔다.

8월 23일 일요일 맑음

오전 7시 30분에 호텔을 출발했다. 도중에 김용남·임건상 등과 강상의 작업 배치에 대해 논의했다. 북한 측은 황기덕·정찬영, 중국 측은 천춘시·런창타이가 M9 부근을 정리하고 묘역 남쪽에 발굴 구덩이 하나를 파기로 했다. 북한 측에서 너비 3m를 주장했지만 내가 2m를 고집하자 동의했다. 북한 측은 강상 발굴이 끝난 후 다링툰청大嶺屯城에 가서 조사할 것을 제안했다.

쐉튀쯔 T1·T2, T11·T12는 원 담당자가 탐방의 매립토를 완전히 제거하고 계속해서 아래로 발굴해나갔다. T1의 서북쪽에서 T6을 파는 것은 딩류룽·장주협이 담당하며, 임건상 등은 파트너가 없어 탐방을 열 수 없었다. 김용남은 2조에서 북한 측이 1명이 부족하니 2조에서 1명을 조달해 줄 수 있는지를 물으며, 신속히 1명을 증원해줄 것을 제안했다. 나는 연락해 보겠다고 했다.

오후에 사소한 논쟁이 일어났다. T1에서 일부 석장이 드러났는데 내부에 도기(陶器)가 있어 주거지의 유적으로 보였다. 김신숙은 서쪽의 둑을 제거하기를 고집했다. 김용남·김용간 등은 나를 찾아와 상의했다. 그들은 둑을 제거할 것을 강조했는데, 둑을 남겨두는 목적을 이해하지 못하는 것 같아서 나는 북쪽으로 확장할 것을 제안했다. 다만 김신숙은 여전히 서쪽 벽의 격량을 제거하려는 뜻

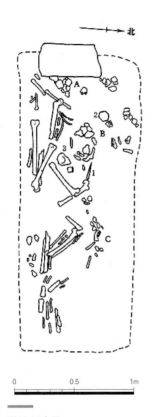

北

0　　　　　0.5　　　　　1m

강상 23호묘

을 굽히지 않았다. 실제로 T1 내 교란층은 아직 다 제거되지 않았으며, 지층 단면 역시 아직 완전히 밝혀지지 않아 여전히 계속 일정하게 작업할 필요가 있었다.

　　T3·T4는 지표면의 흙을 제거하기 시작했다. T5에서도 석장 하나가 나왔는데, 양쪽 끝단이 역시 명확하지 않았다. 돌담에서 석부 1자루가 발견되었다. T12는 반월형 석도 1점이 발견되었다.

　　강상의 M9의 아래에서 동서 방향의 묘장(M23) 1기가 발견되었다. 인골은 화장하지 않았고 부장품으로는 도기가 나왔으나 아직 명확하지는 않다. 묘지 남쪽의 발굴 구덩이(2×12m)에서 발굴을 시작했다. 북한 측이 둑을 남겨두는 것에 동의하지 않아 발굴 구덩이 하나를 팠다.

저녁 식사 후 회의를 열어 업무 문제를 논의하면서 발굴할 때 단면 및 지층 구분 등의 문제를 견지해야 한다고 토론했다.

밤 10시에 뉴 소장과의 전화 통화에서 북한 측이 우리 측에 1명을 증원해달라고 요구했으니 2조 또는 내부에서 이동하거나 선발해 줄 것을 고려해 달라고 요청했다. 비 때문에 철도가 차단되어 제2조 북한 팀이 아직 도착하지 않았으며, 둥징청과 하얼빈 사이의 철도 또한 끊어졌다는 것을 알았다.

8월 24일 월요일 맑음

오전에 김용남 등과 함께 먼저 강상에 도착해 T11(묘지의 남쪽 발굴 구덩이) 및 묘23을 둘러보았다. M9 아래에 깔린 동서 방향의 인골은 타지 않고 교란되어 있었으며, 척추뼈와 갈비뼈가 없었다. 그 정황이 M2·M12와 유사한 것으로 보아 확실히 2차 매장된 것이 틀림없다. 이 묘지는 황토 위에 직접 매장한 것이지만, 마치 묘지의 가장자리를 부순 것 같았다. 매립한 흙이 무너져 내려 M9에 영향을 미치는 바람에 남쪽이 높고 (석장 위에 깔려 있다.) 북쪽이 낮은 경사진 모습을 띠게 되었다.

강상으로 가는 도중에 김용남과 T1의 격량을 남기는 의견을 나누면서 소형 발굴 구덩이 및 격량을 남기자고(보류)하는 우리의 의견을 설명했다. 그러자 그는 북한에서는 큰 구덩이(大方, 10×10m)를 파고, 유적에는 가로세로 단면 각 1씩만 남기며, 평면용 평판으로 1m 방형을 구획하는 방법을 쓴다고 했다. 쌍방이 각각 상대방을 설득하고자 했으나, 내가 우선 우리 측의 방식을 한번 사용해보자고 건의해서 결국 그가 동의했다.

쌍튀쯔 T3은 표토층 및 교란층이 대체로 깨끗이 드러났다. 그러나 노출된 문화층은 깔끔하지 않았고, 출토된 도기 편은 모두 양터우와 유형과 비슷하다. 붉은색 방각문이 그려진 도기 편 하나와 반월형 석도 1점이 나왔다.

T4에서 지표면의 흙을 걷어내자, 현대 묘의 묘역이 나왔다. 주위는 돌덩이로 둘려 있고 위쪽에는 토총(土塚)의 흔적이 있었다. 붉은색 그림의 도기 편 2점이 출토되었는데, 도기 편은 대체로 양터우와 유형에 속했다.

T6은 교란층이 대체로 다 드러났지만, 일부는 아직 명확하지 않고, 아울러 토끼굴의 흔적이 있었다. 안에는 매립된 황토가 회토 층이 섞여 있었으며 회토층에서 커다란 도기 편(복원할 수 있을 것 같다) 1점, 작은 석분(石鏃) 1점이 출토되었다. 발굴 구덩이 중간에 위치한 돌담은 아직 분명하지 않고 석장의 동쪽과 서쪽의 흙 색깔이 일치하지 않는 것 같아 더 탐색할 필요가 있다.

T11은 대체로 정리가 끝났으며, 북한 측의 요구에 따라 동측 절벽 부근에서 다시 반개의 탐방(T11A)을 확대했고, T12는 아직 정리되지 않았다.

저녁 식사 후 발굴대 실무자들과 발굴 작업에 대한 의견을 다음과 같이 교환했다.

(1) 북한 측은 지층 구분 및 기물 계층에 크게 신경을 쓰지 않으면서 중국 측 대원이 구체적 업무를 많이 할 것을 요구한다.
(2) 공병에게 작업 방식을 명확히 설명해주고 한 층씩 발굴할 것을 요구한다.
(3) 우리들의 이러저러한 견해를 북한 측에게 알려주어 그들이 준비할 수 있게 한다.

강상 T11의 지층 속에서 하나의 철기 파편이 출토되었다. 북한 측은 '고조선'의 철기일 가능성이 있다고 해서 매우 관심을 보였다. 실제로 도기 편에 노끈무늬 토기편이 섞여 있었으나 북한 측은 여전히 초기 유물이라고 믿었다.

김석형은 오늘 현장에는 나오지 않고 호텔에 머물며 책을 읽고 있다고 했다.

8월 25일 화요일 맑음

김석형은 오늘 현장에 와서 강상의 현장만 둘러보고 오후에는 호텔로 돌아가길 요구했다. 보아하니 그는 강상의 이른바 '고조선' 철기를 보러 온 것이다. 오전에 김석형·김용남 등과 함께 먼저 강상의 현장에 도착했다.

강상 T11의 철기층에서 다시 흑채자편(黑彩瓷片) 1점이 나왔으며 마지막으로 이 층에서 원대 골회관(骨灰罐, 유골 항아리?) 1점이 발견되었다. 위쪽은 깨진 기와가 덮여 있는 것으로 보아 이 지층의 연대는 원대보다 빠르지는 않을 것이다.

발굴구덩이의 단면 및 그 출토 유물을 보면 이곳은 원래 비교적 높고 작은 흙 언덕이었으며, 그 원형은 러우상과 유사하다는 것을 알 수 있다. 후대 여러 해 동안 퇴적되고 침식되어 비교적 ⟍ 과 같은 광대한 흙 언덕을 형성했으며, 말기의 지층이 오히려 비교적 낮은 곳에 위치하게 되었다.

M23의 아래는 초기의 퇴적층이 있는데, 홍소토가 자못 많고 또한 초기 홍도(紅陶)가 비교적 많았다. 우리는 원래 M23을 먼저 일부 발굴 정리하자고 제안했으나, 북한 측은 M9와 M23을 보호한다는 구실을 들어 이를 정리하는 것을 반대해서 결국 우리는 동의할 수밖에 없었다. 북한 측이 묘지 북방에 발굴 구덩이 하나를 다시 열어 묘지의 북쪽 비탈의 단면을 관찰하자고 건의했다. 우리도 필요하다고 판단해 동의했다.

쌍퉈쯔 T3에서 계속 파 내려가자 0.5m 이하 흑회토 아래에서 황토가 나왔다. 정황은 아직 명확하지 않으나 부서진 돌도끼 1점, 돌삽 1점, 주채도 1점, 흑도주채, 지그재그문(曲折條紋)이 출토되었는데, 발견된 채도 중에서 가장 정교하면서 가장 확실한 유물이었다.

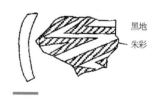

黑地
朱彩

쌍퉈쯔 출토 채색도기 편

T4에서 발견된 현대 무덤구덩이에서 2구의 유골이 나왔다. 남자는 나이가 젊고 여자는 비교적 나이가 들었다. 남성의 인골을 채취

해 보니 이 묘는 T2에서 나온 자와 동일 가족으로 추정된다.

T6는 회토가 비교적 많고 출토한 소품이 많았다. 오늘 출토한 볼록한 형태의 골기(骨器)는 도기를 만드는 공구로 추정되며 그 외 골추·손상된 석부와 석제 방추차 등이 있었다.

T11A는 정리를 계속해서 홍소토가 노출되었고 도기 편 역시 양터우와 유형에 속하며 반월형 석도 1점이 나왔다.

오후에 김용남·김용간·김신숙과 나는 서쪽으로 가서 그들이 찾은 한 지점을 봤다. 그들은 그것이 묘장이라고 했지만, 유지일 가능성이 높다. 또한 지난해 청동단검이 발견된 지점과 매우 가깝고, 검은 회색 지층이 있어 발굴할 가치가 있어 보였다. 내가 이 지점을 시굴해 보자고 제안하자 김 등은 동의를 표했다.

저녁에 초대를 받아 영화 「호수 위의 투쟁(湖上的鬪爭)」을 봤다.

8월 26일 수요일 맑음

북한 측은 강상에서 지뢰탐지기를 시험 운용했으나 기기가 제대로 작동하지 않아 성공하지 못했다. 보아하니 그들은 이 기기를 이용해 청동기와 철기를 찾으려고 하는 것 같은데 설사 잘 작동하더라도 희망은 그리 크지 않을 것 같다.

T11은 생토에 거의 이르렀는데 말기에 다시 퇴적된 것을 제외하면 초기 유물은 거의 없다. 어제 출토한 화장관(火葬罐)은 이전의 폐 항아리(撲滿)를 사용한 것으로 시대는 그리 빠르지는 않다.

T12의 토대 위에서 한 층의 도기 편이 섞여 있는 홍소토 한 조각이 드러났는데, 어떤 것은 심지어 복원도 가능할 정도였다(그 정황은 T11과 유사하다). 북한측의 의견에 따라 다시 바깥쪽으로 탐방을 확장했다(서부에 별도로 동서 길이 2m, 너비 1.5m의 소형 발굴 구덩이, T13을 팠다.).

쐉튀쯔 T3 동북쪽 귀퉁이는 이미 생토에 이르렀고 남부만 아직 약간 회토가 있는 것으로 보아 이 탐방은 희망이 크지 않다. 채색도기 편 1점(흰 색깔로 대각형이며 아주 명확하다.), 정교한 작은 석분 1점이 출토되었다.

쌍퉈쯔 출토 채색도기 편과 석분

T4의 현대 묘는 이미 정리가 끝났고 양측의 회토를 계속해서 파자 손상된 삼족완 1점이 나왔는데 복원할 수 있다. 석부, 반월형석도 등이 출토되었다.

T6를 계속 정리하니 소소한 유물이 비교적 많이 나왔다. 온전한 석부 및 손상된 석부 등이 있었다.

T11A는 홍소토 및 쇄석층에 이르러서야 잠시 작업을 중단했다. 지층의 기울어진 형태로 보아 산비탈에서 폐기물을 버려 이렇게 된 것 같다. 만일 그렇다면 이곳은 희망이 크지 않다.

T12는 서쪽으로 1.5m를 확장했는데(12A), 회층이 매우 얇고 또한 경사면에 있어 희망은 크지 않을 것 같다.

저녁에 우한武漢 잡기단의 공연을 봤다.

김석형은 오늘 하루 종일 현장에 있었다.

8월 27일 목요일 맑음

김석형은 현장에 나오지 않았다.

강상 묘지 남부의 T11에서 양터우와 유형의 문화층이 출현했는데, 전부 회도(灰陶)에 속했다. 이 층이 묘지 아래에 깔려 있다는 것이 매우 명확하다. 정교한 돌삽 1점이 출토되었다. 이곳은 재구덩이로, 작은 기물이 매우 많이 출토했다(묘지 아래에 깔려 있었다는 것을 증명한다).

T12는 홍소토에 한 층의 홍도(紅陶)가 있는데, 복원할 수 있는 것도 있기에 아직 발굴하지는 않았다.

T13의 동쪽 절반은 홍소토로 위쪽에서 홍도가 나왔다. 그러나 서쪽 절반은

회층으로 회흑도가 출토되어 양터우와 유형에 속하는 것 같다. 여기에서 하나의 문제가 발견되었는데, 기물의 형태는 홍도와 서로 같은데 홍도가 나온 곳은 홍소토에 해당한다는 것이다(T1 및 H1 모두 홍소토가 섞여 있으며 심지어 M23 아래에는 홍소토가 깔려 있다). 이 홍도가 토기가마의 유물(미완성품)인지 아니면 가옥이 불에 타면서 산화를 거친 것인지는 다시 검토해 볼 만하다. 나의 의견은 전자에 기울어져 있지만, 또한 탐색할 가치가 있다(현상에 따라서는 양터우와층이 홍소토를 훼손한 것 같은데 시대적 증거가 더 필요하다).

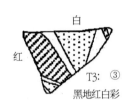

白

红

T3: ③

黑地红白彩

쌍퉈쯔 출토 채색도기 편

쌍퉈쯔 T3의 서북 구석은 이미 생토에 이르렀으나 제3층은 황토에 회반이 섞여 있고 색이 불순하며 도기 편이 비교적 적고 채도 편 등이 출토되었다.

T4의 제3층에서 손상된 석도·골추·석촉·도망추(陶網墜, 어망에 사용하는 그물추)·채도 편 등이 나왔으며, 아울러 도관 2점이 나왔다. 그중 1점은 바닥 부분만 남아 있고 1점은 대체로 복원할 수 있다.

T6은 이 벽의 단면에서 재구덩이의 흔적을 찾을 수 있는데 ⌣ 의 형태로 되어 있다. 과거 이곳에서 비교적 많은 도기 편이 출토되었으나 아직 재구덩이는 일련번호를 매기지는 않았다. 제3층에서 석부, 손상된 석도와 석분 등이 출토되었다.

T11은 동측의 소토와 돌무더기가 어지럽게 섞여 있어 흔적을 볼 수 없다.

T12의 돌무더기는 쌓은 흔적이 있는 것이 가옥 유적(?)에 속하며, 본 발굴 구덩이 내에서 조개구슬 1점이 나왔다.

8월 28일 금요일 흐리다 맑음

오늘 김석형이 현장에 나왔다.

강상 현장에서 김용남이 다시 강상이 완료되면 전 인원을 뤼순 인자춘 난허

안즈민安志敏 일기

로 이동시킬 것을 제안했다. 나는 현재 인력을 분산하면 시의 응대 작업에 곤란이 발생하므로 함께 이동하는 것이 가장 좋으며, 쌍튀쯔 남쪽 비탈의 서쪽 절반을 먼저 발굴하는 것이 유적지의 전모를 더 많이 파악할 수 있다고 대답했다. 김용남은 대체로 이 의견에 동의했다(생각해보면 김용남은 처음에는 그들의 작업 시간이 매우 짧고 돌아가서 보고서를 작성해야 한다고 말했지만, 쌍튀쯔에 대한 기대가 그다지 크지 않고 또한 건물 유적도 발견되지 않자 빨리 옮겨야겠다고 생각하게 된 것 같다. 그렇게 되면 사실상 작업 시간이 단 5일뿐이니 조바심이 났을 것이다.).

오후에 쌍튀쯔에서 T5를 열 것인지 여부를 논의하기 위해 김용남과 의견을 나누었다. 이번에는 비교적 명확해서 김용남은 T5는 김종혁이 담당하고 강상이 완료되면 관계자는 쌍튀즈 남쪽 비탈의 서쪽으로 이동해서 쌍튀쯔의 모든 발굴 작업은 9월 10일 전에 마무리할 것을 제안했다. 큰 얼개가 이미 정해졌으니 단지 이 기간 내에 해내는 수밖에 없다. 그러나 인자춘 난허에 대한 기대도 그리 밝지 않으니 이후 단계에서 필시 조바심이 더 클 수밖에 없다.

강상 T11의 재구덩이(일련번호 H1) 서쪽 절반은 갱 바깥으로 깔려 있어 북한 측에서는 원래 발굴하지 않으려 했으나 우리의 주장에 따라 그 나머지 절반을 발굴하는 데 동의했다.

T13은 홍소토에서 아궁이 터가 나와 가옥 유적지 같았다. 위쪽에서는 모두 홍도가 나왔다. 가옥 유적(F1)은 이미 파괴되어 있었으며, 남쪽 절반은 묘지 아래에 깔려 있어 그 전모를 알 수 없었다. 다만 그 위로 양터우와 유형의 문화층이 덮여 있었으며, 이 층이 또한 가옥 유적을 침범하고 있어 시대 구분의 유력한 증거를 제공했다. 두 개의 양터우와 유형의 재구덩이 또한 타파(打破)관계에 놓여 있지만, 흙색으로 구분하기는 매우 어려운데 다행히 가장자리가 남아 있어 구분할 수 있었다.

T3은 또한 약간의 채도 편이 나왔고, 본 발굴 구덩이와 T4에서 모두 적지 않은 채도 편이 나왔다. 서쪽 벽의 단면도를 그리기 시작했는데 대부분 황토에 회

토가 섞여 있지만 바닥까지 이어지지는 않았다. 돌 송곳 1점이 나왔다.

T4는 또 적지 않은 복원할 수 있는 도기가 나왔다. 드러난 흔적만 보면 가옥 유적과 매우 흡사하며, 서북쪽 구석은 비스듬하게 격량의 아래에 깔려 있다.

T5는 표토층을 걷어내기 시작했다. 김용간은 일찍이 발굴 구덩이를 북쪽으로 1m 이동해서 T4의 가옥 유적 문제를 해결하자고 제안했었다. 그러나 나는 원래의 규격대로 발굴 구덩이를 파고 필요할 경우 다시 북쪽으로 일부 확장하는 것이 좋겠다고 주장했다. 그는 내 의견에 동의했다. 표토 내부에서 손상된 석분 1점이 나왔다.

T6에서도 가옥의 유적이 발견되었는데, 일부가 격량의 아래에 깔려 있어 한때 명확하지 않았다. 석부 등의 유물이 출토되었다.

T1·T2 사이의 둑을 제거하기 시작했다.

T12는 돌무더기의 방향을 찾기 위해 남쪽으로 1.5m 확장하니 발굴 구덩이가 이미 7×6m에 달하고 부근은 더 이상 확장할 수 없었다. 발굴 구덩이에는 원각방형의 석권이 있는데 재구덩이인지는 알 수가 없다. 석촉 1점, 반월형석도 1점이 나왔다.

저녁 식사 후 발굴팀 내 회의를 열어 북한 측이 제안한 9월 10일 이전 뤼순으로 이동하자는 요구를 논의해 대체로 이번 달 내에 솽퉈쯔의 발굴 작업을 완료하기로 협의했다.

야간에 뉴 소장과 전화로 다음 사항을 통화했다.

(1) 인원조달 문제는 내부에서 이미 왕이량汪義亮을 보내는 데 동의했으니 나에게 다시 인사과에 연락을 해보라고 했다.
(2) 제2조 북한 측 인원은 27일 둥징청에 도착해서 28일 정식으로 작업을 시작한다.
(3) 뉴 소장은 다음 달 2일이나 3일에 다롄에 올 예정이다.

8월 29일 토요일 맑음

김석형·김신숙은 현장에 나오지 않았는데, 김신숙은 도서관에 책을 빌리러 갔다.

강상 T11의 H1은 이미 전부 확장했으며 아울러 바닥까지 다 했다.

T12·T13은 하나로 연결되어 있는데, 실제로 홍소토가 가옥임을 입증하였다. 가옥터에는 한 층의 도기 편이 있으며, 그 위에 덮어 놓은 홍소토는 담벽이 무너져 내리면서 그렇게 된 것이다. 다만 가옥터는 이미 파괴되었고 또한 일부는 묘지 아래에 깔려 있어 북한 측에서는 그 아래를 팔려고 하지 않았지만, 우리들은 역시 가옥터를 파서 아래쪽의 변화를 살펴야 한다고 주장했다.

쑹줘쯔 T1·T2 사이의 격량은 완전히 제거되어 골추 1점, ∮과 같은 형태의 골어구(骨魚鉤, 뼈 낚시바늘) 1점이 나왔다. 바닥 부분에서 주거용 바닥면이 나왔는데, T1의 석장과 연결할 수 있어 가옥이 확실하다(일련번호 F1). 다만 T2 부분은 이미 현대 묘에 파괴되었고 북쪽 끝도 T3·T4 내에 깔려 있다. 노출된 부분은 다소 높고 또한 석장은 원형을 드러내고 있어 동일한 것에 속하지 않는 것 같다. 이 주거지에서 약간의 파손된 도기 편이 나왔으며 복원할 수 있는 것도 있었다. 어떤 도기는 바닥면 속에 묻힌 것도 있었는데, 그 기능은 알 수 없다. 바닥면 위에서 또한 석부 1점이 나왔다.

T3·T4 사이의 격량을 제거하기 시작하면서 채도가 많이 출토되었으나 안타깝게도 복원할 수 없었다.

T5는 지표를 완전히 걷어내자 남쪽 끝에서 현대 묘의 흔적이 드러나 잠시 작업을 중단했다.

T6는 발굴 구덩이 내에서 돌무더기 하나가 튀어나와 계속해서 아래로 파 내려갔다. 가옥인지 여부는 아직 명확하지 않으며, 온전한 형태의 반월형 쌍공석도(雙孔石刀), 손상된 석부 등이 나왔다.

T12의 발굴 구덩이 확장은 대체로 완성되었으나 바닥 부분의 석괴가 매우

난잡했다. 인공적으로 배열된 것 같기도 하고 또한 무너진 상태로 내버려두어 생긴 것 같기도 한데, 조금도 규칙을 읽어낼 수 없었다. 발굴 구덩이 내 원각방형 석권이 있는데 일부는 석장 같기도 하나 다른 부분은 한 층의 석괴가 회토층 위에 깔려 있어 가옥(모양이 너무 작다)이나 가마(窯穴) 같지도 않았다. 바닥 부분에 홍소토가 꽤 많이 있는데, 그 기능이 명확하지 않다. 오늘 손상된 석부 1점, 그릇 밑에 다섯 단춧구멍이 있고 다리가 짧은 손상된 도기 편 1점((🐾)〰️)이 나왔는데 양터우와에서 출토된 것과 일치했다.

저녁에 「남도 풍운(南島風雲)」이라는 영화를 봤다. 이는 베트남 대표단을 초대한 영화인데, 우리도 따라가서 본 것이다.

8월 30일 일요일 흐림

오늘은 쉬는 날이다. 오전에 집에 편지 한 통을 쓰고 아울러 샤 소장에게 편지를 써서 착공 이래의 작업 상황을 보고했다.

오후에 집에 돌아가 어머니와 딸 샤오위안(小瑗)을 만났다.

8월 31일 월요일 맑음

북한 측 대원 전원이 현장에 나왔다.

강상은 오늘 전부 완료해서 T11은 평평하게 메워졌으며 T12도 끝까지 파서 단면도를 그렸다. 묘지의 구조를 거듭 관찰하니 이른바 황토 역석층은 결코 일반적이지 않았다. M7의 하부에도 역석층이 있는데 두께가 20~30㎝에 달했다. 천춘시 동지는 구덩이를 판 후에 메운 것으로 생각했다. 그러나 나는 부근의 지면이 서고동저, 북고남저로 평평하지 않아 석판을 깔기 위해 메웠을 수도 있으며, 또한 다소 가공했을 가능성이 있다고 생각했다. 따라서 바닥이 평평하지 않기 때문에 석판이 깨져 가라앉은 것으로 생각했다.

쌍퉈쯔에서 김용남 동지와 작업 배치를 상의했다. 그들은 서반부의 회층이 매우 깊은 곳에 따로 발굴 구덩이를 넣지 않고 T5·T6의 발굴 구덩이를 확장할 것을 제기했다. 아울러 다링툰에 사람을 파견해 조사하고 또한 시굴하고 싶어 하여 최종적으로 조사를 결정한 후에 다시 논의하자고 했다. 즉, 그들은 쌍퉈쯔를 조기에 해결하고 더 많은 일을 벌이고 싶지 않았다. 동시에 오늘은 T4에서 2.6m를 탐지해 비로소 바닥에 이르렀으며, 전체 깊이는 4m 이상에 달했다. 그 외 발굴 구덩이 역시 모두 만만치 않았기 때문에 그들은 더 이상 계속하고 싶지 않았다.

T1·T2 사이, T2·T4 사이의 격량은 단면도를 그리면서 일부 제거하기 시작했다.

T3·T4 사이의 격량은 이미 제거되었다. T4는 채색도기 편이 비교적 많이 출토되었다.

T6은 석장과 유사한 것이 다수 발견되었는데, 발굴 구덩이 바깥으로 뻗어 있었다. 이에 북한 측에 발굴 구덩이의 확장을 요청해 내일 북쪽으로 2m 확장할 예정이다.

T11과 T12 사이의 격량은 오늘 제거하기 시작했다. 이곳에서 채색도기 편 및 석도, 석부 파편(이 발굴 구덩이에서도 몇 점의 채색도기 편이 출토됨)이 발견되었다.

저녁에 천춘시 동지와 논의해서 모레 북한 측과 함께 다링툰 성지를 조사하러 가기로 했다.

9월 1일 화요일 맑음

김석형은 오늘 현장에 나오지 않았다.

북·중 양측은 전원 먼저 강상에 도착해 둘러본 후 쌍퉈쯔로 갔다.

T1·T2 사이, T3·T4 사이의 격량은 제거하고 단지 관건주(關鍵柱)만 남겨둔

채 관련 단면도를 그렸다. F1의 형상은 더욱 뚜렷하게 표현되었고 T2의 일부 석
장이 현대 묘에 의해 훼손된 것을 제외하면 대체로 온전하다. 바닥면에서 복원
할 수 있는 많은 고기가 나왔는데, 어쩌면 이 도기들은 처음부터 놓여 있었을 수
도 있다. 관건주를 제거한 이후 모습이 더욱 분명해졌다.

T5는 표토를 다 들어냈다. 정찬영과 런창타이가 계속 발굴 중인데, 동남쪽 구
석에서 현대 묘 1기가 나왔다.

T6에 새로 2×4m 탐방(일련번호 T6A) 1개를 확장했는데, 여기서 석부·훼손
된 석도 등이 출토되었다.

T11·T12는 작은 평판을 이용해 평면도를 그리기 시작했다. 이곳은 돌덩이
가 매우 많고 주변이 명확하지 않은데, 인공적으로 쌓아 올린 돌들이 무너져 내
렸을 가능성이 있다. T12는 가옥의 석장과 매우 유사하지만, 그다지 명확하지는
않다.

9월 2일 수요일 맑음

아침 6시에 뉴 소장이 둥징청에서 다롄에 도착했다.

오늘은 두 팀으로 나누어 1팀은 진현 다링툰 성터를 조사하러 갔다. 북한 측
에서는 김용남·임건상·황기덕, 중국 측에서는 천춘시·나·차이柴 관장·라오먀
오老苗 등으로 두 대의 차량을 나눠 타고 2시간여 만에 다링툰 성터에 도착했다.

일본인 미야케 슌죠三宅俊成[3]의 보고에 의하면 이 성터는 정방형이고 동서 약
156m, 남북 약 154m에 달하며, 단지 서쪽 벽 및 동북 모퉁이에만 성벽이 남아
있을 뿐이라고 한다. 그는 성 내에 31개의 탐방을 팠는데, 지층은 1m 남짓이며
신석기시대·전국시대·한대 유물이 나왔다고 한다(三宅俊成, 『大嶺屯城址-關東

---

3) 미야케 슌죠三宅俊成(1902~1992): 미야기현宮城縣 센다이시仙台市 출생. 뤼순사범학당을 졸업한 후 남
금서원(南金書院)에서 교편을 잡으면서 고고학 조사에 몰두해 만주국 문교부의 고분 등 조사원으로서
활동했다. 주요 저서로는 『東北アジア考古學の研究』, 『満州考古學概説』 등이 있다.

州正明寺會大嶺屯漢及漢以前之遺跡』, 24쪽, 도판16, 1933년 출판). 이 저자의 심도 계산[4]을 따르면 근본적으로 지층을 명확히 하지 못했다. 그리고 전국시대의 유물 또한 성 밖에서 발견되었기 때문에 이 성은 전국시대에 속하지 않는 것으로 보인다.

현재 서쪽 담장은 극히 일부만 남아 있고 지면은 융기하지 않았다. 단면상으로 보면 다져진 지층의 두께는 0.3m로, 그 안에는 회토 및 도기 편이 있는데, 그것이 이른 시기의 지층을 파괴한 것으로 보인다. 다만 다져진 토양 내에는 전국시대의 줄무늬 도기 편 및 한나라 시기 줄무늬 기와 편이 들어 있다. 또한 이 성터에서 일찍이 화천(貨泉)[5] 등의 화폐가 출토된 것을 감안하면 이 성의 연대는 후한보다 빠를 수가 없다. 고량·옥수수 등이 매우 크게 자라서 조사를 진행하기 어려웠으며, 채집한 유물도 많지 않았다. 다만, 동쪽 담장 부근의 도랑에서도 역시 다져진 토층이 발견되었다.

임건상이 여러 차례 왕자툰王家屯의 투청쯔土城子(미야케의 보고에 의하면 길이는 단지 73m이고 시대는 비교적 늦다)에 대해 캐물었는데, 그는 이른바 '고조선 성'을 발견하고 싶어 하는 것 같았다. 아울러 황기덕이 랴오양 량자산의 한나라 시기 성에 대해 문의한 것 역시 같은 목적이다. 김용남·임건상 등이 뤼순 다타이산大臺山에 대해서도 물었으나 나는 잘 모른다고 대답했다.

점심 식사를 한 후 북한 측은 '고조선 성'의 유적을 찾으려는 목적에서 칭윈허青雲河를 따라 둘러보겠다며 다녔지만, 아무런 수확 없이 오후 5시에 호텔로 돌아왔다.

5시에 천춘시 동지와 함께 뉴 소장에게 발굴팀 내의 작업 현황을 보고했다. 뉴 소장은 오후에 김석형과도 이야기를 나누었다. 김석형은 다음과 같이 언급했다.

---

4) 문화층의 깊이를 말함
5) 화천(貨泉): 왕망 시대에 등장한 화폐로 후한 광무 16년(40)까지 유통되었다. 재질은 청동이다.

(1) 그들의 목적은 주로 고조선을 해결하는 것으로 원시사회 유적지와
이 문제는 관련이 크지 않다.

(2) 고조선에 관한 단서를 많이 수집해서 조사 발굴하며, 내년에는 랴
오둥 일대에서 발굴할 것을 요구했다.[6]

저녁 8시에 차이 관장의 주재 하에 보고회를 가졌다.

9월 3일 목요일 흐림

김석형은 현장에 나오지 않았다.

쌍튀쯔 현장에서 현재 상황에 대해 김용남 동지와 작업 배치를 다음과 같이
협상했다.

(1) 그는 여전히 9월 10일을 전후로 (주요 발굴단을) 뤼순으로 돌리고,
쌍튀쯔에는 한두 팀을 남겨 작업을 계속하자고 주장했다.

(2) 천춘시는 T7을 발굴한다.

(3) T6A는 계속해서 외부로 확장할 필요가 있다. 나는 일찍이 쌍튀쯔에
서 이렇게 하면 시간을 반드시 연장해야 한다고 제안했지만, 그는
그때 가서 다시 말하자고 했는데 보아하니 두 팀으로 나누는 것은
형편상 반드시 필요한 것 같다.

오늘 새로 T7을 발굴했고 주거지의 일련번호 2F1(T1~T4)·F2(T4~T5)·H1
(T6)·H2(T4)·F1 및 F2가 병렬해 있는데, 그 아래에 또 집 자리가 깔린 것 같다.

---

6) 2차년도에 주요 연구 사이트를 요동의 고조선으로 구체적으로 좁히려는 북한 측의 계획을 잘 보여주
는 발언이다.

T12의 이른바 가옥 유적의 바닥에서 은박지 1장, 유리 조각 1점이 발견되었는데, 이는 이곳이 교란되었다는 것을 증명한다. 이전 출토된 노끈무늬 도기 편 역시 이점을 뒷받침하는 것으로 보인다.

오후 4시 반에 비로 인해 작업을 일찍 끝내고, 저녁에 영화 「채접분비(彩蝶紛飛)」[7]를 봤다.

9월 4일 금요일 비 오고 흐림

오늘은 비로 인해 작업을 중단했다. 왕이량 동지가 베이징에서 다롄에 도착했다.

오전에 발굴팀 내 회의를 열어 (1)솽튀쯔 작업의 이전 일시 (2)기록 문제를 토론했다.

10시에 뉴 소장·천춘시와 함께 김석형·김용남·김종혁 등을 찾아가서 대장 연석회의를 열었다. 김용남은 솽튀쯔는 9월 10일 이전에 작업을 마무리하되, 한두 팀은 남아서 끝까지 마무리한다. 주거지 발굴이 완료되면 일부만 끝까지 파내고 그 외는 하지 않으며, 아울러 T6의 석괴를 따라 추적하자고 제안했다. 우리들은 다음 사항을 제안했다.

(1) 기존의 탐방은 더 확장하지 않고 T7은 중지한다.
(2) 3조는 남아서 계속 끝까지 발굴하고, 새로 오는 동료를 추가해서 4조를 구성해 뤼순으로 간다.

그들은 역시 다시 한번 논의해보겠다고 했다. 우리들은 쌍방이 각자 기록하

---

7) 채접분비(彩蝶紛飛): 1964년에 나온 영화로 몽골, 조선족, 티베트 등 다양한 민족들의 춤으로 구성되었다.

는 방법을 강조했지만, 그들은 역시 다시 논의해 보겠다고 했다. 마지막으로 김용남은 인자춘 난허에서 발굴할 때, 한두 조는 그들이 익숙한 평판법[8]으로 시굴을 진행하겠다고 제안해 뉴 소장이 동의를 표했다.

오후에 소규모로 회의를 열었는데, 뉴 소장·천춘시·런창타이·쉬밍강 등이 참가했다. 논의 사항은 다음과 같다.

> (1) 쌍튀쯔 작업 및 이동 문제에 관한 인선의 분배,
> (2) 북한 측의 소평판법의 장단점을 논의해서 모두의 판단을 종합해 밖
>   으로 대형 발굴 구덩이(10×10m, 20×20m)를 파지 않고 격량을 남
>   기지 않으며 수평을 이용해 유물의 층위를 기록한다.

나는 이러한 방식을 단호히 반대하는데, 그 이유 다음과 같다.

> (1) 고고학적인 각도에서 이러한 방식은 과학적이지 않다.
> (2) 향후 발굴 작업에 영향을 미칠 수도 있으니 한 차례 시험한 후에 인
>   정해야 한다.
> (3) 부정한다면 북한 측은 더욱 불쾌하게 여길 것이다.

뉴 소장 역시 북한 측이 늘 우리 방식만 사용하면서 느꼈을 불만을 해소하기 위해 그 방법을 시험해서 장단점을 확인해 보자고 주장했다. 최종적으로 우선 한 조를 시험해 보기로 결정하고, 가능한 한 통제하여 결과를 본 후에 다시 논의하기로 했다.

차이 관장은 오늘 전원이 가능하면 뤼순으로 이동할 것을 제안했다. 뤼순에

---

8) 평판법: 초기 북한의 발굴법을 알 수 있다. 일정한 간격의 구덩이를 파지 않고 크게 한 번에 구덩이를 파고 평판으로 레벨을 측정하는 방법으로 추정된다. 아마 소련의 발굴에서 사용하는 인공층위가 아닌가 생각된다.

서 허우무청역에 가는 거리와 다롄에서 허무청역까지의 거리가 크게 차이가 없다. 또 이렇게 하면 동시에 발굴 작업을 할 수 있어 나름대로 장점이 있을 것 같았다. 이번 일요일에 북한 측이 쉬지 말자고 요구할 것 같아 오늘 밤 한 차례 집에 다녀왔다.

9월 5일 토요일 흐림

북한 측은 전원 현장에 나갔다. 김용남이 내일은 쉬지 말자고 제안해 우리들은 동의했다. 김용남은 아울러 T7의 재개를 요구하며, 발굴 구덩이는 전부 끝까지 팔 필요는 없고 주거지만 파면 된다고 주장했다. 일부 돌무지(=석두(石頭)는 여전히 바깥쪽을 향해 추적해나가면서 발굴 구덩이에 구애받지 않아도 된다고 했다. 탐방의 제한을 받지 않는다고 주장했다.[9] 나는 이 주장에 대해 다음과 같은 이유로 동의하지 않았다.

> (1) 전부 바닥까지 파야 한다.
> (2) 시간제한으로 인해 마음대로 바깥쪽을 향해 확장하지 않아야 다 파지 못하는 것을 피할 수 있다.
> (3) 정비된 발굴 구덩이는 후속작업을 보증할 수 있다.

김용남은 발굴 구덩이 바깥쪽은 파지 않고 단지 발굴 구덩이 안쪽만을 파는 것은 전면적이지 않다고 말했다. 나는 단지 상층만 파고 하층이 어떠한지를 모르는 것은 마찬가지의 병폐이며 또한 향후 후속작업을 할 방법이 없다고 했다. 대화 도중에 김신숙이 끼어들어 매우 불쾌했지만 나는 웃기만 했다. 결국 그들은 마지못해 우리의 의견을 받아들였다.

---

9) 따로 발굴 구덩이를 파지 말고 돌무지만을 확장해서 노출시키자는 견해로 보인다.

오후에 우리는 T7을 계속 발굴할 필요를 느끼고 이에 계속 발굴할 것을 제의했다.

김용간은 다시 나와 기록 문제를 이야기했는데, 그는 전년도 방식이 매우 좋다고 했다. 나는 함께 기록하지 않아야 같은 현상을 일치시킬 수 있고, 교환하여 대조할 수 있다고 말했다.

F1은 평면도와 단면도를 그리기 시작했다.

F2는 주거층면을 정리하면서 서남쪽 구석에서 기둥 구멍(柱洞) 1개를 발견했다.

T4·T5 사이의 격량은 완전히 제거되었고 아울러 T4·T7 사이의 격량은 제거하기 시작했다.

T6의 석장이 T6A 안쪽으로 뻗어 있어 윤곽을 따라 보면 별도의 가옥이 있는 것 같다. 또한 서쪽을 향해 계속 1.5m를 확장하니(일련번호 T6B), 현대 천장관(遷葬罐) 1점이 출토되었다. 아래쪽에서 또 석장이 나와 동서를 향해 뻗어 있는데 가옥의 석장이 아래에 깔린 것 같았다.

T12의 바닥에서 또 커다란 철제 못 1점이 나왔다. 이곳이 교란되었다는 정황은 의심할 여지가 없으며, 배열된 석괴 역시 현대 농민들이 땅에 쌓아서 사용한 것으로 보인다. 이곳은 확실히 교란층으로 발굴의 의미는 없다.

정오에 쉬지 않고 쌍튀쯔 바다에 가서 수영을 하니 매우 유쾌했다.

저녁에 뉴 소장·천춘시·류위와 함께 뤼순으로 이동할 날짜 및 생활 안배 등의 문제를 논의했다. 우선 9일 오후에 이동하는 것으로 예비 결정해서 하루 휴식 시간을 줄일 수 있었고, 류위에게 생활 안배를 고려하고 아울러 공병의 조달 배치 문제를 준비하게 했다.

9월 6일 일요일 흐리고 맑음

오늘 일요일은 북한 측의 요구에 따라 평상시대로 작업을 했다. 김석형은 현장에 나오지 않았다.

F1·F2는 계속 도면을 그렸다.

T7·T2 사이의 격량을 제거하고 관건주 역시 제거를 진행했다. T7에서 파손된 홍소토면을 발견했다.

T5·T6 사이의 격량을 제거했다.

T6B는 석장이 노출되었으나 그다지 명확하지는 않았다. 한쪽 끝이 서쪽 석장 밖으로 뻗어 있어 북한 측은 역시 서쪽으로 확장할 것을 요구했다. 그러나 거리상 절벽에 거의 근접해 있었다.

T11·T12 모두 교란을 거쳐서 1·2줄에 나열된 석괴 역시 그다지 명확하지 않았다. 북한 측이 관심을 보여 석괴를 움직이지 않고 남겨주어 진행 과정이 비교적 더디었다. 김용남 동지와 협의해서 1조를 뤼순 인자춘 난허로 이동시키기 위해 이곳의 진행 속도를 높이기로 했다.

9월 7일 월요일 흐리고 비

F1은 사진 촬영을 하고, F2는 비로 인해 평면도를 아직 다 그리지 못했다. T6B는 계속해서 아래쪽으로 파 내려갔고, T7도 아래쪽으로 팠다. 꽤 많은 홍소토 덩어리 및 소수의 소류(燒流)가 있는 것으로 보아 이곳은 가마터였을 지도 모른다.

T6A 북쪽 벽에서 비교적 큰 석장이 나오자, 북한 측에서는 이에 커다란 관심을 보였다. 김석형·김용남 등 여러 명은 한번 보고 싶은 마음에 단호하게 석장을 따라서 파보자고 했다. 나 역시도 열어보길 원해 발굴 구덩이를 파기로 했다. 이에 T6A의 한쪽 발굴 구덩이를 크게 확장해서 T8로 번호를 변경하고 왕이량·임건상에게 책임을 맡겼다. 김용남은 또한 T8의 동쪽에서 발굴 구덩이를 더 열자고 했다. 나는 잠시 기다렸다가 T8에서 나오는 결과를 본 후 다시 이야기하자고 주장했다. 보아하니 그들은 커다란 집 자리를 찾으려고 할 뿐 바닥까지 모두

파려고 하지 않는 것 같았다. 우리들은 천천히 보조만 맞추었다. 그렇지 않으면 나중에 수습할 수 없을 것이다. 오늘처럼 몇 사람이 함께 나를 에워싸고 몰아붙이면 확실히 당해내기가 쉽지 않다.

T12의 교란층 아래에서 가마터 1곳이 발견되었는데, 그 모습이 대부분 남아 있으며 불에 탄 도기가 많이 나왔다. 가마를 긁는 도구처럼 생긴 곁가지가 달린 사슴뿔 1개가 나왔다. 도기 편은 모두 홍색으로 양터우와 문화의 도기 편이 산화된 결과임을 잘 보여준다. 가마의 규모는 비교적 크며, 사방에 돌덩어리를 첩첩이 쌓아 올려 만들었다. 안에서 홍소토의 가마의 벽체와 화덕(=화안(火眼, 불구멍)이 나왔는데, 이는 매우 중요한 발견이다. 만일 어제 김용남이 주장한 대로 더 이상 아래로 파내려 가지 않았다면 이러한 중요한 발견을 놓쳤을 것이다. 따라서 바닥까지 파지 않는 북한 측의 방법은 확실히 많은 문제를 내포하고 있다

북한 측이 10일 뤼순으로 이동하는 것에 동의했다. 류위 동지는 오늘 뤼순에 가서 근로자 요양원 및 공병의 거처를 둘러보았다.

9월 8일 화요일 흐리고 맑음

이른 아침 궂은 날씨로 8시 15분에 호텔을 출발했다.

쐉퉈쯔 현장에서 김용남 동지와 뤼순으로의 이동 및 그와 관련된 문제에 대해 상의했다.

김용남에 의하면 북한 측에서 인자춘 난허로 가는 사람은 황기덕·김신숙·장주영 3인이고 김종혁은 T12를 완료한 후에 가고 나머지 사람은 남는다고 한다. 나는 상응하는 조원을 파견하겠다고 약속하면서 딩류룽만을 남기는 대신 왕이량을 대체했는데, 왕강汪剛이 오는 바람에 T6을 인수할 방법이 없었다.

김용남은 인자춘 난허에서 북한 측은 두 조가 평판법을 사용할 예정으로 10×8m의 구덩이를 파고 중간에 격량을 하나 남기려고 한다면서 공병 15명을 요구했다. 나는 공병 수가 부족하니 시험적으로 한쪽을 먼저 해보는 것이 어떠하

냐고 말했다. 아울러 북한 측에게 중국 측에 그들의 방법을 한번 설명해 달라고 했더니 알았다고 했다. 북한 측에서는 황기덕의 책임하에 김용남이 말한 방법을 사용해 유물을 발견하면 투영법(投影法)을 이용해 단면을 투영하기로 했는데 이는 우리의 생각과 서로 부합했다. 이와 같은 대형 발굴 구덩이는 층차를 명확하게 확보하는 것이 비교적 어려운 일이다.

T3은 북쪽 벽의 단면을 그리고, F2는 평면도를 측량했다. T6는 계속 정리해 나갔는데, 가옥(F3, 오늘 일련번호를 매김)의 동쪽 담장 부근에서 작은 아궁이 터가 나왔다.

T7은 1B층의 아래에서 1C층이 나오고 거기서 벽돌이 출토되어 교란층임이 판명되었다. 생각건대 이는 위에서 아래로 이어지는 하향식 충적층이며, 이 이하 충적층 역시 틀림없이 깊을 것이다.

T8은 표토 및 교란층을 거둬내자 원래 T6A에서 노출된 석장의 서반부가 이미 끊어져 있었다. 북한 측이 찾고자 한 가옥은 이미 물거품이 되었기 때문에 북한 측에서 T9를 열자는 요구는 하지 않을 것 같다. 여기에서 흑도두(黑陶豆)[10] 조각이 발견되었다.

T12의 단면도가 완성되었다. 가마의 전모를 볼 생각에 가마의 격량을 제거하기 시작했다. 가마 상부 회층의 경우 김종혁은 교란층이라고 주장하는 데 반해 정나이우는 동의할 수 없으며, 부근과 동일한 층이라고 보았다. 나는 회층과 가마의 상대적 연대는 확실하나, 회층의 연대는 아직 확실하지 않으니 더 조사한 후에 다시 이야기하자고 강조하였다.

북한의 국경절을 기념하는 연회로 인해 미리 앞당겨 3시 30분에 작업을 마무리했다.

연회는 쉬시(許西) 시장이 주관했으며 연회 후에는 영화 「동풍만리(東風萬里)」를 봤다.

---

10) 흑도두(黑陶豆): 흙으로 만든 검은 도기로 광택이 나며 정교한 것이 특징이다.

9월 9일 수요일 맑음

　북한의 국경절을 기념해서 오늘은 작업을 중지하고 휴식을 취했다.

　오전 10시에 호텔을 출발해서 룽왕탕龍王塘에 갔다. 이곳에서 낚시와 피크닉을 즐기고 오후 4시에 호텔로 돌아왔다. 정오에 쉬지 못해서인지 유난히 피곤했다.

　돌아오는 길에 집에 들러 어머니께 내일 뤼순으로 떠날 예정이라고 알렸다.

　저녁에 샤 소장에게 편지를 써서 최근 작업 상황을 보고했다. 아울러 북한 측이 요구한 자신들의 발굴 방법을 시험 사용하는 것과 발굴 구덩이를 끝까지 파는 문제에 대해 지시를 요청했다.

9월 10일 목요일 맑음

　오전 9시 30분 다롄에서 출발해 11시에 뤼순에 도착했다. 뤼순커우旅順口 구(區)위원회 류劉 서기 등이 응대했다.

　이번에는 근로자 요양원에 묵게 되었는데, 환경이 더욱 좋았다. 외빈은 1인 1실, 중국 측 대원은 4인 1실로 다롄 호텔만 못하지만, 이런 숙소를 구하는 것은 확실히 매우 어려운 실정이다.

　오후에 중국과 북한 양측 모든 인원은 인자춘 난허에 가서 조사를 하고 발굴 지점을 결정했다. 북한 측은 작년에 발견된 소토묘(燒土墓) 부근을 선택하고 강가 절벽에 의지해서 10×10m의 대형 발굴 구덩이를 파고, 안쪽으로 소탐방(소형 발굴 구덩이)(5×5m) 하나를 사이에 두고 다시 소탐방 하나를 팠다. 나는 안쪽 부분에 아무런 유물이 없을 것 같아 매우 염려스럽다. 내일 실제 발굴 시에 다시 말하겠지만, 필요한 경우 시추할 준비를 해야 한다.

　저녁에 뤼순커우 구위원회에서 합동 고고학 팀을 초대해서 연회를 열어주었다. 연회 후에는 영화 「임해설원(林海雪原)」을 봤다.

　　　　　　　　　　　　　　　　　　　　　안즈민安志敏 일기

인자춘 마을 전경(2015.07)

샤 소장의 편지를 받고 나는 김석형 소장에게 베이징 과학중심 토론회 논문 영문 원고의 일부 문제를 대신 문의했더니 그는 수정에 동의하면서 아울러 박시형, 도유호[11] 두 동지의 논문에 대한 개별 번역문에 대해서도 답을 해 주었다. 저녁에 샤 소장에게 편지를 쓰고 김석형의 싸인을 동봉해 보냈다.

저녁에 인자춘 난허 조는 천춘시가 책임을 맡고 쌍퉈쯔 조는 런창타이가 책임을 맡기로 결정했다.

9월 11일 금요일 맑음

오늘은 두 조로 나누었고 나는 인자춘 난허 조로 갔다.

인자춘 난허는 오늘 발굴 구덩이를 팠다. 큰 발굴 구덩이(10×10m)는 천춘

---

11) 원문은 임시형(林時亨)·도우호(都宇浩) 등으로 오기됨.

1964년 2차 본 조사   8월 19일~10월 21일   267

시와 황기덕이 책임을 맡고(일련번호 T11) 북한 측의 방법을 이용해 발굴했다. 발굴 구덩이는 작은 평판으로 지탱하고 있지만,[12] 확실히 발굴 구덩이가 지나치게 커 보였다.

발굴 구덩이는 남쪽으로 4개의 소형 발굴 구덩이(5×5m)를 이어서 넣었고(일련번호 T1~T4), T3는 왕이량·김신숙이 책임을 맡았다. 평면에서 문화층이 노출되기 시작하자마자 옹관 1점이 출토되었다.

이 현장에 북한 측은 김석형·김용남·황기덕·김신숙 등이 왔다.

쑹톄쯔, F1 가옥 내의 유물을 노출한 채로 각 발굴 구덩이의 평면도를 측량해서 그리기 시작했다. T6·T8 사이의 격량은 제거하기 시작했고 T7은 큼지막한 홍소토까지 정리하고 잠시 작업을 중지했다.

T12에서 동쪽 벽을 허물고 가마(窯)의 윗부분을 정리했더니 흑도 편이 많이 나왔다.

인자춘 6호묘(옹관묘) 전경

---

12) 평판이 측량할 수 있는 범위 안에 있다는 뜻임.

현장에서 황기덕이 천춘시에게 북한 측의 발굴 방법을 설명하면서 이 발굴 방법에는 어느 정도 결점이 있다는 것을 인정했다. 뉴 소장 역시 이 방법을 매우 긍정적으로 평가하고 싶어 했으나 저녁 회의에서 이 방법의 장단점을 논의했다. 동지들은 이 방법에 문제가 있다는 데 인식을 같이해서 뉴 소장의 일부 생각을 포기시켰다. 대신 우리들은 북한 측 발굴 방법의 결점을 보완할 방법을 찾아서 합작을 강화하기로 했다. 사실상 이 발굴 방법은 근본적인 결함을 지니고 있어 장점을 취하고 단점을 보완해서 해결할 만한 것은 아니었다.

9월 12일 토요일 비

출발에 앞서 김용남이 쌍퉈쯔 T8의 동쪽에서 석장을 추적하기 위해 발굴 구덩이 한쪽을 더 확장할 수 없겠는가 하고 제안했다. 나는 현재 발굴 구덩이도 작업 기한 내에 마무리할 수 있을지 문제인데 만일 발굴 구덩이를 확대한다면 문제는 더 커질 것이라고 봤다. 동시에 만일 가옥이라면 결코 한두 개의 발굴 구덩이로 해결할 수 있는 것이 아니기 때문에 내일 현장에 가서 보고 다시 말하자고 주장했다.

출발할 때 비가 내리더니 현장에 도착해서는 더욱 세차게 내렸다. 인자춘 난허 조는 9시까지 기다렸다가 돌아왔고, 쌍퉈쯔 조는 허우무청역에서 점심을 먹은 후에 돌아왔는데, 모두 작업은 하지 못했다.

오후 4시 30분에 응접실 보고회에서 나는 현장의 진행 상황 그리고 북한 측의 쌍퉈쯔에서의 발굴 구덩이 확대 요구 및 그 문제에 대해 이야기 했다.

저녁에 북한 측의 쌍퉈쯔 발굴 구덩이 확대 요구 문제를 논의했다. 나는 마음대로 확장하는 것에 동의하지 않았기 때문에 발언 중에 다소 격렬해졌다.

이어서 또 열린 팀장 회의에서 김석형은 고고학은 바닥까지 파는 것이 원칙이지만, 양국 협력의 경우는 유연하게 할 수 있는 것은 아닌지, 이곳뿐만 아니라 향후로도 반드시 바닥까지 다 파야 하는지에 대해 물었다. 나는 쌍퉈쯔 현장의 현재 상황을 분석하면서 양국 합작의 경우 국제학술계에서도 반드시 바닥까지 발굴하는 것으로 되어 있으니, 그렇지 않으면 설명할 방법이 없다고 했다.[13] 그러자 김석형은 현재 쐉뛰쯔의 발굴 구덩이는 모두 바닥까지 팔 것을 표명하고 아울러 T8의 돌담을 확장해 하나는 새롭게 발굴 구덩이를 열고 다른 하나는 흔적을 따라 추적해 나가자고 요구했다. 나는 발굴을 할 수 있는지를 먼저 살펴보아야 하고 장래의 배치를 훼손해서는 안 된다고 표명했다. 결국 석장(돌담)을 절개하는 발굴 구덩이를 넣되 표토만 제거하고 격량을 없애는 정도로만 하자고 했다. 우리는 이 방법이라면 시험 삼아 시도해 볼 수 있을 것 같아 동의했다.

회의를 마친 후 11시가 넘었다. 그러나 뉴 소장은 내게 협상 중에 보인 격양된 언사를 지적하며 향후 주의하라고 했다.

9월 13일 일요일 흐림

오늘 나와 김용남은 모두 쐉뛰쯔 현장에 갔다. 어제 큰비로 구덩이에 물이 차고 또한 진흙이 가득 쌓여 작업하는 데 불편했다. 그래서 일부 발굴 구덩이는 잠시 작업을 중단할 수밖에 없었다.

우선 요구에 따라 T8의 동쪽에 동서로 2×1m의 발굴 구덩이 하나를 열고 아래로 파내려가면서 석장의 흔적을 찾았다. 뤄양삽을 이용해 찾아보아도 역시 아무것도 없었다. 계속해서 다시 T8의 북쪽으로 남북 방향의 발굴 구덩이를 열었으나 역시 석장의 흔적을 발견하지 못했다. 뤄양삽을 이용해 탐사했으나 1m도 안 돼 생토가 나왔으며, T8 내의 석장보다도 훨씬 높았다. 위에서 언급한 두 발굴 구덩이를 여는 동시에 나는 석장 내의 흙빛이 비교적 노란색인 것을 발견하고 그것이 문화 퇴적이 아닌가 하는 의심이 들었다. 이에 뤄양삽을 사용해

---

13) 국제적으로 생토까지 발굴하는 것이 일반적인데, 그렇지 않으면 공동발굴의 의미도 퇴색한다는 의미이다.

안즈민安志敏 일기

30~40㎝를 탐사하자 생토가 나왔는데, 또한 석장의 담 터보다 훨씬 높았다. 이에 따라 이 석장은 가옥 뒤의 벼랑에 인공적으로 쌓은 것으로, 흙벼랑(土崖)이 무너지는 것을 방지하기 위한 조치로 사용된 것이 아닌가 판단되며, 가옥도 아니고 북한 측이 상상했던 성보(城堡) 터도 아니었다. 이에 북한 측은 계속 발굴 구덩이를 확장하려는 시도를 포기하고 마침내 문제를 단순화했다.[14]

T12의 가마(일련번호 Y1)는 정황이 비교적 복잡해서 동쪽 절반은 이미 파괴되어 가마가 무너졌을 가능성이 있으나 아궁이(=화안(火眼)) 및 연도(=화도(火道))의 흔적은 남아 있었다. 우리는 이런 가마의 구조를 잘 모르기 때문에 그것을 명확히 할 필요가 있었다.

인자춘 난허에서는 계속해서 T1(왕이량·김신숙)·T4(장궈주·장주협)를 열고, T11은 계속 발굴하며 아울러 장궈주·장주협을 보내 이 큰 발굴 구덩이에 협조하게 해서 T4는 잠시 작업을 중지했다.

저녁에 회의를 열어 두 현장의 상황에 대해 논의했다.

9월 14일 월요일 흐림

오전에 김석형·김용남은 모두 인자춘에 갔다가 오후에는 현장에 나오지 않았는데, 특히 김용남은 감기에 걸려 나오지 않았다. 김용남은 T1~T4· T11이 끝나면 벼랑의 단면을 깎아서 정리하고 채소밭을 파자고 제안했다.

인자춘 T3·T1에서 각각 옹관이 출토되었다. 그중 T1에서 출토된 것은 2개인지도 명확하지 않은데, 모두 일부가 둑 아래에 깔려 있었기 때문이다. 이에 둑을 제거하기 시작했다. T3·T1은 모두 깊이가 약 0.5m로 토질이 불순하고 목탄 찌꺼기 및 소토 조각이 섞여 있으며 도기 편은 매우 드물었다. T1의 옹관은 세

---

14) 쌍퉈쯔 발굴의 의도를 잘 알 수 있는 구절이다. 북한은 쌍퉈쯔 유적에서 보이는 돌담을 고조선과 관련된 성터일 가능성에 집중했던 것 같다.

개의 관이 서로 연결되어 있는데 중간의 옹관은 평기와로 바닥을 깐 것 같았다. 그리고 옹관의 윗부분은 모두 농경지 때문에 훼손되어 있었다.

T11은 어제 불규칙적인 형태의 두께 약 10㎜의 회층(일련번호 H1)이 나왔는데, 출토된 도기 편은 많지 않아 대체로 인자춘의 유형인 것 같다. 또 서쪽 벽에서 반쪽짜리 재구덩이(일련번호 H2)가 발견되었는데, 홍색승문도기도 있고 인자춘 유형의 도기 편도 출토된 것으로 보아 전국시대와 관련 있는 것으로 사료된다.

2층 내에서 삼족기의 다리(鬲腿)¹⁵⁾ 하나가 발견되었는데, 어쩌면 이를 통해 인자춘 유형 중에도 삼족기(도력)가 존재했다는 것을 설명할 수도 있다.

쐉퉈쯔 T2~T7의 F1·F2 남쪽에 석장이 있는데, 아래층의 건축인지 아닌지 명확하지 않아 좀 더 조사해 봐야 한다.

T7의 홍소토 덩어리는 두께가 1m 이상에 달하며, 또한 탄화된 나무 기둥이 발견되었다. 이곳이 가옥인지 가마터인지에 대해서는 좀 더 발굴해 봐야 한다. 복원할 수 있는 도기 몇 점이 나왔다.

T6은 F3 및 그 부근 가옥과 관련된 작업이 계속 진행되었다.

T11의 동북쪽 석권의 흔적은 바깥쪽으로 뻗어 있으며, Y1과 유사한 돌돌림(석권)이 발견되었다. 형상과 구조면에서 제법 크고 완전했으며, 소토의 두께는 1m 조금 넘었다. 가마터인지 가옥터인지는 좀 더 조사를 기다려야 한다.

오후에 트럭이 진흙탕에 빠져 공병 전체가 내려가 차를 끄는 바람에 모든 작업이 중단되었다. 7시가 되어서야 비로소 차를 끌어내서 8시에야 팀에 합류했다.

저녁에 두 조는 작업 진행 상황을 보고하고 나서 향후 매일 밤 8시~10시까지를 업무 학습 및 작업 시간으로 합의했다.

---

15) 삼족기의 다리(鬲腿): 도력(陶鬲)의 다리를 가리킨다. 도력은 고대 도기로 만든 취사용 그릇으로 신석기 시대 말기에 출현해 은주 시대까지 계속 사용되었다. 형상은 입구가 크고 배가 볼록하며 세 개의 봉지 모양의 다리를 하고 있다.

9월 15일 화요일 맑음

오늘을 뉴 소장과 솽튀쯔에 갔다.

T2~T7에서 가옥(일련번호 F4)이 발견되었는데, 가옥은 F2 아래에 깔려 있다. 위쪽은 홍소토로 가득 덮여 있고 소토 아래는 검은색의 석탄회가 있었다. 높이 0.3m, 직경 0.1m의 탄화된 나무 기둥이 발견되어 불에 탄 흔적임을 증명해 주었다. 단단한 바닥면에서 또한 으스러진 도기가 나왔으며, 불길의 방향은 일치하지 않았다. 일부 발굴을 시작했으며, 내일 전체를 파헤치려고 한다.

F3은 삼중의 담으로, 단면상 가장 작은 담에서 바깥쪽 담을 향해 깼는데 당연히 시대의 선후가 있다. 단단한 바닥면의 아래쪽에서 또 기울어진 홍소토 면이 나타났는데 다른 가옥으로 간주된다.

오늘은 50분의 1 척도의 평면도를 측량해서 그렸다.

T12의 Y1은 원래 가마로 가정했으나 형태와 구조가 비교적 커서 상당히 의심스러웠다. 오늘 단단한 바닥면이 나왔으나 불길 등의 흔적이 없는 것으로 보아 가옥터일 가능성이 있다. T11에서 발견된 석권에 홍소토가 퇴적된 것에서 가옥터로 사료된다.

Y1·F4의 경험에 따르면 불에 탄 가옥의 위쪽에는 홍소토 결정이 가득 쌓여 있는데 이는 가옥 벽의 풀을 섞은 진흙(草泥土)이 무너져 내린 것이 분명하다. 항상 위쪽은 붉고 아래쪽은 검은 색인 것은 대체로 위쪽이 산화되기 쉽기 때문이다. F1의 남쪽에서 거대한 홍소토 덩어리가 발견되었는데 역시 위쪽의 나무 기둥이 무너져 내린 흔적으로 위에서 말한 가설을 증명할 수 있다(길이 약 0.5m, 직경 0.05m).

인자춘 T1~T3, M5·M6은 모두 옹관장으로 오늘 도면을 완성했다.

T11 내에서 또 4개의 재구덩이(H3~H6)가 발견되었는데, 그중 어떤 것은 타파관계에 놓여 있는 것도 있다.

김석형은 오늘 뉴 소장에게 작업이 완료되기 전에 두 사람을 보내 랴오양 량자산과 하이청海城 시무청析木城을 다시 조사해서 내년 봄의 발굴 지점을 준비할 예정이라고 말했다. 그들은 더 이상 다롄에 머물기를 원하지 않았다. 량자산은 아마 단순히 청동단검의 출토지가 아니라 상황상 반드시 부근의 한청漢城[16]까지 연관되어 있다고 보기 때문이다. 지난번 다링툰 성터에 조사하러 갔을 때, 황기덕이 이 성에 대해 물어본 적이 있는데, 그들은 이 성을 가상의 '고조선' 성터로 여기는 것 같다.

저녁에 뉴 소장은 이 소식을 접대사무소에 알려 성(省) 차원에서 준비하도록 하고 아울러 전화로 장라오에게 문의했다.

장라오는 동의를 표명했다. 아울러 쑹 처장이 일본 외빈[17]을 모시고 선양에 가 있으니, 영도소조를 대표해서 다롄(=뤼다)에 가서 위문할 준비를 하라고 했다.

9월 16일 수요일 흐리고 비

오늘은 수시로 소나기가 내려서 작업을 중단했다.

하루 종일 신문을 읽고 「소련공산당 중앙위원회가 1964년 4월 18일 보내온 서신에 대한 일본공산당 중앙위원회의 답신(日本共産黨中央委員會對蘇共中央一九六四年四月十八日來信的複信)」을 학습했다.

저녁에 영화 「눈 속의 진달래(氷雪金達萊)」[18]를 봤다.

---

16) 랴오둥반도에서 한청이라는 이름의 유적은 푸란뎬시의 한청유적이 유명하다. 여기에서는 한나라 시기의 유물과 와당이 출토되었다.

17) 일본 외빈: 후술하는 바 일본의 역사학자 이노우에 키요시井上淸일 것이다.

18) 눈 속의 진달래(氷雪金達萊): 1963년에 개봉된 중국영화이다. 1920~30년대 일제의 폭정을 피해서 중국 동북지역으로 이주한 조선족의 이야기를 주 모티브로 한다.

9월 17일 목요일 흐림

오늘 나는 인자춘으로 가고 뉴 소장과 김용남은 솽퉈쯔에 갔다.

인자춘에서 나는 왕이량이 그린 옹관(M5~M6)이 단지 윤곽만 있고 옹관의 파열 상황을 그리지 않은 것을 발견했다. 김신숙이 그에게 그리지 말라고 했기 때문이라는데 나는 보완해서 그릴 것을 요구했다. 이런 일에 관한 원칙은 고수하지 않을 수 없다.

T3 내에서 묘장 1기가 발견되었다. 부분적으로 묘광이 명확하지 않고 입구의 층차도 불분명했다. 먼저 드러난 것은 다리뼈였고, 왼쪽 다리 옆에 철기가 하나 있는 것으로 보아 시대는 그리 빠른 것 같지 않았다.

묘광이 깔끔하게 정리가 되자 다리 두 개만 남았는데, 일종의 특수한 매장법인 것 같다. T12 내에서 장방형과 방형의 건축 흔적을 발견했는데, 이들의 타파 관계는 그다지 명확하지 않으며, 묘장일 가능성이 있다. 이 벽에서 도관 1점이 출토되었는데 옹관으로 추정된다. 묘광은 명확하지 않다. 벽에서 묘광의 흔적을 볼 수는 있지만 그다지 명확하지는 않다.

솽퉈쯔 T1·T2의 남쪽에서 또 하나의 가옥터가 발견되었지만, 대부분 절벽에 의해 파괴되었다. 가옥 내에서 홍색·백색·황색의 점토가 나왔는데, 채도를 그리는 안료로 추정된다.

인자춘 7호묘(조중고고발굴대 조사)

F4는 서쪽 부분은 계속해서 바닥까지 다 팠고, F3은 아직도 측정 중이다.

Y1은 단단한 바닥면이 나와 그림을 그리기 시작했다. 정황상 가옥으로 보이지만, 김용남은 여전히 가마터라고 믿고 있다.

궈이푸는 오늘 다롄을 떠나 둥징청으로 갔다.

9월 18일 금요일 흐리고 갬

밤중에 큰비가 내렸다. 오늘은 바람이 세고 날씨가 매우 추웠다.

나는 오늘 솽퉈쯔에 갔다. T1은 남쪽으로 1m를 확장하고 동쪽으로 2m를 확장한 것은 F1 밑에 깔린 가옥터를 찾기 위해서이다. T1의 절반부는 계속해서 아래쪽으로 파 내려가 깊이 3m에 이르렀을 때 단단한 토질이 나왔는데, 탄재가 섞여 있었다. 아울러 소량의 도기 편이 나왔는데, 채도가 차지하는 비율이 제법 높았다. 이에 의거하면 양터우와 문화 초기 유물 중에 채도가 비교적 많이 포함된 것을 설명할 수 있을 것도 같다. 왜냐하면 다른 주거지 및 T11·T12에서는 모두 아주 드물게 발견되었기 때문이다.

F4는 남북 벽의 단면도를 다 그리고 나서 T2·T7 사이의 격량을 제거했다. 격량 위에서 발견된 솥바닥(鍋底) 형태의 재구덩이가 F4의 퇴적층을 훼손시켰다. (일련번호 H3) F4 위에 0.5m 남짓의 소토가 깔려 있는데, 어떤 것은 기둥 자국이 있고 경도가 상당히 불일치했다. 심지어 어떤 것은 불에 타지 않은 풀이 섞인 진흙이 있어 불이 났다는 명확한 증거가 될 수 있다.

F3의 평면도(50분의 1 척도) 측량을 마치고 T8 서쪽 벽 단면을 그렸다.

Y1은 바닥까지 전부 정리한 결과 가옥터인 것으로 확인되었다. 4개의 기둥 구멍(柱洞)이 늘어서 있는데 그중 한 구멍 안에는 목탄이 남아 있어 불에 탔음을 입증하고 있다. 이 가옥은 절반만 남아 있으며 불규칙적인 원형에 속해 남파의 방형 가옥과는 다르다. 위쪽에 쌓여 있는 0.5m의 소토를 보니 가옥이 불에 타서 무너져 내려 쌓인 것도 같다. 또한 적지 않은 소토에는 아직도 풀줄기와 상수

리 등의 흔적이 남아 있었다.

가옥의 바닥에는 거주한 공간이 있지만 평평하지는 않았다. 깔려 깨져 있는 15개의 도관이 이 주거면의 일부에 첩첩이 쌓여 있고, 단단한 바닥면이 달라붙어 있는 것이 가장 좋은 증거이다. 또한, 도질(陶質) 역시 회흑색을 띠고 있지만 위쪽은 소토 중에 끼어 있어서 오히려 홍색을 띠고 있는 것으로 보아 이것은 가마터가 아니며 가옥이 불에 탔다는 증거이다.

인자춘 난허 M6(T3) 옹관 안에서 어린아이의 치아 및 철 덩어리 1점이 나왔다.

H6은 석축 1점이 발견되었는데 생긴 모양이 강상의 것과 매우 유사했다. 또한 석저(石杵, 돌 절굿공이) 1점과 토제 방추차(陶紡輪) 1점이 출토되었다. M7은 토광묘(土擴墓, 널무덤)로, 인골 1구가 발견되었는데 불에 타지 않았는데도 보존 상태는 그다지 좋지 않았다. 매립토 안에서 동사(銅渣)[19] 2점이 출토되었는데, 아직 정리가 끝나지 않았으나 청동단검묘와 관련이 있는 것으로 의심된다.

9월 19일 토요일 맑음

오늘 나는 뉴 소장·김석형·김용남 동지와 함께 쐉뤄쯔에 갔다.

쐉뤄쯔 T3의 북쪽은 생토까지 파 내려갔으며, T1의 발굴 구덩이 확장은 대체로 완성되었다. F1의 아래쪽 가옥은 남쪽 벽이 무너져 내렸고, 동쪽 벽의 흔적은 명확하지 않은 것으로 보아 후에 파괴된 것 같다.

T2·T7 사이의 격량을 제거하고, T1·T2는 북쪽 벽의 둑을 보완해 그렸다. T4·T5 사이의 둑을 남겨두고 계속해서 아래로 파 내려갔다.

F3은 20분의 1 척도로 평면도 및 측면도를 측량했다.

---

19) 동사(銅渣): 구리를 제련하는 과정에서 발생하는 구리 찌꺼기가 원래 뜻이지만, 여기에서는 문맥상 불을 먹어 엉겨 붙은 청동 덩어리를 가리킨다.

T11 안의 가옥은 김용남 동지의 동의를 얻어 계속 작업을 해나갔다. Y1은 F11로 일련번호를 변경하고, T11 안의 가옥(일련번호 F12)은 위쪽의 퇴적층을 제거하자 대부분 온전한 도두(陶豆, 〼, 다리에 3개의 구멍이 뚫려 있으며, 양 터우와 문화의 전형적인 기물이다) 1점·석부 1점이 출토되었다.

인자춘 난허 T11 안의 H5와 H6의 중복 관계에 관해 서로 다른 견해가 나왔다. H4의 연대 역시 마찬가지로 논쟁이 있었는데, 주요 포인트는 발굴 구덩이가 너무 크고 또한 단면을 남기지 않은 데서 문제의 소지가 비롯되었다.

9월 20일 일요일 흐림, 맑음

오늘은 중추절이다.

정오에 양측은 랴오닝 가극원에서 연출한 「강저(江姐, 강 누나)」[20]를 봤다.

저녁에 신 시장과 왕 비서장이 이곳에 와서 외빈을 만났으며, 저녁에 구위원 회에서 연회를 베풀었다.

저녁에 해변에서 달구경을 했다. 나는 감기 때문에 열이 나 숙소에 머물며 가지 않았다.

쏭서우리 처장이 선양에서 뤼순에 왔는데 그는 이번에 일본 손님 이노우에 키요시井上清[21]를 모시고 와서 둥베이를 참관했으며, 장라오를 대신해 북한 측을 위문했다.

---

20) 「강저(江姐)」: 중국 여성 혁명가 강죽균(江竹筠)의 혁명 활동을 그린 가극으로 1964년에 초연되었다. 강죽균은 공산당 동료 사이에서 강 누나라는 의미의 '강저'라는 애칭으로 불렸다.
21) 이노우에 키요시井上清(1913~2001): 일본의 역사학자로 일본사를 전공했다. 마르크스주의 입장에서 일본의 제국주의와 천황제를 비판했으며, 부락해방운동에 적극적으로 활동했다. 중국의 문화대혁명을 지지하기도 했으며, 1997년 중국사회과학원에서 명예박사학위를 수여했다.

9월 21일 월요일 맑음

쑹 처장은 오늘 오전 뤼순에서 출발해 선양으로 돌아갔는데, 뉴 소장이 다롄역까지 배웅하러 갔다.

나는 인자춘 난허 현장에 갔으나 아직 감기가 낫지 않아 온몸에 힘이 없었다.

M6의 옹관을 오늘 가져와서 보았고 M7은 아직 사진을 찍지 않았다. 김은 예전의 부서진 부근에서 인골을 찾았는데 결과적으로 2개의 다리뼈만 나왔다.

H5는 최종적으로 나는 단면이 남아 있지 않은 것을 발견하고 보완하도록 했다. 층위를 나눌 수 없다고 들었지만, 실제로는 구분할 수 있다.

H3 발굴 구덩이 안 일부는 최종적으로 4개의 지층으로 나눌 수 있는데, 단면상으로는 제2층을 타파하고 있다.

H5·H6의 중복 관계에 대해 논쟁이 있었으나 비스듬한 각도에서 층위를 보면 역시 H6이 H5를 타파한 것이다.

M8이 H7을 타파하고 H7은 또한 H6과 밀접해서, 만일 단면을 남겨둔다면 상호관계를 해결하는 데 좋겠지만, 현재로서는 보완할 방도가 없다.

이곳의 도기는 곧은 목 위에 횡행획문(橫行劃紋) 또는 방격문(方格紋, 격자무늬)이 있으며, 두 개의 귀가 달린 커다란 도관이 많고 또한 시루(甑)(H6)도 있다. 도기의 질에서 그릇의 형태까지 양터우와 문화와 밀접한 관련이 있는 것으로 보인다.

쑹튀쯔의 T1·T3의 동쪽에서 가마와 같은 유적 하나가 발견되었다.

F3 가장 안쪽의 담장은 초기 석장 위에 붙어 있으며 그 아래의 소토면 역시 초기 가옥 유적이다.

9월 22일 화요일 맑음

나는 뉴 소장·김석형·김용남과 함께 쑹튀쯔에 갔다.

T1·T3 동쪽의 이른바 가마는 아직 명확하지 않다. 비록 서쪽에 화안과 같은 흔적이 있으나 화구는 보이지 않았다. 동쪽에 또한 소토로 된 좁고 경사진 단단한 면이 있지만, 이는 가옥터의 단단한 바닥면과는 다르다. 동쪽 끝단은 흙 속에 깔려 있으며, 구덩이 위에 쌓인 흙은 동쪽으로 확장할 준비를 하고 있다.

T1의 F5는 오늘 도면을 측량했는데, 이 가옥의 담벼락은 대부분 파괴되었고

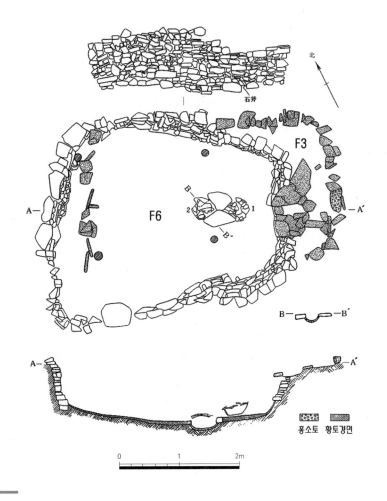

다롄 솽퉈쯔 6호 주거지

석장은 무너져 내렸으며, 심지어 일부는 석괴조차 남아 있지 않았다.

F4는 평면을 완전히 정리했는데, 딱딱하게 굳어 명확하지 않았다. 가옥 안에서 22점의 도관이 나왔으며, 개중에는 2점의 온전한 작은 도관도 있었다. 또한 홍도계통의 두형토기(紅陶深腹豆)가 1점 있는데, 배에는 '＜＜'형태의 무늬가 그려져 있다. 이 가옥의 남쪽은 이미 파괴되었는데, 사용한 지 오래지 않아 불에 타서 그런 것 같다. 이로 인해 지면이 비교적 단단하고 불이 났기 때문에 가옥 내에는 비교적 복원할 수 있는 도기가 많았다(생각건대, 불에 타지 않은 가옥의 경우 가옥 내의 도기는 복원할 수 있는 것이 매우 적다).

F3은 초기의 석장 위에 연결되어 있으며 아울러 그 일부분의 석장(일련번호 F6)을 이용하고 있다. 단단한 바닥면이 매우 명확하고 돌담의 높이는 1m 남짓에 달한다.

F4 내의 소토 덩어리는 굵은 기둥의 흔적이 있는 것 외에 어떤 것은 돌덩어리가 달라붙어 있는 흔적도 있었는데, 이를 통해 석장 위에도 풀이 섞인 진흙이 칠

다롄 솽퉈쯔 6호 주거지

해져 있었음을 알 수 있다.

T11 바깥쪽의 가옥에는 역시 두 개의 석장이 있는데 두 채의 가옥에 속하는 것 같다. 먼저 안쪽의 가옥을 작업했는데 단단한 바닥면이 잘 드러나지 않고 가옥 내부에서 4점의 복원 가능한 도기가 출토되었다.

오전에 뉴 소장과 나 그리고 김석형·김용남이 작업 배치를 논의했는데, 북한 측은 다음과 같이 제안했다.

(1) 10월 10일 이전에 현장작업을 마친다.

(2) 15일 다롄에서 출발해 20일이나 3~4일 더 연장해서 귀국할 수 있다.

(3) 국경절 이후 두 팀은 랴오양 량자산·하이청 시무청을 조사하고 그 외 뤼순의 다타이산(大台山)을 조사할 것을 요구한다.[22]

(4) 귀국 시 보고를 해야 해서 다음 달 10일 이전에 일부 기물의 도면과 사진 촬영을 완료하길 바라며, 일부 기물은 잘 복원하기를 희망한다.

(5) 김용남과 황기덕 두 사람은 베이징에 남아서 1개월간 정리할 예정이다.

나는 도기의 복원 작업량이 비교적 많아 베이징으로 돌아가도 1개월 내에 도기를 복원할 수 없다. 따라서 베이징에 남아 있는 사람들은 반드시 그곳에서 중국 측이 정리와 복원을 할 수 있을지 기다려야 하니, 내년 작업을 시작하기 1달

---

22) 뤼순旅順 다타이쯔大臺子 유적은 청일전쟁 직후 이 지역을 점령한 일본인들에 의해 조사된 바 있다. 1927년에 당시 관동성 뤼순박물관에 근무하던 모리 슈森修의 보고에 따르면 솽다오완雙島灣 동북방의 높은 산에 위치한다. 현재 다타이산이라는 지명은 없고 해당 지역에 주터우산九頭山이라고 되어 있다. 당시 조사에 따르면 다타이산의 북쪽과 남쪽면에 각각 패총이 있었으며, 적석총도 3기가 있었다고 한다. 지금은 삭평되고 없는 듯하다(森修, 1927, 「關東州旅順管內山頭村會大臺山遺蹟」, 『考古學雜志』 17卷 5號).

안즈민安志敏 일기

전에 북한 측에서 사람을 보내 작업하는 편이 더욱 수월할 것이라고 제안했다. 북한 측에는 나의 제안에 깊이 찬성하고 그들은 다시 한번 논의하겠다고 했다. 그 외 북한 측은 우선 일부 도기 편을 베이징으로 먼저 운반하는 것에 동의했다.

뉴 소장이 또 중간결과와 보고서 작성 문제를 제기하자, 북한 측은 베이징에 돌아간 후 우선 작성한 보고서에 대한 의견을 교환하고 귀국 후에 당에 문의해야 해서 내년에 중국에 왔을 때 다시 정하자고 했다.

인자춘 난허 T11에서 가옥 흔적이 발견되었으나 단정할 수는 없다.

천춘시와 황기덕은 발굴 구덩이를 파는 의견을 교환했는데, 황기덕은 8×8m 2개의 대형 발굴 구덩이를 열자고 주장했다. 천춘시는 대형 발굴 구덩이의 단점을 지적하고 소형 발굴 구덩이로 축소할 것과 격량을 남길 것을 건의했지만, 황기덕이 대형 발굴 구덩이 방식에 대해 일일이 변명을 늘어놓아 논의는 매우 유쾌하지 않았다.

저녁에 응접실에서 회의를 열고 보고했다.

9월 23일 수요일 맑음

오늘은 인자춘 난허에 갔다. 김용남은 나에게 북한 측은 공동기록을 희망한다고 하면서, 현재는 단지 연대 기록 방식(紀年)에서만 불일치를 보이고 있는데, 북한 측은 북한 측의 관습을 따르고 중국 측은 이를 보류할 수 있다고 했다. 나는 공동기록이라는 명칭을 사용하는 것을 주장하지 않으며, 아울러 그에게 조사에 참여할 사람을 뽑았냐고 물었지만, 그는 아직 확정되지 않았으니 쐉퉈쯔를 완료한 후에 다시 말하자고 했다. 인자춘의 발굴 구덩이 방식에 대해 그는 여전히 대형 발굴 구덩이 방식을 주장했다. 내가 현재 대형 발굴 구덩이의 재구덩이 입구 층위가 명확하지 않으므로, 다시 발굴 구덩이를 열 때 격량을 남겨둘지, 아니면 소형 탐방을 열지 여부에 대해서 의견을 내놓자, 그는 연구 후에 다시 이야기하자고 했다.

T3의 장방형 수혈은 아직 바닥에 도달하지 않아 말기의 유물은 발견되지 않았다.

T11 북쪽 벽 부근의 장방현 수혈은 원래 단면상 3층에서 파 내려간 것으로 생각되었다. 그런데 갑자기 2점의 줄무늬 도기 편이 발견되어 다시 단면을 긁어 본 결과 비로소 2층에서 파 내려간 것임을 밝혀냈다. 이로 인해 단면을 남겨두는 것이 매우 필요하다는 것을 알 수 있었다.

서쪽 벼랑 위의 즉주묘(聖周墓)[23]를 분석하기 위해 새로 2×2m의 소형 발굴 구덩이를 열었는데, 회층 안에서 훼손된 석범 1점을 발견했다.

쌍퉈쯔 T1·T3 동쪽의 이른바 가마터는 대체로 정리가 끝났는데, 동서로 길이가 4m에 달하지만, 성질은 명확하지 않다.

F4는 사진 촬영과 도면을 그렸고, F6의 사면에 담장이 모두 노출되었으며, 아울러 문의 흔적도 있다.

T11의 F12는 정리가 완료되었다.

저녁에 회의를 열어 다음 사항을 논의했다.

(1) 잠시 공동기록에 대해서는 보류하고 내년에 다시 논의한다.

(2) 각자 사용하는 '연대 기록' 방식은 관습의 문제가 아니라 관련 유물을 대하는 태도의 문제이다. 한(=중국) 문명은 결코 고조선문제와 아무런 상관없다.[24]

(3) 난허南河에서는 더 이상 대형 발굴 구덩이를 넣지 않는 것이 바람직하다.

---

23) 즉주묘(聖周墓): 일제 강점기 시절 동아고고학회가 발굴한 비파형동검을 반출한 무덤이다. 당시 일본 고고학자들은 이 목관묘의 주변에 숯이 있음을 들어서 『예기(禮記)』에 기록된 "有虞氏瓦棺, 夏後氏聖周"를 들어서 무덤 주변에 구은 벽돌을 넣는 풍습과 연결지어서 이름 붙였다. 물론, 그런 주장은 근거 없는 억측인바, 단지 인자춘에서 발굴된 후기 비파형동검문화의 목관묘로 보는 것이 옳다.

24) 춘추전국시대와 같은 중국식 편년 방식에 대한 북한 측의 문제 제기를 말함이다.

9월 24일 목요일 맑음

오늘은 쌍튀쯔에 갔으며 아울러 쌍튀쯔 중간보고의 초고를 작성했다.

T1·T3 동쪽은 가마로서, 확장된 면적은 T9로 번호가 매겨졌다. 가마의 상황이 갈수록 명확해졌으며, 2개의 가마가 서로 연결된 것 같았다. 남쪽에는 2개의 유사한 화구 유적이 있고, 동쪽에 있는 하나의 가마에서 화구를 파내자, 개별 화안(火眼; 아궁이)과 화도(火道)가 나왔다. 좀 더 작업을 해봐야겠지만, 가마일 가능성이 매우 크다.

F4의 아래에는 큼지막한 홍소토가 뒤섞여 있으며, 석부 7점·석창 6점이 발견되었다. 정황상 별개의 가옥인 것 같으며 주위에도 석장의 흔적이 있었다. 오늘은 홍소토 덩어리를 벗겨내서 사진 촬영과 붕괴상황을 조사하였다.

F6은 오늘 도면을 그리고 사진을 보완했다. F3과의 관계는 매우 명확해졌다. F3은 F6의 일부 석장을 이용하고 F3의 화덕 자리는 바로 F6 동쪽 담장 위에 정확히 눌려 있었다.

F12는 오늘 도면을 그렸다. 그 바깥쪽은 별도의 석장으로, 주거면이 F12보다 낮은 것으로 보아 두 채의 가옥이 틀림없다. 이들 가옥은 암반 위에 위치하며, 뒤쪽에 또한 석장과 도랑 같은 흔적이 있다. 암반 위에서 채색 도기 편 1점을 획득했는데, 역시 채색 도기의 시기가 비교적 이르다는 것을 말해준다.

T11A(1)층에서 정의 다리(鼎足) 2점을 발견했는데, 하나는 원주형 획문의 홍도이고 다른 하나는 첨추형 흑도이다. 정족의 출현에서 이것과 룽산문화와의 관계가 꽤 밀접하다는 것을 말해준다.

인자춘 난허 T3에서 또 묘장 1기가 발견되어 한나라 시대의 기물이 출토되었다. 이 무덤은 M7(상반신을 제거)을 타파한 것으로 보이며, 회구(灰溝)와의 관계는 아직 명확하지 않다.

T11은 북쪽 벽 대형 발굴 구덩이 갱도 안에서 3개의 작은 묘갱이 나왔는데, 절반은 바깥쪽에 깔려 있어 한나라 시대의 무덤으로 의심된다. 그러나 대갱이

소갱을 덧씌우는 매장 방법은 매우 특이하다.

9월 25일 금요일 흐림

오늘은 인자춘 난허에 갔다.

T3M10 안에서 도완(陶碗) 2점·도분(陶盆) 2점·줄무늬 도관 1점이 나왔다. 묘의 바닥은 지하수가 올라와서 진창이 심했다. 묘장의 정황에서 보아 이것이 M7을 타파했고, 또한 초기의 회구 역시 타파했는데, M6과도 관계있는 것 같다. 가장자리를 정리해보니 도기가 검은색으로, 한나라 시대의 부장품에 속하는 것 같다.

M11내 북쪽 벽의 옹관묘(M9)는 두 개의 노끈무늬 도관을 서로 겹쳐서 만든 것이다. 하나는 도관 바닥이 있고 다른 하나는 도관 바닥을 이용해 보완해서 만든 것이다. 젖니 몇 개만 발견되었지만, 이 묘는 확실히 제2층에서 파 내려간 것으로 전국시대에서 한나라 시대에 속하는 것이 명확하다.

북쪽 벽 아래의 방갱(方坑)내에서 3기의 묘가 일렬로 발견되었다. 오늘 바깥

인자춘 11호묘 전경

안즈민安志敏 일기

쪽을 확장하니 하나의 대형 발굴 구덩이 같았다.

　김석형은 또 뉴 소장에서 공동기록을 요구하고 연대 기록 표기 방식은 각각의 습관에 따라 기록하자고 했다. 뉴 소장은 대형 발굴 구덩이를 여는데, 몇 가지 문제가 명확하지 않으니, 방식을 변경할 수 있는지 묻자, 김석형은 황기덕의 방식에 동의한다고 하면서 그 방법이 더 빠르다고 하니 다시 논의할 수 있다고 했다. 아울러 베이징에 남아 있는 정리 인원은 내년에 다시 베이징에 오는 것에 동의한다고 했다.

　쌍퉈쯔 F6·F12는 계속해서 도면을 측량하고 가마는 계속 정리를 했다.

　저녁에 회의를 열어 다음 사항을 논의했다.

　　(1) 쌍퉈쯔를 바닥까지 파는 것을 고수하는 것에 관해 3가지 방안을 강
　　　　구할 수 있는데, 첫째는 작업 기간을 연장하는 것이고 둘째는 북한
　　　　측의 일부 인원의 작업 기간을 연장하는 것이며, 셋째는 중국 측이
　　　　남아서 직접 하는 것이다.
　　(2) 공동기록에 관해서는 쌍방이 각자 기록하여 교환할 것을 건의한다.

인자춘 9호묘(옹관묘) 전경

뉴 소장은 장라오와 전화 통화를 해서 다음과 같이 지시를 받았다.

    (1) 공동기록은 양측의 의견을 수렴해야 하지만, 반드시 어느 쪽의 의견
       인지 밝힐 필요는 없다.
    (2) 유적은 바닥까지 파야 하며, 일부 외빈이 남아서 그들이 귀국하기
       전까지 작업을 마칠 수 있도록 한다.

9월 26일 토요일 흐림

   오늘은 솽튀쯔에 갔다.

   T9의 가마는 계속 정리를 해나갔다. 비록 2개의 가마로 일련번호가 매겨졌지만, 그중 하나는 단단한 면에서 화덕 자리가 발견되었는데, 아마도 이곳은 주거지일 수도 있다. 그리고 위쪽의 경사진 홍소토는 지붕이 무너져 내려앉으면서 생겼을 것으로, 추가 작업이 필요하다.

   T11은 F5의 평면에 대한 측량을 완료하고 아울러 T1의 범위에 따라 아래로 파 내려가자 황토 안에서 회갱의 흔적이 나타났다. 황토 안에 채색 도기 편이 있는 것으로 보아 비교적 초기의 층위인 것 같다. F5에서 3개의 기둥 구멍이 나왔는데, 2개(하나는 크고 하나는 작음) 안에는 돌덩이가 채워져 있었다.

   T1F7(F4 아래에 깔려 있었다) 위쪽에 불에 탄 흙덩어리가 가득한 것으로 보아 무너져 내렸다는 것을 알 수 있다. 두터운 홍소토의 두께는 0.17m로 짚과 진흙으로 만든 담장이고, 얇은 것은 0.05~0.10m로, 지붕의 짚과 진흙이다. 기본적으로 바닥까지 정리되어 윤곽을 볼 수 있다.

   H4가 F7를 타파했으며, F4의 아래에 눌려 있다.

   F6·F12·F13 등은 계속해서 도면을 그렸다(F12 바깥쪽 석장의 일련번호는 F13이다).

   F11을 해체하니 단단한 바닥면 아래에서 완형의 작은 석분 5점이 발견되었

다롄 쌍퉈쯔 7호 주거지 전경

다.

인자춘 난허 M10은 도랑물로 진흙을 씻어내자, 치아 등이 나왔다.

T4는 발굴을 개시해서 옹관묘 1기가 발견되었다.

T11 안의 대형 방갱의 3개 묘는 서로 타파 관계에 있으나, 유물로 보아 한나라 시대 묘에 속하는 것 같다.

황기덕이 오늘 천춘시에게 한사코 2개의 대형 발굴 구덩이를 유지하자고 하면서 아울러 묘장은 이미 소기의 목적을 달성했으니 일련의 다른 유적을 파겠다고 했다. 그들은 왜 이렇게 한나라 무덤을 중시하는가? 그들은 북한 내의 한나라 묘를 고조선 묘라고 보고 있는가? 그래서 이것도 고조선 묘라고 하는 것인가?

저녁에 뉴 소장은 김석형과 난허의 발굴 방법, 쌍퉈쯔의 작업 시간 등에 관해 의견을 나누었다. 내일 쌍퉈쯔에 갈 때 다시 의견을 나눌 예정이다.

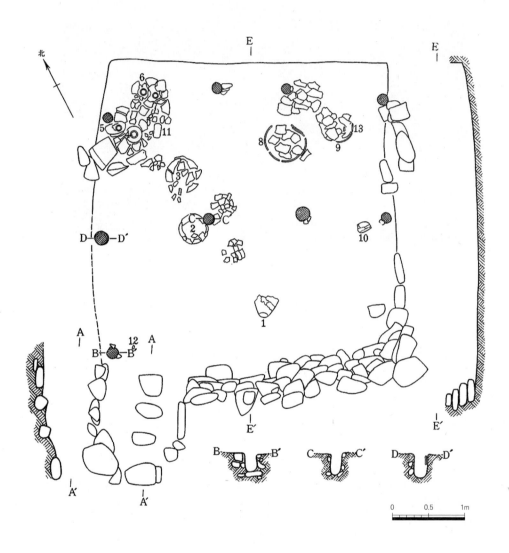

北

다롄 솽퉈쯔 7호 주거지

안즈민安志敏 일기

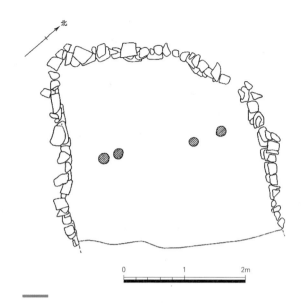

다롄 솽퉈쯔 11호 주거지

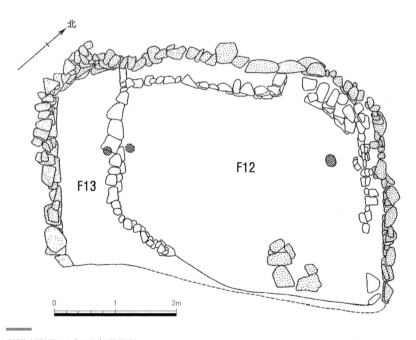

다롄 솽퉈쯔 12호·13호 주거지

9월 27일 일요일 맑음

오늘 나는 인자춘 난허에 갔다.

김용남은 공병이 채소밭에 발굴 구덩이를 열어야 하는지에 대해 문의하자 여전히 8×5m의 발굴 구덩이 2개를 열어야 한다고 제안해서 나는 저녁에 뉴 소장과 검토를 한 후 내일 다시 의논하자고 말했다. 그는 매우 기분이 상한 듯했다. 임건상의 보고에 의하면 황기덕이 우리 중국 측이 다시 발굴 구덩이를 열 생각이 없다고 했다고 한다. 김신숙이 또 내게 "왜 새로 발굴 구덩이를 열지 않는가?"라고 물었다. 내가 두 분의 소장이 논의한 후에 다시 말하자고 했더니 그녀가 "이것은 기술적인 문제인데 왜 그들에게 물어야 하는가?"라고 했다. 그들이 지도

인자춘 12호묘 적석 노출 상태

인자춘 12호묘 유물 출토 상태

안즈민安志敏 일기

자이기 때문이라서 그렇다고 했더니 그녀는 "나는 따르지 않겠다."라고 했다.

T3 동쪽 벽에서 옹관묘(M14)를 발견했는데 붉은색의 1관(罐) 1분(盆)이 서로 겹쳐져 있었다.

T4 동쪽 벽에서 수혈묘로 보이는 것이 발견되었는데, 절반이 담장 밖에 깔려 있었다. 발굴 구덩이 내에서 한 사람의 머리가 발견되었는데, 이 묘장은 한나라 시대의 갱에 교란되어 파괴된 것이다.

T11 북쪽 벽 대형 방갱의 3개 무덤은 서쪽에서 동쪽으로 타파 관계로, 일련 번호는 M11 ·M12·M13이다.

M11은 이미 정리가 끝났다. 인골 1구가 나왔는데 부패가 매우 심하다. 양측 이층대 위에는 도기 7점이 늘어서 있는데 모두 회도로, 도분(陶盆) 2점, 호(壺) 2점(1점은 줄무늬를 하고 있다), 잔(盞) 1점, 분(盆) 2점(형식은 다르다)으로 전형적인 전국시대 말기 묘인 것 같다(일련번호 M11).

M12는 아직 정리가 끝나지 않았다. 인골 역시 부패가 매우 심하고 서쪽의 배열된 도기는 모두 홍도(紅陶)이며 심하게 파손되어 그릇의 형태를 알 수 없었다.

쌍튀쯔 T1은 계속해서 아래로 파 내려갔다. F7에서 문도(門道)를 발견했고 F6은 주거면을 분석하고, F12·F13은 계속해서 도면을 그렸다.

저녁에 회의를 열어 다음 사항을 논의했다.

(1) 난허에 발굴 구덩이를 여는 문제는 검토해서 북한 측의 요구에 동의할 예정이나 여는 것을 잠시 보류하고자 한다.

(2) 기록은 공식 서명을 채택하고 각각 서로 다른 의견은 별도로 기록한다.

(3) 북한 측은 20일까지 연장해서 작업을 완료해야 한다.

9월 28일 월요일 맑음

오늘 나는 쌍뤄쯔에 갔다.

T1 범위 내에 있는 F1의 단단한 바닥면 아래에서 총 19개의 많은 기둥 구멍이 발견되었는데, 깊이가 일정하지 않았다. 어떤 것은 구멍 밑에 받침돌이 있고 또는 측면을 돌로 채워놓은 것도 있는데, 어느 가옥에 속하는 지는 아직 확실하지 않다.

T4F2는 단단한 바닥면 아래에서 6개의 기둥 구멍이 발견되었는데, 구멍의 크기와 깊이는 일정하지 않았다. 가장 깊은 것이 0.7m로 바닥까지 미치지 못했

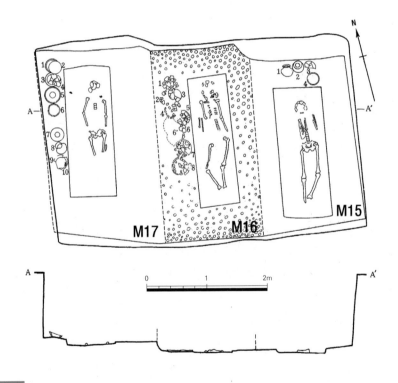

인자춘 15호·16호·17호묘 중첩 상태(서한 초기)

인자춘 15호·16호·17호묘 전경

으며, 소속 관계 역시 확실하지 않다.

F7은 완전히 정리했다. 대부분의 석장이 F4 아래에 깔려 있었지만, 남쪽 벽 및 입구는 비교적 명확했다. 남쪽의 서쪽 구석에 있는 경사진 모양의 통로는 반지혈식(半地穴式) 가옥이라는 것을 증명해 준다. 단단한 바닥면에는 일곱 더미의 도기가 있는데, 어떤 것은 형태가 그대로 남아 있었다. 단단한 바닥면 위에서 3개의 기둥 구멍이 발견되었다.

F6의 아래에서 또 1채의 가옥을 발견했는데, 석장이 파괴된 채 일부 홍소토가 남아 있었다. 홍소토 아래에도 도기가 쌓여 있는데, 역시 가옥이 불에 탄 것이다.

F11~F13은 도면 그리기를 완성했고, 아울러 F12·F13의 석장을 제거했다.

난허 M11~M13은 모두 정리했다. M11은 직지(直肢)[25], M12는 굴하지(屈下肢)[26], M13은 굴상지(屈上肢)[27]이며, M13에는 부장품이 없었다.

---

25) 직지(直肢): 주검을 똑바로 눕히고 팔다리를 곧게 펴서 묻은 매장법을 가리킨다.

T4의 토광묘에서 도기와 석판관이 출토되었는데, 해당 시대는 그다지 이른 것 같지는 않다고 하지만, 매우 주목할 만하다.

저녁에 회의를 열어 북한 측의 장쥔산將軍山 석총(石塚) 발굴 요구를 검토하는데 나는 시간과 인력 모두 맞지 않는다고 생각했다. 결국 우리는 1명의 인력을 안배하고 천춘시·왕이량에게 북한 측과 함께 랴오양 량자산·시무청 조사를 하게 하고, 정나이우는 천춘시를 대신해서 우리들의 인력 요구를 설명하고 다시 북한 측에게 고려해 달라고 요청했다. 뉴 소장이 북한 측과 협의하니 그들은 국경절 이후 다시 논의하자고 했다.

9월 29일 화요일 맑음

오늘은 난허南河에 갔다. T4의 M12는 토광석관묘로서 큰 돌을 이용해 관실을 쌓아 만들었다. 돌 위 앞에 도관 3점, 두(豆) 3점이 놓여 있는데 도기의 질에서 유적과 서로 유사해 동시기의 유물로 보인다. 그중 두 하나는 흑도로 더욱 주목할 만하다. 이 묘에는 청동단검이 있을지도 모른다.

T11 내의 3기의 묘는 일련번호를 M15~M17로 변경했는데, 동쪽의 묘(M17)에서는 앞에서 도관 2점(바닥부분에 줄무늬가 있음)·도잔 2점이 나왔고, M16에서는 시신 가까이에서 홍색 도기 편 6더미, 입안에서 수정구슬 1개가 나왔으며, M15에서는 회도합(灰陶盒) 2점·호(壺) 2점·분(盆) 2점·우(盂) 1점이 나왔다.

T12·T13은 어제 북한 측이 8×5m의 발굴 구덩이를 열었는데, 흙을 채취할 때 3명이 지켜보는 것으로 보아 문제가 있는 것 같았다. T12의 표토에서는 주로 조도(粗陶=거친 토기)[28]가 출토되었으며, 후기의 유물은 보이지 않았다. T13의 표토에서 소량의 노끈무늬 기와와 노끈무늬 회도 편이 나왔지만, 조도가 주를

---

26) 굴하지(屈下肢): 주검의 하체를 구부려서 묻은 매장법을 가리킨다.
27) 굴상지(屈上肢): 주검의 상체를 구부려서 묻은 매장법을 가리킨다.
28) 조도(粗陶): 문맥상 수제토기를 의미한다.

안즈민安志敏 일기

이루었다. 이곳은 복잡한 층위를 갖고 있음을 알 수 있다.

쌍퉈쯔의 T4 아래쪽에서 발견된 황토 바닥다짐은 초기의 별도의 가옥일 가능성이 있다. F7은 대체로 정리를 끝내 측량과 사진 촬영 작업을 마쳤다. T6에서는 F8의 단단한 바닥면을 정리했다. T11·T12는 단면도를 그렸다.

9월 30일 수요일 맑음

오전에 계속 작업을 하고 나는 쌍퉈쯔에 갔다.

T9에서 도기의 그림을 측량해서 그리고, T1·T4는 계속해서 아래로 파 내려갔다. T1의 황사토 내에서 온전한 도관 1점과 다수의 채색 도기 편이 나왔고, T5 역시 계속 아래로 작업해나갔다.

T6은 F8의 단단한 바닥면을 정리했고, T11·T12는 단면도를 그렸다.

오후 3시 30분에 뤼순에서 출발해서 저녁 외빈과 함께 시위원회가 국경절 15주년을 기념해 거행하는 연회에 참석했다.

10월 1일 목요일 맑음

오전 9시~10시 30분에 걸쳐 경축 퍼레이드에 참가했는데, 시에서 행진하는 군중은 15만 명에 달했으며, 분위기가 장엄하고 성대했다. 그리고 민병 대오는 특히 특색을 갖추고 있었는데, 이는 중국 인민의 강대함으로 제국주의자들을 두려움에 떨게 하기에 충분했다.

퍼레이드 이후 집에 돌아가니, 아버지는 옌타이煙台에서 다롄으로 돌아왔고 징셴靜嫻은 선양에서 다롄으로 돌아와 집에서 한자리에 모였다.

저녁에 호텔에서 중산中山 광장의 불꽃놀이와 연등회를 보았다.

10월 2일 금요일 흐림

오전 8시에 회의를 열어 나는 마무리 단계에 임박한 작업 배치에 대해 말했고, 뉴 소장은 작업 중의 주의해야 할 사항에 대해 말했다.

정오에 집에 돌아가 아버지·어머니·징셴·샤오위안小暖 등에게 사진을 찍어주었다.

오후 3시에 열린 팀장 회의에서 김석형은 장쥔산 석총을 발굴하는 데에는 일주일(4~11) 정도가 필요하니 11일 이후 김용남·김용간·김신숙 등을 량자산·시무청 조사에 보낼 것을 제안했다. 뉴 소장과 나는 모두 장쥔산 석총의 발굴 시간이 부족할 것 같다는 견해를 밝혔지만, 김용남은 여전히 북한 측이 경험이 있다고 주장했다. 정찬영·김종혁에 따르면 일주일이면 끝낼 수 있다고 해서 결국 내일 현장에 나가서 둘러보고 다시 말하자고 했다. 북한 측은 작업이 완료된 후에는 두 사람을 파견해 2~3주간 정도 남아서 자료를 정리하게 하고 내년에 다시 올 것이라고 했다. 뉴 소장은 단지 쐉퉈쯔 현장 하나만 남기고 다른 작업 현장은 남길 필요가 없다고 제안했다. 인자춘 난허 역시 이러한 문제가 있을 것이다.

그런 뒤, 팀의 일부 동지들과 함께 연구해본 결과, 북한 측이 반드시 장쥔산을 발굴한다고 하면 3개 현장은 형편상 모두 끝마칠 수 없으니, 중국 측이 계속 남아서 작업을 완료할 수밖에 없었다.

저녁에 가무 공연을 감상했다.

10월 3일 토요일 흐림

뉴 소장은 오늘 정오 기차를 타고 둥징청으로 갔다.

오전 10시에 중국과 북한 전체 팀원은 다롄에서 출발했다. 도중 쐉퉈쯔 현장을 참관했다.

오후에 중국 측 전원 및 북한 측 일부 팀원은 인자춘 난허에 가서 참관했다.

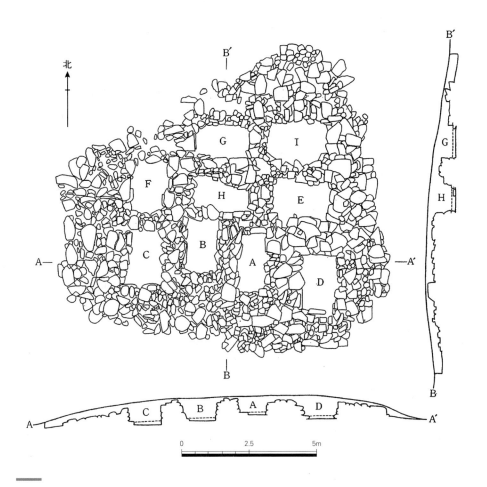

北

B′

G   I

F

H   E

A—   C   B   A   D   —A′

B

B′

G

H

B

A   C   B   A   D   A′

0   2.5   5m

다롄 장쥔산 1호총(1964년 조사)

그런 뒤 장쥔산에 가서 조사했다.

장쥔산의 대석총은 길이가 36m, 너비가 15m 남짓으로, 단시간에 완성할 수
없어 보였다. 북한 측은 직경 10여m 정도로 작게 파보자고 제안했다. 내가 먼저
발굴 방법을 결정하자고 하자, 북한 측에서는 한참 동안 상의하더니 정찬영이
앞에 나서서 먼저 부토를 제거하고, 다시 절반쯤 파내자고 했다. 도면을 그리는

것은 다시 논의하기로 하고 우선 공병을 집중해서 부토를 제거하자고 했다. 나는 이 의견에 동의했지만, 절대로 일주일 안에 해결할 수는 없다고 보았다.

저녁에 경극 「노탕화종(蘆蕩火種)」[29]을 보고 돌아와서 다시 천춘시·런창타이·정나이우·쉬밍강 등과 작업 일정을 논의했다. 정황상 솽튀쯔·난허, 장쥔산은 모두 일을 잘 마무리해야 해서 중국 측 팀원 전체가 남는 것으로 했다.

10월 4일 일요일 비

현장에 도착했으나 비로 인해 작업을 하지 못했다. 단지 솽튀쯔에서만 잠시 작업을 하다가 실내로 돌아와 북한 측의 요구에 따라 왕이량이 몇 점의 도기를 붙였다. 북한 측은 우리들이 사용하는 칠피(漆皮) 접착 방법을 매우 마음에 들어했다.

샤나이 소장에게 편지를 쓰고 5시에 접견 사무실에서 작업을 보고했다.

저녁에 팀 내 회의를 열어 조사 및 작업 안배 문제를 검토해서 천춘시 한 명만을 파견해 조사하는 것으로 결정했다. 왕이량의 작업은 끝낼 수 없으며, 세 현장의 작업은 아마 매우 늦게까지 연장될 것 같다.

10월 5일 월요일 맑음

오늘 장쥔산 공사를 시작해 모두 공병 10명이 왔다. 지표의 잡초를 깨끗이 제거하기 어려워 작업 속도는 비교적 더디게 진행되었다. 해 질 무렵 표토를 완전히 제거하고 보니 무덤의 천정이 함몰된 것처럼 보이며 묘광의 흔적이 있는 것 같다.

---

29) 노탕화종(蘆蕩火種): 1959년에 상하이에서 초연된 것으로 중국 공산당이 활동하던 1930년대를 주요 무대로 한다.

나는 장쥔산에 있는 시간을 이용해 석총의 모습을 살펴보았다. 석총 대부분이 일본인들에게 도굴된 것으로 보였으며, 도굴의 흔적을 볼 수 있는 것이 여덟 군데였다(동쪽과 서쪽 산 각 4곳). 이곳은 모두 규모가 비교적 큰 편이며, 실제 수는 이를 훨씬 뛰어넘는다. 나는 하나하나 사진을 촬영했다.

서산마루의 꼭대기에는 대석총이 하나 남아 있었다. 서쪽 비탈에도 한 곳이 있는 것 같은데, 그다지 명확하지는 않았다. 다시 서산마루를 삼각대로 측량하니 역시 하나의 대석총인 것이 확실하다.

동산마루는 9개(발굴된 것을 포함)가 남아 있었는데, 형상은 모두 비슷하다.

최대 직경은 10m를 넘기지 않고 높이도 겨우 1m 남짓이다.

라오톄산老鐵山[30] 시모(西暦)에서 단지 하나가 보일 뿐, 그 외에는 없다.

석총의 분포는 산등성이의 흐름을 따른 것으로 보인다. 큰 석총은 종종 산등성이의 꼭대기에 있어 멀리서 바라보면 돌출된 부분이 높이 솟아 있다. 작은 석총은 양측에 위치해 있는데, 그 주변에는 더 작은 석총이 있을 가능성이 있다. 지면상에는 이미 흔적이 사라지고 없으나 산등성이의 흐름을 따라서 매장했다는 점은 매우 명확하다.

난허에서 T4의 M11을 정리하자 묘광이 명확해졌고, 주위에 작은 자갈이 노출되어 M16의 정황과 일치해 동시기의 유적에 해당한다.

M12·M16~M17은 오늘 사진 촬영을 했다.

T12~T13은 계속 아래로 파 내려갔다. 2층 내에서 말기의 도기 편이 나왔는데, 이는 교란층인지 아니면 방법의 문제인지는 아직 명확하지 않다.

쐉튀쯔의 F7·F8 아래에서 또한 각각 1채의 주거지가 발견되었다.

---

30) 라오톄산老鐵山: 랴오둥반도의 끝단에 위치한 산으로 바다를 사이에 두고 산둥반도와 마주하고 있다.

10월 6일 화요일 맑음

오늘은 쌍튀쯔에 갔다. T1 아래쪽의 황사토는 이미 2m를 파서 뤄양삽을 이용해 깊이 2m 넘게 탐사했다. 홍소토 및 회토가 섞여 있어 이곳은 어느 정도 노력이 필요할 것으로 보인다. 도기 편은 비록 많지 않으나 큰 것이 섞여 있고 토층 역시 충적되어 형성된 것이 매우 명확하다. 이 초기의 퇴적 성질을 분명히 하기 위해서 우리는 그것을 바닥까지 파야 할 필요가 있다.

F7의 아래 가옥은 이미 대부분 드러났는데, 형태는 비교적 작으며, 일련번호 F9의 가옥은 불에 타지 않았고 가옥 안에는 도기도 없다.

F8의 아래 가옥(일련번호 F10, F8)의 거주면은 명확하지 않지만, 도기가 F10의 담장 위에 놓여 있다. 주로 F8의 범위를 정리했으며 주위 담장은 아직 명확하지 않다.

F9의 이른바 가마는 비록 일부 분석을 했으나 여전히 분명하지 않다. 김용간은 가마터임을 고수하고 있지만, 현재로서는 확신할 수 없고 가옥의 가능성도 점점 더 커지고 있다.

난허 T3에서 M12의 평면도를 그리고 아울러 골조를 제거했다. 추가로 공병들이 정리 중에 있으나, 이를 감독하는 사람이 없어 소토묘 1기가 파괴되었다. 하지만 복원은 가능할 것으로 보인다.

T13에서 출토된 도기 편에 '臝'이 새겨져 있는데 '정(亭)'자로 의심되며 전국시대 말기에서 전한 초기의 유물인 것 같다.

장췐산의 M1은 일단 초피를 제거했지만, 윤곽은 아직 밝혀지지 않았다. 김종혁은 매우 조급해하며 10일 이내에 완료하고자 했다.

10월 7일 수요일 맑음

6~7시에 비와 우박이 내려 인자춘, 장췐산은 잠시 작업을 중단하기로 했다.

쑹튀쯔는 평소대로 출발했으며, 이후 날씨가 맑아지자, 북한 측에서는 작업 하자고 요구했다. 그러나 트럭이 이미 휘발유를 싣기 위해 시내로 갔기 때문에 오전에는 일시 중단할 수밖에 없었다.

인자춘은 오후에 평소대로 작업을 시작했다. 그러나 비가 내린 관계로 M11·M12 묘장은 물이 차서 작업을 할 수 없어 M11의 평면도만 그렸다. T12·T13 역시 진흙탕이어서 오전에 왔어도 작업을 할 수 없었다. T12 안에 회 갱의 흔적이 3곳이 나와 각각 아래를 파 내려갔더니 모두 난허南河 유형에 속하 는 것으로 보인다.

오늘 오후에 30분 앞당겨 작업을 시작해 공병과 상의해서 작업 시간을 30분 연장하기로 협의했다. 김용남이 김신숙에게 조사하러 가는 데 어려움이 없겠는 가 물어서, 나는 다소 불편하지만, 가야 한다면 북한 측의 결정에 따르겠다고 대 답했다. 다만, 왕이량 동지는 작업을 내려놓을 수가 없어 함께 갈 수 없자 김용 남은 9일에 작업 상황을 보고 다시 말하자고 했다.

장쮠산 석총의 주변은 대체로 작업이 끝나 직경 11~12m가 드러났는데, 주 변에는 부서진 돌들이 있었지만, 가장자리까지는 없었다. 흙 속에 깨진 도기 편 이 있는데, 일본인이 발굴한 적이 있는지는 단정할 수 없다. 무덤이 높지는 않지 만, 묘광의 흔적이 아직 드러나지 않아 자세히 정리하는 데에는 아마 시간이 더 많이 소요될 것 같다.

쑹튀쯔에서 계속 분석하고 있는, 이른바 가마는 가옥일 가능성이 점점 더 커 지고 있다. F9는 대체로 정리가 끝났고 F10은 정리를 시작했다.

저녁에 접견 사무실에서 안산시鞍山市[31)가 량자산·시무청 등 지역에 대해 알 고 있는 정황을 설명했다. 석묘 등은 대부분 이미 남아 있지 않으며 기본적으로 량자산·겅자툰耿家屯·시무청 3개 지구로 나눌 수 있다. 중앙에서 동의 여부를 결정하게 했다. 또한 저우周 서기는 계획 이외의 사항을 시행할지는 중앙의 결정

---

31) 안산시鞍山市: 라오닝성의 지방 도시이다.

에 따르고자 했다. 저우 서기는 중국과 북한 양측의 논쟁이 무엇인지를 묻고 중앙에 보고했다. 저녁에 뉴 소장에게 전화를 거니 장라오는 중앙에서 이미 비준하는 범위 내에서 특별히 곤란한 점은 없으니 역시 외빈에게 조사하러 가게 하라고 했다고 한다.

10월 8일 목요일 흐림

오늘은 쌍퉈쯔에 갔으나 오후에 비가 내려서 작업을 일찍 마쳤다. 그러나 난산리는 비가 내리지 않아 계속 작업을 했다.

쌍퉈쯔 F9는 도면을 측량했다. F8은 아직 명확히 드러나지 않았고 아래쪽에 깔린 F10 역시 일부 드러났으며 아울러 담장 두 개가 나왔다. 그러나 아주 명확하지는 않아 우선 F8을 정리하기로 하고 이에 남쪽으로 확장해서 그 남쪽 담장을 찾았다. F8을 정리했을 때 F10의 석장이 나왔다. 임건상은 1채의 가옥이라고 생각해서 도면과 사진 촬영도 하지 않고 작업을 해나가 수습할 수가 없게 되었다. 동시에 F3 뒤쪽의 두 개의 석장은 아직 정리가 덜 되어 먼저 서둘러서 정리할 필요가 있었다.

이른바 가마는 분석한 정황을 볼 때 많은 증거가 가옥이라고 말해주고 있다. 홍소토의 F에 가는 나무토막의 흔적이 있는데, 지붕 같았다. 이곳 역시 비교적 높은 수혈식 벽일 가능성이 있으며 한쪽 비탈의 지붕을 채택한 것 같다.

T1은 깊이 약 2m의 황사토에서 또 석부 1점 및 복원할 수 있는 도관이 출토되었다. 그리고 회 및 홍소토가 여전히 존재하며, 시추 지점까지 아직 1m 이상 남아 있다.

난허 M12에서는 청동단검(세형단검) 1점, 석곤봉두 1점이 나왔는데, 이 석묘는 확실히 청동단검묘라는 것을 증명한다.

T13은 층위를 구분할 수 있다. 제일 위쪽은 전국시대에서 한나라 초기의 층이고, 아래쪽은 난허의 유형으로 묘장과 동시기인 것 같으며 아래쪽의 층위는

더욱 이른 것 같다.

장쥔산의 석총에서 적지 않은 도기 편이 나왔고 소형 도배(陶杯)와 정족(鼎足)이 나왔다. 석총은 그다지 높지 않으나, 일본인에 의해 도굴된 것으로 의심된다.

저녁에 영화「병림성하(兵臨城下)」를 봤다.

안산시의 견해에 따라 북한 측이 하루 늦게 가기를 희망해서 김용남과 이야기를 했는데, 그는 동의를 표명했다. 아울러 차이 관장은 해당 지점의 상황을 알려주었고 나는 시무구청析木古城은 요(遼)나라의 성이라고 설명했다.

천춘시와 뉴 소장이 전화 통화를 해서 성(省)에서 요구한 양측의 논쟁 문제에 관한 보고서에 대해 문의하니 뉴 소장이 우리에게 보고서를 작성하라고 했다. 아울러 조사를 앞당겨서 가능한 한 16일 이전에 다롄으로 돌아가도록 했다. 이는 내년 계획을 결정해서 지도부에 조기 보고하기 위함이다. 접견 사무실이 안산시에 연락해서 10일 혹은 12일 안산에 갈 수 있으며, 11일에는 별도의 임무가 있어 접대할 수 없다고 했다.

10월 9일 금요일 맑음

출발 전 김 소장과 김 조장은 출발 조사 일자를 검토했다. 김 소장은 여전히 12일에 출발해서 16일 이전에 돌아올 것을 주장하며, 시무청은 조사하지 않아도 괜찮다고 했다.

오늘 나는 난허와 장쥔산에 갔다. 현장에서 중국과 북한 양측의 작업 중 서로 다른 의견에 대한 보고서를 작성했다.

난허 M12의 사진을 찍었다. M16에서 기물을 올리는데 홍도는 부서지기 쉬운 상태로 아직 구워지지 않았다. 그중에서 정족이 출토되어 이 무덤이 전국시대 묘장에 속한다는 것을 처음으로 증명했다.

T12의 3개 회갱(일련번호 H8~H10)은 모두 난허의 유형에 속한다. T13의 정황은 다소 복잡해서 어떤 곳에서는 회구(灰溝)[32]가 많고, 위층에는 줄무늬 도

기가 있으나 아래층에서는 보이지 않아 교란층인지 여부는 단정할 수 없다.

장쥔산 석총 M1은 확실히 교란되었다. 이는 일본인의 초기 도굴이거나 현지 사람이 옥석제품을 찾으려고 파괴한 것 같다. 돌무더기 속에 약간의 도기 편이 흩어져 있었는데, 두 개의 묘실에서 흐트러진 도기 편이 특히 많이 나왔는데, 그 중 거의 완전한 소도배(小陶杯, 명확히 부장품에 속한다)가 있었다. 그 외 조도가 가장 많았으며, 정족·잉편(鬲片; 세발솥 조각)이 있고, 또한 흑도 조각과 전형적 단각도(蛋殼陶)(두께 1㎜)도 있었다. 또한 구멍이 뚫린 석모 1점도 발견되었다.

위에서 언급한 유물에 따르면 전형적인 룽산문화 묘장으로 판단된다. 게다가 흩어져 있는 유물의 상황을 보면 일본인에 의한 도굴 파괴가 얼마나 놀라운 정도인지를 잘 말해준다.

쌍퉈쯔 T1은 깊이 2.6m에서 황사토가 나오고 또한 회토가 드러났는데 매우 초기에 속할 가능성이 있다. 남쪽 벽에서 커다란 재구덩이 하나가 나왔는데, 황사토 층을 제거하고 보니 역시 초기의 유적이 틀림없다.

T7의 남쪽 주변을 바닥까지 확장하니 F8의 남쪽 담이 이미 노출되었다.

T9의 이른바 가마에서 떼어낸 홍소토 덩어리에 서까래의 흔적이 모두 뚜렷했다. 동쪽의 홍소토 덩어리 하나를 떼어내자, 동서는 대들보, 남북은 촘촘한 서까래였다. 다시 무너진 흔적을 관찰하니 완전한 지붕이 명확하게 남아 있었으며, 수혈식의 황토를 이용해 벽을 만들어 위에 한 면의 비탈진 지붕을 지탱한 것이 확실하다. 이 가옥은 초기 유적으로, 말기의 돌을 쌓아 만든 담장과는 다르다.

저녁에 영화 「농노(農奴)」를 보았는데, 티베트의 농노 및 그 운명을 묘사했다.

---

32) 회구(灰溝): 한국 고고학에서는 흔히 저장공 또는 움으로 불린다. 주거지나 무덤과 달리 과거 음식을 저장하거나 폐기한 구덩이를 말한다.

안즈민安志敏 일기

10월 10일 토요일 맑음

오늘은 쌍퉈쯔에 가서 먼저 김용간과 이른바 가마의 방 번호 편성을 상의했는데, 처음에 그는 인정하려 하지 않았다. 그러나 설명하고 난 뒤 보니 자신의

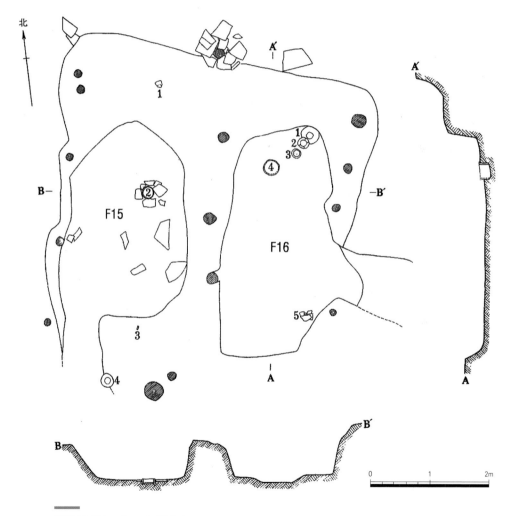

다롄 쌍퉈쯔 15호·16호 주거지

원래 의견을 포기한 것 같았다. 일련번호는 F14~F16이다.

T1 남쪽 벽의 재구덩이 속에서 소수의 채도가 나왔는데 역시 초기의 것으로 보인다. T1의 4A층(황사토층)에서 출토한 기물은 대형으로 제작된 것이 대부분이지만, 녹로를 이용한 방식[33]은 매우 적어 한두 점에 불과했다. 앙토우와 초기 유물 중에도 녹로를 이용한 방식은 보기 드물다.

F9는 정리를 끝내고 계속 아래로 파 내려갔다. F8은 전부 드러나 도면을 그리고 시작했다.

F16 지붕의 홍소토에서 서까래 흔적이 분명히 드러나 밀집해서 배열되어 있는데 이는 지붕의 구조를 설명하는데 매우 귀중한 재료이다.

10월 11일 일요일 흐림

오늘은 인자춘 난허와 장췐산에 갔다. 김용남은 북한 측은 15일에 작업을 마칠 예정이니 우리에게 약간 서둘러 달라고 요구했다. 상황을 보니 그들은 작업이 어느 정도 진행되었는지 신경 쓰지 않고, 우리가 계속 작업을 해야 하는지에도 관계없이 먼저 자신들의 요구를 만족시키려 하는 것 같다. 나는 그때 가서 다시 논의하자고 했다.

난허 M12에서 부장 도기가 나왔다. 그중 진흙 재질의 흑의세병도두(黑衣細柄陶豆)는 다른 도기의 질과 달리 명기(부장품)이거나 다른 곳에서 구매한 것으로 의심되며, 도두에 '※ 𝔽' 모양의 부호가 새겨져 있다.

T13의 초기 회구덩이 안에서 적지 않은 도기 편이 출토되었으며 굽[34]이 있는 온전한 도관과 도두도 있었다.

---

33) 녹로를 이용한 방식: 원문은 '윤제(輪制)'이다. 녹로 위해 점토를 올려놓고 녹로를 회전시켜 도자기 등을 만드는 방식을 가리킨다.

34) 굽: 원문은 '권족(圈足)'이다. 도자기 다리의 한 형식으로 기물의 밑부분을 둥근 형태로 해서 기물을 바치는 것을 가리킨다.

장쥔산 석총은 이미 6개의 묘실이 드러났으나 모두 교란되었었다. 일부 도기 편을 제외하고 오늘 옥벽 한 점과 이미 파손된 흑도배 편이 출토되었다.

쌍퉈쯔 F15·F16에서 계속 기둥 구멍들이 나왔다. T7은 F9 아래에 위치하며, 더 이상 가옥터는 없는 것 같았다. F8은 작업이 완료되었고 아울러 F3 뒤쪽의 석장 두 줄을 제거했다.

저녁 7~8시에 팀 내에서 회의를 열어 작업 배치를 검토하고 마무리 단계에서 임무를 더 잘 수행하도록 했다. 북한 측의 요구가 비교적 급하기 때문에 모두 시간을 틀어쥐고 서둘러 기록을 완성하길 바란다고 했다.

10월 12일 월요일 흐림

오늘 김용남·김용간·김신숙 등은 랴오양으로 조사를 갔다. 우리 팀의 천춘시·퍄오정이朴正一가 따라가고 사무실의 쑨수청孫樹成 등이 동행했다. 9시에 요양소를 출발해서 다롄에 갔다가 안산으로 이동했다. 나는 집에 남아 그들을 배웅하고 오전에는 현장에 나가지 않았다.

오후에 장쥔산에 갔다. 석총에서 이미 9개의 묘실을 찾았으며 내일이면 작업을 끝내고, 15일 이전에는 틀림없이 사진 촬영과 도면 작업을 완료할 수 있을 것 같았다.

난허 M12는 물을 퍼낸 결과 아무것도 나오지 않았다. T4도 종료되었다.

T12는 삼면 단면도를 다 그려서 내일쯤 끝낼 수 있을 것 같았다. T13은 거의 끝나가고 있다.

쌍퉈쯔 F15·F16의 주위에서 기둥 구멍이 나왔으며, 지붕의 홍소토는 약간 출하(出廈)[35]와 비슷하다.

T7은 이미 황토가 나왔고, H7·H8, H5는 단지 절반 진행되었으며 아래쪽을

---

35) 출하(出廈): 중국 농촌 가옥의 구조 방식으로 본래의 건물에 추가해서 지은 부속건물을 가리킨다.

파 내려가는 문제는 그다지 많지 않을 것으로 보인다.

T1은 깊이 3m에서 암반이 나왔고, F10은 정리하자 보존 상태가 매우 좋았다.

10월 13일 화요일 흐리고 맑음

쌍튀쯔에 가는 도중에 자동차가 사람을 치어 사망하게 했다. 그 사람은 자전거를 타고 언덕길에서 내려가다가 마주 오는 트럭을 피하려다가 자동차에 부딪쳐 그 자리에서 즉사했다.

전화로 가즈(GAZ)-69[36]에 외빈을 태워 현장에 간다고 통지했다. 트럭은 난산리에서 공병 6명을 태우고 쌍튀쯔로 오려고 했는데 그대로 두고 시에서 다른 트럭을 난산리에 보냈다. 뜻밖의 사건이 발생해서 모두 마음이 좋지 않았다.

쌍튀쯔 T1은 이미 암반까지 파냈으며 지표면에서 심도 6m 이상에 달했다.

T4는 계속해서 아래로 파 내려가 이미 채도층을 지났으며, T3과 비교해서 다소 깊은 것으로 추정된다.

T7은 황사토까지 파냈는데, 채도는 얇은 층이며 아래쪽은 T1의 황사토와 관계있을 것으로 의심된다.

T8·F10은 대체로 정리가 끝났다. 가옥의 형태는 매우 작고 비탈진 문도(門道)[37]가 있었다. 돌을 사용해 층계를 만들었는데, 이것은 두 번째 문도가 있는 가옥이다.

T9의 F15·F16은 사방이 이미 드러났다. 주위에는 기둥 구멍이 있는데, 석장과 짚이 섞인 진흙 잔해는 보이지 않는다. 아마도 수혈벽을 이용해 담을 쌓았을 것으로 보이는데, 이는 초기 건축의 한 형식이다.

---

36) 가즈(GAZ)-69: 원문은 '와사(瓦斯)69'이다. 1950년대 소련의 고리키 자동차 공장에서 개발된 사륜구동의 군용차량이다.
37) 문도(門道): 문로(門路), 문동(門洞)이라고 하며, 지붕이 있는 통로를 가리킨다.

난허 T12는 완료되었고, T3 역시 완료되어 간다(내일 완료될 것이다).

장쥔산 석총은 오늘 도면을 그리기 시작했다.

저녁 8시에 뉴 소장이 선양에서 전화를 걸어와서 이곳의 작업 상황을 물었다.

10월 14일 수요일 맑음

오전에 장쥔산과 인자춘 난허에 갔다가 오후에는 실내에서 중간보고를 썼다.

인자춘은 오늘 전부 완료했다. 장쥔산 석총은 계속 도면을 그렸다.

쌍퉈쯔 T1은 전부 바닥까지 팠다. T3은 3A·3B에서 채도가 나왔으며, 위에서 아래로 경사진 얇은 회토층이었다. 황사토의 4A·4B층에서는 도기 편이 비교적 적게 나오고 채도는 보이지 않았다.

F8은 아래쪽에서 나온 가옥은 두 채와 같았다.

저녁에 뉴 소장이 전화로 내일 선양에서 다롄에 온다고 했다.

저녁에 영화 「자유후래인(自有後來人)」을 봤다.

10월 15일 목요일 맑고 흐림

오늘은 쌍퉈쯔에 갔다. 뉴 소장이 다롄에서 뤼순으로 오는 길에 쌍퉈쯔에 와서 현장을 한번 둘러보았다.

T4는 계속해서 아래로 파 내려갔다. 쉬밍강이 서둘러서 F15·F16의 단면도를 그리느라 신경을 쓰지 못해 단단한 바닥면과 화덕 터가 파괴되어 범위를 명확히 파악할 수 없었다. 그러나 단단한 바닥면 위에서 채도가 나오고 기둥구멍도 나왔다. 채도시기 때의 가옥은 짚이 섞인 진흙과 석장을 사용하지 않았음을 알 수 있다. T2를 팔 때 다시 범위를 명확히 해야 한다.

T7은 바닥까지 모두 단면도를 완성했다. 심도는 T1에 비해 다소 얕으며,

다롄 솽퉈쯔 17호 주거지 전경

4A·4B는 T1과 일치했다.

　　T5는 계속해서 아래로 파 내려가자 자잘한 돌로 만든 구덩이 하나가 나왔다.

　　T6 F8의 아래에는 두 채의 가옥이 있었다. 한 채는 동쪽의 석장만 남아 있고 주거면에서 도관 1점이 나왔으나, 그 외 석장은 보이지 않았다(일련번호 F10). 아래쪽은 비교적 온전히 보존되어 있었는데, 비탈진 문도가 있고 돌을 쌓아 만든 층계가 있으며 단단한 바닥면에서는 도기 6점이 나왔는데, 대체로 복원할 수 있었다(일련번호 F17). 임건상은 F10과 F17이 한 채의 가옥이라고 서술하였으나 그의 말은 성립할 수 없다. 그는 F17의 불에 탄 단단한 면이 F8로 뻗어 있는 것을 이해할 수 없다고 했는데, 실제로 이른바 불에 탄 흙덩어리는 F10의 것이지 F17의 것이 아니다. 이는 F8의 단단한 면이 이미 파헤쳐졌기 때문에 나타난 현상이다.

　　F15·F16은 오늘 평면도와 일부 단면도를 그렸다.

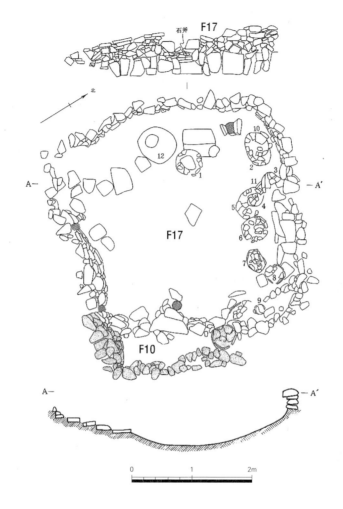

石斧

F17

北

F17

F10

0 ___ 1 ___ 2m

다롄 쌍퉈쯔 17호 주거지

10월 16일 금요일 비

　비로 인해 쌍퉈쯔 작업을 중지하고 실내에서 기록을 정리했으며, 나는 대부분의 시간을 이미 써놓은 기록 원고를 보는 데 할애했다.

김용남·김용간·김신숙·천춘시·퍄오정이 등이 랴오양에 조사하러 갔다 와서 오늘 새벽에 다롄에 도착했다. 모두 37개 지점을 조사했는데 북한 측은 량자산 얼다오허쯔二道河子 유적지와 경자툰 한나라 시대 석묘[38]에 흥미를 보였다.

오후에 팀장 연석회의를 열었다. 내년도 사업계획을 논의했는데, 김 소장은 내년에는 다롄(=뤼다)에 오지 않겠다며, 1개월 앞서 선양의 정자와쯔鄭家窪子를 발굴하고 동시에 사람을 파견해 선양·푸순·랴오양 일대의 고성을 조사하며(그들은 한나라 성 아래 선민 즉 '고조선'의 유물이 깔려 있다고 믿는 것 같다), 아울러 『요동지(遼東志)』, 『성경통지(盛京通志)』에 기재되어 있는 고성을 조사하자고 제안했다. 만일 단서가 있다면 새로운 발굴 지점을 발굴하고 단서가 없다면 나중 1개월은 랴오양 량자산과 경자툰을 발굴하는 것으로 했다. 북한 측은 나에게 중간보고를 집필할 것을 요구했다.

저녁에 접견 사무실에서 작업 상황을 보고했다.

북한 측이 조사할 것을 제시한 고성터는 다음과 같다.

선양현沈陽縣 다양관툰大楊官屯 토성(푸순 서쪽 20km), 이케우치 히로후미池內宏文.

『요동지』: 옛 랴오양성 선양성 서북쪽 80리.

『성경통지』: 옛 랴오양성 성경성에서 동쪽 200리.

『요동지』: 소고성 선양성 동쪽 30리.

『성경통지』: 평지현奉集縣 성경성 동남쪽 45리.

『요동지』: 평지폐현奉集廢縣 랴오둥성 동북쪽 80리.

---

38) 랴오양 경가구 한묘 유적은 랴오양시 경자툰촌 남쪽 100m 지점에 위치한다. 조중고고발굴대 이후에 별다른 조사가 되지 않았다가 최근에 구제발굴이 일부 이루어졌다(李龙彬·梁振晶·司伟伟, 2020,「遼寧省遼陽市耿家墓地考古發掘簡報」,『邊疆考古研究』27輯).

안즈민安志敏 일기

10월 17일 토요일 맑고 흐림

오늘 새벽 라디오 방송에서 "우리나라(중국)가 최초로 원자폭탄 실험에 성공했다"는 소식을 들은 후 매우 흥분해서 온종일 동료들과 분분히 이야기를 나누었다. 이는 우리나라의 과학 수준이 국제 선진 수준에 진입했음을 보여주는 것인 만큼 다른 과학 연구 역시 함께 전진해서 열등감을 완전히 떨쳐버려야 한다.

쐉튀쯔에서 중국 측은 단독으로 평소대로 작업을 시작했다. 오늘은 날씨가 매우 추웠으나 동료들은 평소대로 작업을 해나갔다. 나는 실내에 남아 기록을 살펴보고 아울러 작업에 대한 중간보고를 수정했다.

10월 18일 일요일 맑음

오늘은 휴일로 오전에 일부 동료들은 뤼순박물관에 참관하러 갔다.

오후에 중국과 북한 양측은 다롄에 가서 평안북도 가무단의 공연을 감상했다.

저녁 6시 10분에 구위원회 류 서기가 연회를 열어 연합 고고팀을 환송해 주었다.

저녁에 회의를 열어 다롄에 남는 팀원의 임무를 배치하고 책임자로 런창타이를 지정했다.

10월 19일 월요일 맑음

오전에 동료들은 기록을 수정하고 짐을 챙기며 유물 37상자를 보내느라 분주했다. 나는 중간보고를 수정하느라 바빴다.

정오 1시에 뤼순에서 출발해 먼저 장쥔산 석총에 도착해 한번 둘러본 후 다롄으로 가서 오후 4시에 다롄 호텔에 도착했다.

저녁에 쉬시許西 시장이 연회를 베풀어 대리로 제1서기 후밍胡明 동지가 참가했다. 연회 후 영화「천만불요망기(千萬不要忘記)」를 봤다.

10월 20일 화요일 맑음

오전에 중간보고에 대한 토론을 하고 난 후 집에 돌아가 부모님을 뵈었다.

16시 열차를 타고 베이징으로 출발했는데, 신 시장이 기차역까지 나와 배웅했다.

10월 21일 수요일 맑음

오후 5시 15분에 베이징에 도착하니 샤 소장 등이 기차역까지 마중 나왔다.

저녁에 베이징 호텔에서 환영 연회가 거행되었다.

10월 21일을 기점으로 제2차 연도에 대한 안즈민의 일기는 끝난다. 이후 북한 측 조사단이 베이징에서 활동한 양상은 중국사회과학원 고고연구소 소장인 샤나이의 일기에서 그 일단을 찾아볼 수 있다.

조중고고발굴대가 베이징에 도착한 때에 샤나이는 기차역으로 가서 조선고고대표단을 접견했다. 장유위, 인다 등과 함께 베이징반점 7층에서 5자리를 잡아서 환영회를 열었다. 이 환영회에서 양측을 대표하여 각각 샤나이와 김석형이 치사를 하였다(샤나이 일기 10월 21일 부분).

이후 10월 25일에 주커천竺可楨 사회과학원 부원장과 공동으로 조선고고대표단을 위한 저녁 연회를 열었다(샤나이 일기 10월 25일). 그 직후 북한 측 조사단은 귀국했을 것으로 추정된다.

북한 측이 돌아간 직후 중국과 북한의 역사 갈등은 가시화되었다. 1964년 12월에는 리지린의 고조선 연구가 본격적으로 중국 학계에서 제기되었다. 샤나이의 일기에 따르면 12월 7일에 리지린의 박사논문 1, 2장을 읽고 퉁주천佟柱臣과 함께 조선고고학 자료를 수집하고 관련 문제를 논의했다. 곧바로 12월 8일에 샤나이는 「동북 고민족의 여러 문제」라는 초고를 집필했고 9일 오후에 안즈민, 왕중슈를 만났고, 10일에는 장유위가 소집한 "중국동북발굴대의 문제 소조"에 참석했다. 즉 1964년 12월에 중국 사회과학원 고고연구소 차원에서 사태가 심각하다고 판단하고 대대적으로 그 대책을 마련하기 위한 일련의 조치를 취했다. 이후 샤나이의 일기 1965년 1월 19일 부분에는 다시 리지린의 고조선연구에 대한 내용이 등장한다. 이로 볼 때 이미 2차년도 조사를 끝으로 두 나라의 갈등은 매우 심각한 수준이었음을 알 수 있다. 이후 1965년은 이전 공동조사와 비교도 안 될 정도로 소규모로 축소된 것은 이러한 움직임과도 연관되어 있음을 알 수 있다(강인욱).

3부

1965년의 조사

안즈민安志敏 일기

제1장

1965년 사전조사

2월 20일 ~ 3월 1일

2월 20일 토요일 맑음

차오잉曹瑛·장유위張友漁, 리장루李長路 동지와 나는 오후 5시에 47호 차를 타고 베이징을 떠났다.

2월 21일 일요일 맑음

오전 7시 46분에 선양에 도착하니 둥베이국東北局에서 차로 마중을 나와 랴오닝 빌딩(遼寧大廈)에 여장을 풀었다.

오전 10시에 둥베이국 위핑(喻屛) 서기가 주관하는 회의를 열어 작년 작업을 총결산하고 올해 작업을 배치했다. 각성의 관계자들이 계속해서 준비상황을 보고하고 차오잉·장유위 동지 등이 모두 회의 석상에서 발언했다. 오후 3시 회의를 속개해서 4시 15분에 마쳤다.

랴오닝성 선양·푸순·랴오양 사이에 발굴 후보지 7곳을 마련했는데, 적어도 6곳은 먼저 조사할 수 있다.

저녁에 내몽골 선전부부장 쑤뤄멍溯洛蒙·문물조장 허윈何雲·자오다멍 인민위원회(昭盟人委) 부비서장 류웨이劉維 등과 내몽골 자오멍昭盟[1]의 상황에 대해 의견을 교환했다. 내몽골에서는 다음 사항을 요구했다.

    (1) 자저우제賈洲傑[2]는 계속 참가하는지,

    (2) 내몽골에 가는 것이 확실한지 여부를 사전에 통지해 주길 바란다.

    (3) 발굴 후보지는 츠펑 뉴자잉쯔牛家營子(츠펑에서 약 50화리[25km]
        떨어져 있다)이며,

    (4) 자료는 내몽골에 한 세트 제공할 것을 요구한다(내몽골의 자료를
        의미하는가?)

2월 22일 월요일 맑음

오전 8시 30분에 뉴 소장과 천춘시 그리고 나는 랴오닝 빌딩에서 랴오닝 호텔로 짐을 옮겼다.

9시에 궈원쉔郭文軒 동지와 조사 일정을 예비 검토했다. 먼저 선양시 부근을 조사한 후 푸순과 랴오양 등지에 가서 조사할 예정이다. 시 문화국 커우寇 국장 등이 호텔에 와서 선양 부근 조사 사항을 협의해서, 오후에는 정자와쯔鄭家窪子에 가고 내일은 상바이관툰上柏官屯고성·펑지바오奉集堡 등지를 조사할 예정이다.

오후 2시에 정자와쯔에 조사하러 갔다. 원래의 식품회사 양돈장(청동단검이 출토한 지점)은 철거되어 생산팀으로 이관되었다. 이곳은 재작년에 조사했으나

---

1) 자오멍昭盟: 자오우다멍昭烏達盟의 약칭으로 현 내몽골자치구 츠펑시赤峰市의 옛 명칭이다.
2) 자저우제賈洲傑: 1952년 베이징대학에서 고고학을 전공한 후 내몽골대학 사학과에서 교편을 잡았다. 1962년에는 내몽골 문물고고 공작대에서 근무했으며, 1980년 정저우 대학으로 자리를 옮겼다. 『內蒙古文物古跡簡述』(內蒙古人民出版社, 1976)을 비롯해 몽골의 고고학에 다수의 연구업적을 남겼다.

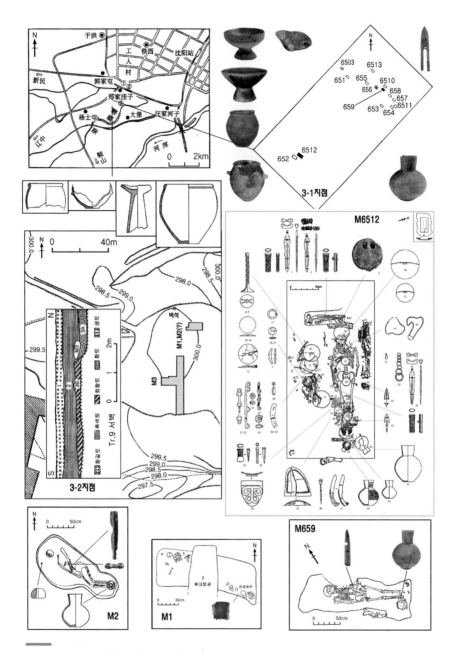

선양 정자와쯔 유적(3지점) 분묘와 출토유물(이후석 작성)

아무런 희망이 없었다. 도로 변에 0.5m 깊이의 숙토층[3]이 있기는 하지만, 도기 편이 비교적 적어 희망은 분명 크지 않다. 마지막으로 천자펀디陳家墳地에 가보니 묘장은 이미 지난겨울에 전부 제거되었는데, 아마도 벽돌 공장이 흙을 가져가 벽돌을 만들려고 그런 것 같다. 이곳은 500~600㎡ 정도 되어 발굴을 진행할 수 있었다. 비록 크지는 않으나 없는 것보다는 그래도 낫다. 이곳에서 일정 기간 일을 해야 해서 이미 시에 해당 지역을 6월까지 보호하는 대책을 강구해 달라고 요청해서 북한 측의 요구를 만족시켰다.

저녁에 선양 경극2단의 현대극 「홍석종성(紅石鍾聲)」을 관람했다.

2월 23일 화요일 맑음

성문화재청 궈원쉔·시문화국 커우 국장·선 등 동지와 함께 8시 30분 랴오닝호텔에서 두 대의 지프 차량에 나누어 타고 출발했다. 상바이관툰은 훈허渾河를 사이에 두고 있어 어쩔 수 없이 우회해서 다리를 건넜는데 차로 50화리(25㎞), 1시간여 만에 비로소 왕자공사汪家公社에 도착했다. 왕자공사 리주임의 대동 하에 상·하 바이관툰柏官屯을 조사하러 갔다.

상바이관툰上柏官屯 유적의 묘장은 이미 『고고(考古)』 1964년 제11기에 게재되었다. 그러나 성벽의 흔적은 보이지 않고, 마을 동쪽과 북쪽의 단애에 퇴적층이 1~2.5m 드러났으나 회토는 그다지 뚜렷하지 않고, 도기 편(안쪽 천 무늬)도 많지 않다. 단지 작은 기와 편만 있는 것으로 보아 후한 시기의 유적에 속하는 것 같다. 아마도 원래 있던 성이 작은 하천 등에 의해 파괴된 것으로 보인다. 작은 하천 동쪽의 모래언덕 위에서 한나라 시대의 옹관·벽돌묘 등이 발견되었다. 여기저기에서 한나라 기와 편이 보이는데, 일부는 집중되어 있기도 했다. 기와에는 기하무늬가 있어 전한 시대 유물에 속하는 것 같다. 또한 다리모양의 손잡

---

3) 유기물이 다량으로 포함된 지층

이(橋狀耳) 등이 있는 몇몇 거친 홍도가 발견되었는데, 초기의 유물 같으나, 회층의 흔적은 보이지 않았다.

상바이관툰에서 동쪽으로 2리 정도 떨어진 류얼툰劉爾屯(푸순현에 속함) 일대에는 모두 한나라 기와 편이 산발적으로 남아 있었다. 이곳은 과거에 대형 벽돌묘를 정리한 곳이며 파괴된 묘전(墓磚)과 명기 조각도 있었다. 류얼툰은 상바이관툰과 동일 범위에 속하는 것으로 볼 수 있으며, 한·위 시기의 유물에 속하는 것 같다.

샤바이관툰下柏官屯 토성은 마을 남쪽으로 약 1리 떨어져 있다. 방형 형태로, 사방 약 4리에 걸쳐 있으며, 성벽의 흔적이 뚜렷하다. 높이는 약 2m, 너비는 약 5m로 판축을 한 흔적은 분명하지 않다. 성안에는 도기 편이 거의 보이지 않고 기와 편은 모두 민무늬(素面)와 천무늬(布紋)이며, 태질(胎質)이 비교적 두터워 요금 시대의 성터로 추정된다.

샤바이관툰촌 서쪽에서 일찍이 방족포(方足布)[4] 여러 점이 출토되었다. 현장조사를 해보니 한나라 기와 편 및 줄무늬 벽돌 조각이 있었지만, 뚜렷한 회층은 볼 수 없었다.

양수펀楊樹墳은 샤바이관툰촌 서쪽으로 약 2리 떨어져 있는데, 1953년 이곳에서 모래를 파서 큰 갱이 형성되었다. 당시에 얇고 긴 돌삽 등이 발굴되었는데, 이번 조사에서는 한나라 기와 편과 와당 조각 등을 발견했으나, 역시 회층이 그다지 뚜렷하지 않았고, 기와 편의 수량도 많지 않았다. 이외에 민무늬 거친 홍도를 채집하고 훼손된 정족과 볼록한 귀가 달린 쟁반 조각을 주었는데, 초기 유물이 틀림없다. 그러나 회층을 보지 못한 것은 유감이다. 오늘의 사례에서 선양 부근의 초기 유적에서는 퇴적층을 찾기가 쉽지 않아 보이는데, 왜 이런 현상이 일어났는지에 대해서는 앞으로 주의할 필요가 있다.

---

4) 방족포(方足布): 춘추전국시대 사용된 화폐의 일종으로 포화(布貨)라고 한다. 어깨와 양쪽 다리가 방형의 모양을 하고 있다.

1시에 왕자공사에서 점심 식사를 하고 2시에 펑지바오로 출발했다.

펑지바오는 『요동지』, 『성경통지』에 의하면 옛 성터가 기재되어 있는데 한나라 험독성(險瀆城)의 옛터로 왕험성(王險城)이라고도 한다. 이로 인해 북한 측 동지들이 커다란 관심을 보인 곳이다. 이곳은 드넓은 평지로 성벽의 일부가 보존되어 있다. 전하는 말에 따르면 바오 내의 가옥에 사용된 커다란 벽돌은 모두 성벽에서 가져온 것이라고 하는데, 명대의 유적에 속하는 것 같다. 마을 사람에 의하면 펑지奉集가 먼저 있고 뒤에 펑톈奉天이 생겨났으며, 이 성은 청초에 무너졌다고 한다. 보(堡) 안에서는 기와 편이 거의 보이지 않아 결코 이른 시기의 유물은 아니며, 성벽의 다진 흙 속에 자기 항아리 조각이 들어 있는 것에서 시대가 빠르지 않음을 알 수 있다. 여기에서 8리 떨어진 산 위에는 고구려성(안시성)이 있는데, 속칭 타산塔山이라고 한다. 지금 탑은 이미 무너졌고 군부대가 차지하고 있어 조사하러 가지는 않았다.

호텔에 돌아오니 벌써 5시가 되었다. 성문화국에 다음 사항을 제안했다.

(1) 정자와쯔의 묘지를 보호하기 위해서는 표식을 해서 발굴하는 것이 좋다.
(2) 상바이관툰은 발굴 후보지로 지정하고 예비 조사해서 발굴할 수 있다.
(3) 펑지바오는 예비 지점을 조사하기 위해 시굴을 할 수 있다.

2월 24일 수요일 맑음

궈원쉔 동지와 함께 9시 완행열차를 타고 선양에서 출발해 10시 30분에 푸순에 도착했다. 시문화국 왕 국장·마 주임 등이 기차역까지 마중을 나와 유이호텔(友誼賓館)에 여장을 풀었다.

오후 시문화국 마 주임 등과 함께 시 체육위원회를 만나 공동으로 가오얼산

푸순 가오얼산성 전경

성高爾山城의 사격장을 현지 답사
했다. 원래의 계획대로라면 성벽
을 허물어야겠지만, 계획을 수정
하고(300m에서 200m로 축소),
아울러 먼저 탐사해서 지하의 상
황을 파악하고 문화부에 보고해
서 승인받도록 공동으로 건의했
다. 만일 필요하다면 시에서 협력
해서 처리하기로 했다.

푸순 가오얼산성 성벽

　그 후 시 문화국에 가서 잉판營盤 및 첸툰前屯에서 채집한 표본을 참관했다.

　다훠팡大夥房 댐[5] 북쪽 기슭 고지대에 위치한 잉판은 1964년 조사로 알려졌
는데, 유물이 사방 100m에 분포되어 있고 문화층의 두께는 0.5m~1.5m이다.
부근에서 석관묘 3기가 발견되었는데, 도기 편은 대부분 한나라 시대 것이며 또
한 기와 편도 많았다. 이른 시기의 도기 편은 단지 다리 모양의 손잡이(교상파
부) 및 도관의 구연부가 한 조각 보였는데 모두 거친 홍도였다. 또한 철기 등도
있었다. 석기는 비교적 많으며 특히 뗀석기가 많았는데 모두 반제품이었다.

---

5) 다훠팡大伙房 댐: 푸순 훈허渾河 강에 건설된 댐이다.

주목할 만한 것으로 쌍공 석도(雙孔石刀), 혹은 반월형석도가 있는데 이곳은 렌화바오蓮花堡 및 번시本溪 유적지와 상당히 유사하다.

쳰툰은 렌화바오 북쪽에 위치하며 일찍이 석관묘 3기가 발견되었다. 채집한 유물을 보면 거친 회도의 반고리귀 도관(고리의 특징이 뚜렷함)이 있고 거친 볼록 귀 홍도가 비교적 많다. 아울러 대형 도력(陶鬲)(파손됨)이 있는데 대체로 민무늬에 마연처리를 했다. 어쩌면 1964년 랴오닝박물관에서 발굴한 것(랴오닝박물관에서 수집한 것은 잉판으로 쳰툰은 아니다)과 유사하다. 석기 역시 뗀석기가 많으며 쌍공석도가 있는데 잉판의 것과 일치한다. 상술한 두 곳에서 발견된 것은 아마도 이 지역을 대표하는 원시문화 유적일 것이다.

2월 25일 목요일 맑음

오전 8시 30분에 지프차를 타고 유이호텔을 출발해 잉판에 조사하러 갔다. 들판에는 쌓인 눈이 녹지 않고 하얗게 덮여 있어 이번 조사는 희망이 그다지 크지 않을 것으로 짐작되었다.

다훠팡 댐 앞에서 댐을 우회하는 북쪽 기슭까지는 정식 도로가 없어 비교적 걷기가 어려웠다. 자동차로 약 1시간 반 걸려서 비로소 잉판에 도착했다.

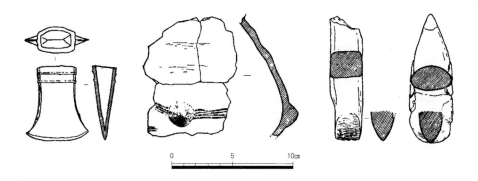

푸순 다훠팡 석관묘 출토유물(1956년)

유적지는 잉판역[6] 동남쪽에 있는데 눈이 덮여 있는 관계로 유물을 찾아보기는 어려웠다. 그러나 느낌상 한나라 시대 기와 편이 비교적 많은 것 같았으며 또한 거친 홍도가 산발적으로 있었다. 단애 위에는 정리된 석관묘가 있는데, 물가까지 이어져 있다(수심이 낮을 때에는 2m 남짓까지 내려갈 수 있다). 대부분의 유적 및 묘장은 아래쪽 산비탈에 있었을 것으로 짐작되지만, 이미 댐에 수몰되었다.

석관묘 군은 잉판진 남쪽 5리에 있다. 물가의 단애 위에 석관묘가 적지 않게 노출되어 있는데 들은 바에 의하면 수면 아래(현재 약 2m 이하)에는 더욱 밀집해서 드러나 있으며, 모두 석판을 이용해 쌓아 만들었다고 한다. 부장품은 모두 발 부분(남쪽)에 놓았으나 모두 물에 쓸려 유실되었다고 한다. 이 묘장군은 이미 댐에 수몰되어 대규모로 발굴한 가치는 없어 보인다.

푸순 라오둥공원 성지 서벽 전경

---

6) 잉판역: 푸순시 동쪽에 위치한 선지선沈吉線(선양-지린) 철도역이다.

돌아오는 길에 자동차가 고장 나서 적지 않은 시간을 지체했다.

마지막으로 푸순에 돌아와 라오둥공원勞動公園의 한나라 성터를 돌아보았는데, 성벽은 일부분만 약간 남은 것 같다. 공원 및 유이호텔이 차지하고 있는 고지대는 성안에 해당하며, 이곳은 현도군(玄菟郡) 최후의 소재지이다. 지세를 선택함에 있어도 고구려 산성의 영향을 어느 정도 받았을 가능성이 있다.

저녁에 시문화국 마 주임 등과의 좌담회에서 우리는 다음 사항을 제안했다.

(1) 가오얼산의 사격장은 성벽을 손상하지 않는 범위 내에서 건축해야 하며 사전에 탐사를 거치고 설계는 성 및 문화부에 보고 후 승인을 받아야 한다. 공사는 북한 측 동지들이 성을 떠난 이후에 시작한다.

(2) 류얼툰의 묘장은 조사 예비지로서 발굴할 수도 있으므로 반드시 선전하고 보호해야 한다. 구체적인 응대는 상바이관툰의 업무(선양 시 책임)와 결합해서 같이 하면 된다.

(3) 잉판 등 제2급의 유적지는 북한 측에 제공하지 않는다.

(4) 북한 측이 가오얼 산성과 현도군 유적지 및 렌화다오蓮花島를 다시 조사할 가능성이 있으니(특별히 새로 온 대원이 요구할 수 있다), 준비 작업을 잘 해야 한다.

2월 26일 금요일 맑음

오전 8시 20분에 푸순을 떠나 쑤자툰蘇家屯에서 열차를 갈아타고 12시 40분에 안산시에 도착했다. 시문화과 캉康 과장이 기차역으로 마중 나와 성리勝利호텔에 여장을 풀었다.

오후에 안강鞍鋼을 참관하고 저녁에는 연극을 봤다.

안즈민安志敏 일기

2월 27일 토요일 맑음

오전 8시쯤 캉 과장·장시룽張喜榮 동지와 함께 69호 열차를 타고 안산에서 출발해 랴오양시에 도착해서 스史 현장(縣長)과 차를 타고 함께 겅자툰耿家屯을 조사하러 갔다.

10시쯤 묘지에 도착했다. 이곳은 철도 노반 공사를 하면서 많은 석묘가 발견되었는데 모두 석판으로 이루어져 있었다. 성문물대는 일찍이 이곳에서 1기의 벽화묘를 발견했다. 작년 북한 측 동지들이 와서 조사한 적이 있으며, 올해 발굴할 예정이다. 보호 지시가 공사(公社)에만 하달되었기 때문에 대대(大隊)는 아직 알지 못해서인지 우리들이 도착했을 때, 한 무리의 사원들이 석묘 부근을 드러내 모래를 파고 있어 위험천만했다. 만약 조금만 늦었다면 그 결과는 상상할 수 없었다. 당시 스 현장은 대대의 당 지부서기에게 보호 임무를 맡겨서 대대는 즉시 모래를 파던 지점을 옮겼다.

12시쯤 다시 부근의 구싸오청姑嫂城을 한 차례 둘러봤다. 작은 산 위에 돌을 쌓아서 만든 100여㎡의 네모난 형태의 높은 대가 있는데 전망하는 곳 같다. 시대는 미상이며 어떤 근거에서인지는 모르겠으나 보호 표식에는 명대로 기록되어 있다. 그러나 결코 성터 같지는 않다.

오후 1시쯤 랴오양에 돌아와 현 초대소에서 점심을 먹고 그곳을 돌아본 후, 다시 시 초대소를 돌아보니, 시 초대소가 외빈들이 거주하기에 적당하다는 생각이 들었다.

마지막으로 랴오양시 문물보관소를 참관했는데 시간이 촉박해서 대충 둘러보았다. 전시된 대부분은 부근 한·위 묘장에서 출토한 기물로 대표성이 매우 풍부한 것이었다. 특히 주목할 만한 것으로 한자허韓夾河에서 발견된 청동단검의 석병수(石柄首)[7]이다(시 북쪽 5리에 위치한 이곳에서 일찍이 중평성과[中平城

---

7) 검파두식을 말한다. 비파형동검의 손잡이 뒤에 붙여서 무게를 조절하는 역할을 한다.

랴오양박물관 소장 중평성과

전(傳) 랴오양 출토 연나라 반와당(1958년)

戈][8]가 출토되었으며 이번에는 병수만 채집되었다.). 또한 한링쯔寒嶺子에서 일찍이 석관묘가 발견되어 14개의 옆에 귀가 달린 홍도가 출토되었으나 아직 복원하지 못했다. 그 외 석관 안에서 커다란 운철이 출토되었다[9](매우 주목할 만하다). 또한 얼다오허二道河에서 출토한 온전한 도관(과거 발굴한 청동단검묘와 관련이 있을 수 있다) 2점을 봤으며, 그 외 수문반와당(獸紋半瓦當) 1점이 있었는데, 유감스럽게도 출토 지점은 알 수 없다. 그렇지 않다면 전국시대 유적을 결정하는 증거가 되었을 것이다. 이후 기회가 되면 다시 자세히 살펴보고자 한다.

안산에 돌아오니 이미 6시가 다 되어 갔다.

2월 28일 일요일 맑음

오전 7시 30분에 안산을 출발해 먼저 랴오양시에 도착하고 그 후 얼다오허에 가서 조사했는데, 동행한 인원은 어제와 같았다.

얼다오허 부근은 눈이 비교적 많이 쌓여 조사하기가 쉽지 않았다. 몇몇 도기

---

8) 중평성과(中平城戈): 요양 근처에서 출토된 진나라 시기의 창(戈)으로 내부의 상부에 '中平城'이라는 명문이 새겨져 있기에 이러한 이름이 붙여졌다. 2024년 7월 현재 랴오양박물관에 전시 중이다.

9) 한링즈의 석관묘에 대한 정보는 찾을 수 없었다. 하지만 동검의 검파두식(=검병두) 중에는 일부 운철(또는 철광석)로 만든 것도 확인되는 바, 검파두의 일종으로 추정할 수 있다.

안즈민安志敏 일기

편을 채집하기는 했지만, 상황은 예전과 마찬가지이다. 일부 지역에서 30~40㎝의 회층을 드러냈으나 지표의 도기 편은 매우 적었다. 방형으로 마무리가 된 구연부(卷緣)를 채집한 바 있는데 어제 랴오양시 문물보관소의 도관과 일치한다.

이곳은 희망이 그리 크지 않을 것 같으나 북한 측이 발굴을 요구한 곳이니 다시 말해 볼 필요가 있다.

뒤이어 량자산 성터에 갔다. 랴오닝박물관의 의견에 의하면 이곳은 한나라 시기 거취현(居就縣)의 옛터로, 강 근처에 있는 융기한 흙더미는 1~2m 퇴적되어 있는데 기와 편이 매우 풍부하다. 그러나 와당은 보이지 않으며 일부 지역에는 건축 유적으로 보이는 것도 있고 역시 도기 편이 흩어져 있다. 부근은 비교적 움푹 패어 성벽의 흔적은 보이지 않는데, 아마 수로가 변천한 관계로 성벽을 쓸어버린 것으로 보인다. 현재 강물이 매년 안으로 침식하고 있어 내년의 상황은 비교적 엄중해 오래지 않아 이곳의 유적은 모두 파괴될 것이다. 부근에 석관 한묘가 많은 것은 이곳이 확실히 한나라 성의 소재지임을 말해준다.

정오에 랴오양시에서 점심을 먹었다. 오후에 시 북쪽의 잔존하는 성벽 일단을 조사했는데, 흙을 다져 층을 이루었으며 안에는 대량의 민무늬 천무늬 기와와 작은 벽돌이 섞여 있어 이른 시기의 유적이 아니라 후대인 명청시대로 추정된다.

오늘은 일요일이지만, 내일 안산시 류 시장에게 관련 업무를 보고해야 해서 뉴 소장과 천춘시 동지가 잠시 안산에 머물렀다. 나는 또한 랴오양박물관에 일이 있고, 장 관장과 리 관장을 만나야 해서 6시 35분 열차를 타고 궈원쉔 동지와 함께 선양으로 돌아왔다. 8시 20분에 도착해 랴오닝 호텔에 머물렀다.

3월 1일 월요일 맑음

오전 8시 30분에 랴오닝성박물관에 가서 장 관장을 방문했으나 마침 외출해서 천다웨이陳大爲 동지와 함께 리 관장 댁에 가서 시차거우西岔溝[10] 청동과 철기

시펑 시차거우 유적 원경

의 용접 문제에 대해 문의했다(먼저 철기를 주조하고 다시 청동기를 삽입해 함께 주조한다).

　오후 2시쯤 뉴 소장과 천춘시 동지가 안산에서 선양에 도착했다. 3시에 시에 보고하는데, 문화재청 천 청장·국제교류처 샤 주임·시문화국 커우寇 국장 등이 참석했다. 뉴 소장은 조사 상황을 보고하고, 성에는 예비 지점을 중앙에 보고해 승인을 받아 달라고 요청했다.

　저녁 7시 28분 기차를 타고 선양에서 출발했다. 나와 천춘시 동지는 우등석을 구매하지 못해 일반석에 앉아 베이징으로 돌아왔다.

---

10) 랴오닝 시펑에서 1950년대 대규모 도굴로 발견된 고분군이다. 유물들은 제대로 조사되지 못한 채 흩어져 있다가 최근에 보고가 되었다(遼寧省博物館 外, 2022, 『西豊西岔溝——西漢時期東北民族墓地(全3冊)』, 文物出版社). 한편, 여기에서 언급한 동병철검과 같은 형식이 청주 오송의 마한(또는 백제)의 토광묘에서 발견되어서 이 시기 남한과의 관계를 밝혀주는 주요한 자료로도 사용된다(윤정하·강인욱, 2021, 「청주 오송 유적 출토 부여계 동병철검의 의의」, 『한국상고사학보』 112집).

선양 정자와쯔 조사

5월 26일 ~ 6월 4일

5월 26일 수요일 맑음

저녁 8시 열차를 타고 베이징을 떠났다. 샤 소장 및 학부 연락처의 쑹 처장 등
이 기차역까지 배웅을 나왔다.

북한 측은 김석형·주영헌·김용남·황학태(黃鶴泰)·황기덕·김종혁·김신숙·
김기웅(金基雄)·이병선(李炳善)·장주협·이제선 등 11명이다.

우리 측은 뉴 소장·천춘시·런창타이·쉬밍강·양후楊虎·리원제李文傑·돤펑치
段鵬琦·장쯔밍張子明·딩류룽·왕이량·퍄오상융(朴尚勇)·진홍주金洪柱·퍄오정이
와 나까지 해서 모두 14명(가오싱한高興漢과 자오우룽趙五龍은 먼저 베이징에서
출발했다)이다.

5월 27일 목요일 맑음

아침 7시 44분에 선양에 도착하니 성의 시문화재청국 지도자가 역까지 마중
나와 맞이했다. 즉시 선양호텔로 갔다.

아침 식사 전에 뉴 소장이 성시 문화재청국 지도자 동지에게 정황을 설명했다. 아침 식사 후 대(隊) 내에서 인력 배치를 검토했다. 천춘시와 런창타이는 그대로 보고서를 담당하고 정자와쯔 현장은 쉬밍강·양후가 책임을 맡으며 참가인원은 북한 측의 구체적 숫자를 보고 정하기로 했다.

오후에 중국과 북한 양측은 정자와쯔에 탐사를 갔다. 도중에 비와 우박이 내렸으나 현장은 이미 정리되어 있었다. 시에서 많은 노동력을 기울여 쓰레기장을 청소하고 아울러 천막 두 개를 설치했다. 그 후 사육장에 가서 둘러보았다.

저녁 6시에 저우 서기 및 성시 지도자 동지가 연회를 열어 북한 측 동지들을 대접했다.

5월 28일 금요일 맑음

오전 8시 대장 연석회의를 열어 북한 측에서는 정자와쯔에 주영헌을 책임자로 하고 김신숙·이병선·장주협·김종혁 등 5명이 참가하기로 했다.

김용남·황기덕·김기웅은 숙소에서 보고서를 검토하고 의견을 제시했으며, 30일에 러우상·워룽취안·장쥔산·강상·인자춘에 대해 토론할 준비를 했다. 다음 달 10일 이후 2조의 보고서를 논의하기로 했다.

김 소장은 수정 의견을 제시(강조)하고, 다시 고려해서 수정이나 삭제를 해서 최대한 논쟁을 피하려고 했다. 학술적 문제는 다를 수 있지만, 장시간의 논쟁은 불필요하다고 했다.

10시에 출발해서 L32에서 발굴 구덩이(5×5m) 4개를 열고 오후에는 다시 L2에서 발굴 구덩이 12개를 열었는데, 모퉁이의 1㎡만 탐사해서 지하의 정황을 탐측했다(오늘은 단지 1개만 팠다).

L32는 오후에 이미 표토를 두루 제거해서 흑회토가 드러났지만, 도기 편이 매우 적어 거의 보이지 않는 것으로 보아 충적층 같았다. 이곳은 그다지 희망이 없어 보였는데, 주영헌 대장도 이에 대해 공감했다.

L2의 작은 발굴 구덩이를 1m 남짓 바닥까지 탐색하자 소량의 거친 홍토 편이 나왔다. 이곳은 L32보다는 희망이 있어 보였다.

5월 29일 토요일 맑음

오늘은 현장에 가지 않고 실내에서 우선 천춘시·런창타이 동지와 북한 측의 보고서에 대한 의견을 논의했다. 그 후 뤼다(=다롄) 지구의 결론을 정리해서 대체로 초고를 완성했다.

L32의 흑회토에서 송대 화폐가 나온 것으로 보아 이곳은 송원시기에 교란된 것 같다. 오후에 다시 도관, 도두 등 이른 시기의 도기 편이 나왔으나 이미 황갈토까지 나와 희망은 그다지 크지 않아 보였다.

L2 역시 소량의 도기 편이 출토되었다.

저녁에 외빈과 함께 랴오닝 가극원의 「우리는 대로를 걷고 있다(我們走在大路上)」라는 대형 가무극을 관람했다.

5월 30일 일요일 맑음

오늘은 일요일이어서 쉬었다.

오전에 천춘시·런창타이·쉬밍강 등은 뉴 소장에게 북한 측의 보고서에 제안할 의견의 준비상태를 보고했다.

오후 3시 양측 조장 회의에 북한 측은 주영헌·김용남·황기덕·김기웅이 참석했고, 중국 측에서는 나·천춘시·런창타이·쉬밍강 4명이 참석했다.

북한 측이 서면으로 수정할 의견을 제안했는데 분량이 많지 않고 일반적인 것은 모두 수정할 수 있었다. 그러나 다음과 같이 학술문제와 관련 있는 것도 있었다.

(1) 장쿼산 석총은 신석기시대 말기문화 혹은 청동기 문화에 속한다고 주장한다.

(2) 강상 묘지 등은 석총으로 수정하고, 1호 묘 등은 1호 묘광으로 수정하며, 집체 화장은 순장으로 수정한다.

(3) 강상 묘지의 연대는 기원전 10세기 중엽이다.

(4) 난산건은 1호묘의 주석으로 수록한다.[1]

저녁에 회의를 열어 학술문제에 관한 제안을 연구하고 이에 대한 설명을 준비해서 최종적으로 양자가 공존할 수 있었다. 아울러 뉴 소장이 샤 소장에게 전화로 지시를 구하니, 샤 소장은 난산건 묘를 하루빨리 발표하라고 했다.

5월 31일 월요일 맑음

오전에 현장에 갔는데, 천춘시·런창타이 동지도 함께 갔다.

사육장(L2)은 계속해서 몇 개의 발굴 구덩이를 열었다. 문화층의 두께는 약 1m 이상이었으나, 도기 편은 비교적 적어 과거 청동단검이 출토된 지점을 시굴할 준비를 하고 있다.

전와장(磚瓦場)(L32) T4 안에서 무덤 1기(M2)가 나왔다. 인골의 상태는 좋지 않으며 몸은 모로 누이고 팔다리를 굽혀 묻었다(측신굴지장). 발밑에는 도관 1점이 있고 허리에는 청동단검 1점(상단 결실)·석침상기 2점(1개를 양분한 것 같다)·석

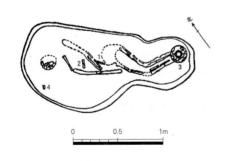

선양 정자와쯔 M2

---

1) 후에 난산건 101호묘로 명명된 대표적인 대형 무덤이지만 결국 최종 보고서에서는 빠졌다.

곤봉두 1점이 있었다. 이 발견으로 이번 분기의 작업은 완료할 수 있게 되었다며 모두 매우 흥분했다.

이곳의 회층은 대부분 송대에 교란되었으며, 심지어 전국시대와 한나라의 손상된 노끈무늬 도기 편이 나왔고, 거친 도두가 가장 많았으며, 또한 대형 도관입·도관 귀 등이 있었다. 도기의 질로 볼 때 인자춘에 가깝거나 혹은 같은 류의 기물은 아니었다. T1 안에서 또한 삼익형의 유공식 동촉(銅鏃)이 출토되었는데, 매우 주목할 만한 기형이다.

오후에 실내에서 워룽취안·난산건·장쥔산 3부분의 초고를 수정했는데, 후자는 겨우 일부만 완성되었다.

6월 1일 화요일 흐림

오늘은 날씨가 흐리고 바람이 세게 불었다. 기후가 갑자기 추워져 온종일 실내에서 장쥔산·난산건 등의 초고를 수정했다.

저녁에 퍄오빙쮀 동지가 찾아와 천춘시·런창타이 동지와 함께 그의 집에 다녀왔는데, 선양호텔에서 매우 가까웠다.

퍄오정이는 이미 워룽취안(보고서) 전부를 한글로 번역했다.

6월 2일 수요일 맑음

오전 8시 30분에 보고 의견을 교환했는데, 북한 측은 주영헌·김용남·황기덕·김기웅이 참가했고 우리 측은 천춘시·런창타이 그리고 나 3명이 참가했다.

먼저 그들은 쌍퉈쯔에 대한 의견을 제안했는데, 이번 의견은 비교적 많고 일부는 구체적이었다. 아마도 지난번 우리가 제시한 의견의 영향을 받은 것 같다. 그리고 주요 관건은 역시 학술문제였는데 예를 들면 원시시대·신석기시대라는 용어를 사용하지 않도록 하고, 도기 통계표를 삭제하여 그 특징을 말살하거나 특징을 변경하려는 시도(예를 들면 흑도 중심 등의 용어로 바꾸는 것)이다. 나는 즉시 대부분의 의견은 받아들일 수 있지만, 일부는 확인이 필요하며, 일부는 연구가 필요하다고 대답했다.

그런 후, 나는 또 그들과 지난번 우리 보고서에서 제시한 각 항목의 의견을 교환했는데, 나는 대부분을 받아들일 수 있으며 이미 수정했다고 표명했다. 다만,

(1) 장쥔산 석총을 청동기 시대로 보기에는 증거가 부족하다.
(2) 장쥔산 석총 도기 통계표는 보존하고 아울러 묘장 및 부장기물 목록을 첨가한다.
(3) 러우상 무덤의 순장 추측 여부는 양측이 언급하지 않는다.
(4) 우리는 묘지라는 표현을 유지하고, 묘나 묘광이라는 표현은 각자의 습관에 따를 것인지 여부
(5) 러우상의 절대 연대는 언급할 수 없지만, 다만 강상보다는 늦다.

는 것을 제기했다.

회의가 시작된 후 징셴靜嫻으로부터 전화가 왔다. 그녀는 나를 보러 오겠다고 했지만, 나는 적당하지 않으니 오지 말라고 했다.

오후에 랴오닝성 박물관에 갔으나 장 관장이 자리에 없었다. 다시 리원신李文信 선생의 집을 방문했으나 마침 외출 중이어서 모두 만나지 못했다.

저녁에 시사 공부를 하고 난 후 뉴 소장에게 낮에 논의한 보고 상황을 전했다. 뉴 소장은 학술문제는 신중해야 하니 베이징으로 돌아갔을 때 반드시 샤 소장과 장라오에게 문의해야 한다고 했다.

6월 3일 목요일 맑음

오전에 현장에 갔다. 사육장(L2)에서 비문(篦紋)(세로로 평행으로 그은 무늬,

빗살문을 의미함) 도기와 촘촘하게 세로로 그은 부가퇴문(附加堆紋)[2] 도기가 비교적 많이 출토되었다. 형태는 매우 독특하지만 아쉽게도 복원할 수는 없었다. 이곳에서 력당(鬲襠)·력족(鬲足) 등도 발견되었는데, 그것의 성질이 다롄(=뤼다) 지구와 다르다는 것을 말해준다.

전와장(磚瓦場)(L32)은 이미 10개의 발굴 구덩이를 열었으나 모두 교란층으로 도기 편 역시 많지 않았다. M2의 손상된 동검과 후에 발견된 동포(銅泡)를 제외하고 달리 발견된 것이 없는 것으로 보아 이곳 발굴 구덩이에 대한 기대는 그다지 크지 않다. 오늘 다시 북쪽에 두 개의 발굴 구덩이를 열었는데, 사실 서쪽은 아직 공터이며 회층[3]이 비교적 두터운 것에서 좀 더 큰 기대를 하고 있다. 왜 이곳의 지층은 송원 시기에 이처럼 심하게 교란되었을까는 여전히 풀리지 않는 문제이다. 또한 토질이 흑회색으로 그 토층을 구분하는 것이 쉽지 않다. 하층의 도자기 편 역시 쥐구멍이나 나무뿌리에 쓸려 들어왔을 가능성도 있다.

오후 2시 30분에 양측은 회의를 열어 보고 의견을 검토했다. 북한 측은 주영헌·김용남·황기덕·김기웅 동지가 참석했으며, 김용남은 다음 사항을 제기했다.

(1) 묘지 혹은 묘의 호칭 문제는 각자 습관에 따르되 표제(標題)[4]는 일치해야 한다.
(2) 러우상에서 화장은 현상에 따라 설명하는 것에 동의하며, 순장이라는 문구는 사용하지 않아도 좋다. 그러나 '장례 풍속 대부분이 다인(多人) 화장'인 경우에는 '다인' 뒤에 '동시 화장'이라는 문구를 추가한다.

---

2) 부가퇴문(附加堆紋): 띠를 별도로 돌려서 토기를 장식하는 기법을 통칭한다. 한국에서는 '돌대문'이라고도 하지만, 한국의 토기와 혼동이 될 수 있기 때문에 여기에서는 그냥 '부가퇴문'으로 통칭한다. 아마 편보유형의 토기를 의미하는 것으로 보인다.
3) 문화층
4) 무덤과 유적의 일련번호

(3) 러우상은 상대연대만 제시할 수 있고 절대연대는 제시하지 않는다.

(4) 장쥐산 석총의 연대는 '신석기시대 말기에서 청동기시대 초기'로 절충할 수 있다.

(5) 장쥐산 도기 편은 다시 한 차례 통계를 내야 한다.

보아하니 그중 3개 조항은 가능할 것 같지만, 나는 일단 고려해 본 후에 다시 논의하자고 했다. 현재로서는 번역에 영향을 미치지 않아 나중에 변경할 수 있다. 사실 그들은 학술문제에 대해 역시 매우 긴장하고 있는 것 같다.

회의를 마친 후 뉴 소장과 시장에 가서 비단 바지 원단 한 폭을 샀다.

천춘시·런창타이와 함께 12호 열차를 타고 저녁 8시 9분에 선양에서 출발했다.

6월 4일 금요일 맑음

아침 7시 44분에 베이징에 도착해서 즉시 샤 소장에게 회담의 정황을 보고했다.

안즈민의 일기는 6월 4일에서 갑자기 끝이 난다. 다른 해와 달리 1965년도의 본조사는 매우 간략하게 진행되었다. 안즈민은 6월 3일에 별다른 설명 없이 베이징으로 출발하면서 일기가 끝난다. [안즈민 일기]에는 이후 1965년 8월에 개시된 샨시 지역의 발굴로 이어질 뿐 별다른 서술은 없다. 그가 왜 발굴 도중에 조중고고발굴대에서 빠졌으며, 안즈민이 없는 상황에서 발굴은 어떻게 진행되었는지에 대해서는 알 수 없다. 다만 샤나이의 일기를 통하여 이후 조중고고발굴대의 활동을 살펴볼 수 있다.

[중국 동북 지방의 유적 발굴 보고]에 따르면 이 해의 정자와쯔에서의 공동조사는 1965년 5월 28일에서 6월 7일간이라고 명기되어 있다. 공동 조사대는 마무리와 보고서의 완성을 동시에 해야 했기에 안즈민은 며칠 빨리 베이징으로 온 것으로 보인다. 정자와쯔 유적은 급하게 마무리되었지만, 이후 발굴 구역을 확대하고 발굴 주체는 선양시의 고고연구소로 변경되어서 14개의 무덤이 추가로 발굴되었다. 고조선의 실체와 가장 가깝다고 평가되는 정자와쯔 6512호묘가 바로 추가 조사 때에 발굴되었다. 3차 연도를 급하게 마무리한 조중고고발굴대로서는 다소 아쉬운 부분이었다.

이후 조중고고발굴대의 활동은 샤나이일기[夏鼐日記]에서 일단면을 볼 수 있다. 약간의 날짜 차이를 두고 1965년 6월 16일에 베이징에 김석형이 인솔하는 조선고고단 11인과 뉴 소장이 도착했다. 여기에는 발해고구려단을 담당한 왕중슈와 안즈민 등이 함께 영접했고, 뉴 소장과 장여우위가 관련 상황을 보고했다. 일주일 뒤인 6월 23일에는 뉴 소장, 안즈민, 왕중슈 등 세 명과 동북고고발굴대의 보고서 수정문제에 대해 협의했다. 같은 날 당시 인민회의당에서 조선인민대표단의 환영회에 조선고고대표단도 참여했다. [중국 동북 지방의 유적 발굴 보고]에는 공식적인 조사 기간이 7월 19일까지라고 되어 있다. 하지만 [샤나이일기]에 따르면 7월 26일 점심에 최종적으로 북한의 박세창 대사가 배석한 조선고고대표단의 환송회를 끝으로 북한의 발굴단은 북한으로 돌아갔다. 약간의 날짜 차이는 있지만 정자와쯔 발굴 직후 한 달 반가량 북한 측 조사단은 베이징에서 체재하며 발굴보고서 마무리 작업을 했음은 분명하다. 이 기간은 [안즈민 일기]의 1964년의 일기에 나와 있듯이 최종보고서를 출판하기 위하여 북한 측의 인원이 한 달 먼저 와서 체재한다는 결의를 따른 것이다.

시작과 달리 조중고고발굴대는 어정쩡하게 마무리되었다. 양국의 차이를 도저히 좁힐 수 없었기 때문이다. '고조선'이라는 실체를 양국 합동 보고서에 넣으면 이후 논란이 될 것으로 예상한 중국은 국가 대신에 신석기와 청동기시대와 같은 고고학적 시대 명칭을 고집했다. 반면에 북한 측의 경우 '고조선'이라는 이름이 들어가지 않는다면 힘들게 추진한 공동발굴의 당위성 자체가 훼손된다고 판단했다. 도저히 좁혀질 수 없는 양국의 입장으로 결국 안즈민이 작성한 보고서 초고를 양국이 나누어 가지고 출판은 추후 다시 논의하는 것으로 잠정적인 타협을 했다. 공동발굴조사 직후인 1966년 3월부터 중국에서는 문화대혁명이라는 거대한 소용돌이에 휩싸였다. 중국과의 교류 관계가 끊어진 상태에서 1966년 7월에 북한 측은 이때 가져간 자료를 기반으로 단독으로 [중국 동북 지방의 유적 발굴 보고]를 간행했다. 이 보고서가 출판된 직후에 조중고고발굴대의 참가자였던 김용간과 황기덕은 1967년 상반기에 고조선 연구의 기념비적인 연구로 평가받는 「기원전 천년기 전반기의 고조선문화」(『고고민속』 2기)를 출판한다. 이 논문은 북한은 물론 한국과 일본의 고조선 연구에 신기원을 마련했다. 반면에 중국은 리지린의 박사논문 『고조선 연구』 파동 사건을 정치적인 이슈화 시켰고 조중고고발굴대의 활동을 은폐하면서 중국과 북한의 학문적인 교류를 사실상 완전히 단절시켰다.

중국은 공동발굴 직후 1966년 5월부터 10여 년간 문화대혁명의 혼란기에서 간헐적으로 조중고고발굴대의 과정에서 얻어진 자료들을 보고 했을 뿐 전체 보고서를 공간하지는 않았다. 이후 중국 측에서는 1996년 [쌍퉈쯔와 강상雙坨子與崗上]이라는 제목으로 출판되었다. 하지만 그 서문에서 '1965년 7월에 초고(=未定稿)를 완성하고, 토론과 교류용으로 인쇄 배포했으나, 출판은 사정상 보류되어, 추가적인 수정이 이루어지지 않았다.'고만 했을 뿐 북한과의 참여는 따로 수록하지 않았다. "조중고고발굴대"가 정식으로 중국 고고학계에서 언급된 것은 2021년 12월에 출판된 [中國考古學百年史]*이 사실상 처음이다. 왕웨이는 중국의 국제 교류를 언급하는 항목에서 중국동북지방에 대한 발굴을 언급한다. 발굴이 마무리되고 반세기가 지나 만시지탄이지만 어쨌든 신중국 성립이후 최초의 국제 공동발굴로 [조중고고발굴대]가 공인받은 것은 다행이다.

북한의 고조선 연구는 이후 1990년대에 한국에 본격적으로 알려지면서 관련된 고조선과 비파형동검문화를 연구하는 기반을 이룩했다. 랴오둥~서북한 지역의 비파형동검문화에서 철기시대로 이행하는 과정을 고조선의 실체라고 보는 견해는 남한에서도 여전히 유효하다. 반면 중국은 더욱 단호하게 만주 일대의 자료에 대해서 자국의 역사관과 편년관을 고수하고 있다. 60년 전에 이루어진 [조중고고발굴대]의 영향은 지금도 이어지고 있는 셈이다(강인욱).

* 王巍, 2021,「中國考古學國際化的曆程與展望」,『中國考古學百年史: 1921-2021』第4券 上冊, 中國社會科學出版社.

안즈민 일기에 반영된 조중고고발굴대와 고조선 연구

강인욱

I. 머리말 – 리지린의 등장과 [고조선 연구]

지난 100여 년간 고조선 연구에서 가장 큰 사건을 꼽는다면 고대사 쪽으로는 리지린李趾麟의 고조선 연구와 조중고고발굴대의 활동이라고 해도 과언이 아니며 최근 많은 연구가 출판되었다(강인욱 2015; 송호정 2015; 조법종 2016). 특히 나는 [구제강 일기]에 반영된 중국의 역사학자 구제강의 자서를 통해서 이 두 사건은 별도로 발생된 것이 아니라 서로 연동된 것임을 밝혀냈다. [안즈민 일기]를 검토하기 전에 먼저 이전의 견해(강인욱 2015)를 정리하면 크게 다음과 같다.

1) 리지린의 고조선 연구는 그의 개인 연구가 아니라 이상호, 림건상과 같은 反도유호파의 집단 창작일 가능성이 크다.
2) 고조선 재요동설은 당시 중국에 대응하는 북한의 정치적 상황으로 인한 당의 결정이다.
3) 리지린의 혜성같은 등장은 도유호로 대표되는 고고학이 잡은 헤게

모니에 대한 고대사와 신화학계의 반발이었다.

4) 북한에서 리지린의 고조선설을 공식화한 고조선대 토론회[1]는 사실상 결론을 짜놓은 요식행위였다.

5) 리지린의 박사논문은 미리 북한에서 준비해놓은 것일 가능성이 크며, 리지린은 중국 체재 중에 고조선 유적의 발굴을 위한 자료수집에 열중했다.

이후 박준형(2020)은 필자의 연구에서 사진으로만 공개되었던 그의 박사논문으로 추정되는 중국어 영인본을 입수·공개하였다. 그리고 그를 통하여 리지린이 중국에서 받은 박사논문의 내용과 리지린의 [고조선 연구]의 상관성에 대한 구체적인 비교가 가능해지며 나의 결론을 뒷받침할 수 있었다.

리지린의 [고조선 연구]로 고조선의 재요령설을 공식화한 북한의 다음 단계 사업은 내 결론 5)번에 해당하는 고고학적 증명이다. 이는 북한과 남한의 고조선 인식에 핵심적인 역할을 했던 조중고고발굴대로 실현되었다. 그리고 1963~65년 사이의 발굴 조사 양상은 『중국 동북지방의 유적 발굴보고』(조중고고발굴대 1966)과 [雙砣子與崗上](中国社科院考古研究所 1996) 등 양국에서 발간된 보고서로 널리 알려졌다. 하지만 중국과 북한 최초의 국제적인 공동 발굴의 과정에 대해서는 전혀 언급이 없어서 이 발굴이 가져온 당시 양국의 정치, 사회 그리고 역사 인식에 끼친 함의에 대해서는 알 수 없었다. 사실, 그것은 1차 자료를 접할 수 없었던 태생적인 한계이기도 했다.

다행히 2000년대 이후에 중국에서는 20세기에 활동한 여러 학자들의 일기들이 공간되기 시작했는데, 그중에서 구제강顧頡剛(고힐강), 샤나이夏鼐(하내) 등 당시 중국과 북한의 공동사업에 관여한 사람들의 일기가 출판되었고(顧頡剛

---

1) 1963년도에 열린 토론회. 이 토론회를 기점으로 고조선의 재요령설이 채택되고 도유호로 대표되는 서북한설은 거부되었다.

안즈민安志敏 일기

2007; 夏鼐 2011), 그들의 방대한 일기에 단편적으로 언급된 북한 학자의 활동으로 일부 당시 상황을 추정할 수 있었다.

한편 2020년에 6권으로 발간된 안즈민安志敏(안지민)의 일기(安志敏 2020)는 이전에 발간된 자료들과 조중고고발굴대의 실무를 담당했던 안즈민의 일기가 총 6권으로 간행되었다. 특히 그의 일기에는 본인이 조장으로 활동했던 조중고고발굴대에서의 활동도 포함되었다. 그의 자료는 그동안 베일에 가려졌던 1960년대 조중고고발굴대, 나아가서 고조선 고고학의 태동을 밝혀주는 획기적인 자료라 할 수 있다. 이에 본 해제문에서는 이 일기를 쓴 안즈민, 그리고 그의 일기를 통해 새롭게 밝혀진 조중고고발굴대의 내막을 살펴보고 고조선을 둘러싼 북한과 중국의 역사 분쟁의 시말과 그 의의를 알아보도록 하겠다.

II. 조중고고발굴대 조사의 배경
-소련의 『세계통사』와 厚今薄古

조중고고발굴대의 시작은 북한 측의 강력한 요구였음은 최근 공개된 저우언라이周恩來(주은래)의 발언을 통해서 한국에서 알려진 바 있다. 그렇다면 북한이 전쟁 직후의 혼란스러운 상황에서 강력하게 중국에게 고조선과 고구려에 대한 역사적 정통성을 주장한 배경은 어디에 있을까. 그것은 당시 사회주의 종주국이었던 소련이 출판한 세계통사(Всемирная История, 1956)의 조선 부분을 통해 확인할 수 있으며 동시에 조중고고발굴대의 시작 동기가 되었다[2]. 이 책은 당시 사회주의권을 대표하는 첫 번째 세계사로 그 의의가 매우 컸다. 그런데 문제가 되는 부분은 1956년에 출판된 고대 국가의 형성을 다룬 2권이다. 일본 및 한국 고대사 부분을 보로비요프가 주로 작성했는데, 그는 철저하게 일제 강점기

---

2) 전체는 1983년까지 13권이 출판되었다. 1,2권은 1955, 56년에 출판되었다.

〈그림 1〉 논란이 된 1956년판 [전세계사]의 한국부분과 집필자인 V.보로비요프

안즈민安志敏 일기

시대의 자료와 관점에서 한국의 고대사를 서술했다(그림 1). 세계통사 2편에 수록된 한국에 대한 내용에서 논란이 될 부분 몇 개를 본다면,

　　1) 한국 역사의 시작을 고조선이라 언급하지 않은 채 기원전 1000년 기에 중국에서 온 사람이 시작되었다고 보았고(기자조선을 염두에 든 듯함),
　　2) 이후 중국에서 온 이민(낙랑)이 한반도로 유입되면서 한민족의 형성에 영향을 끼쳤다(577페이지)

는 식의 서술이 되었다. 한문 사료와 일본어 자료에 기반하여 동아시아 고대를 연구한 보로비요프는 이후 1961년에 출판된 [고대 한국]이라는 저서에서도 비슷한 논지를 유지하였다.

　　북한 측은 이러한 소련의 역사인식이 북한의 존재근거를 부정하는 매우 심각한 상황으로 받아들였다. 일본에서 해방 직후 중국이 연변 자치주 등 간도 일대를 장악하였고, 남한은 분단된 상태였다. 이런 상황에서 역사적으로도 북한이 자주적인 나라가 아니라고 사회주의권 내의 정사에서 공인된다면 자칫 그들의 자주권을 침해할 수 있는 심각한 사안이 될 수 있기 때문이다.[3] 당시 소련은 스탈린 사후 흐루쇼프의 수정주의가 발흥하며, 중국은 백화제방의 분위기로 북한은 적극적으로 자신의 의지를 관철하기에 유리한 상황이었다.

　　북한이 선택한 전략은 중국과 연대하여서 고대 한국사를 밝히는 것이었다. 이미 [세계통사]가 출판된 직후인 1956년 11월에 북한고고학자 이여성李如星이 샤나이를 찾아왔으며 1957년 5월과 1961년 4월에는 고고학연구소의 소장인 도유호도 방문했다.[4] 이때까지 북한의 반응은 소련의 역사관을 비판하면서도

---

3) 이러한 북한의 반발은 김석형, 김희일, 손영종(1963)의 이름으로 출판된 논문으로 공식 제기되었다.
4) 샤나이(夏鼐)일기 해당 부분 참고

구체적으로 큰 이슈를 만들지 않았던 단계였다. 한편 중국 역시 고고학과 고대사 연구에 새로운 물결이 밀려들었다. 1957년에 모택동은 "百花齊放 百家爭鳴"을 천명하였고 당시 고고학과 고대사계를 주도하던 궈모뤄郭沫若(곽말약)(1892~1978)는 이를 "厚今薄古(고대사보다는 현실의 문제에 참여할 것)"로 정리했다(강인욱 2005). 이는 고고학이 사회주의 이념의 실현에 구체적으로 이바지해야 할 것과 노동자 계급을 대변하는 역사서술로 이어져야 한다는 것을 의미한다. 즉, 자신의 역사를 강조할 것이 아니라 사회주의권의 통합이 더욱 중요한 덕목이 된다. 따라서 사회주의권의 협력을 위해서는 북한과 같은 이웃 나라와의 역사갈등보다는 좀 더 개방적인 태도로 그들과 함께 고대사와 고고학을 보아야 함을 의미한다.

이러한 배경에서 본격적으로 북한이 자신들의 행동을 구체화한 것은 리지린의 졸업과 그 시기를 같이 한다. 1961년 8월에 고조선문제연구토론회가 열리고 리지린이 1961년 10월에 귀국하면서 북한 측은 만주 일대에 대한 적극적인 고고/역사의 연구를 시작했다. 이러한 상황은 학자들만의 노력이 아니라 정치적인 활동과 병행되었다. 1962~63년에 북한 측의 최룡건과 중국 측의 저우언라이는 몇 차례의 담화와 양국 학자들의 회의를 통해 이러한 공동연구를 공식화했다. 샤나이의 일기에 따르면 그가 집필 중인 논문에서 "'고구려'항목은 한국의 역사이니 삭제할 것"을 당시 연구소의 사상을 담당하는 장유이張友漁가 검열을 지시할 정도였다(夏鼐 1962 pp.453-458). 이상과 같이 조중고고발굴대는 리지린의 등장과 그리고 도유호의 실각으로 대표되는 북한 고대사와 고고학계의 인적 변화와 함께 중국과 북한 사이의 정치 외교적인 상황의 변화와 연동되어 시작되었다.

김석형金錫亨이 쓴 「『세계통사』(소련 과학원 편)의 북한 관련 서술의 심각한 오류에 대하여」라는 논문은 중국에도 소개되어서 1963년 10월 18일 자 「인민일보」에 실렸다. [안즈민 일기]에서도 그를 언급하며 "그중 첫 단락에서 고조선 문제를 언급하고 있는데, 일부 동의할 수 없는 논점이 있기는 하지만, 현대 수정주의와 대국 쇼비니즘을 비판하고 미신을 타파하자는 부분은 상당히 중요하다."고 평가했다. 즉, 북한의 대응을 긍정적으로 보는 분위기가 강했고, 이는 조중고고발굴대의 배경이 된 셈이다.

III. 저자 안즈민 및 그의 일기 소개

이제까지 알려진 조중고고발굴대의 내막을 파악할 수 있는 자료는 2007년에 출판된 구제강의 일기와 2011년에 출판된 당시 고고학연구소의 소장이었던 샤나이의 일기에 기록된 북한 조사단과의 만남이 거의 전부였다. 물론, 그 이전인 1996년에 중국 측 발굴대를 담당한 안즈민을 중심으로 간행한 [쐉튀쯔여강상雙砣子與崗上]의 서문, 그리고 북한 측이 발갈한 [중국 동북지방의 유적 발굴보고]에서 그 전모를 간략하게 알아볼 수 있었다. 하지만 중국과 북한의 보고서는 각각 상대측의 참여를 감춘 것이며, 샤나이 및 구제강의 일기는 발굴 당사자가 아니고 단편적인 북한과의 교류만 언급되어 있을 뿐이라 전모를 파악하는 데에 큰 한계가 있다. 반면 2020년에 발간된 [안즈민 일기]는 기존의 자료들과 달리 획기적으로 조중고고발굴대에 대한 상황을 구체적으로 언급하고 있다. 그의 딸인 안자야오安家瑤(안가요)와 안자웬安家瑗(안가원)(모두 고고학자)의 노력으로 총 5권으로 정리된 그의 일기는 평생 그가 정리하고 종사한 발굴과 연구, 그리고 중국사회과학원 고고연구소에서의 업무가 기록되어 있다. 물론, 문화혁명기간은 아예 누락되어 있으며 서론에서도 언급되는 바 공간 과정을 거치면서 상당한 검열을 거친 것으로 추정된다. 조중고고발굴대에 대한 내용은 [안즈민 일기]의 제2권에 실렸는데, 전체 일기에서 공동작업을 한 기간만 수록이 되었으며 그나마도 북한과의 민감한 토론 부분은 자세한 내용이 생략되었다. 한편, 안즈민은 자신이 담당한 고조선 발굴 과정에만 집중했기 때문에 북한의 주영헌朱永憲과 중국의 왕중슈王仲殊(왕중수)를 중심으로 활동한 [고구려 발해 조사단]의 성과에 대해서는 거의 언급이 없다. 아울러, 조중고고발굴대가 마무리 된 직후의 일기는 모두 빠져 있어서 갈등 직후 중국 내부에서 어떤 식으로 그 갈등을 마무리했는지는 자세히 알기 어렵다.

이상 언급한 한계에도 불구하고 매일 관련 작업이 기록되었고 북한 측의 요구사항 및 발굴 작업의 정황이 자세하게 기록되었다. 이는 단순한 조중고고발굴대의 일지를 넘어서 1960년대 중국 동북지역 고고학 발굴의 방법, 시대 상황, 고고학 자료 관리 등을 총합적으로 이해할 수 있는 고고학사에서 매우 귀한 자료라고 생각된다.

1. 저자 소개

안즈민(1924-2005)은 중국대학 사학과를 졸업하고 옌징대학燕京大學 조교를 거쳐 중국사회과학원 고고연구소에서 평생을 일했다. 사실상 중국의 성립이후 초기의 발굴을 주도한 중국 고고학의 초기 세대를 대표한다. 안즈민은 특히 중국의 고고학계에서 동아시아는 물론 서양의 다양한 나라와의 교류를 담당했던 연구자였다(그림 2). 1940년대 말부터 옌징학원에서 근무하며 토리이 류조(鳥居龍藏)와 같은 일본학자들과 교류를 했다. 그 이후 1940~50년대 허베이 탕산 자거좡河北 唐山 賈各庄 전국시대 유적을 발굴했다(安志敏 1953). 당시 그의 보고서는 지금의 시각에서 보아도 크게 뒤떨어지지 않다고 생각될 정도로 그 층위관계 및 형식학적 변천에 대한 보고가 정확한 편이다.

그가 이렇게 넓은 자료를 섭렵하고 동아시아 고고학을 하게 된 동기 중 하나는 토리이 류조(鳥居龍藏)가 옌징대학에서 말년을 보냈던 것과도 관련이 있는 듯하다. 일본의 패전이 명백해질 무렵 토리이는 '변절'해서 중국에 남게 되었고, 일본의 패망 이후에도 계속 옌징대학에서 남아 있었다. 중일전쟁 당시에도 옌징대학은 중국이 아니라 미국 하버드대학에서 운영하는 것이었기 때문에 일본의 입김에서 자유로울 수 있었던 상황이었다. 학생 신분이었던 안즈민은 그의 여러

〈그림 2〉 저자 안즈민

1. 대학재학시절, 2. 1950년 허난 후이현輝縣에 참여한 조중고고발굴대의 주역(후열 오른쪽 5번째가 안즈민, 그 왼쪽이 샤나이, 앞열 오른쪽 3번째가 왕중슈), 3. 조중고고발굴대 직후인 1968년 안즈민과 가족, 4. 1984년 일본에서 회동한 동아시아 원로 고고학자들 좌측부터 김원룡, 에가미 나미오江上波夫, 安志敏, E.I. Derevianko

편의를 살펴주고 비서 역할을 하면서 그의 넓은 시야와 자료를 배웠다. 이를 기회로 안즈민은 중국과학원 고고연구소에서 외국과의 고고학 협력 업무를 담당하게 되었다.

안즈민은 1963~65년의 기념비적인 사건인 조중고고발굴대의 중국 측 대장을 맡으면서 우리의 고고학과도 연관을 맺게 되었다. 안즈민이 담당을 맡게 된 이면에는 안즈민 자신의 내력도 작용했을 것으로 추정된다. 안즈민 자신이 다롄

大連 출신이기도 하며 조거룡장과 함께 일을 하면서 중국 동북지역의 연구 자료를 접하고 연구할 수 있었기 때문이다. 그 과정에서 일본의 동아고고학회가 만주국 시절에 다롄지역에서 조사한 내막을 잘 알고 있었다. 그의 동북지역에 대한 이해는 조중고고발굴대의 업무를 담당하는 데에 큰 작용을 했을 것이다(安志敏 1962). 이후 조중고고발굴대가 활동을 하면서 실제로 구체화되었다. 조중고고발굴대의 고조선 지역 발굴은 이후 두 나라의 국가적 갈등으로 파국으로 이어졌음은 잘 알려져 있다. 하지만 이 과정의 중심에서 활동했던 안즈민의 역할은 잘 알려진 바가 없었다. 다만 1996년에 발간된 [雙砣子與崗上] 보고서와 난산건 102호 석곽묘, 정자와쯔 등 공동 발굴한 자료를 순차적으로 보고하는 과정(安志敏, 郑乃武 1981; 安志敏, 郑乃武 1989)에서 단편적으로 그의 행적이 알려졌을 뿐이다.

1965년에 조중고고발굴대에서 그가 발굴한 정자와쯔 유적을 끝으로 현장 조사는 더 이상 하지 않았다. 대신에 그는 외국어 실력, 박람강기한 자료습득능력, 국제적인 감각으로 그의 연구를 중국 밖으로 확장시켰다. 특히 냉전 시절부터 그는 동남아시아, 러시아, 중원, 일본, 한국, 동북지방 등 넓은 지역을 포괄하여 중국 고고학계에서 외국 고고학 연구의 서장을 열었다. 그는 1990년대 이후에 한국을 자주 드나들었다. 인터넷으로 검색해보니 그는 1995년, 1998년에 각각 한국을 방문하였다.[5] 조중고고발굴대로 시작되어서 남한과의 고고학 교류로 그의 고고학 인생이 마무리 된 셈이다. 하지만 이 과정에서도 안즈민은 자신의 조중고고발굴대 활동에 대한 별다른 언급을 하지 않았다. 따라서 이번에 사후에 공개된 그의 일기 자료는 당시의 자세한 활동을 파악하는 데에 중요한 자료가 된다.

---

5) 일부 자료에는 2003년도에 삼불 10주기 추모기념모임이 전곡리선사기념관에서 거행될 때에 특강을 했다고 되어 있다. 하지만 한국 측의 자료에는 관련 기록이 없는 바, 초청을 받았으나 여러 사정으로 방한하지 못한 것으로 추정된다.

2. 일기의 구성

안즈민 일기는 모두 5권으로 안즈민의 사후에 그의 가족들이 정리한 것이다. 1970년대 이전의 것은 그가 발굴장 현장에서 야장의 형식으로 노트를 한 것이다. 특히 그의 첫째 딸 안자웬安家瑗과 둘째 딸 안자야오安家瑤는 고고학자로 아버지의 대를 이었다(그림 3, 4). 특히 안찌아야오는 중국 공산당의 국무위원을 지내며 한국도 자주 방문한 고대 유리 전공자이다. 즉, 고고학자의 세심한 교열을 거쳐서 출판된 것이라는 점에서 그 신뢰도는 매우 높다고 할 수 있다. 다만 아쉬운 점은 발굴이 마무리되고 난 이후 조중고고발굴대의 후속 과정을 짐작할 수 있는 부분이 없다는 것이다. 본 일기에는 문화혁명기에 해당하는 1966~1976년의 일기 부분은 전혀 없다. 아마 중국 정부가 2019년 10월에 발효한 출판물에 대한 "重大選題備案方法[6]"에 의거하여 검열을 거친 것 같다. 발굴 이후

〈그림 3〉 안즈민과 가족
가장 오른쪽이 본 자료를 정리한 둘째 딸 안자야오安家瑤(안가요)

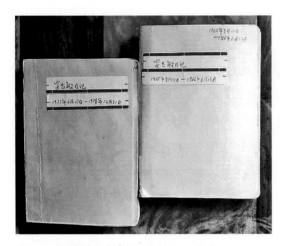

〈그림 4〉 안즈민 일기의 원본
https://www.sohu.com/a/413532893_692521에서

의 중국과의 갈등이 촉발되는 과정에 대해서는 그 부분은 필자가 정리(강인욱 2015)한 구제강의 일기자료와 그 이후에 공개된 샤나이[7]의 일기 등에서 그 단면을 엿볼 수 있었다. 그럼에도 일부 고유명사의 혼동을 제외하고는 교정을 거쳤고 실제 조중고고발굴대를 추진하는 과정에서 일어난 논란이나 발굴 과정에 대한 토론 등이 매우 상세하게 기록되었다고 볼 수 있다. [안즈민 일기]는 고조선 연구 뿐 아니라 1960년대 동북아시아 고고학이 어떻게 발달되었는지를 보여주는 고고학사적인 의의도 크다.

이러한 세부적인 한계에도 불구하고 북한 측의 고조선 발굴에 임하는 태도 및 중국 측의 반응과 갈등 등을 통해서 고조선과 관련된 정황을 속속들이 알 수 있는 중요한 자료이다.

조중고고발굴대와 관련된 그의 활동은 크게 8기의 시기로 세분할 수 있는데, 각각 그의 사전조사와 공동조사 4건(64년에는 2차례에 걸쳐서 조사했음) 등이다. 각각의 주요한 내용을 소개하면 다음과 같다.

---

6) 중국 정부의 공표(2020년 제8호)에 따르면 원래 이름은《圖書, 期刊, 音像製品, 電子出版物重大選題備案辦法》으로 중국 정부 및 공산당의 주요한 사건에 대한 출판은 중국출판국의 허락을 받아야 하는 법령이다. 문화대혁명 및 북한과의 공동사업인 조중고고발굴대는 이러한 중대 사건에 해당되기 때문에 관련한 검열이 필요했을 것이다.

7) 샤나이(1910~1985), 중국 1세대 고고학자로 옌징대학을 졸업하고 영국 런던대학에서 이집트 고고학으로 학위를 받았다. 1950년부터 중국과학원 고고연구소에서 근무하며 퇴직까지 소장을 지냈다. 조중고고발굴대 당시에 고고연구소의 소장으로 중국 측의 관련 업무를 총괄하는 상황이었다.

1) 63년 1차 사전조사(1963년 4월 10일~5월 5일)

　　북한과 중국의 공동 발굴 조사가 결정됨에 따라 다롄 출신인 안즈민이 그 실무 담당을 맡게 되었다. 이에 그는 천춘시陳存洗(진존세)에 함께 동북 3성을 돌면서 각 지역의 실무진들을 만나고 유적 현황을 조사했다. 그리고 번시, 시촨산 및 랴오티예산 등 단거리로 답사할 수 있는 유적들과 박물관의 유물 현황을 조사했다. 그의 주요한 관심분야는 청동기시대 석관묘 유적이었으며 난산건으로 대표되는 랴오시와 츠펑지역(일기에서는 자오다오멍으로 기록)이 빠져 있었다. 또한, 헤이룽장성의 경우 하얼빈의 "東省文物研究會[8]"소속의 러시아학자들이 조사했던 앙앙시 신석기시대유적을 조사했고, 지린시에서는 옌볜 자치주의 석관묘 유적까지 조사할 정도였다. 즉, 1차 사전조사의 경우 북한 측의 정확한 의도를 파악하지 못한 상태에서 동북 3성의 청동기시대를 중심으로 하는 유적의 전반적인 상황을 조사한 준비단계였다.

　　한편, 행정적인 차원에서 각 성장(도지사)들에게 직접 보고가 되어서 매우 긴장하고 있었다. 특히 지린성 문화국의 문제 제기가 강했다. 구체적으로,

　　　1. 국경 및 민족관계에 대한 처리 문제.
　　　2. 북측 인원의 수준이 고르지 않으며 가끔 국경과 민족 등의 문제를 혼동
　　　3. 민족감정으로 인한 문제.
　　　4. 민족감정 때문에 조선족의 통역은 적절하지 않음.
　　　5. 지린성 경내에는 특히 조선족 비율이 많다.

---

8) 1899년 러시아 동정철도의 건설로 하얼빈을 중심으로 러시아인들이 거주하게 되었고, 당시 백러계 러시아인들이 만든 고고학 연구회이다. 발해, 말갈, 요금, 선비 등의 역사시대는 물론 앙앙시와 같은 석기시대의 유물도 사실 이들의 손에 의해 처음 발견되었다. 동성문물연구회의 활동은 포노소프의 발해 상경성 발굴에 대한 필자의 전고(강인욱 2014)를 참고하기 바란다.

는 점을 들었다. 간도 지역이 중국에 포함된 지 얼마 안 되는 시점의 긴장감을 잘 보여준다. 하지만 이러한 긴장은 정치적인 것일 뿐 그 역사적 귀속문제에서는 조선족을 고려하는 상황이었다. 예컨대 지린성 박물관의 전시에서는 고구려는 한국을 고려하여 별도의 국가로 표시되어 있었다. 대신에 중국 측은 이 지역에서 청나라의 역사와 역할을 매우 강조하였다.

한편, 헤이룽장에서는 러시아인들의 활동(東省文物研究會)자료를 활용하고 다롄지역에서는 그 지역을 오랫동안 지배했던 일본인들과 그들의 어용단체인 동아고고학회의 자료를 중심으로 정리했다. 사실상 신중국 성립 이전에 만주 지역에 대한 중국의 제대로 된 연구는 별로 없었음을 잘 보여준다. 따라서 안즈민의 적극적인 활동은 조중고고발굴대의 활동을 통하여 동북지역의 고고학에 이바지할 것을 기대했기 때문이라 할 수 있다.

2) 63년 2차 사전조사(1963년 8월 1일~8월 17일)

1차 사전조사를 마친 직후 북-중의 관계는 급히 진전되었다. 이미 북한은 1963년 6~7월에 다양한 경로로 중국에서 활동을 하고 있었다. 북한 측의 사절단은 6월 중순에 베이징에 도착했고[9] 6월 28일에 북한 조선과학원 대표단 20여 명은 저우언라이와 면담을 하여서 허가를 받으면서 조중고고발굴대의 활동이 공식화되었다. 이 자리에는 리지린과 김용간이 참석했다. 이렇게 6월에 방문한 조선방문단은 적어도 7월 8일까지 중국에서 머물렀음이 확인된다.[10]

안즈민의 2차 사전조사는 북한사절단의 방문 이후에 이루어진 것이다. 즉, 북한 측의 요구사항에 따라 기존 사전조사에서 변경이 불가피해졌기 때문이다. 8월 1~17일간에 안즈민이 새롭게 준비한 지역은 바로 츠펑 일대의 내몽골과 요

---

9) 안즈민의 일기에는 해당 내용이 없지만 구제강의 일기에 리지린의 도착이 기록됨.
10) 샤나이일기(夏鼐, 2011)에서 1963년 7월 8일부분이다.

서지역이었다. 1차 사전 조사에서 동북지역의 청동기~철기시대의 주요 유적을 전반적으로 조사한 것과 달리 구체적으로 난산건南山根 유적, 스얼타이잉쯔十二臺營子 유적, 샤자뎬夏家店유적, 진시 우진탕 등 당시까지 알려진 츠펑과 발해만 일대의 유적을 사전 조사했다.

또 다른 관심지역으로는 요동반도 일대가 추가되었다. 이는 바로 북한 측의 의지가 강하게 전달된 것으로 미루어 짐작할 수 있다. 랴오양 벽화묘, 허우무청이(강상 및 러우상), 푸순 가오얼산성, 라오양 량자오산, 고인돌, 롄화바오 등 비파형동검과 전국~한대의 성터와 무덤으로 관심이 구체화되었다. 이는 북한 측으로부터 조사를 희망하는 유적지의 명단을 받은 것으로 추정된다. 이러한 북한의 준비는 이전 연구에서 리지린의 베이징 유학의 주요한 역할이 논문 작성이 아니라 조중고고발굴대의 운영을 위한 자료 수집이었다는 필자의 추정(강인욱 2015)이 증명되는 것이다.

3) 63년도 조중고고발굴대 (1963년 9월 1~11월 1일)

63년도에 이루어진 1차년도의 조사는 시굴과 지표조사를 중심으로 다양한 유적을 답사하는 것에 초점이 맞추어졌다. 9월 2일[11]에 북한 측 조사단이 선양에 도착했다. 전체 북한의 조사단장은 김석형이 맡았으며(그림 5), 고조선 발굴대는 리지린이 실무를 담당했다. 중국의 경우 고조선팀(안즈민 담당)과 고구려 발해팀(왕중슈 담당)으로 나뉘어져서 조사가 이루어졌다. 이 때에 중국 동북지역 일대에는 당시 중국 고고학의 역량을 총동원해서 발굴 및 시굴 등이 이루어지고, 북한 측은 각지를 돌면서 실제 조사를 추진할 것을 결정하는 방식으로 진행되었다.

이번 안즈민의 일기를 통해 새롭게 발견한 가장 중요한 점은 제1차년도에서

---

11) 이하 언급되는 날짜는 별도의 주가 없으면 모두 [안즈민 일기]에 기록된 일기에 근거한 것이다.

〈그림 5〉 조중고고발굴대 조사 광경 안즈민(중간)과 김
석형(좌측)

리지린을 중심으로 하는 북한 측
조사대의 주요 목적은 비파형동검
이 아니라 성터였다는 점이다. 샤
자뎬상층문화와 하층문화의 유적
지들을 집중적으로 탐사하여 고조
선으로 편입할 가능성을 타진하기
위해서였다. 하지만 이러한 북한
학자의 의도는 당연히 좋은 결과로
이어지지 못했다. 고고학자라면 성
터를 1~2일 조사한들 무슨 고대 국
가의 흔적이 나오기는 어렵다는 것
을 쉽게 알 수 있을 것이다. 이런 북
한 학자의 판단은 고고학에 대한
이해가 부족한 고대사 연구자들의
의견이 관철되었기 때문이다. 성터를 찾는 과정에서 성과는 없고 중국 측과 지
속적으로 마찰을 일으키던 중에 내몽골의 조사단에서 난산건 유적(후에 난산건
101호 석곽묘 명명)에서 대량의 청동기가 발견되었다. 이에 조중고고발굴대는
9월 중순에 급히 방향을 선회해서 난산건의 조사로 전환한다.
　이후 북한 측은 본격적으로 고조선의 중심지로 잉커우~하이청 일대를 지목
했다. 9월 중순 이후부터 하이청~잉커우 일대의 고인돌과 성터들을 집중적으로
조사했다. 리지린은 9월 23일,

　　① 淤泥河의 위치
　　② 고분 유무 문제
　　③ 熊岳城에 고성지가 있는가?

　　　　　　　　　　　　　　　　　　안즈민安志敏 일기

등을 묻고 蓋平(지금은 요령성 蓋州)에 고대 조선과 중국인들이 모두 살고 있음을 지적했다. 리지린은 잉커우는 辽口라고 불렸을 것으로 주장하는 등 하이청현 일대를 왕검성으로 지목하고 그 증거를 찾는 것이 목적이라고 밝혔다. 하지만 중국 측은 리지린이 열거한 성터들은 대부분 명나라 시기의 것이라고 주장했다. 이에 북한 측은 더 많은 알려지지 않은 성터들 사이에 단서가 있을 것으로 생각해 각 지방의 '縣志' 자료를 요구했다. 그리고 9월 28일에는 통역가가 안즈민에게 북한 측이 따로 조사하는 과정에서 "고이산 산성에서 위에서 김(석형) 소장과 임건상 씨 등이 낙랑군은 어디인지, 그리고 중국이 낙랑군의 소재를 정말 모르는지 아니면 알면서도 그 사실을 숨기는지를 두고 토론을 했다"는 보고를 받는다. 양국이 치열하게 서로의 의도를 파악하려는 상황이었다.

이후 요서지역에서는 비파형동검과 샤자뎬상-하층문화의 흔적을, 그리고 다롄지역에서는 일제 때 발굴자료를 중심으로 조사를 했다. 각지에서는 이미 중국 측의 가능한 고고학자들이 모두 동원되어서 발굴 및 시굴을 하고 있었으며, 새롭게 입수되는 정보를 두고 양측은 기민하게 서로의 의중을 파악하며 고조선을 향한 날카로운 신경전을 벌였다. 그러한 논쟁은 3차년도 마지막 날까지 이어져서 편년과 문화명칭에 대한 의견대립이 심하게 있었음도 안즈민의 일기에 잘 반영되어 있다.

안즈민의 일기에 이후 북한 학자들이 언제 다시 북한으로 돌아갔는지는 나와 있지 않지만, 본진은 대략 11월 초에는 돌아갔을 것으로 보인다. 그리고 일부는 남아서 11월 8일에는 북한사절단과 저우언라이 총리의 제2차 면담이 이루어졌다. 1차 조사를 끝낸 조선대표단을 만나는 자리에는 샤나이도 배석했다. 이미 1차년도의 조사 과정에서 북한의 고조선 중심지에 대한 강력한 조사 요구로 중국 측은 극도로 긴장한 상태였다. 이미 중국의 고고학연구소에서는 1차년도 보고서의 논란을 검토하고, 나아가서 북한 측의 심기를 건드리지 않도록 주의를 했다. 샤나이의 일기에 따르면 11월 중순에 샤나이가 집필한 "신중국의 고고학"를 검토한 장여위가 고구려 고고학부분을 삭제하라고 의견을 제시했다. 북한 측에서 고구려는 중국 소수민족에 속하지 않기 때문이라는 의견을 제시했기 때문이다[12].

4) 64년도 사전조사(1964년 3월 19일~4월 2일)

1차 공동조사에서 협의된 다롄의 허우무청이, 정자와쯔, 난산건 등 발굴지의 현황파악을 했다. 이들 유적은 향후 조중고고발굴대를 대표하는 유적들로 1차년도의 과정에서 북한과 중국이 고조선의 중심지를 두고 벌인 큰 논쟁의 여파로 생각된다. 1차년도에서 무리하게 성터를 찾는 것이 대부분 무소득이었던 바, 이미 공동발굴단은 완전한 연구 조사의 방향을 전환하여 정자와쯔와 요동반도의 적석총의 고고학의 조사로 조사의 방향을 전환한 상황을 보여준다.

5) 64년도 1차 조중고고발굴대(1964년 5월 12일~7월 20일)

북한 측에서는 다롄에서 다섯 곳의 조사 지점(四平山·文家屯·大公山·大嶺屯 성터·望海堝)을 요구했다. 하지만 실제 발굴은 허우무청이 쌍퉈쯔 유적, 러우상樓上 묘소, 강상崗上 묘소, 진현 량자뎬 샤오시거우小西溝 묘소, 둥자거우董家溝의 워룽취안卧龙泉등 5곳이 발굴됐다. 이 시기에는 한편, 보고서에는 포함되지 않았지만, 초반에 금현 샤오시거우유적을 꽤 장기간 조사했다. 하지만 그 성과가 없어서 그 대신에 이미 외부적으로 파괴가 진행되었던 워룽취안을 대신 조사했다.

2차년도 조사에서 북한과 중국 측은 중요한 연구의 전환을 시도했다. 북한은 고조선의 중심지를 밝히려는 1차년도의 노력이 쉽지 않았음을 간파하고 러우상과 강상의 무덤에서 다수의 화장 인골이 나오는 점을 순장제 노예제 사회라는 점을 밝히는 것에 중심을 두었다(그림 6). 물론, 다링툰성지와 같은 조사의 가능

---

12) 샤나이일기(夏鼐, 2011)의 1963년 11월 15일

〈그림 6〉 유일하게 알려진 조중고고발굴대의 발굴광경

검은색 노동복 대신에 흰옷을 입은 사람들이 북한 측 발굴단으로 추정됨.

성을 계속 제기했다. 하지만 강상과 러우상의 발굴이 워낙 크고 여기에 솽퉈쯔 유적까지 추가되면서 실제로 성터의 발굴로 연결되지 못한다.

이 시기의 일기는 매일 발굴의 상황에서 다양한 에피소드가 기록되어서 일종의 고고학 야장 역할을 가장 잘 담아내고 있다. 해외 공동 발굴에서 흔히 경험하는 발굴기법, 측량 방법 등의 자세한 발굴의 의견에서 고조선으로 해석하려는 북한과 중원 고고학에 기반을 둔 안즈민의 논쟁은 매우 자세히 드러나 있다. 이는 고조선 연구의 차원을 넘어서서 북한과 중국의 초기 현장 발굴법을 파악하는 데에 매우 중요한 근거가 된다.

그럼에도 안즈민이 지나칠 정도로 발굴 자체의 기법과 유물의 정교한 수습을 주장하며 북한 측과 논쟁을 벌인 것은 고고학자로서 충분히 이해되지만, 반대로 북한의 입장에서 본다면 고조선의 중심지라고 추정되는 성터의 발굴을 어떻게든 막기 위한 중국 측의 의도가 반영된 것이라 오해했을 가능성이 크다.

6) 64년도 2차 조중고고발굴대(1964년 8월 19일~10월 20일)

1차 조사의 후반기에 강상과 쌍튀쯔로 하는 거대한 유적을 단기간 내에 조사할 수 없음을 절감하고 후속 발굴에 동의한 상태였다. 이에 이어서 계속 발굴을 이어나가서 강상, 쌍튀쯔, 인자춘, 장췬산 유적을 이어서 발굴했다. 이번 조사에서 가장 주목되는 것은 북한 측의 고고학 인원의 보충이었다. 그동안 북한 측의 작업을 주도한 임건상이 부대장에서 해임되었고(단원으로 참여는 했음) 리지린도 불참했다. 대신에 고고학자인 김용남(金勇男)이 보강되었다. 이는 궁극적으로 북한이 고대사와 고고학의 괴리를 절감하고 실제 발굴을 위하여 고고학자들이 전면으로 부각한 결과라고 생각된다.

본 발굴 이외에도 임건상의 주도로 미야케 슌죠三宅俊成가 조사한 다링툰大嶺屯 성지를 답사하고 요동반도 일대의 한나라 시기 성지를 조사했다. 하지만 중국 측은 매우 비협조적으로 대응했다. 안즈민은 이 지역에서 전국~한대의 유물이 출토가 되지만, 그들은 성의 축조와는 관계가 없다는 어정쩡한 태도를 취하였다. 그리고 그 밖의 많은 성터에 대해서는 잘 모른다고 답했다(9월 2일). 이후 북한 측은 랴오둥지역의 현지(縣志)에 기록된 요동지역 성터를 지목하여 향후 조사할 것으로 주장했다(10월 16일). 물론, 이러한 주장은 받아들여지지 않았다. 이후 북한 측은 베이징을 거쳐서 북한으로 귀국했다.

2차 조사 당시 북한과 중국의 관계는 이미 극도로 악화된 상태였다. 64년도 2차 조사 바로 직전인 1964년 8월 초반에 리지린의 박사논문을 지도한 구제강은 이미 간첩활동을 한 것으로 의심된 리지린을 도와준 혐의로 취조받는 상황이었다[13]. 당대 최고의 역사학자인 구제강마저도 심한 고초를 겪는 상황이니 중국

---

13) 구제강의 일기(顧頡剛, 2007)의 1964년 8월 13일 부분에 이러한 상황이 극명하게 표현되어 있다 "조선사학가들은 고조선족이 우리나라 동북지역에서 살았던 것을 들어서 자존심의 회복을 바라며 잃어버린 땅을 되찾으려는 기도를 한다. 리지린도 이러한 임무를 집행하는 사람 중 하나였다. 그 목적은 예전부터 동북지역 각 민족(숙신, 예맥, 부여, 옥저 등)은 고조선의 밑에 있었다고 하고 싶어한

안즈민安志敏 일기

의 발굴단은 극도로 조심하며 비협조적일 수밖에 없었을 것이다. 그리고 그러한 태도는 북한과 중국 측의 갈등으로 표출되었다.

7) 65년 사전조사(1965년 2월 20일~3월 1일)
: 고조선 성터의 탐사

안즈민은 이 시기에 정자와쯔 일대를 정비하여 발굴을 준비했다. 아울러, 북한 측의 요구에 따라 랴오양 일대의 왕검성 흔적으로 추정되는 여러 성터를 답사했다. 상바이관툰上柏官屯, 류얼툰劉爾屯, 양수펀楊樹墳, 펑지바오奉集堡,[14] 가오얼산성, 푸순의 라오둥공원(현도군터), 량자오산 성터(한대 거취현), 안산 구싸오청姑嫂城 등이다. 이 사전조사는 북한 측의 요구가 대폭 받아들여져서 왕검성의 탐색이 본격적으로 준비했다. 그리고 상하백관둔, 렌화다오, 가오얼산성 등에 대한 발굴의 사전 조사를 해 두었다. 물론, 뒤에서 보겠지만 왕검성의 답사는 전혀 이루어지지 않았다. 다만 실무진 차원에서 리지린의 강력한 요구가 안즈민에게 전달되어서 예비적인 차원에서 사전조사를 한 것으로 보인다.

8) 65년 조중고고발굴대(1965년 5월 26일~6월 4일)
: 정자와쯔 유적의 발굴

안즈민의 사전 조사가 광범위하게 이루어진 것과 달리 1965년도의 실제 발굴은 정자와쯔 마을의 일대로 축소되었다. 65년 사전조사에서 의도되었던 왕검성에 대한 조사는 모두 축소되었고, 정자와쯔 일대의 조사로 한정되었다. 대신에 대부분의 조사기간은 3년에 걸친 조사를 마무리하는 보고서 발간을 위한 논

다. 그래서 우리나라 동북지역이 조선의 강역이었음으로 보고자 한다. 지금 다시 동북지역에서 고고발굴을 하고 그 유물로 실증을 하려고 한다."

14) 『성경통지』에 왕검성으로 추정된다는 기록 때문에 포함시킨 것 같다.

의로 채워졌다. 이 시기 북한 측에서 임건상, 리지린 등 고대사 전공자들은 완전히 제외되었고 고고학자들로만 구성되었다. 대신에 김용간, 김용남 등 이후 북한의 고조선 연구를 주도하는 소장학자들이 전면에 등장했다. 이때 북한과의 주요한 논쟁은,

1) 장쥔산 적석총이 청동기시대에 속하는 지 여부,
2) 러우상과 강상의 무덤이 순장인지,
3) 러우상의 절대 연대

등이었다.

실제 발굴은 한 달간 지속되었지만, 안즈민은 8일 만에 현장에서 나와서 베이징으로 돌아갔다.[15]

안즈민의 일기는 1965년 6월 4일에서 먼저 베이징으로 돌아가는 것으로 마무리된다. 김석형이 인솔하는 조선고고단 11인은 1965년 6월 16일에 베이징에 도착한 것으로 미루어 볼 때 실제 조중고고발굴대는 6월 중순까지 발굴을 지속한 것으로 보인다. 베이징에서 북한의 발굴대는 중국사회과학원 고고연구소에서 고구려-발해단을 담당한 왕중슈와 고조선 발굴대를 담당한 안즈민 등은 북한 측과 보고서의 문제로 계속 협의를 했다. 이후 7월 26일에는 최종적으로 북한의 박세창 대사가 배석한 조선고고대표단의 환송회를 끝으로 북한의 공식 일정은 마무리되었다.

---

15) 그리고 이 8일간의 조사는 안즈민이 현장에서 지휘한 마지막 발굴조사가 되었다(安家瑤, 安家瑗 2014, pp.47-54 참고).

3. 조중고고발굴대의 전모

안즈민의 일기에는 전체 발굴인원이 단편적으로 기록되었다. 하지만 다행히 당시 발굴단에 참여했던 쉬빙쿤徐秉琨(서병곤)이 비교적 상세하게 당시의 기록을 남겼다(孫秉根 2003). 쉬빙쿤은 1935년생으로 베이징대를 졸업 후에 은퇴까지 줄곧 사회과학원 고고연구소에 근무하면서 발해와 신강성 일대의 수-당대 시대를 주로 연구했다.[16] 쉬빙쿤은 발해조사단에 소속되어 류딩산六頂山의 무덤과 상경성上京城의 발굴을 담당했다. 물론, 쉬빙쿤의 기록은 실제 발굴이 이루어지고 40여 년이 지난 후이며 동북공정의 시작을 위하여 다양한 역사 공정을 하는 과정에서 마다정馬大正(마대정)의 사업에 참여해서 나온 것이다. 따라서 쉬빙쿤의 회고는 일방적으로 북한 측의 입장을 비판하는 입장을 견지하고 있어서 그의 관점을 객관적인 사료로 보기는 어렵다. 하지만 참석인원 및 조사 유적은 비교적 잘 정리가 되었다. 이에 쉬빙쿤의 회고록에 반영된 조중고고발굴대의 전모를 정리하면 다음과 같다. 전 기간의 조선 측 단장은 김석형(사회과학원 원장, 2조와 함께 활동)이 맡았고 중국 측은 샤나이를 대신해서 대리단장으로 뉴자오쉰牛兆勛(우조훈)(고고연구소의 부소장)이 1조와 함께 활동했다. 각 조의 주요 인원과 조사 유적은 다음의 도표로 정리할 수 있다.

1) 1963년 발굴팀 구성

표 1. 1963년도 1조 고조선 발굴대

조장	리지린(조장) 안즈민(조장)

---

16) 중국사회과원 고고연구소의 공식 홈페이지의 정보에 근거함(http://www.kaogu.cn/html/cn/ renyuanxinxiku/2013/1026/43970.html).

단원	북한팀 : 리지린(조장) 김용간, 정찬영, 황기덕黃基德, 전주농田疇辰(전주진), 장주협張宙浹, 이제선李濟善 중국팀 : 안즈민(조장), 천춘시(비서 및 당서기), 정나이우鄭乃武(정내무), 딩류룽丁六龍(정육룡), 장궈주張國柱(장국주), 류위劉玉(유옥), 런창타이任常泰(임상태)(中國歷史博物館), 자저우제賈洲傑(內蒙古自治區文物隊), 쉬밍강許明鋼(허명강)(旅順博物館), 통역 : 박태호朴太鎬
답사 유적	츠펑 일대 - 츠펑시赤峰市(10개소) : 싸수이포撒水坡, 핑딩산平頂山, 홍산호우紅山後, 홍산첸紅山前, 라오예먀오老爺廟, 동바자東八家, 샤자뎬夏家店, 싼자三家, 우리차五里岔, 수이상촨水上泉. 닝청현寧城縣(1개소) : 난산건南山根 랴오둥반도 - 뤼다시旅大市(8개소) : 장쥔산將軍山, 러우상樓上, 인자춘尹家村, 다우야大塢崖, 무양청牧羊城, 좐산터우轉山頭, 궈자춘郭家村, 양터우와羊頭窪. 하이청현海城縣 : 다툰大屯. 가이현蓋縣 : 칭시관산성靑石關山城 선양 일대 - 푸순시撫順市(4개소) : 가오얼산성高爾山城, 롄화다오蓮花島(蓮花堡), 다훠팡 댐大伙房水庫, 라오둥공원성지勞動公園城址. 랴오양현遼陽縣(1개소) : 얼다오허쯔二道河子
실제 조사유적	랴오양 얼다오허쯔, 푸순 다훠팡 댐, 다롄(뤼다) 러우상, 인자춘, 내몽골 닝청 난산건
주요여정	선양 체재 및 유물조사(9월 5일까지) - 츠펑 도착 - 싸수이포撒水坡 고성(9월 6일) - 자오우다명참 유물조사(7일) - 핑딩산의 장성 조사(8일) - 동바자東八家 석성 등(10,11,12) - 난산건 조사(14,15) - 선양 - 얼다오허쯔(20) - 하이청 량자오산(21) - 하이청 시무청의 고인돌(22) - 슝웨청熊岳城(24) - 가오얼산성(28) - 다훠팡 댐 석관묘 - 다롄(10월 5일)의 난산리, 인자춘 등 - 장쥔산 적석총 - 인자춘 시굴 등 조사 - 허우무청역 조사(10월 11일) - 진저우錦州(10월 18일) 도착, 스얼바오 및 우진탕 조사 - 스얼타이잉쯔 시굴(22일) - 객좌 상말주초 청동기 샤오좐산쯔小轉山子 조사(24일) - 선양 정자와쯔 조사(27일) - 10월 30일 마무리
기간	1963년 9월 1~11월 1일

2) 1964년도 조사단 구성

표 2. 64년 1조 고조선 발굴조 구성 및 주요활동

조장	리지린 (조장) 안즈민 (조장)

단원	북한 : 리지린 (조장) 김용간, 정찬영, 황기덕 중국 : 안즈민(조장), 천준시(비서 및 당서기), 딩나이우, 딩류룽, 장궈주, 류위, 런창타이(中國歷史博物館), 자저우제(內蒙古自治區文物隊), 쉬밍강(旅順博物館), 왕이량
답사 및 발굴 유적	뤼순다롄(旅大地区)의 발굴구역 : 쑹퉈쯔, 러우상, 강상, 진현 량자뎬亮甲店 샤오시거우小西溝, 워룽취안臥龍泉, 장쥔산과 인자춘(총 7개지점; 1964년8월23일~10월29일)
실제 조사유적	1차 : 강상, 러우상, 쑹퉈쯔, 진현 워룽취안, 진현 량자뎬의 샤오시거우 2차 : 쑹퉈쯔, 강상, 뤼순 장쥔산, 인자춘
조사기간	1차 1964년 5월 12일~7월 20일 2차 1964년 8월 19일~10월 20일

3) 1965년 조사

표 3. 1965년도 발굴대 구성

조장	김석형(사회과학원 원장) 뉴자오쉰
단원	북한 : 주영헌·김용남·황학태黃鶴泰·황기덕·김종혁金鍾赫·김신숙金信淑·김기웅金基雄·이병선李炳善·장주협·이제선 중국 : 천준시·런창타이·쉬밍강·양후楊虎(양호)·리원제李文傑(이문걸)·돤펑치段鵬琦(단붕기)·장쯔밍張子明(장자명)·딩류룽·왕이량·파오샹융朴尚勇(박상용)·진훙주金洪柱(김홍주)·파오정이朴正一(박정일), 가오싱한高興漢(고흥한), 자오우룽趙五龍(조오룡)
답사 및 발굴 유적	선양지역 : 자오공제肇工街와 정자와쯔鄭家窪子(1965年5月28日~6月7日) (나머지 시간은 발굴유물의 정리와 보고서 작성에 소요)

IV. 조중고고발굴대의 한계와 의의

1. 리지린이 주도한 북한 조사단의 한계

북한 측의 인원을 보면 1963년과 1964년 1차까지는 리지린과 임건상 등 도유호를 누르고 고대사와 고고학계의 헤게모니를 잡은 역사학자들이 주도를 했다. 물론, 그 밑에 김용간, 황기덕 등이 참여했지만 그들의 영향력은 거의 반영되지 않았다. 도유호로 대표되는 기존 고고학계 대신에 고대사 중심의 정치적인 성격이 강했음을 의미한다.

북한 측은 시종 성급하게 고조선의 중심지를 찾기 위하여 여러 성터를 살폈다. 심지어 내몽골 난산건과 샤자뎬 일대의 성터를 고조선과 연결시키려는 움직임도 있었다. 이는 리지린의 [고조선 연구]에서 난하와 대릉하를 고조선의 경계로 보았고, 그 선험적인 규정이 된 안쪽에 해당하는 지역을 모두 고조선의 후보지로 보았다. 그리고 고조선의 왕검성을 구체적으로 하이청海城과 잉커우營口일대로 보고 그 흔적을 찾고자 했다.

고대사학계가 주도한 북한 측의 조사는 곧바로 고고학 발굴법의 불일치로 이어졌다. 회령 오동, 서포항, 무산 범의구석 등 도유호가 발굴을 주도하던 시절에 북한의 다층위 주거지 발굴법은 꽤 안정적으로 작동되고 있었다. 하지만 조중고고발굴대에서는 둑이나 층위에 관한 관심보다는 고조선이라고 하는 선험적인 실체를 찾는 데에 급급하여서 중국 측의 비판에 직면할 수밖에 없었다. 이런 성급함은 북한 발굴 조사단의 초기 실패로 이어졌다.

도유호로 대표되는 기존 고고학계의 세력을 잠재우고 등장한 리지린이 야심차게 준비한 조중고고발굴대의 성과가 미흡해지면서 이는 반대로 그들의 실각을 자초했다.

한편, 중국에서도 처음 조중고고발굴대를 대하는 입장은 매우 우호적이었다. 북한의 입장을 고려하여 고구려 및 만주 일대의 역사 연표를 조정하려 했으며,[17] 지방 정부 차원에서 다양한 준비를 했다. 하지만 1963년의 첫 해 발굴이 끝나면서 태도는 돌변했다. 조선족 통역원을 통하여 북한 측의 의도를 파악하려 했고, 북한과의 토론에서 매우 강경한 입장을 취하는 등 모습이 보였다. 물론, 공식적으로 북한의 무리한 요구에 중국 측이 난색을 표명한 것으로 되어 있다. 하지만 북한 측의 태도는 갑자기 등장한 것이 아니라 충분히 예견된 것이었다. 사실 저우언라이 총리의 담화에도 이미 북한 측의 의도는 공개되어 있었다. 그리고 북한 측이 요구한 대로 성터를 며칠 답사하는 것으로 쉽게 고조선의 중심지가 발견될 수 없다는 것은 상식적으로 알 수 있다. 1963년경부터 그럼에도 중국 측이 고조선과 관련하여 강경한 태도를 취한 배경에는 중국 측의 정치적인 변화와 관련이 있었다.

2. 왕검성에서 노예제 사회로
: 리지린의 퇴장과 고고학자의 등장

1차년도의 다소 무모했던 시도는 곧 무위로 끝나고, 1964년 조사부터는 비파형동검에 집중한다. 이때 먼저 중점을 두었던 유적은 량자뎬 샤오시거우였지만, 무덤 지점을 잘못 찍어서 실패한다. 같은 시기에 워룽취안에서 기대치 않은 상황에서 동검이 출토되어서 적석묘로 관심이 옮겨졌다. 때마침 다롄지역에서 활동하며 안즈민을 도와주었던 쉬밍강이 1958년에 조사된 러우상도 있었다. 러우상을 조사하면서 근접한 강상에도 주의를 기울이게 되었다. 아울러 일제 때에 이미 알려진 솽퉈쯔를 조사하게 되면서 발굴의 무게는 다롄지역(본문에는 뤼다로 기록됨) 요동지역으로 기울었다.

이렇듯 발굴을 통하여 노예제사회로의 전환은 고조선 왕검성의 존재를 파악

---

17) 그러한 입장은 안즈민의 1963년 사전조사 과정에서도 표출되어서 고구려와 발해의 역사를 북한의 입장에서 불편하지 않게 조정하려는 안배가 있었다.

하지 못한 것에 대한 대안으로 등장했다. 이후 1964~65년의 발굴은 강상과 러우상, 정자와쯔 등에 집중되었다. 이러한 상황은 1964년 2차 발굴에서 리지린과 임상선이 일선에서 후퇴하면서 본격화된다. 그리고 북한에서도 두 사람은 이때를 기점으로 거의 학계에서 사라지는 바, 북한 내에서도 학문의 권력에 변동이 생겼음을 짐작할 수 있다.

3. 조사 과정의 갈등
: 정자와쯔 6512호묘와 난산건 101호묘

안즈민의 일기에 반영된 당시 조중고고발굴대의 작동 방법은 중국 측에서 예상되는 조사지를 사전조사하고 중요한 유적은 현지의 연구원과 인력을 총동원해서 조사하는 식이었다. 그리고 조중고고발굴대는 현장을 답사하고 결과를 보고받아서 목적에 부합하는 결과가 나오면 조중고고발굴대에 포함을 하는지 결정하고 보고서 및 유물의 분배 등을 검토했다. [안즈민 일기]를 통해서 조중고고발굴대의 결과물인 [중국 동북지방의 유적 발굴 보고]에 포함되지 않았지만 비파형동검과 고조선을 연구할 때 대표적인 유적인 정자와쯔 6512호묘, 그리고 그 청동기문화의 원류인 샤자뎬상층문화의 난산건 101호묘 등도 조중고고발굴대의 일환으로 조사가 되었던 유적임이 밝혀졌다. 사실 정자와쯔 6512호의 경우 고조선의 실체와 가장 접근한 대형 무덤이며 난산건 101호는 샤자뎬상층문화를 대표하는 유적이다. 조중고고발굴대의 성격에 가장 부합하는 두 유적이 빠진 것은 아쉬운 부분이라고 할 수 있다.

정자와쯔 6512호묘는 1965년에 집중적으로 발굴을 한 선양 정자와쯔 유적를 조사하는 과정에서 발견되었다. 안즈민은 1965년 초에 당시 선양의 대표적인 빈촌이었던 정자와쯔 일대를 정리하고 발굴 준비를 했다. 이 지역에서 이미 1958년에 비파형동검의 출토되었고 거대한 무덤군이 존재함을 인지했기 때문이다. 하지만 실제 발굴은 2주 남짓한 매우 짧은 기간에 끝났고 북한 측에는 일부 자료만 전해졌다. 조중고고발굴대가 짧은 발굴을 6월에 마친 후에 중국은 단독으로 정자와쯔 지역을 조사했다. 실제로 중국내의 잡지 『考古』와 『考古學報』에 중국 단독으로 보고한 정자와쯔 6512호묘와 659호묘의 보고문은 그 발굴 주체가 조중고고발굴대 당시 중국 측의 담당기관인 "사회과학원 고고연구소 동북고고대"대신에 沈阳故宫博物馆과 沈阳市文物管理办公室이라는 지역에서 발굴을 전담한 하위 기관으로 되어 있다(그림 7). 그리고 발굴도 조중고고발굴대

〈정자와쯔 6512호〉　　　　　　　　〈정자와쯔 659호〉

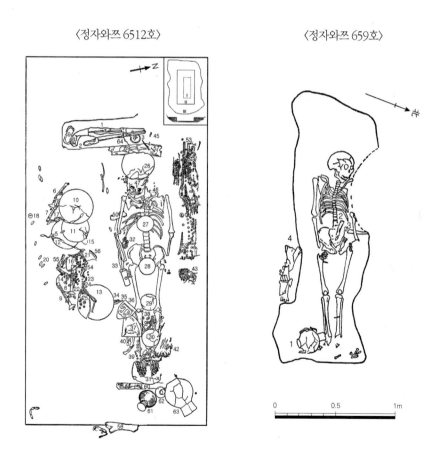

〈그림 7〉 조중고고발굴대의 조사·보고에서 누락된 정자와쯔 6512호묘와 659호묘

의 1965년도 조사 완료 직후인 8월에 이루어졌다.

한편, 난산건 101호묘와 102호묘는 난산건 유적에서 대표적인 대형 무덤이다. 조중고고발굴대가 오기 직전인 1958년에 난산건 마을 주민이 도랑을 파다가 대량의 청동기 유물을 발견하면 유적이 알려졌다. 그리고 조중고고발굴대의 조사 과정에서 101호묘, 102호묘 등의 대형 석곽묘가 잇달아 발견되었고 중국 측도 이 대형의 청동기를 조중고고발굴대의 성과로 넣고자 했다[18]. 그리고 북한 측도 난산건 101호묘의 엄청난 출토유물을 1963년 9월 14일에 실견한다[19]. 이 자리에서 리지린은 "동양 고고학의 위대한 발견"이라며 흥분했다. 그리고 곧바로 발굴할 것을 동의했다. 이날 이미 노출된 석곽의 내부를 모두 정리했다. 또한, 이 지역의 마을 주민들과 함께 또 다른 청동기 발견지점을 찾는 작업도 했다. 6월 16일에 101호 석곽묘를 마무리 지으면서 또다시 리지린과 전주농은 위대한 공헌이며 위대한 발견이라 평가했다.

이러한 일련의 작업에도 불구하고 난산건 101호묘는 정식 보고서에서 빠졌다. 다만 북한의 보고서(조중고고학발굴대 1966)에서 '중국 측이 원하는 도면을 제공하지 않아서 추후에 공개하겠다'는 구절이 있는 것으로 볼 때 조사 과정에서는 공동 발굴로 넣기로 했지만 추후 중국 측에서 그 자료를 제공하지 않은 것으로 추정할 수 있다.

이러한 상황은 당시 1963년에 내몽골 동남부의 연구성과에 대한 리지린과의 충돌이 관련되었을 것이다. 리지린은 이미 내몽골과 몽골 일대에도 고조선이 있을 것이라 생각했다. 심지어 "몽골공화국 내에도 고조선으로 보이는 도시 유적이 발견된다"는 이야기를 할 정도였다[20]. 이후 리지린은 내몽골 츠펑 일대의 장성과 샤자뎬 상층문화와 하층문화의 유적 일대를 돌면서 고조선의 흔적을 찾고자 했다. 이러한 입장은 중국으로서도 전혀 예상치 못한 것이었다. 요동~서북한

---

18) 안즈민일기 1963년 9월 9일
19) 안즈민일기 1963년 9월 14일
20) 안즈민일기 1963년 9월 11일

일대가 아니라 내몽골, 나아가서 몽골까지 고조선의 영토로 상정한다는 것은 큰 충돌로 이어질 것이 명약하기 때문이다.

단편적이나마 안즈민의 일기에서 보이는 리지린의 강경한 태도와 깊어진 중국과의 갈등은 충분히 짐작할 수 있다. 이렇듯 고조선과 샤자뎬상층문화를 대표하는 정자와쯔 6512호묘와 난산건 101·102호묘 두 유적은 의도적으로 조중고고발굴대에서 빠졌던 것으로 보인다.

4. 조사의 여파와 역사분쟁

조중고고발굴대의 마무리는 양국의 최종 보고서로 마무리 되었다[21]. 양국의 공동명의로 작성된 보고서는 각국에서 서로 다르게 처리했다. 북한에서는 정식으로 발간했지만, 중국에서는 유인물로만 비공개 회람을 했을 뿐이다. 다만, 세부적인 발굴 내용과 유물에 대한 서술은 층위 및 유물의 서술 등으로 볼 때 고조선조와 발해 연구조 모두 주요한 부분은 중국 측이 작성한 것으로 보인다. 다만 1차년도 고조선 조에서는 북한 측도 독자적인 조사를 하고 자신들만의 보고서를 작성했다. 하지만 서로 편년, 명칭 등에서 이견이 보였기 때문에 이 공동의 보고서에 반영이 되지 않았다. 북한 측의 보고서와 이후 중국에서 단독으로 발간한 보고서의 내용이 완전 일치하는 것으로 볼 때 북한은 중국 측에서 제공한 보고서에 별다른 가감을 하지 않고 그냥 발간했음을 알 수 있다(별표 1, 2 참조). 하지만 그 고찰에서는 두 나라 사이에 큰 차이가 보인다.

이러한 어정쩡한 마무리는 북한과 중국이 고조선과 관련된 보고서의 세부적인 사항에서 이견을 좁힐 수 없었기 때문이다. 북한 측은 각 유물 및 유적의 해

---

21) 중국 측의 보고서는 정식 출판 이전에도 고고학자들 사이에서 유인물의 형태로 유포되어 자료로 활용되었다. 안즈민은 [雙砣子與崗上] 보고서 서문에서 이러한 상황을 '1965년 7월에 초고(=未定稿)를 완성하고, 토론과 교류용으로 인쇄 배포하였으나, 출판은 사정상 보류되어, 추가적인 수정이 이루어지지 않았다.'라고 설명했다.

석에 고조선 및 순장제라는 부분을 명기하고 싶어 했다. 반면에 중국은 신석기, 청동기 등 전통적인 편년체계를 고집했다. 두 국가로서는 고조선으로 큰 진통을 겪은 후였기 때문에 자칫 이것이 정치적으로 확대될 수 있었다. 북한의 경우 이 발굴을 통하여 중국 동북지역에 '고조선시대'라는 새로운 편년의 틀이 들어서지 않는다면 스스로 이번 발굴의 실패를 자인하는 것으로 보였을 것이다. 반면에 중국의 경우 단기간의 발굴로 동북지역의 편년을 북한의 역사 편년에 맞추는 것은 향후 정치적인 부담으로 작용되어 도저히 양보할 수 없는 것이었다. 그래서 국가 명칭 대신에 신석기, 청동기시대 등 전통적인 삼시기법의 사용을 고집함으로써 사실상 고조선의 실체를 인정하지 않으려는 의도였을 것이다.

〈북한 측 단독 보고서의 표지〉 　　　　　　〈중국에서 작성한 유인본 보고서〉

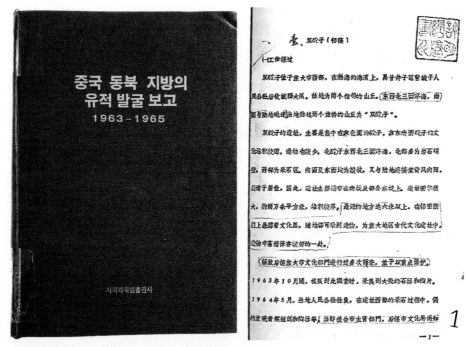

〈그림 8〉 독자적으로 출판된 북한의 보고서와 유인본 형태로 존재하는 중국의 결말보고서

양국의 차이를 좁힐 수 없었기에 결국 양국은 논란이 될 법한 모든 결론은 삭제한 채 발굴의 내용만을 정리한 유인본 형태의 보고서를 각자 나누어 가지는 것으로 마무리를 지었다(그림 8). 이는 사실상 양측이 서로를 인정하지 못하는 것을 의미하기 때문에 두 나라 간의 고조선관은 돌이킬 수 없는 길로 갈라서게 되었다. 이후 더 이상 중국과 북한이 함께 고조선 문제를 토의하거나 연구하는 일은 없었다.

이후 북한으로 돌아간 북한 측 발굴단은 이 보고서를 거의 가감이 없이 독자적으로 출판했다. 그리고 북한 측의 단독 보고서(조중고고학발굴대 1966)는 1980년대 이후 일본을 거쳐서 한국에도 알려지게 된 것은 잘 알고 있는 바이다.

V. 맺음말 – 지금도 이어지는 조중고고발굴대의 영향

1963~65년의 3년이라는 짧은 시간에 이루어진 중국과 북한의 고조선 관련 공동조사가 양국의 학계에 끼친 영향은 지대했다. 북한에서는 이 발굴을 거치면서 리지린으로 대표되는 고대사학계가 잡았던 고조선 연구의 헤게모니는 다시 고고학계로 돌아갔다. 리지린의 고조선 연구는 도유호로 대표되는 1950년대 북한 고고학계의 헤게모니를 빼앗기 위한 투쟁의 일환이었다. 그렇게 세력을 잡은 리지린과 임건상은 자신들이 설정한 고조선 연구의 틀을 유지하기 위하여 조중고고발굴대를 성사시켰다. 하지만 고대사학자들의 바램과 달리 만주 일대의 성터를 조사하는 것으로 고조선의 존재를 증명하는 것은 실패했다. 리지린이 관심을 가진 유적들은 명청대의 지방지지에 기록된 성터들뿐이어서 그것만으로 고조선 수도인 왕검성의 증거를 찾기에는 처음부터 불가능한 것이었다. 또한 중국 측에서도 지속적으로 비협조적으로 나왔다. 결국 고조선의 중심지를 찾으려는 리지린의 시도는 완전한 실패로 끝났다.

리지린의 실패는 대신에 고고학이 다시 전면에 등장하는 기회를 제공했다.

1964년 2차 조사부터 다롄지역의 적석묘 발굴을 통한 다인장 무덤을 노예제 사회로 규정시키고 비파형 동검을 고조선의 영역으로 인정하려는 고고학적인 연구가 대안으로 등장했다. 이러한 과정에서 갈등의 중심에 서 있었던 리지린과 도유호는 함께 퇴장을 했고 대신에 황기덕, 김용간, 장주협 등 조중고고발굴대에 참여한 젊은 고고학자들이 이후 30여 년 가까이 북한의 고조선 연구를 주도했다. 조중고고발굴대는 리지린의 『고조선 연구』로부터 촉발되었지만, 결과는 오히려 고대사 전공자인 리지린의 퇴장을 유발하였고, 북한의 고고학연구 세대교체로 이어진 셈이었다.

중국의 경우 처음 공동연구의 시작부터 북한의 고조선 연구에 매우 부정적인 입장을 견지했음을 안즈민의 일기를 통해서 확인할 수 있었다. 하지만 중국 측의 성과 또한 적지 않았다. 바로 조중고고발굴대를 준비하고 수행하는 과정에서 1960년대 초까지 중국 내에서도 가장 연구가 미진한 지역 중 하나였던 중국 동북지역에 대한 전면적인 조사를 할 수 있었고, 그 결과 동북지역 고고학의 기틀을 잡는 계기가 되었다. 문화혁명 이전 중국 고고학의 초기에서 조중고고발굴대의 조사만큼 체계적으로 편년체계를 수립한 변방지역은 없었다. 하지만 안즈민의 고조선 조사대를 이끌면서 그 이후 요동지역의 선사문화 편년안을 수립할 수 있었다. 또한 1970년대 후반부터 본격적으로 제창되었던 수빙치蘇秉綺(소병기)의 구계유형론이 궈다순郭大順(곽대순)과 같은 연구자를 중심으로 동북지역에서 가장 먼저 도입될 수 있었던 데에는 바로 조중고고발굴대의 조사가 그 배경이 되었다(강인욱 2005). 문혁의 암흑기를 지나서 1980년대 초반에 본격적으로 제창된 수빙치의 구계유형론과 다원일체 중화문명론은 조중고고발굴대가 주로 조사했던 츠펑지역 일대를 중심으로 촉발되었다. 아이러니한 점은 수빙치의 구계유형론에 가장 강력하게 반기를 든 사람은 조중고고발굴대의 안즈민이었다(安志敏 1993). 안즈민은 요동반도에 다양한 문화계통이 공존했음을 들어서 각 지역별 계통을 일원적으로 설정하자는 수빙치의 구계유형론을 반박했다. 물론, 안즈민의 주장은 소수의견으로 묻혀버렸지만, 그의 이러한 반발은 랴오둥과 츠

안즈민安志敏 일기

펑 일대의 편년 체계를 수립한 장본인인 자신의 역할이 인정받지 못하던 상황도 반영되었던 것 같다. 여하튼, 1980년대에 중국 고고학에서 중화문명론의 형성될 때에 가장 대표적인 case study로 중국 동북지역의 고대문화가 거론된 데에는 결국 조중고고발굴대의 활동이 있었기에 가능했다고 볼 수 있다. 반면에, 중국 고고학계에서 고조선이라는 이름은 철저히 삭제되었고 대신에 각 지역의 문화이름으로 대체되었다[22].

결과적으로 조중고고발굴대는 중국 최초이자 마지막의 대형 국제 공동 발굴이 되었다.[23] 이후 중국은 일대일로의 사업과 함께 다른 나라에서 활발한 발굴 사업을 진행하지만, 정작 자국의 변방에서 주변 국가의 발굴을 일절 허용하고 있지 않다. 이러한 폐쇄성은 정치적인 문제로 확대된 조중고고발굴대의 여파때문이라고 할 수 있다. 조중고고발굴대 이후 문혁이라는 암흑기를 거친 중국은 곧바로 중화문명론을 거쳐서 동북공정과 같은 변방의 역사 체계 수립으로 이어졌다. 그리고 지금은 현대 중국 영토를 넘어서 한족의 문명이 확산하는 것에 방점을 두고 있다. 이렇듯 변방 지역을 한족 중심의 역사가 확산하는 것으로 보려는 중국의 공세적이며 팽창적인 고고학 조사는 60년 전의 북한과의 고조선을 사이에 둔 분쟁의 반작용에서 시작되었다고 해도 과언이 아닐 것이다.

이와 같이 북한과 중국 모두에게 조중고고발굴대는 결코 잊히거나 다툼으로 끝난 사소한 사건이 아니었다. 오히려 중국과 한국의 고대사 분쟁의 서막을 열었으며 남한의 고조선 연구 방향을 규정한 거대한 암류(暗流)였다. 안즈민의 일기는 그 거대한 암류에 실질적인 접근을 할 수 있는 귀중한 자료인 바, 그 가치는 매우 높다.

---

22) 2015년대 이후에야 요령성 일대의 박물관의 패널에서 고조선의 이름이 일부 등장했다. 하지만 여전히 관련 논문이나 연구는 거의 찾아볼 수 없다.

23) 2000년대 이후 중국 경내에서 미국과 서방 학자들의 공동 발굴사업이 소수 있지만, 이는 개인 또는 기관 차원에서 소규모 분석 위주의 조사일 뿐이다.

[참고문헌(한국어-외국어 순)]

강인욱, 2014 「VV 포노소프의 발해 상경성 발굴과 동아고고학회」, 『고구려발해연구』 48.

강인욱, 2015 「북한 고조선 연구의 기원과 성립: 리지린의 고조선 연구와 조중 고고발굴대-顧頡剛의 자료를 중심으로」, 『선사와 고대』 45.

강인욱, 2005 「區系類型論과 중국 동북지방의 고고학-중국 동북지방 고고학에 대한 이론적 접근」, 『한국고고학보』 56.

김석형, 김희일, 손영종, 1963 「〈전세계사〉(쏘련 과학원 편)조선 관계 서술의 엄중한 착오들에 대하여」, 『역사과학』 5월, 8월 .

박준형, 2020 「리지린의 북경대학 박사학위논문 [古朝鮮的研究]의 발견과 검토」, 『선사와 고대』 62.

宋鎬晸, 2015 「리지린의 古朝鮮史 研究와 그 影響」, 『문화사학』 44.

이경섭, 2022 「만주 표상의 조선고대사」, 『한국 고대사의 쟁점과 회고』 한국고대사학회 제183회 정기학술발표회·경희대학교 한국고대사·고고학연구소 제17회 학술회의.

조법종, 2016 「리지린의 [고조선연구] 와 북경대 顧詰剛교수와의 관계」, 『신라문화』 48.

조중고고학발굴대, 1966 『중국 동북 지방의 유적 발굴보고』, 사회과학원출판사.

顧頡剛, 2007 『顧頡剛日記第9卷(1960~1963)』, 臺灣聯聯經經公司.

孫秉根, 2003 「關於中朝聯合考古發掘隊的一些情況回憶」, 『東北邊疆歷史研究的回顧與思考』(馬大正主編 『東北邊疆研究專刊·調研報告』 2003年 第1期), 北京 : 東北邊疆歷史與現狀系列研究辦公室.

安家瑤, 安家瑗, 2014 「考古人生 緬懷父親安志敏先生」, 『大眾考古』 7.

安志敏, 1953 「河北省唐山市賈各莊發掘報告」, 『考古學報』 1.

安志敏, 1962 「記旅大市的兩處貝丘遺址」, 『考古』 2.

安志敏, 1993 「論環渤海的史前文化——兼評 "區系" 觀點」, 『考古』 7.

安志敏, 2020 『安志敏日記(全五冊)』, 社會科學文獻出版社.

安志敏, 鄭乃武, 1981 「內蒙古寧城縣南山根 102號石槨墓」, 『考古』 4.

安志敏, 鄭乃武, 1989 「瀋陽肇工街和鄭家窪子遺址的發掘」, 『考古』 10.

中國社科院考古研究所, 1996 『雙砣子與崗上』, 考古學專刊丁種第四十九號, 科學
　　出版社.

夏鼐, 1962 「新中國的考古學」, 『考古』 9.

夏鼐, 2011 『夏鼐日記-夏鼐考古筆記(共十冊)』, 華東師範大學出版社.

Алкин, С. В. Российско-корейское сотрудничество в изучении арх
　　еологии Сибири и Корейского полуострова.// Известия Иркутс
　　кого государственного университета. Серия: История, 34, 2020,
　　39-49.

Бутин Ю.М. Древний Чосон (историкоархеологический очерк). - Н
　　овосибирск: Наука, 1982. - 330 с.

Всемирная история, том 2. Энциклопедия: в 10-ти т./Ред. А. Белявс
　　кий, Л. Лазаревич, А. Монгайт.- М.:Госдарственное издательств
　　о политической литературы, 1956 г. - с.900.

Ларичев В.Е. Путешествие археолога в Страну утренней свежести.
　　- Новосибирск: Изд-во ИАЭТ СО РАН, 2012. - 234 с.

[인터넷] (2023년 1월 10일 확인)

https://www.sohu.com/a/413532893_692521

http://www.kaogu.cn/html/cn/renyuanxinxiku/2013/1026/43970.html

| 별표 1 | 조중고고발굴대가 조사한 유적과 중국 내의 출판 |

처음 발견	유적 이름	발굴 연도	중국내 출판	조중고고 발굴대의 보고서	
1953년	하이청 다툰	1963	孫守道·徐秉琨, 考古 64-6	×	안즈민의 사전 조사로 그 존재가 확인되어서 공동조사에 착수하였으 나, 이후 유적의 규모가 작거나 파괴되었음이 밝 혀져서 최종 보고서에서 빠지고, 考古 64-6기에 별도로 발표됨.
1955년	랴오양 량자오산 (=얼다오허쯔)	1963		×	
1956년	진시 스얼바오	1963		×	
1956년	푸순 다훠팡	1963		×	
1958~ 1959년	진시 우진탕	1963	考古 60-5	×	
1958년 봄	차오양 스얼타이잉쯔	1963	朱貴, 考古學報 60-1	×	주귀가 조사한 일대를 확장조사했으나 추가 유 적 발견에 실패함.
1958년	정자와쯔 6512	1965	考古學報75-4	×	북한 측의 보고서에 누 락
1958년	정자와쯔 659	1965	考古學報75-4	○	북한 측 보고서에 누락
1958년	자오궁제와 정자와쯔 肇工街和郑家洼子	1965	安志敏·郑乃武, 「沈阳肇工街和 郑家洼子遗址的 发掘」,『考古』 89-10	○	
1958년	난산건 58년 청동기	1963	李逸友, 考古 59-6	×	닝청현문화관에서 소장 한 청동기를 재조사 및 도면 작성, 1975년도에 보고한 101호 무덤 보고 서에 함께 수록

처음 발견	유적 이름	발굴 연도	중국내 출판	조중고고 발굴대의 보고서	
1961년	난산건 1961발굴	1963	汪義亮·劉觀民, 考古學報75-1	×	북한 측이 이미 발굴된 난산건 유물을 조사했으나, 보고서에서는 누락됨.
1963년 6월	난산건 101호	1963	考古學報73-2	×	북한 측을 위해서 발굴, 리지린과 북한팀도 매우 좋아했다고 되어 있음. 하지만 중국 측이 유물을 수거하여 북한 측에서는 5줄 정도로 간략히 소개만 되었음, 중국 측 보고에서는 발굴주체는 자오우다멍과 과학원 공동으로만 표기함.
1963년	난산건 102호	1963	安志敏·郑乃武, 考古81-4	○	
1959년	즈주산	1963	徐光翼, 考古學 報79-4	×	1963년에 북한 측과 함께 발굴지를 답사하고 성과를 공유했으나 보고서에는 포함되지 않았음.

북한의 [중국 동북 지방의 유적 발굴 보고] 서문*

조중 공동 고고학 발굴대는 1963년 8월 23일부터 1965년 7월 19일까지 계단 별로 자거 사업을 진행하였다.

제1계단 (1963년 8월 23일부터 동년 10월 23일까지)에서는 조, 중 각각 17명의 성원이 두 개 조로 나뉘어 답사, 시굴 및 참관 사업을 진행하였다.

답사 지점은 3개 성, 1개 자치구의 23개 시, 현의 72개 유적이며 그중 시굴 지점은 10개소, 참관한 지방 박물관과 문물 기관은 7개소이다.

제1조의 탐사 지점은 내몽골 자치구의 적봉, 녕성, 료녕성의 심양, 료양, 해성, 개평, 무순, 려대, 금현, 금주, 금서, 조양, 객좌 등 1개 성, 1개 자치구의 15개 시, 현에 산재하는 각이한 시기의 주거지 23개 소, 고구려 성지를 비롯한 옛 성지 9개소, 고인돌 3개소, 청동 단검 출토지와 옛 무덤떼 12개소 등 47개소이다. 그중에서 녕성현의 남산근, 무순시 교외의 대화방 부근 돌상자 무덤, 료양현의 량갑산 그리고 려대시의 윤가촌 남하와 후목성 역 무덤에 대하여서는 시굴을 하였다. 동시에 료녕 박물관 및 려순 박물관, 내몽골 자오우다멍 문물 공작참 진렬실을 참관하였다.

제2조의 답사 지점은 료녕성의 환인, 길림성의 집안, 길림, 돈화, 연길, 화룡, 훈춘, 흑룡강성의 녕안 등 3개 성, 8개 시, 현의 청동기 시대 거주지 및 무덤떼 2개소, 고구려, 발해, 료, 금의 성지 12개소 그리고 고구려 무덤떼 11개소 등 25개소이다. 그중에서 집안현의 역진 유적과 돈화현의 륙정산, 화룡현의 북대, 녕안현의 대주둔, 발해 무덤떼의 일부를 시굴하였다. 동시에 료녕성 박물관, 길림성 박물관, 흑룡강성 박물관, 연길 박물관 준비처, 집안 문물 진렬실을 참관하였다.

이 기간 길림시에서 제2조 전체 성원들은 김일성 동지가 혁명 활동을 시작하였던 육문 중학교와 북산의 약왕묘를 방문하였다.

---

* 원문의 느낌을 살리기 위해 지명을 출판된 대로 표기했다.

제2계단(1964년 5월 10일부터 동년 7월 23일까지)에는 조, 중 각각 17명의 성원이 조별로 발굴을 진행하였다.

제1조는 료녕성 려대시 후목성역의 강상, 루상, 쌍타자 및 금현 량갑점의 소서구, 동가구의 와룡천 등 5개 유적을 발굴하였다. 그중 루상, 소서구, 와룡천 등지의 발굴은 끝마쳤으나 강상과 쌍타자 유적은 끝내지 못하였다.

제2조는 길림선 돈화현 륙정산의 발해 무덤떼와 흑룡강성 녕안현 동경성의 발해 상경 룡천부유지를 발굴하였다. 륙정산 무덤떼의 발굴은 결속지었으나 상경 룡천부 유적 발굴은 첫 계단만 진행하였다.

제3계단(1964년 8월 20일부터 동년 10월 20일까지)에도 조, 중 각각 17명의 성원이 조별로 발굴 사업을 계속하였다.

제1조는 강상 쌍타자 유적에 대한 발굴을 계속하였으며 윤가촌 남하 및 장군산 유적을 새로 발굴하였고 제2조는 발해 상경 룡천부 유지를 계속 발굴하여 각각 이를 끝마치었다.

제4계단(1965년 5월 23일부터 7월 19일까지)에는 조, 중 각각 11명의 성원이 료녕성 심양시 정가와자 유적을 발굴하는 한편 보고서 초고의 편집 사업을 끝마쳤다.

학술상의 성과로서는 많은 것을 들 수 있다. 무엇보다도 원시 시대로부터 봉건 시대에 이르는 대상 지역의 력사를 과학적으로 체계화하는 데 필요한 새로운 고고학적 자료를 많이 얻은 것이다.

특히 료동 지방에서 청동 단검을 내는 유적들에 관한 새롭고도 확실한 자료들을 얻은 것은 큰 성과이다. 우리는 청동 단검을 내는 유적들뿐만 아니라 이와 관련이 있는 유적들까지도 폭 넓게 료해할 수 있었다. 이 자료들은 앞으로 이 지역의 옛 력사 연구에 적지 않은 기여를 하게 될 것으로 확신한다.

발해의 상경 룡천부 유지 및 그 안에 있는 각종 건축지들과 문화를 비롯한 여러 지방 발해 무덤들의 발굴과 출토한 많은 유물들도 우리의 큰 성과로서 지적되어야 할 것이다. 과거 일본 제국주의자들에 의하여 파괴되고 략탈되었으며 왜

곡되고 유린되었던 이 유적들에 대한 공동 발굴은 우수한 문화를 창조한 이 나라 인민의 력사를 새로운 자료들로써 풍부화하게 될 것이다.

이 밖에도 우리는 각이한 시기에 여러 유적들에 대한 새로운 자료들과 다양한 유물들을 얻어내었다.

이 보고서에는 조, 중 공동 고고학 발굴대가 진행한 발굴 사업 정형이 개괄되었다.

보고서는 두 편으로 나누인다. 제1편에서는 제1조가 진행한 발굴 내용을 료녕성 려대시, 심양시 및 내몽골 녕성현 지구의 순서로 유적 별로 서술하였으며 제2편에서는 제2조가 진행한 길림성 돈화현, 흑룡강성 녕안현 지구 유적들에 대한 발굴 내용을 유적 별로 서술하였다.

이 보고서는 조선문과 중국문으로 작성하였다.

1965년 7월
조중 공동 고고학 발굴대

중국사회과학원 고고학연구소는 1963~65년 동북지방 고대문화의 원류와 발전을 모색하기 위해 동북고학공작대를 구성해 2개 그룹으로 나눠 발굴작업을 벌이고 있다. 제2조는 랴오닝(遼寧)성과 내몽골(內蒙古)자치구 자오우다멍(昭烏達盟)을 중심으로 선사시기에, 제2조는 지린(吉林)성과 헤이룽장(黑龍江)성을 중심으로 고구려와 발해에 각각 중점을 뒀다. 본 보고서는 1팀의 사업성과를 보도하는 데 한하며 2팀의 학술적 성과는 별도의 전문으로 발표된다.

제1조는 랴오닝성과 내몽골 자오우다멍에서 고고학 작업을 했으며, 다음의 4단계로 나눌 수 있다.

1단계로 1963년 9월 1일에서 10월 31일까지 고고학 조사와 시굴을 실시하여 랴오닝성과 내몽골 자오우다멍 일대에서 선사유적 및 역사 시기의 성터, 묘장군 등 47곳을 조사했다. 또한 랴오닝성 랴오양시 얼다오허쯔, 푸순시 다훠팡, 다롄시 허우무청역 러우상, 뤼순 인자춘, 내몽골 닝청현 난산건 등 5곳에서 시굴을 실시했다.

2단계인 1964년 5월 16일~7월 17일 랴오닝(遼寧)성 다롄(大連)시를 중심으로 허우무청역 솽퉈쯔 유적, 러우상樓上 묘소, 강상崗上 묘소, 진현 량자뎬의 샤오시거우小西溝 묘소, 둥자거우董家溝의 워룽취안卧龍泉 묘소 등 5곳이 발굴됐다.

3단계는 1964년 8월 23일→10월 29일으로 허우무청역 솽퉈쯔 유적과 강상 묘지 외에 뤼순 장쥔산 적석총과 인자춘 유적지 등 두 곳이 추가로 발굴됐다.

4단계인 1965년 5월 28일~6월 7일에는 랴오닝성 선양시의 자오궁제肇工街와 정자와쯔 유적을 발굴했다.

이상의 고고학 작업은 풍부한 학술적 성과를 거두었으며, 특히 처음으로 층위적 관계를 통해서 다롄시구를 중심으로 하는 신석기시대에서 청동기시대 이르는 문화 서열을 확립했다. 이를 통하여 과거의 많은 잘못된 인식을 해명하고 요동에서 선사문화의 연구에 있어서 새로운 이정표가 되었다. 이후 랴오닝성 박물관과 뤼순 박물관은 많은 중요한 조사와 발굴을 계속하여 관련 인식을 나날이 깊이 심화시키고 발전시킬 수 있었다.

중국사회과학원 고고연구소 동북공작대는 샤나이가 대장을, 안즈민과 왕중슈가 부대장을 맡고 각각 1, 2조의 조장을 겸임했다. 1조에는 안즈민安志敏, 정나이우鄭乃武, 첸춘시陳存洗, 딩류룽丁六龍, 장궈주張國柱, 왕이량汪義亮(이상 중국사회과학원 고고연구소), 런창타이任常泰(중국역사박물관), 쉬밍강許明剛(뤼순박물관), 자저우제賈洲傑(네이멍구자치구 문물공작대) 등이 참여했다.

현장 작업이 끝난 후, 우리는 즉시 발굴 보고서의 정리와 집필에 착수하여 1965년 7월에 초고(=未定稿)를 완성하고, 토론과 교류용으로 인쇄 배포하였으나, 출판은 사정상 보류되어, 추가적인 수정이 이루어지지 않았다. 배포된 원고는 관련 자료가 이리저리 인용되기도 했고, 약간의 착오나 오해가 있어 본래의 모습을 반영하기 어려웠다. 이에 우리는 미정고에 기초하여 내용을 재조정하고 문자도 수정하여 유물의 고고학적 발견 외에 최근의 고고학적 자료와 결합하여 검토와 분석을 추가하여 문제에 대한 우리의 평가와 인식을 설명하기로 결정했다. 이에 본 보고서의 출판이 요동의 선사문화에 대한 연구의지를 더욱 촉진하고 중요한 점을 강조할 수 있길 바란다. 본 고는 요동반도의 고고 발굴로 한정을 한 것이기 때문에 제목을 〈쌍퉈쯔와 강상-요동 선사문화의 발견과 연구〉이라고 했다. 다른 지역의 자료는 이미 별도로 발표되었기 때문에 여기에 다시 수록하지는 않는다.

초고 집필에는 안즈민·정나이우·천춘시·런창타이·쉬밍강 등이 참여했다. 초고(=미정고)의 기초에서 정나이우가 재조정하여 수정하여, 안즈민의 검정을 거친 후, 전문과 각 장의 토론을 보충하여 "遼東史前文化的序列與源流"로 본 보고서의 결론을 대신했다. 영문요약은 모룬셴莫潤先이 번역했다. 보고서의 지형도 실측, 유물의 복원과 도면, 사진 촬영 등은 고고연구소 기술실 동지들의 도움을 받은 바 이에 감사드린다.

부록 1　조중고고발굴대의 주요 활동일람표

연번	조사일자	조사 지역	유적	주요 유구	주요 유물	비고	관련 사진
	1963년 04월 10일		〈1차 사전조사 개시〉				
1	1963년 04월 11일	라오닝 박물관 방문	(1차 사전 조사 준비 회의)	-	-	-	
2	1963년 04월 12일	라오닝 박물관 방문	-시핑西豊 시차거우西岔溝 유적 -카줘喀左 산오좐산즈三官甸子 유적 -차오양朝陽 청리하臀里河 유적 -젠핑建平 사허이(沙河) 유적 -신민新民 피엔바오偏堡 유적 -번시本溪 퉁장위通江峪 유적	-	-시차거우西岔溝 출토 유물(한경, 반량전, 오수전 등) -전시錢西 유적 -라오왕遼王 하우무청위역後牧城驛 출토 유물(양각도축, 명도전, 도기 등) -효과하曉果河의 탁협도車數圖	박물관에 전시되던 유적 사진, 유물 언듯. 이후 동료들과 유적 리스트를 협의.	
3	1963년 04월 13일	라오닝 박물관 방문	-카줘喀左 산오좐산즈三官甸子 유적 -차오양朝陽 청리하臀里河 유적 -젠핑建平 사허이(沙河) 유적	-	-	동료들과 유적 리스트를 협의.	
4	1963년 04월 14일	번시本溪 일대 유적 정보 확인	-번시本溪 퉁장위通江峪산정 상부 유적 -번시本溪 퉁장위通江峪 유적 -번시本溪 퉁장위通江峪 수이둥水洞 동굴유적 -번시本溪 베이미아北廟 유적	-퉁장위 하안대지 석관묘군(1961년 조사 석관묘 등) -베이미아北廟 추정 석관묘	-퉁장위 산정상부 수습유물(주먹도끼, 담운식기械 점상기, 곰이, 긁개, 돌날 등) -퉁장위 하안대지 수습유물(유견석부, 갈돌, 도기, 맷돌 등) -퉁장위 하안대지 석관묘(1961년) 출토 유물(금이 달린 방상무늬 토기 3점, 석제 이맘추 1점) 및 기타 석관묘 출토 유물(석제 이맘추 300여점) -베이미아北廟 추정 석관묘 출토 유물(금이 달린 정경호 2개)	조사 예정 지역을 간단히 설명.	

	일자	방문/조사지	조사 유적	내부조사	출토·수습 유물	비고
5	1963년 04월 15일	번시本溪 일원 조사	- 번시本溪 퉁장위通江峪 수이 둥둥거우水洞 동굴유적 조사	- 수동 동굴유적 내부조사	- 빗살무이 새겨진 토기, 타제석기(유 견석부, 석재 어망추, 반면	—
6	1963년 04월 18일	지린성 박물관 방문	- 다안大安 창허튼慶合屯 유적 / - 지린吉林 창사산長蛇山 유적 / - 지린吉林 사오다거우蛟達溝 유적 / - 지안集安 태왕릉太王陵 주변 매남유적	- 태왕릉 부근 매남유구(회 매매남토기)	- 지안 둥타이[즈]유적 사진, 견석부 / - 지안 일원 출토 고구려 유물(청기, 옥귀고리, 수면운/연화문 와당 등) / - 지안 태왕릉 부근 매남토기 출토 유 물(방족포, 명도전, 일도전, 반량오수 전, 화천 등) / - 지안 4, 5호분 벽화 모사본	박물관에 전시된 유 적 사진, 유물 언급.
7	1963년 04월 19일	지린성 박물관 유물 창고	- 지린吉林 창사산長蛇山 유적 / - 왕칭汪淸 왕자오잉望嶺溝 유 적(音草溝 유적)		- 지린 창사산 출토 유물 (회갈색/흑색 정陶, 여鬲, 장경호, 반 원형석도, 유공석부 등) / - 왕칭汪淸 원자오잉 출토 유물 (석도, 단경식도, 다문상 토기, 석 축, 흑요석 등) / - 둥쪽 교외 지역 세석기문화 유물 (첨선문/호선문 토기, 제문토기 등)	수장고에서 유물 확 인.
8	1963년 04월 20일	지린시 지린시吉林市	- 원허敦河 팡링지(→자 오허敞河) 유적 / - 지린吉林 투청쯔土城子 랑반 산西嶺山 유적 / - 지린吉林 니엔마산[壩磨山 유 적 / - 지린吉林 사오다거우蛟達溝, 우성거우五星溝 유적 조사 / - 지린吉林 시퇀산西團山 유적 조사	- 투청쯔, 랑반산 등의 유적 열실됨. / - 사오다거우-우성거우 유 적 제5구 신장성부에서 석 관묘 2기 조사, 남쪽도랑 에서 문화층 및 석관묘 3 기 확인. / - 시퇀산 유적 주거지 조사 1기 (정준대화)와 석관묘 1기 확인.	- 원허敦河 바성디[\'바性地] 출토유물 (→자오허敞河 유물(석모 등) / - 지린 니엔마산[壩磨山 출토 유물(청 동 단검 묘지雕紙部[검파두로 추정) 등) / - 사오다거우-우성거우 제5구 석관 수습 유물(석, 술, 식암, 돌칼, 진평 등)	—
9	1963년 04월 21일	지린시吉林市 일원 조사	- 지린吉林 창사산長蛇山 유적 조사 / - 지린吉林 하우스난石山 유 적 조사 / - 지린吉林 둥탄산龍潭山 유적 조사	- 창사산 유적 주거지 3기 조사(베이징대화) / - 하우스난 유적 추정 주거 지 30~40기 확인. / - 둥탄산 고구려시대 성터, 한퇴 수리, 한퇴	- 창사산유적 채집유물 (정다리, 돌날 파면 등) / - 하우스난유적 채집유물 (삼족기/정다리) / - 둥탄산 출토 유물 (고구려 토기 단지, 철제 기마술 등)	—

연번	조사일자	조사 지역	유적	주요 유구	주요 유물	비고	관련 사진
10	1963년 04월 23일	지린대학 문물진열실 방문	- 농안農安 톈자퉈쯔田家坨子 유적 - 다안大安 둥산터우東山頭 유적	-	- 이퉁허伊通河 유역 석기 - 지린지역과 톈산안톈즈 홍도 - 톈자퉈쯔田家坨子 유물(홍도, 강서도기, 경주리무늬 토기 등) - 둥산터우東山頭 재질 유물(광주리 무늬 토기(빗살무늬토기)편)	진열실에서 유물 확인.	
11	1963년 04월 25일	헤이룽장성 박물관 방문	- 구석기, 중석기 유적(황산黃山, 구샹툰顧鄕屯, 란디창쯔拉地城子 등) - 세석기 유적(황산黃山, 앙앙시昂昂溪 등) - 닝안寧安 뉴창牛場 유적 - 치치하얼齊齊哈爾 앙앙시昂昂溪 유적 - 자오위안肇源 왕하이툰王海屯 유적 - 닝안寧安 관뎬덩 유적 - 하얼빈哈爾濱 셰자제이쯔謝家崴子 유적	- 셰자제이쯔謝家崴子 무덤	- 황산山, 앙앙시昂昂溪, 하이라얼海拉爾의 세석기 - 얜디의 골각기 - 닝안寧安 뉴창牛場 출토 유물(갈색마연토기, 반월형석도, 석모, 흑요석 석촉 등) - 앙앙시昂昂溪 출토 유물(홍도石 석촉기) - 왕하이툰王海屯의 유물(갈색마연토기, 박자, 삿살무늬토기 등) - 관뎬덩의 유물(석부기) - 셰자제이쯔謝家崴子 무덤 유물(토기, 옥 장식, 청동 팔찌 등)	박물관에 전시된 유적사진, 유물 얻음.	
12	1963년 04월 26일	헤이룽장성 유물청 고 방문, 하얼빈시哈爾濱市 일별 조사	- 헤이룽장성 자오위안肇源 유적(자오위안肇源 왕하이툰王海屯 유적) - 헤이룽장성 이위 유적(점리 아누즈札賚諾爾, 하이라얼海拉爾, 자베이江, 북미) - 닝안寧安 뉴창牛場, 다무단장大牡丹江 유적 - 하얼빈哈爾濱 모디제뎬墨里特河屯, 두보타관다이林特河特地 유적 : 닝안寧江 사오덩가小登科 유적 - 하얼빈哈爾濱 황산黃山 조사 - 하얼빈哈爾濱 구샹툰顧鄕屯 유적 조사	- 자오위안肇源 왕하이툰王海屯 고분 - 사오덩가小登科 무덤 - 셰자제이쯔謝家崴子 무덤	- 자오위안肇源 왕하이툰王海屯 출토 유물(역, 빗살문토기, 세석기, 납해 명문 만자 등) - 잘라이누르札賚諾爾 출토 유물(금주, 골문, 두개골 등) - 하이라얼海拉爾의 유물(석기, 토기편, 청성기 등) - 자베이江 청동기 등, 북미세석기 등 - 뉴창牛場, 다무단장大牡丹江 유물(토기, 석부, 반월형 석도 등) - 모디제뎬墨里特河의 유물(바퀴모양 돌도끼) - 두보타관다이林特河地의 유물(빗살문 토기, 홍도, 청동단추, 청동팔찌 등) - 닝안寧江 사오덩가小登科 무덤 출토 유물 - 황산 수습 유물(세석기, 무문토기, 빗살무늬토기, 삿줄기 다리 등) - 구샹툰顧鄕屯 수습 유물(세석기)	수장고에서 유물 확인. 이후 황산 조사.	

번호	날짜	주요활동			룽산龍山문화의 요소 유물 확보	
13	1963년 04월 29일	뤼순 박물관 방문	–	–	– 룽산龍山문화의 요소 유물 다수 확인.	–전시유물 관람
14	1963년 04월 30일	뤼순 박물관 유물창고 방문	– 다롄大連 라오톄산老鐵山 유적 – 다롄大連 빈딩濱洞 유적(→헤이주쯔黑嘴子 유적) – 다롄大連 단퉈쯔單砣子 유적 – 다롄大連 하우무청역후목성역後牧城驛 유적(→라우성묘) – 다롄大連 궈자툰郭家屯 유적 – 칭허좡靑河莊 가오리청高麗城 유적(→고려채 유적)	– 라오톄산老鐵山 석가(적석총) – 단퉈쯔單砣子 무덤 – 하우무청역후목성역後牧城驛 청동단검묘(→라우성묘)	– 라오톄산老鐵山 석가(적석총)의 유물(역촉, 순장이편, 정촉, 두형토기 등) – 빈딩濱洞의 유물(빗살무늬토기, 석모, 환상석부 등) – 단퉈쯔單砣子의 유물(운제토기) – 하우무청역후목성역後牧城驛 청동단검묘 유물(동검, 동식, 동도, 마형장식 등) – 궈자툰郭家屯의 유물(운제흑도, 단각도, 가긴 도 등) – 가오리청高麗城(→고려채) 출토 유물(청선문토기, 석모, 석촉 등)	–
15	1963년 05월 01일	다롄大連 뤼순旅順 일원 조사 뤼순 박물관 방문	– 다롄大連 난산리南山里 유적 조사(→인자춘尹家村 유적) – 다롄大連 창선산將軍山 적석 총 조사 – 다롄大連 궈자툰郭家屯 유적 조사 – 다롄大連 무양청牧羊城 유적 조사 – 다롄大連 양도우와羊頭窪 유적 조사 – 다롄大連 솽퉈쯔雙砣子 유적	– 난산리南山里 현묘(?) – 창선산將軍山 적석총(17~18기) – 궈자툰郭家屯 주거지 – 무양청牧羊城 성벽	– 창선산將軍山 적석총 출토 유물(토기)편, 명기(토기) 등) – 궈자툰郭家屯의 주거지 출토 유물(선문 검도, 흑도, 단각도 등) – 솽퉈쯔雙砣子 유적 출토 유물(양타우와 앙사오문화의 특징을 보여주는 유물 확인)	– 일제 때의 『무양청牧羊城』보고서에서 유적 재확인. – 양도우와는 유적 전경만 확인.
16	1963년 05월 02일	뤼순 박물관 방문	– 다롄大連 투청쯔土城子 유적	– 투청쯔土城子 청동단검묘(석관묘)	– 투청쯔土城子 청동단검묘의 유물들에 단 동검, 토기, 인골 등	박물관에서 소장중인 유물 조사.
17	1963년 08월 01일	선양으로 이동	《2차 사전조사 개시》			–
18	1963년 08월 02일	라오닝성 박물관 방문	– 차오양朝陽 스얼타이잉쯔十二臺營子 유적 – 다롄大連 하우무청역후목성역後牧城驛 유적(→라우성묘) – 허볘河背 유적(→인자춘 유적)	– 스얼타이잉쯔 언덕에서 석관묘(석관총) 발견 정보 취득 – 하우무청역 무덤(적석총) 정보 취득 – 관둥지關東官屯子 하안 석관묘(은묘) 정보 취득		동료들과 유적 리스트를 뜯을 협의.

연번	조사일자	조사 지역	유적	주요 유구	주요 유물	비고	관련 사진
19	1963년 08월 03일	선양 체류 (조사 자료 정리 및 보고)	- 23개 조사 지점 협의 (1) 뤼순旅順 허우무청역後牧城嶧(→장산→다우싱) (2) 진시錦西 우진탕烏金塘 (3) 뤼순旅順 가오열청高閼城('청하澄河 가오리청高麗城'과 훈둔 혼동 가능성이 놉음.→고려채 유적) (4) 가鞍鞍左 샤오전산小轉山 (5) 청하이長海 다창산다오大長山島(→성마석 유적) (6) 뤼순旅順 난산리南山里(→이지촌 유적) (7) 라오양遼陽 량자산亮子山兆甲山 (8) 톈린텐二 (9) 무순撫順 렌화바오連花堡 (10) 무순撫順 한청嶧청寨城(→라 오둥군의 고성?) (11) 무순撫順 가오얼산성高爾山城	—	—	동료들과 유적 리스트를 협의함.	
20	1963년 08월 04일	라오닝성 박물관 방문	- 다롄大連 섬퇴쯔糝堆子 유적 - 무순撫順 롄화바오蓮花堡 유적 - 선양瀋陽 라이이(라이이리熬愛里) 전국묘 - 라오양遼陽 전국묘(?)	- 섬퇴쯔 청동단검묘 - 선양(라이이리) 전국묘, - 라오양 전국묘(?)	- 섬퇴쯔 청동단검묘의 출토유물(검, 침상기 등) - 롄화바오 유적 출토유물(전국시대 토기, 철기) - 라오양 전국묘(?) 청동유물(어룸, 전국의 토기)	동료들과 유적 리스트를 협의하는 과정 예서, 저자는 잠시 라오닝 박물관에 방문하여 유물 조사.	
21	1963년 08월 05일 1963년 08월 06일	선양 체류 (조사 자료 정리 및 보고)	- 23개 조사 지점 협의 및 보완 (12) 라오둥遼東 청동단검묘 (→ 다롄 일대 청동단검) (13) 진시錦西 우진탕烏金塘 묘장 (14) 차오양朝陽 스얼타이잉쯔十二臺營子 유적	- 진시 우진탕 묘장 - 차오양 스얼타이잉쯔 묘 장→량자산 - 하이청(→라오양) 묘장 - 라오밴트 청동단검묘 토광묘로 추정. - 안산 전국묘 엽실	- (이하 쑨서우다오의 견인) - 우진탕 묘장 출토 토기편은 봉토 지림등. - 스얼타이잉쯔 묘장 토기편은 (중전토?) 출토토룸이 가능성이 있음. - 량자산 묘장 반출 동검 3자루 기운 데 2자루를 회수함.	동료들과 유적 리스트를 협의함.	

	날짜	조사단위·기관	조사 내용(유적)		수습 유물	비고
22	1963년 08월 14일	라오닝성 박물관 사무실(→선양고금박물관 사무실?)	(15) 진사錦西 소얼바오형特兒 襲鄉 라오벤老邊屯 (16) 다롄大連 성퇴포雙駝子 (17) 안선鞍山 전국묘戰國墓 (18) 무순撫順		- 난타출토 유물(부러진 동기) - 정자와쯔(1지점) 출토 유물(丁자형 청동 손잡이, 동경, 절약 등) - 파쿠(석주자촌) 수습 유물(丁자형 청 동 손잡이)	―
23	1963년 08월 15일	선양 일원	- 선양瀋陽 난타南塔 유적 - 선양瀋陽 정자와쯔鄭家窪子 유적(→정자와쯔 1지점) - 파쿠法庫(→수주쯔石柱子) 유적 - 동릉(누르하치 무덤) - 북릉(청태극묘太極廟裏)			―
24	1963년 09월 01일	《본 발굴조사 일정 개시》				
25	1963년 09월 02일	선양 일원 조사	- 선양瀋陽 난타南塔 남쪽 청동 단검 출토지 조사 - 선양瀋陽 정자와쯔 청동단검 출토지(1지 점)		- 정자와쯔 유적(1지점)에서 홍도편 수습.	
26	1963년 09월 03일	라오닝성 박물관 방 문	- 선양瀋陽 난타南塔 유적 - 선양瀋陽 정자와쯔鄭家窪子 유적(1,2지점) - 라오양遼陽 옅다오허쯔二道 河子 랑쯔신亮甲山 유적 - 하이청海城 다둔大屯 유적		- 라오닝성 박물관의 청동단검, 고구 려유물 등 전시·유물 관람. - 라오닝성 박물관 자료실(참고실)에 서 난타, 정자와쯔, 랑자산, 다둔 등 지 출토 청동단검 및 한턴 고구려묘 출토 유물, 벽화 유물 관람.	
27	1963년 09월 04일	라오닝성 박물관 자 료조사(한 조) 선양 일원 조사(다 른 조)	- 선양 항미원조열사릉 방문 - 선양瀋陽 난타南塔 청동단검 출토지 조사 - 선양瀋陽 정자와쯔 청동단검 출토지(1지 점)		- 라오닝성 박물관 주요유물(9월2일 관람) 실측 및 사진 촬영 - 정자와쯔 유적(1지점)에서 홍도 삼 족기(력) 다리편 등 토기편 다수 수 습.	연번 27, 1963년 09월 02일 일정과 유사.
28	1963년 09월 06일	네이멍구 츠펑시赤 峰市(자오우다멍昭 烏達盟) 일원 조사	즈펑赤峰 즈주산蜘蛛山 유적 조사(현장 답사)		즈주산蜘蛛山 출토 유물(도기), 도철 문 번와당: 명도전, 일도전, 진조반 문, 제도전 등) 관람.	―

연번	조사일자	조사지역	유적	주요 유구	주요 유물	비고	관련 사진
29	1963년 09월 07일	츠펑시赤峰市(자오우다멍昭烏達盟) 일원	- 자오우다멍昭烏達盟 쌔수이포水坡 고성 조사(츠펑 山水坡 고성을 말하는 것 같음) - 자오우다멍昭烏達盟 문물진열실 관람. (1) 자오우다멍昭烏達盟 이오한기敖漢旗 작한문물공작참 문물진열실 전시 유물 (2) 츠펑赤峰 시뉴보뤄西牛波羅 유적 (3) 난청赤峰城 난산건南山根 유적(1958년) (4) 츠펑赤峰(젠핑쪼前宁子) 전국묘(1961년)	—	- 쌔수이포水坡 고성 채집 유물 (기와편, 쓰저령 와당편, 전국~한대 초기 토기편, 명도전 등) - 자오우다멍문물공작참 문물진열실 전시 유물 (1) 아오한기敖漢旗 석양(식)호묘 石椁(石)虎墓 부장품 확인. (2) 시뉴보뤄山根 일괄 출토 청동사루 (銅鏤) 확인. (3) 난산건南山根 일괄 수습유물(청동단검, 동과, 동패 등) 확인. (4) (젠핑쪼前宁子) 전국묘 출토유물(청자 승문토기, 누형토기) 확인. (5) 츠펑 일대 출토 영평묘永平墓 ○○축牛馬 확인.	- 1958년 난산건 출토 국민검을 춘추시대로 보고, 1961년 츠펑(전정자) 전국묘 본 것은 전국조기로 전국조중기로 주계됨. (전국묘는 전국 조중기로 보였으나, 전국 만기 및 은 단계의 것임)	
30	1963년 09월 08일	츠펑시赤峰市 일원	- 츠펑赤峰 구청청古長城 유적 조사 - 츠펑赤峰 산터우山頭 유적址 조사	- 구청청 유적~팡당산半頂山, 베이타이즈北台子, 쌔수이포水坡 고성 일대에 서 돌담장과 같은 성벽 흔적 및 돌무더기가 확인. - 관제묘 등 확인 - 산터우 유적은 성터인지 불명확함.	- 구청청 구간에서 전국시대 판와 확인. - 산터우山頭 유적確址 유물 채집(토기, 삼릉식 청동촉 등)	—	
31	1963년 09월 10일	츠펑시赤峰市 일원	- 츠펑赤峰 훙산红山 유적 조사	- 훙산호우, 훙산 2기종 주거지 - 훙산호우, 훙산 2기종 주거지 인근 토광묘 - 훙산첸, 석관묘	- 훙산호우 유적의 훙산 2기종 주거지 유물 채집(토기편)	출토 유구와 유물을 간단히 설명.	
32	1963년 09월 11일	츠펑시(자오우다멍) 일대	- 츠펑赤峰 라오예마오老爷庙 유적 조사 - 츠펑赤峰 등바자東八家 석성 유적 조사 - 츠펑赤峰 샤자뎬夏家店 유적 조사 - 츠펑赤峰 싼쟈三家 유적 조사 - 츠펑赤峰 반라산牛拉山 유적 조사	- 등바자 샤자뎬하층문화 석성 및 내부 주거지, 원형 돌무더기 - 샤자뎬 유적 돌담, 돌무더기 - 반라산 유적 돌담	- 라오예마오 유적에서 채도, 사자뎬 상층문화, 전국시대 유물 확인. - 싼자 유적에서 전국시대 유물 확인. - 반라산 유적에는 사자뎬하층~상층 문화, 전국시대 유물 확인.	—	

번호	날짜	지역	활동 내용	조사 결과	출토 유물	비고
33	1963년 09월 12일	초평시(자오우다맹) 일대	- 초평赤峰 우리치两旗会 조사 - 초평赤峰 성수이촌上水渓 유적 조사	- 우리차 유적 면축 흔적 획득 - 상수천 유적 돌담 흔적 및 주거지 확인	—	조사 유적과 유물을 간단히 설명.
34	1963년 09월 14일	닝청寧城 텐이天义 일대	- 닝청寧城 난선건南山嘴 조사(101호묘)	- 닝선근 석곽묘(101호묘)	- 닝선근 101호묘 수습 청+E37+F37	—
35	1963년 09월 15일	닝청寧城 텐이 일대	- 닝청寧城 마안선馬鞍山 유적 조사 - 닝청寧城 주선마오九神庙城 지城址조사 - 닝청寧城 난선건南山嘴 대형묘 1호묘 조사(101호묘) - 닝청寧城 난선건南山嘴 대형묘 1호묘 서쪽 묘 조사(102호묘)	- 마안선 유적은 한나라시기의 봉수台로 추정. - 구선묘 성지는 한나라기의 토성지임. - 난선건 대형 묘 1호 묘(M101)는 대형 석곽묘. - 난선건 1호묘 서쪽 묘(M102)도 대형 석곽묘.	- 마안산 유적에는 한대 기와만 확인. - 구신묘성지九神庙城址에는 기와편, 요시기 기와편 등 확인. - 난선건 대형묘(101호묘) 출토 유물(금사원식金絲圆飾 등) 확인. - 난선건 대형묘(101호묘) 서쪽 묘 출토 유물(청동울, 청동단추, 청동도끼, 가문곱편 등) 확인.	연번 35, 1963년 09월 13일에 조사한 난선건 유적 석곽묘가 해당 일지에 조사한 난선건 대형묘 1호분(M101)에 해당.
36	1963년 09월 18일	선양(라오닝성 박물관 관람 및 발굴 기록 및 유물 정리)	- 라오닝성 박물관 관람		- 원시사회 유물, 청동단검 등 확인.	- 김용간, 정찬영
37	1963년 09월 20일	라오양遼陽 일대	- 라오양遼陽 엄다오허쯔二遭 河子 청동단검 출토지 조사	- 1954년 엄다오허쯔 수로 에서 추정 청동단검묘 조 사. - 1963년 엄다오허쯔 석관 묘 조사.	- 1954년 엄다오허쯔 수로에서 청동 단검 2점 수습 토기편 확인. - 1963년 엄다오허쯔 석관묘 출토 유물(무문토기편) 확인.	1954년 수로가 민 자 조사됨. 저자는 1963년 석관묘 조 사
38	1963년 09월 22일	하이청海城 일대	- 하이청海城 시무청析木城 석붕石棚 조사 - 하이청海城 다든大屯 유적 조 사	- 시무청 석붕~식판, 개석, 성형 - 다른 한대 기와편, 벽돌무 덤	- 1953년 다른 유적에서 청동단검 수 습. - 다른 인근 한대 무덤에서 유물 수습 (승문 벽돌, 토기편, 청성편 등)	—
39	1963년 09월 25일	가이저우시盖州市, 잉커우시营口市 일 대	- 무현熊县(現 가이저우시盖州 市) 시팜산石棚山 석붕石棚 조 사 - 가이저우시盖州市(現 잉커우시营口 市) 승해현熊岳城 조사	- 시팜산 석붕~전정석, 삼 벽, 사장 - 승해현 성~명대 토성 담 사.(기독에는 당대 석성)	- 시팜산 석붕 근처에서 확인인 유물 (석도기 파편, 협사갈도 홍도편 등)	1963년 09월 22일 에 조사한 석붕石棚. 왕일선설王일선설은 석 성이 있는지 여부만 확인.
40	1963년 09월 26일	가이저우시盖州市 일대	- 가이저우시盖州市(現 청석관青石 州) 청석관靑石관산성 조사 (→청석령青石岭 산성)	- 청석관고구려 산성 성벽	- 청석관靑石关고구려 산성 출토 유물 (문이 있는 기와편, 인동문 토기편 등)	—

연번	조사일자	조사 지역	유적	주요 유구	주요 유물	비고	관련 사진
41	1963년 09월 28일	무순시撫順市 일대	- 무순撫順 가오얼산성高爾山城 조사	- 고이산성 성벽	- 가오얼산성高爾山城에서 확인된 유물(기와편)	-	
42	1963년 09월 29일	무순시撫順市 일대	- 무순撫順 렌화다오蓮花島(←렌화바오蓮花堡) 유적 조사 - 무순撫順 대화방댐大伙房水庫 근처 석관묘 조사	- 대화방댐 근처 석관묘 확인	- 연화도(연화보) 수습 유물(타제석기, 홍도편, 전국~한대 기와, 일도전, 고구려 기와편, 청설기 등) - 대화방댐 근처 석관 수습 유물(도기, 동도끼, 타제석기 등)	-	
43	1963년 09월 30일	무순시撫順市 일대	- 무순撫順 고점성 조사(←청?) - 무순撫順 칭칭쭈青青楚子 고성?) - 무순撫順 라오동둥구 성지 조사	- 고성에서 판축 흔적 확인. - 노동공원 고성에는 판축 층이 확인되지 않음	-	-	
44	1963년 10월 05일	뤼순 박물관 견람	- 뤼순 박물관 전시/유물 견람	-	- 청동단검 집중 확인	- 검몸긴 등이 양도우적과 사평산 유적을 연급	
45	1963년 10월 05일	다롄시大連市 뤼순旅順 일대	- 다롄大連 난산리南山里 일대 조사(←인자춘 난하 또는 관두자하) - 다롄大連 다우야이大塢雄 유적 조사 - 다롄大連 무양청牧羊城 조사 - 다롄大連 전산터우轉山頭 유적 조사(←궈자툰郭家屯 유적)	- 난산리(인자춘 난하)에서는 일체 관두 또는 관두자하에 동주를 확인. 웅관, 매묘 등 시 적석총, 웅관, 매묘 확인. - 무양청 성벽(서북면) 일부 보존. - 전산두 석경(궈자툰 매납 유구), 적석총	- 난산리 단애면 수습 유물(적갈색무문토기편) - 다우야이 단애면 수습 유물(웅관 파면, 도방저) - 무양청 수습 유물(돌도끼, 잔나라 반와당) - 전산두 석경(석곽)가 매납유구) 출토 유물(동검 15점, 흑도, 반월형석도, 홍도 등)	- 전산두 석경에서 확인인 동검 15점은 일제 때에 발굴된 일제 매납 유물	
46	1963년 10월 06일	다롄시大連市 뤼순旅順 일대	- 다롄大連 장천산將軍山 유적 조사 - 다롄大連 양토우와(현재 三耳頭) 유적 조사 - 다롄大連 투청쯔土城子 유적 조사	- 장천산 3개 봉우리의 적석총 확인. - 양토우와(현재 三耳頭) 주가지 바닥면 확인	- 장천산 적석총 출토기 다리(약족, 돌도기) - 양토우와(현재 三耳頭) 유적(토기편, 마제석부) 수습 - 도성자 유적에서는 과거 청동단검 수습	- 장천산 적석총 출토 역족은 웅신문화의 것이 분명하다 추정	
47	1963년 10월 07일	다롄시大連市 뤼순旅順 일대	- 다롄大連 인자춘尹家村 유적 조사	- 인자춘 난하 적석총 17기는 마가예 묘성된 목양성 1호 분임. - 인자춘 난하 무덤 4기 확인(M1 옹관장, M2 즉주)	- M1 옹관묘에서는 선진시기 노끈무늬옹관 수습. - M2 토광묘에서는 토기, 구리 녹광이 수습. - M3 토광묘에서는 몰에 밧실 단 시신 간의	- 인자춘 난하 M3의 묘장 몽숭의 번소 통일으로 하루무청 역, 투청쯔, 랑지덴 시가우의 무덤 간의	

번호	날짜	장소	조사 내용	묘(토광묘), M3 즉주묘(토광묘, M4 옹관장)	수습 유물	연대문제
48	1963년 10월 09일	다롄시大連市 뤼순旅順 일대	- 뤼다시旅大市(現 다롄시大連市) 만철(滿鐵) 도서관 조사		해, 충전토에서 토기편 수습. M4 토광묘에서는 항아리, 대야의 구연부편 수습	궈자툰상층은 인자춘 난하와 공통점이 꽤 많아 같은 문화기로 추정
49	1963년 10월 10일	다롄시大連市 일대	- 다롄大連 허우무청역(後牧城驛) 유적 조사(→러우상묘) - 다롄大連 촹퉈쯔雙砣子 다커우쯔大여口子 유적 조사 - 다롄大連 잉청쯔營城子 묘지 답사	- 허우무청역(러우상묘) 과 무덤 37기 조사. 석관묘 와 토광묘로 추정되는 무 덤 노출. - 잉청쯔 한나라 벽화무덤 확인.	- 다커우쯔 수습 유물(섬섬문有 토기, 돌도끼)	- 허우무청역 무덤 37기로 결정. - 촹퉈쯔 출토 토기 편은 훙산 양터우 와문화가 포함된 것 같아 인자춘 난하와 관련됨 추정
50	1963년 10월 11일	다롄시大連市 일대	- 다롄大連 허우무청역(後牧城驛) 유적 시굴조사(→러우상묘)	- 허우무청역(러우상묘) 토 광묘 및 단애면의 무덤 관 련 석관 유구 확인.		
51	1963년 10월 12일	다롄시大連市 무란 덴普蘭店	- 진현金縣(現 무란뎬普蘭店) 샤오관툰小官屯 석녕石棚 - 진현金縣(現 무란뎬普蘭店) 샤오시거우小西溝 - 다롄大連 허우무청역(後牧城驛) 유적 조사			
52	1963년 10월 14일	다롄시大連市 일원	- 진현金縣(現 무란뎬普蘭店) 가오리자이高麗寨 유적 조사 - 진현金縣(現 다롄大連) 단퉈쯔單砣子 유적 조사	- 단퉈쯔 유적에서는 과거 용산문화 무덤 조사.	- 가오리자이 수습 유물-신석기 및 전국~한대 토기편(채문 홍도, 회도, 석기(돌칼, 돌도끼) - 단퉈쯔 수습 유물~용산문화 흑도, 홍도	단퉈쯔, 염전이 이 아직 숙성 상퉈쯔라 함
53	1963년 10월 18일	진저우錦州 일원	- 랴오선 전정기념관遼瀋戰役紀念館 및 유물창고 관람 - 진저우錦州 다니와大泥注 유적 조사		- 다니와大泥注 유적 수습 유물(전국~한대 토기편)	

연번	조사일자	조사 지역	유적	주요 유구	주요 유물	비고	관련 사진
54	1963년 10월 19일	진시錦西(現 후루다오葫蘆島)	- 진시錦西 스엄바오항寺兒堡 (堡)鄕 라오벤튼老邊屯 유적 조사 - 타산지역혁명열사기념탑塔 山阻擊革命烈士紀念塔 답사		- 스엄바오항寺兒堡鄕 라오벤튼老邊屯 (단지 동검1, 금원대 대정통보大定通寶)	우진탕에서 1958년 청동기 한 무더기 발견, 이면 답사로 발전문토기편은 정자와쯔와 비슷하지만, 사자덴 성층문화와 차이가 있어 또 다른 문화계통으로 의심	
55	1963년 10월 20일	진시錦西(現 후루다오葫蘆島)	- 진시錦西(現 후루다오葫蘆島) 우진탕烏錦塘 유적 조사	- 우진탕 유적에서는 1958년 무덤 3기 조사. 조사 시 홍수로에서 문화층(상층·홍도층/하층·전 국시대 이전 홍도층) 확인.	- 우진탕烏錦塘 유적 수습 유물(전국시대 이전의 조질 홍도 면, 전국시대 화색 바구니문 토기편, 삼족기(역)다리)		
56	1963년 10월 21일	진저우錦州	- 라오선 전쟁기념관遼沈戰役 記念館 및 전쟁혁명열사기념 비 참관				
57	1963년 10월 22일	차오양朝陽	- 차오양朝陽 스엄타이잉쯔 十二臺營子 유적 조사 - 차오양朝陽 샤와쯔下洼子 유적		- 스엄타이잉쯔 수습 유물(전국시대 이전 홍도편, 전국시대 토기편, 타제 석기)		
58	1963년 10월 23일	카쭤喀左	- 카쭤喀左 다청쯔大城子 요탑 遼塔 답사 - 카쭤喀左 리저우利州 성지城 址 조사		- 리주 성지 수습 유물(요금시기 자기 편 재질)		
59	1963년 10월 24일	카쭤喀左	- 카쭤喀左 샤오잔선쯔小轉山子 유적 조사	- 샤오잔선쯔 청동기 교장 (매납유구)	- 샤오잔선쯔 수습 유물(토기편, 석기, 세석기)	1955년 조사에서 후몌候墓 등 16점의 청동기 발견, 사자 덴 하층문화로 추정 (실제로는 웨이잉쯔 문화)	
60	1963년 10월 25일	카쭤喀左 / 차오양朝陽	- 카쭤喀左 런자오얼甘招樂 화석 유적				

61	62	63	64	65	66	67	68	69

번호	날짜	지역	활동내용		수습유물	비고
61	1963년 10월 26일	선양瀋陽	- 선양瀋陽 정자와쯔鄭家窪子 유적 답사(3지점)	- 정자와쯔 3지점(현대 벽돌공장의 취토장 부근, 회층)	- 정자와쯔 수습 유물(지표상 토기편, 대형 순점이, 두형토기의 다리)	절벽 위에서 20~50cm 회층이 드러나는데, 몰이 남져서 쌓인 2차퇴적층으로 추정
62	1963년 10월 27일	선양瀋陽	- 선양瀋陽 정자와쯔鄭家窪子 유적 조사(3지점)	- 정자와쯔 3지점(현대 벽돌공장의 취토장 부근, 회층)	- 정자와쯔 수습 유물(조질 홍도질이 두형토기5, 정 석기, 동포1, 돌도끼2)	
63	1963년 10월 31일	선양瀋陽-베이징北京	- 둥베이東北局(뉴소장)과 라오성박물관 업무보고			
64	1964년 03월 20일	선양瀋陽	- 닝청寧城 난산건南山根 유적 자료 확인	- 난산건 유적에서 무덤 27기 추가 확인 전인.	- 난산건 유적(101호묘) 출토 동검 확인.	
65	1964년 03월 23일	다롄시大連市 일대	- 뤼순旅順 인자춘尹家村 남하 유적 사전조사 / - 뤼순旅順 궈자춘郭家村 유적 사전조사 / - 다롄大連 하우우청역后牧城驛 유적 사전조사			
66	1964년 03월 24일	다롄시大連市 무란뎬普蘭店	- 진현金縣(現 무란뎬普蘭店) 랑자뎬郎房甸店 서오시가우西岔 유적 사전조사	- 랑자뎬 서오시가우 도총 2기 확인.	- 랑자뎬 서오시가우 유적에서 과가 유물 수습(동기1, 동부1)	
67	1964년 03월 26일	선양瀋陽	- 라오닝성 박물관 내부회의 (유적조사 일정논의)			
68	1964년 03월 27일	츠펑赤峰 차오양朝陽盟	- 자오양朝陽盟 문물참文物站 관람		- 자오밍(자오우다명)박물참 신규 진열유물(훙산냄紅山嵰 출토 동검3)	훙산냄 출토 동검 중 첫 번째는 공인銎刃으로, 두 번째는 긴 몸신에 등날이 낮은 형식, 세 번째는 오르도스식(비수식)으로 모두 샤자뎬 상층문화의 유물이다
69	1964년 03월 29일	닝청寧城 일대	- 닝청寧城 난산건南山根 유적 답사	- 난산건 유적 내의 도랑 사이에서 무덤으로 추정되는 석과石塊 확인.		

연번	조사일자	조사지역	유적	주요 유구	주요 유물	비고	관련 사진
70	1964년 03월 30일	자오멍昭盟 文物站 방문	- 훙산산 댐 출토 동검 동주 요 유물 실측		- 훙산 댐 출토 유물 확인(동촉여국인矢, 두(유?)릉끼丫, 도기류, 자귀斧, 곱돌, 동식鋼飾, 동경鋼鏡, 반월형석도, 석제 거푸집 (단범))	등날이 있는 곡인검 (비파형동검)은 다오잉이 유물과 유사하나, 첫 번째 곡인 중앙부에 있음, 두 번째 등날에 마연흔이 없음, 세 번째 T자형 검자루와 참상 기가 없음 이러는 차이가 있어 모두 한 민족의 유물이 아니라는 것이 명확하다고 추정	
71	1964년 04월 01일	진저우錦州 일원	- 라오선 전쟁기념관 견학 - 진저우錦州 부근 유적지 도면 제작 - 진저우錦州 도자청陶瓷廠 견학		- 진저우시 부근 유적 수습 유물(무문의 거친 홍도, 굵은 노끈무늬 홍도)		
72	1964년 05월 12일	베이징 출발(중조연합고고대 1조)	《1차 본 조사 착수》				
73	1964년 05월 13일	선양瀋陽	- 선양瀋陽 베이링공원北陵公園 및 고궁故宮 유람				
74	1964년 05월 14일	선양瀋陽	- 라오닝성 도서관 방문(「조선 통사」1권 기증)				
75	1964년 05월 15일	다롄시大連市 일원	- 라오후탄老虎灘 및 싱하이星海 공원 유람				
76	1964년 05월 16일	다롄시大連市 일원	- 다롄大連 량자뎬亮甲店 사오 시거우小盞溝 유적 조사 - 다롄大連 하우무청역后牧城驛 유적 조사(라우성보?) ; 주로 조사방식 논의	- 샤오시거우 토총 2곳(북쪽/남쪽) ; 돌무더기 확인. (뒤에 냄좀 토총은 무덤이 아닌 것으로 확인) - 하우무청역 거대 토총 ; 서북모서리 무덤 37기 확인.			

77	1964년 05월 17일	다롄시大連市 일원	- 다롄大連 허우무청역后牧城驛 유적 조사(라우상묘) : 거대토총 4분법(A/B/C/D) 구획 조사 및 토총 주변 조사	- 거대토총(라우상樓上) : A구역 M1 부분 노출 - 토총 주변 : 북쪽 유적지(L33), 북쪽 토총 27l, 서남쪽(동남쪽?) 소형 토총 17l 각각 확인.	- 거대토총(라우상樓上) A구역 : 적돈 구리구슬2, D구역 : 녹송석구슬綠松石珠1 - 토총 북쪽 유적지(L33) : 양타우와彎頭窪 유형 도기편 소량 채집.	- L33은 쌍퉈쯔 3 기문화이 주거지임.
78	1964년 05월 18일	다롄시大連市 일원	- 다롄大連 허우무청역后牧城驛 유적 조사(라우상묘) : 토총 북쪽 주변 토총 재확인(L34/L35) : 거대토총 A구역 조사 - 다롄大連 량자뎬亮甲店 유적 조사	- 거대토총(라우상樓上) : 단애면에 수혈(주거지) 윤곽 일부 노출. - 북쪽 토총 27l 중에 지각흑도토총有 17l(L34) - 동남쪽 소형 토총 17l(L35) - 거대토총(라우상樓上) A구역 M1 조사 완료, 바닥에는 대형 석판, 벽제에는 일부 화제 흔적.	- 거대토총(라우상樓上) A구역 : M1 동벽 바깥(흑지검묘흑)에서 아린이 유골1. (순장 흔적으로 의심)	- L33은 쌍퉈쯔 3 기문화이 주거지임.
79	1964년 05월 19일	다롄시大連市 일원	- 다롄大連 허우무청역后牧城驛 유적(토총) 조사(라우상묘) - 다롄大連 량자뎬亮甲店 유적(토총) 조사	- 거대토총(라우상樓上) A구역 : M1 바닥에는 대형 석판, 벽제에는 일부 화제 흔적. B구역 : 흑토지검층이 매우 적음, 교란 심함.	- 거대토총(라우상樓上) A구역 : M1 동벽 바깥에서 아린이 이로 추정되는 유골人尿 2구(두향은 각각 북쪽 및 남쪽) 확인.(순장으로 확신)	
80	1964년 05월 21일	다롄시大連市 일원	- 우천으로 휴식, 정치 선전 학습.		- 위룽취이(석석묘) 출토 유물 확인(리 지린과 함께) : 청동단검3(청동검병 곰반된 것은 '우병식'으로 서술), 칼돌2, 석제 방추차1	원래 무덤 371 이미 훼손. 이쪽은 화장 한 뼈로 닭싳 없섰다고 하며, 토총은 국이 일부분만 잔 존, 희망적이지 않 음.
81	1964년 05월 22일	다롄시大連市 일원	- 다롄大連 허우무청역后牧城驛 유적(토총) 조사(라우상묘) - 다롄大連 량자뎬亮甲店 유적(토총) 조사	- 거대토총(라우상樓上) A구역 : M1 지점 석관 B구역 : 바깥 입면의 원석圓石 D구역 : 가장자리에서 석 판 몇 개 발견	- 거대토총(라우상樓上) A구역 : M1 지점 여러 장의 석판, 교란층内 오수전1, 명도전3	오수전과 명도전(1958년 수습, M3 출토품으로 오해)으로 부장품이 이닐 가능 성이 높은 것으로 판단됨.

연번	조사일자	조사지역	유적	주요 유구	주요 유물	비고	관련 사진
82	1964년 05월 23일	다롄시大連市 일원	- 다롄大連 허우무청역后牧城驛 유적(토총土塚 조사사)(라우성묘) - 다롄大連 랑자뎬凉子甸店中店 사오시거우小西溝 유적(토총) 조사원묘	- 샤오시거우 토총 : 토총 2곳 중에 북쪽 1곳은 거의 파괴돼있고, 남쪽 1곳은 무덤이 아닌 것으로 판명됨.	- 거마토종(라우성樓上) A구역 : M1 서쪽 석관(M4의 석관?) 내 유골 2구 확인(두향 북쪽). M40에서 작은 호박 구슬2 수습. M1 교란토층 내 청동단추靑銅釦8, 동단釦1 수습.		
83	1964년 05월 24일	다롄시大連市 일원	- 실내업무 및 내부 회의		- 거마토종(라우성樓上) A구역: M1 서쪽에서 석관 내부 면(M4) B구역: 생토층	진현金縣(現 다롄시大連市) 위룽취안龍泉 유적 조사 결정 (북한 측)	
84	1964년 05월 25일	다롄시大連市 일원	- 다롄大連 허우무청역后牧城驛 유적(토총) 조사 ; 서북방향 토총 L34(강성商上) ; 거마토종 L21(라우성樓上) 조사 지속. - 진현金縣(現 다롄시大連市) 위룽취안龍泉 유적 답사	- 서북방향 토총 L34(강성商上): 탐방(사굴) 조사 - 거마토종 L21(라우성樓上) ; A구역 M5(교란파괴); TA 출퇴 M5(교란파괴), TB 서북쪽 M7(교란파괴, 다장) - TB M6(교란파괴, 다장)	- 거마토종 L21(라우성樓上) A구역: M5 내 유골 2구, 도편陶編1, 석주珠1 TA: 유골더미(M7), TB: 유골더미 (M6: 어른1, 어린아이1)	- 거마토종 L21(라우성樓上) ; M7, M5 등은 대묘(M1)를 둘러싸고 순장되어 있는 것 같음.	
85	1964년 05월 26일	다롄시大連市 일원	- 진현金縣(現 다롄시大連市) 위룽취안龍泉 유적 조사	- 위룽취안 무덤(석석묘) : 교란과 파괴가 심해 조사 성과에 회의적임.	- 흙속에 뼈조각만 보임		
86	1964년 05월 27일	다롄시大連市 일원	- 다롄大連 허우무청역后牧城驛 유적(토총) 조사 ; 서북방향 토총 L34(강성樓上), 거마토종 L21(라우성樓上)	- 거마토종 L21(라우성樓上) : D구역 조사원료, C구역 석재 제거 개시. ; D구역 M7(다장, 일부 화장 흔적) ; 서북방향 토총 L34(강성商上). ; A-B-C 구역 흑색자갈층 확인.	- 거마토종 L21(라우성樓上) : D구역 M7(유골): 보존 및 화장 상태가 안전하지 않음.	- 거마토종 L21(라우성樓上) D구역 M7은 일부 화장 또는 외부 화장했을 가능성이 높음.F96	

번호	연도	장소				
87	1964년 05월 28일	다롄시大連市 일원	- 다롄大連 허우무청역[后牧城驛] 유적(토총) 조사 ; 서북방향 토총 L34(강상崗上), 거대토총 L21(라우상樓上) - 진현金縣(現 다롄시大連市) 웨둥취[旺東取]龍泉 유적 조사 : 묘지 구조물 정리	- 거대토총 L21(라우상樓上) : B구역 M6(다장; 확장) - 서북방향 토총 L34(강상崗上) : C구역 현대 참호 등 교란 확인.	- 거대토총 L21(라우상樓上) : B구역 M6(유골11구; 성인6, 미성년자5) : 서북방향 토총 L34(강상崗上) : A~B구역(도기편 다수)	- 거대토총 L21(라우상樓上) : B구역 M6은 마 땅 안에 시신을 쌓아놓고 불을 질렀기에 유적 유골은 많이 타고, 아 매쪽 유골은 불에 덜 탄 것으로 보 아 순장묘로 확 신.
88	1964년 05월 29일	다롄시大連市 일원	- 다롄大連 허우무청역[后牧城驛] 유적(토총)조사 ; 서북방향 토총 L34(강상崗上), 거대토총 L21(라우상樓上)	- 거대토총 L21(라우상樓上) : C구역 가장자리 석권도 확인. - 서북방향 토총 L34(강상崗上) : A~C~D구역 흑색자갈 층, 무질서한 석판 배치.	- 거대토총 L21(라우상樓上) : D구역 M6(유골 15구, 붙맞은 도 관罐1)	- 거대토총 L21(라우상樓上) : D구역 M6 도관 속(집 종)의 북단 측(집 종화)의 실족 과 정에서 파괴,(뒤 의 보고문에서는 동관1도 있음)
89	1964년 05월 30일	다롄시大連市 일원	- 현장조서 붐람(인즈민). 리지 린 배웅			
90	1964년 05월 31일	다롄시大連市 일원	- 실내업무 및 결과 보고 조안 작성			- 허우무청역 유적 (토총)에 대하여 북한 측이 '고조 선 유적'으로 보 고, 조사 방식에 대하여 이해가 부 족하여 북한 측(집 종)의 석곽 등이 조사를 독촉하면서 갈 등이 생겼음을 인 급.
91	1964년 06월 01일	다롄시大連市 일원	- 다롄大連 허우무청역[后牧城驛] 유적(토총)조사 ; 서북방향 토총 L34(강상崗上), 거대토총 L21(라우상樓上)	서북방향 토종 L34(강상崗上) : 발굴 범위 확장 - 거대토총 L21(라우상樓上) : B~C구역 대부분이 교	- 거대토총 L21(라우樓上) B구역 M7(유골; 청열[靑熱], D구역 M8(인 골 교란)	

연번	조사일자	조사지역	유적	주요 유구	주요 유물	비고	관련 사진
92	1964년 06월 02일	다롄시大連市 일원	- 우천으로 실내작업(토기 세척 및 보고서 작성)	란, 파괴 :D구역 동쪽 가장자리 묘 17(M8; 인골 위를 덮은 듯한 석판)			
93	1964년 06월 03일	다롄시大連市 일원	- 다롄大連 허우무청역后牧城驛 유적(토총) 조사 :서북방향 토총 L34(강성崗上), 거대토총 L21(라우성樓上) - 다롄大連 삼팀쯔雙坨子 유적 조사	- 서북방향 토총 L34(강성崗上) :A구역(반원형 대석권), B구역(홍토자깅층 가장자리 확인) - 거대토총 L21(라우성樓上) :B구역 묘 17(M9; 바닥 석판 확인), C구역 삼팀쯔 청동단검묘 :책식 밑까로 석묘 파괴, 바닥 석판 확인.	- 서북방향 토총 L34(강성崗上) :C구역: 횡근횡斂 도기편 수습 - 거대토총 L21(라우성樓上) B구역 M9:동구輀翻1, 동식銅飾1 삼팀쯔 청동단검묘 유물 (청동단검1, 도관1, 석제 방추차1, 석환1, 인골 양호)		
94	1964년 06월 04일	다롄시大連市 일원	- 다롄大連 허우무청역后牧城驛 유적(토총) 조사 :서북방향 토총 L34(강성崗上), 거대토총 L21(라우성樓上)	- 서북방향 토총 L34(강성崗上) :TB 서북에서 큰 섬돌이 원형 배치 확인. - 거대토총 L21(라우성樓上) :TC H1 화갱 대부분이 훼손. :TA M9 노출 과정에서 M2(1960년 조사, 바닥 석판 및 벽체 일부 잔존) 확인. :TD의 M8 평면도 실측	- 거대토총 L21(라우성樓上) :TC 비문 홍도편 다수 확인. :TA M2(동구輀翻) 3점 수습	- 허우무청역 토총 중에 L34를 '강상崗上', L21를 '라우성樓上'으로 개명.	
95	1964년 06월 05일	다롄시大連市 일원	- 다롄大連 허우무청역后牧城驛 유적(토총) 조사 :서북방향 토총 L34(강성崗上), 거대토총 L21(라우성樓上)	- 서북방향 토총 L34(강성崗上) :C구역 H1, TB 동쪽 확장. - 거대토총 L21(라우성樓上) :TA M2는 M10에 비해 바	- 서북방향 토총 L34(강성崗上) :C구역 H1(비문 홍도편 다수) - 거대 토총 L21(라우성樓上) :TA M2(동구輀翻) 3점 수습 삼팀쯔 청동단검묘 출토 유물 확인. (청동단검1, 도관1, 석제 방추차1,	- 강상 C구역의 H1과 라우성 C구역의 H1은 같은 것이 안즈민이 일기에서 혼동한 것 같음.	

번호	날짜	인원	조사내용	세부내용	출토유물	비고
96	1964년 06월 06일	다롄시大連市 일원	- 다롄大連 쉬퇴좐雙砣子 유적 조사 : 청동단검묘와 남파 조사 - 진현금현(現 다롄시大連市) 위룽취안(魚龍泉) 유적 조사 : 현장조사 완료	다 및 벽석 보존 상태 양호. 개석에는 불에 탄 흔적, 바닥 석판과 벽체 석판 모두 기공되어 있음. : M4와 M9에는 바닥 석판만이 확인.	석화1, 인골3?)	- 거대토총 L21(라우성樓上) : 바닥과 벽체에 석판 사용 유무를 신분 차이로 판단함.
97	1964년 06월 08일	다롄시大連市 일원	- 다롄大連 하우무청허우牧羊城 유적(토총) 조사 : 서북방향 토총 L34(강상崗上), 거대토총 L21(라우성樓上)	- 서북방향 토총 L34(강상崗上) : T4-6구역 교란 심함.(현 대묘 27l) - 거대토총 L21(라우성樓上) : B구역 M9(다장, 화장 흔적)	- 청동단검묘 유물 : 청동단검1, 도관1, 석제 방추차1, 인골 3구(두향 남쪽) 추정. - 쉬퇴좐 남파 유물 : 많은 석기, 회문 도기편	- 쉬퇴좐 남파의 흑도 및 회문 도기편이 루성, 강상의 것과 일치
98	1964년 06월 09일	다롄시大連市 일원	- 다롄大連 하우무청허우역古城後牧羊城 유적(토총) 조사 : 서북방향 토총 L34(강상崗上), 거대토총 L21(라우성樓上)	- 서북방향 토총 L34(강상崗上) : T5구역 현대묘가 지속 확인. : T6구역 M1(일부 화장) - 거대토총 L21(라우성樓上) : B구역 M9(다장, 화장 흔적)	- 거대토총 L21(라우성樓上) B구역 M9 : 2인1상 유골(두골, 팔 다리뼈 등) - 서북방향 토총 L34(강상崗上) : T4구역 도관碑1 수습.	- 서북방향 토총 L34(강상崗上) T6구역 : 아래 공동의 자갈돌 서 발께이 벗조구 이에 무질서하게 놓인 유골2구(서쪽 화장: 등록 화장 없음) 및 도관1 확인. - 거대토총 L21(라우성樓上) B구역 M9 : 100여명의 유골(어린아이의 발기락뼈도 존재)	- 서북방향 토총 L34(강상崗上) T6의 벗조각은 유적과(M1 과?) 뼐개의 것, 도관은 시기를 달리하는 것으로 추정. M9의 많은 유골들은 순장으로 추정. 특히 두개골이 많은 것들을 목을 베어 문은 것으로 추정.
99	1964년 06월 10일	다롄시大連市 일원	- 우천으로 실내 작업			
100	1964년 06월 11일	다롄시大連市 일원	- 다롄大連 하우무청허우역古城後牧羊城 유적(토총) 조사	- 서북방향 토총 L34(강상崗上) T6구역 M1 : 유골6구(위의 2구: 일	- 서북방향 토총 L34(강상崗上) T6구역 M1 : 유골6구(위의 2구: 일	- 서북방향 토총 L34(강상崗上)

연번	조사일자	조사 지역	유적	주요 유구	주요 유물	비고	관련 사진
			: 서북방향 토총 L34(강성崗上), 거대토총 L21(라우성樓上)	: T4구역 홍소자갈층; T6구역 M1(화장, 다장; 상하 덮개 배치). : T5구역 남벽 석관 1기. - 거대토총 L21(라우성樓上) B구역 M9	부 화장, 그 아래에 4구; 화장), 골구 1 : T5구역 : 치아, 팔뼈, 녹송석綠松石 구슬1, 귀걸이1, 남북 석관1과 대퇴골. - 거대토총 L21(라우성樓上) B구역 M9 : 인골 경추부에서 옥, 녹송석 및 마노주瑪瑙珠 6점	T6 M1의 유물 2구 중 하나는 화장이 되어 있지 않아 다른 시기로 추정	
101	1964년 06월 13일	다롄시大連市 일원	- 다롄大連 하우무청역后牧城驛 유적(토총) 조사 : 서북방향 토총 L34(강성崗上), 거대토총 L21(라우성樓上)	- 서북방향 토총 L34(강성崗上), T3 (황기득·천존시), T5(정천영·런창타이이), T6(장주합·담룡룡) - 거대 토총 L21(라우성樓上) B구역 M10 교란	- 거대토총 L21(라우성樓上) B구역 M10 수습 유물 중에 석제 방추차1은 보고 되지 않았고, 대신 삼각형석촉1 이 보고됨.	- 거대토총 L21(라우성樓上) B구역 M10 수습 유물 중에 석제 방추차1은 보고 되지 않았고, 대신 삼각형석촉1 이 보고됨.	
102	1964년 06월 15일	다롄시大連市 일원	- 다롄大連 하우무청역后牧城驛 유적(토총) 조사 : 서북방향 토총 L34(강성崗上), 거대토총 L21(라우성樓上)	- 서북방향 토총 L34(강성崗上) : T3구역(동서 두줄의 석벽과 그 안의 모짱) : T5구역 M2(유물 및 바닥 세석 교란) : T6구역 M1(다장; 상부 유골 화장; 하부유골 화장 없음, 사이에 홍소토紅燒土 덮어져 한층 있음)	- 서북방향 토총 L34(강성崗上) T3구역(서벽 외부) : 석제 방추차1, 흑도란지 치아1 T6 M1 : 유골 7구 이상(적추배7)	라우성 유적 철궁 위에서 촬영, 강상 T3. T5 구역 (내부에서 나온 유물과 세석은 교란 으로 인한 것으로 추정	
103	1964년 06월 16일	다롄시大連市 일원	- 다롄大連 하우무청역后牧城驛 유적(토총) 조사 : 서북방향 토총 L34(강성崗上), 거대토총 L21(라우성樓上)	- 서북방향 토총 L34(강성崗上) : T2, T3 M3(함장, 화장), T8 : T6 M1(다장; 화장), T8	- 서북방향 토총 L34(강성崗上) : T3 M3(유골2; 두향 등쪽) : T6 M1(유골7이상; 동식2)	라우성 유적 철궁 위에서 유적지 전경 촬영	
104	1964년 06월 17일	다롄시大連市 일원	- 다롄大連 하우무청역后牧城驛 유적(토총) 조사 : 서북방향 토총 L34(강성崗上), 거대토총 L21(라우성樓上)	- 서북방향 토총 L34(강성崗上) : T2 1지3호형 돌담, 남북에서 모1(M5) 확인. : T3 M3(생인함장),	- 서북방향 토총 L34(강성崗上) T3 M3(유골2; 돼지 송곳니1, 사슴 뿔의 골부분1), M4(유골1) - 거대토총 L21(라우성樓上) M6(소수 도기편, 청동단검1)		

105	1964년 06월 18일	다롄시大連市 일원	- 다롄大連 허우무청역庙后牧城驛 유적(토총) 조사 : 서북방향 토총 L34(강성樓上), 거대토총 L21(라우성樓上)	- 서북방향 토총 L34(강성樓上) : T2 M5 동쪽에서 M6(석판) 확인. ; T3 M3(자갈돌시상, 썽인 함장; 우항 동쪽), M4(자갈돌시상, 함장; 우항 북쪽 남쪽, 화장) ; T4, T6, T7, T8 조사	M4(함장, 화장) : T6 M1(소트림어리가 일부 깔려 있으, 바닥석이 있음) : T7 확장 - 거대토총 L21(라우성樓上) M6	- 서북방향 토총 L34(강성樓上) : T2(동쪽에서 깨진 뼈 조각) ; T3 M3(유골2, 소형 석주1, 마노주2), M4(두개골2, 붙에 탄 청동단검1) ; T4(유골 조각)	강상 T3 M3은 쌍인장으로 추정. M4의 청동단검은 명기明器로 의심
106	1964년 06월 19일	다롄시大連市 일원	- 다롄大連 허우무청역庙后牧城驛 유적(토총) 조사 : 서북방향 토총 L34(강성樓上), 거대토총 L21(라우성樓上)	- 서북방향 토총 L34(강성樓上) T2, T3, T5, T6, T8, T9	- 서북방향 토총 L34(강성樓上) T5 : 밑 부분이 깨진 듯 밑 큰 석판	T5 내 석판으로 이 곳이 묘지 가운데 위치한 대묘일 가능성을 추정
107	1964년 06월 20일	다롄시大連市 일원	- 다롄大連 허우무청역庙后牧城驛 유적(토총) 조사 : 서북방향 토총 L34(강성樓上)	- 서북방향 토총 L34(강성樓上) : T2 M5 남쪽 돌담, M6(다장) T3 M4(다장) T5	- 서북방향 토총 L34(강성樓上) ; T2 M6(바깥쪽 단검1, 석촉7, 인골) T3 M4(위쪽 인골 2구, 아래쪽 인골 2구)	삼퇴쯔(L22)는 일모 정식 처음
108	1964년 06월 22일	다롄시大連市 일원	- 다롄大連 허우무청역庙后牧城驛 유적(토총) 조사 : 서북방향 토총 L34(강성樓上) - 다롄大連 삼퇴쯔双坨子 조사 : L22(삼퇴쯔双坨子)	- 서북방향 토총 L34(강성樓上) ; T2 M6(다장) ; T3 M4(다장), M8(다장, 화장) T9 - 삼퇴쯔(L22) 현대묘2.	- 서북방향 토총 L34(강성樓上) T2 M6(유골 4구, 청동단검, 석촉12, 방형 구리 장식2) T3 M4(유골 7구, 돌막대 머리), M8(불 탄 유골 2구, 구멍 난 석단조각铸) - 삼퇴쯔(L22) T1 현대묘2(하나는 어린이이, 다른 하나는 40~50세 여자 묘) T11(회독도, 홍도 도기1편, 인족관묘, 삼족반三足盆)	삼퇴쯔(L22)는 일모 정식 처음

연번	조사일자	조사 지역	유적	주요 유구	주요 유물	비고	관련 사진
109	1964년 06월 23일	다롄시大連市 일원	- 다롄大連 허우무청역后牧城驛 유적(토층土層) 조사 :서북방향 토층 L34(강성崗上) - 다롄大連 솽퉈쯔雙砣子 유적 조사 :L22(솽퉈쯔雙砣子)	- 서북방향 토층 L34(강성崗上) - 솽퉈쯔(L22) M9 T1, T2(현대 묘1), T11, T12	- 서북방향 토층 L34(강성崗上) :T2 M6(유골7; 척추뼈로 판단) :T3 M9(소형 뼈구슬 한무더기)	솽퉈쯔 T11을 북한 축에서 건물터로 의심	
110	1964년 06월 24일	다롄시大連市 일원	- 다롄大連 허우무청역后牧城驛 유적(토층土層) 조사 :서북방향 토층 L34(강성崗上), 거대토층 L21(라우성樓上) - 다롄大連 솽퉈쯔雙砣子 유적 조사 :L22(솽퉈쯔雙砣子)	- 서북방향 토층 L34(강성崗上) T2 M5(다쳉), T3 M8(다쳉), T8, T9 - 거대토층 L21(라우성樓上) M1, M5, M6	- 서북방향 토층 L34(강성崗上) T2 M5 : 유골 7r, 훼손된 동모1 T3 M8 : 유골 8r, 흙구슬觚珠213 - 거대토층 L21(라우성樓上) M1 : 석반(뤼순박물관으로 운반) 석촉1, 원형투공동식1(뒤에 추가) M5 : 석촉1 M6 : 청동단검1	- 거대토층 L21(라우성樓上) M5 석촉1은 보고서에 제시되지 않음.	
111	1964년 06월 25일	다롄시大連市 일원	- 다롄大連 허우무청역后牧城驛 유적(토층土層) 조사 :서북방향 토층 L34(강성崗上)	- 서북방향 토층 L34(강성崗上) :M9(다쳉, 화쟝), M10(다쳉, 화쟝), M11(다쳉, 화쟝, 개석 및 벽체 석만 확인) :T4~T5 사이 묘(M12인) :T9 묘(M13) :T3 M8(다쳉)	- 서북방향 토층 L34(강성崗上) M9(화쟝유골), M10(화쟝유골 약 4구; 어린아이 포함), M11(유골) T4~T5 사이 M12(인골, 줄무늬평기와溝纹板瓦, 석제 방추차1) T3 M8(유골11r, 흙구슬觚珠312)		
112	1964년 06월 26일	다롄시大連市 일원	- 다롄大連 허우무청역后牧城驛 유적(토층土層) 조사 :서북방향 토층 L34(강성崗上)	- 서북방향 토층 L34(강성崗上) :T1~T2 겨량, :M9(다쳉, 화쟝), M10(다쳉, 화쟝), M11(다쳉, 화쟝), M8(다쳉), M12(2차쟝), M13, M14, T8 M15(다쳉, 화쟝)	- 서북방향 토층 L34(강성崗上) T1~T2 겨량, M9(유골 약 4구) M10(유골 9r, 긴 석촉1) M11(유골 3구) M8(토기, 뼈, 석주 총 447) M12(타지 않은 유골2; 두항 북쪽, 도관2, 석제 방추차1) M13(타지 않은 인골, 홍대석(紅帶石) T8 M15(유골 3구 이상)		
113	1964년 06월 27일	다롄시大連市 일원	- 다롄大連 허우무청역后牧城驛 유적(토층土層) 조사	- 서북방향 토층 L34(강성崗上)	- 서북방향 토층 L34(강성崗上) T1 M9(유골8r, 청동단검1, 석촉1)	M13은 원래 무덤이 현대 무덤에 의	

번호	날짜	장소	조사내용	세부내용	비고
114	1964년 06월 29일	다롄시大連市 일원	; 서북방향 토총 L34(강성商上)	: T1 M9(다장, 화장), M10(다장, 화장), M11(다장, 화장), M12(2차장), M13(한데 무덤으로 훼손), M15(다장, 화장). : T3 M8(다장, 화장). : T2, T6, T9의 묘역 노출 부분 / M10(유골 9구) M11(유골 5구, 석재 방추차1) M12(석재방추차3(3어질 포함), 척주 뼈 없는 유골 총 5구 추정) M13(성부에서 노끈무늬 평기와면, 오수전1 출토, 하부에서 아래턱뼈, 파손된 도리1 출토) M15(화장유골 4구) T3 M8(화장유골 11구, 토기, 돌, 곱주 총 454점)	해 훼손된 것으로 추정.
			- 다롄大連 허우무청역后牧城驛 유적(토총) 조사 ; 서북방향 토총 L34(강성商上)	; M9, M10, M11, M13, M16, M17, M7, M14 : T4, T7 / - 서북방향 토총 L34(강성商上) M11 : 석제 방추차2, 석주3 M13 : 유골과 토기4(이미 수습). 첨상기34(?) M16 : 화장유골, 석축4, 석주, 석범 석조3(도기/자귀)	강성모의 평면도를 측량해 그리기 시작
115	1964년 06월 30일	다롄시大連市 일원	- 우천으로 인한 내근		
116	1964년 07월 01일	다롄시大連市 일원	- 다롄大連 허우무청역后牧城驛 유적(토총) 조사 ; 서북방향 토총 L34(강성商上)	; M9, M13, M16, M17, M18, M19, M7 : T1 M20 : T2 / - 서북방향 토총 L34(강성商上) M9 : 도관(파손)1, 감돌1, 유골11 M13 : 동김 붗부편1, 석수1, 석촉1, 작은 뼈구슬10, 두께골5, 척주뼈1 M16 : 석범(도기)2, 도주陶味5 M19 : 동김1 M7 : 청석판靑石板, 홍석판紅石板, 아래턱 뼈2, 두께골 조각, 끌다리 뼈 T2 : 석관石棺 바에서 홍석 확인	
117	1964년 07월 02일	다롄시大連市 일원	- 다롄大連 허우무청역后牧城驛 유적(토총) 조사 ; 서북방향 토총 L34(강성商上)	; M13, M14, M16, M18, M19, M20, M7 / - 서북방향 토총 L34(강성商上) M13 : 석촉1, 동김 붗부편1, 청상 기석銷1, 석주1, 석촉2, 작은 뼈구 슬27, 두께골5, 척주뼈1 M14 : 도와陶瓦1 M16 : 석범4, 석촉5, 동축1, 도굴주 陶鉥珠120여점. 뼈조각 5무더기 M18 : 청동단김1, 이른 유골2, 어 린이0 유골1 M19 : 청동단김1, 이른 유골2, 잣	

연번	조사일자	조사 지역	유적	주요 유구	주요 유물	비고	관련 사진
118	1964년 07월 03일	다롄시大連市 일원	-우천으로 인한 실내작업		넑기 유물1 M20 : 작은 도관1, 인골과 골주2 M7 : 도관1, 조개4, 석촉1, 작은 구리덩어리, 인골		
119	1964년 07월 04일	다롄시大連市 일원	-우천으로 인한 실내작업				
120	1964년 07월 05일	다롄시大連市 일원	-진현金縣(現 다롄시大連市) 윈룽취인龍取인 유적 조사	-윈룽취인 묘장 ;M4 조사	-윈룽취인 묘장 유물 :청동단검1・마구(청동고비멸이)2, 동모2, 청동도끼1, 침상기11		
121	1964년 07월 06일	다롄시大連市 일원	-우천으로 조사원묘 계획 회의 및 조사경과 보고				
122	1964년 07월 07일	다롄시大連市 일원	-우천으로 인한 실내작업				
123	1964년 07월 08일	다롄시大連市 일원	-다롄大連 허우무청역后牧城驛 유적(토총) 조사 ;서북방향 토총 L34(강성崗上)	-서북방향 토총 L34(강성崗上) M19(대형 바닥석반 확인), M20(북쪽 가장자리 걸려 있음) 묘(M21) ;M7, M17, M16의 동족 묘(M21)	-서북방향 토총 L34(강성崗上) :M19 돌칠상기1(특이한 형태), 돌 화상촉1 :M20 소형 도관1, 석제방추차1, 골 주2 :M7 골주 504점. :M17 인골 확인.		
124	1964년 07월 09일	다롄시大連市 일원	-다롄大連 허우무청역后牧城驛 유적(토총) 조사 ;서북방향 토총 L34(강성崗上)	-서북방향 토총 L34(강성崗上) :M19(다장), M14, M21(화장), M16・M18(돌담 위에 걸려 있음), M17・M15 마찬가지 :T2 서쪽 외곽에서 무덤(M22) 추가 확인.	-서북방향 토총 L34(강성崗上) :M19 유골3구 추가, 도관1 :M14 청동촉2(1점 훼손) :M21 화장유골		
125	1964년 07월 10일	다롄시大連市 일원	-다롄大連 허우무청역后牧城驛 유적(토총) 조사	-서북방향 토총 L34(강성崗上)	-서북방향 토총 L34(강성崗上) :M19 인골 16구(영이포함)		

안즈민安志敏 일기

번호	날짜	장소	활동내용		
126	1964년 07월 11일	다롄시大連市 일원	- 다롄大連 허우무청허우牧城驛 유적(토총) 조사 : 서북방향 토총 L34(강상崗上)	- 서북방향 토총 L34(강상崗上) M19(다장), M14(금허문기 등 정밤 다망), M21(화장)	: M14 인골 다망 : M21 골주1, 석주1
127	1964년 07월 12일	다롄시大連市 일원	- 다롄大連 허우무청허우牧城驛 유적(토총) 조사 : 서북방향 토총 L34(강상崗上)	- 서북방향 토총 L34(강상崗上) M14(다장), M17(다장, 화장), M21(다장)	: 서북방향 토총 L34(강상崗上) : M14 양익동촉1, 석촉4, 석주20, 청동방울2, 도완, 인골 6~7구 : M17 화장인골 7구, 불에 녹은 동괴鋼塊 : M21 골주6, 인골 4구(어린이 2명 포함)
128	1964년 07월 13일	다롄시大連市 일원	- 우천으로 인한 실내작업		
129	1964년 07월 14일	다롄시大連市 일원	- 다롄大連 솽퉈쯔雙砣子 유적 보존 상태 확인 - 다롄大連 허우무청허우牧城驛 유적(토총) 조사 : 서북방향 토총 L34(강상崗上)	- 솽퉈쯔(L22) : 트렌치(T11, T12의 보존 상태 양호 : 묘지 정리 후에 전경 촬영 예정. - 서북방향 토총 L34(강상崗上) M14(다장), M22(다장)	- 서북방향 토총 L34(강상崗上) : M14 인골 15~16구, 도원1, 석주46, 석추 4, 양익동촉1, 동제1, 골계1 : M22 인골 4구
130	1964년 07월 15일	다롄시大連市 일원	- 다롄大連 솽퉈쯔雙砣子 유적 조사 : 토총 전경 촬영 - 다롄大連 허우무청허우牧城驛 유적(토총) 조사 : 서북방향 토총(강상崗上) 토총 단면도 및 평면도 작성		
131	1964년 07월 16일	다롄시大連市 일원	- 다롄大連 허우무청허우牧城驛 유적(토총) 조사 : 서북방향 토총(강상崗上) 토총 단면도 및 평면도 작성 보완		

연번	조사일자	조사지역	유적	주요 유구	주요 유물	비고	관련 사진
132	1964년 07월 17일	다롄시大連市 일원	- 다롄大連 허우무청역后牧城驛 유적(토총土塚) 조사 ; 서북방향 토총(강성崗上) 발굴 표본 전시 및 보고				
133	1964년 07월 18일	다롄시大連市 일원	- 다롄大連 허우무청역后牧城驛 유적(토총土塚) 조사 ; 조사 완료 및 유물 반송				
134	1964년 08월 19일	다롄시大連市 이동	〈2차 본 조사 착수〉				
135	1964년 08월 21일	다롄시大連市 일원	- 일정 논의 및 협의			협의 내용: 22일 오전 현장 답사, 오후 참관. 23일 작업. 강성은 보존하며 작업 규모를 줄일 수 있음. 솽퉈쯔를 중심으로 1단계를 마치고 마지막에 인자를 넣어 작업 기간은 2개월	
136	1964년 08월 22일	다롄시大連市 일원	- 다롄大連 솽퉈쯔雙砣子 유적 답사 ; - 다롄大連 허우무청역后牧城驛 유적(토총土塚) 조사	- 솽퉈쯔(L22) : T1, T5, T12 ; - 서북방향 토총 L34(강상崗上) : M23		협의 내용: 강성은 묘역 남쪽 트렌치를 파서 지층 퇴적 및 문화적 함의 파악. 솽퉈쯔는 T11, T12 계속 발굴	
137	1964년 08월 23일	다롄시大連市 일원	- 다롄大連 솽퉈쯔雙砣子 조사 ; 솽퉈쯔(L22) ; - 다롄大連 허우무청역后牧城驛 유적(토총土塚) 조사 ; 서북방향 토총 L34(강성崗上)		- 솽퉈쯔(L22) : T1 도기, T5 석부1, T12 반월형석도1 ; - 서북방향 토총 L34(강상崗上) 도기 ; M23 화장하지 않은 인골, 도기		

138	1964년 08월 24일	다롄시大連市 일원	- 다롄大連 삼퇴즈雙砣子 유적 조사 : 삼퇴즈(L22)	- 삼퇴즈(L22) T3, T4, T6, T11	- 삼퇴즈(L22) : T3 양토우와牛頭窪 유형의 도기, 적색 빗각진 도기1편1, 반월형석도1 : T4 양토우와 유형에 속하는 붉은색 그림의 도기1편 2점 : T6 도기1편, 작은 석분1 : T11 칭기 마면
139	1964년 08월 25일	다롄시大連市 일원	- 다롄大連 삼퇴즈雙砣子 유적 조사 : 삼퇴즈(L22) - 다롄大連 허우무청역后牧城驛 유적(토총) 조사 : 서북방향 토총 L34(강상崗上)	- 서북방향 토총 L34(강상崗上) T11, M23 - 삼퇴즈(L22) T3, T4, T6, T11A	- 서북방향 토총 L34(강상崗上) : T11 흑제사편1, 공화권1. M23 홍소토, 홍도 - 삼퇴즈(L22) : T3 부서진 석부1, 석문1, 주제도1, 흑도주제, 국절조문 : T4 우금2구 : T6 골기, 골추, 손상된 석부, 석제 방추차 : T11 홍소토, 양토우와 유형 유형 도기 편, 반월형석도1
140	1964년 08월 26일	다롄시大連市 일원	- 다롄大連 삼퇴즈雙砣子 유적 조사 : 삼퇴즈(L22) - 다롄大連 허우무청역后牧城驛 유적(토총) 조사 : 서북방향 토총 L34(강상崗上)	- 서북방향 토총 L34(강상崗上) T12 - 삼퇴즈(L22) T3, T4, T6,	- 서북방향 토총 L34(강상崗上) : T12 홍소토 한 조각, - 삼퇴즈(L22) : T3 제석도기편1, 정교한 작은 석분1 : T4 손상된 석족완1, 석부, 반월형 석도 : 삼퇴즈 T6 온전한 석부, 손상된 석부 부등
141	1964년 08월 27일	다롄시大連市 일원	- 다롄大連 삼퇴즈雙砣子 유적 조사 : 삼퇴즈(L22) - 다롄大連 허우무청역后牧城驛 유적(토총) 조사 : 서북방향 토총 L34(강상崗上)	- 서북방향 토총 L34(강상崗上) T11, T12, T13 - 삼퇴즈(L22) T3, T4, 56, T12	- 서북방향 토총 L34(강상崗上) : T11 양토우와 유형의 홍도, 정교한 돌날 : T12 홍도 : T13 홍도, 회흑도 - 삼퇴즈(L22) : T3 제도 편등 : T4 손상된 석도, 골추, 석촉, 도양 주, 제도면, 도편2 : T6 석부, 손상된 석도와 석분 : T12 진주1

연번	조사일자	조사 지역	유적	주요 유구	주요 유물	비고	관련 사진
142	1964년 08월 28일	다롄시大連市 일원	- 다롄大連 샹투쯔雙砣子 유적 조사 : 샹투쯔(L22) - 다롄大連 허우무청역后牧城驛 유적(토총) 조사 : 서북방향 토총 L34(강성崗上)	- 샹투쯔(L22) T13, T3, T4, T5, T6 T12	- 샹투쯔(L22) : T13 홍도 : T3 채도편 : T4 채도편 도기 : T5 손상된 석부1 : T6 석부 등의 유물 : T12 석촉1, 반월형석도1		
143	1964년 08월 29일	다롄시大連市 일원	- 다롄大連 샹투쯔雙砣子 유적 조사 : 샹투쯔(L22) - 다롄大連 허우무청역后牧城驛 유적(토총) 조사 : 서북방향 토총 L34(강성崗上)	- 서북방향 토총 L34(강상崗上) : T12, T13 - 샹투쯔(L22) : T1, T1, T3, T4, T6, T12	- 서북방향 토총 L34(강성崗上) : 강상T12, T13 도기편 - 샹투쯔(L22) : T1, T2 골추1, 골어구1, 파손된 도기편, 석부1 - T3, T4 채도 - T6 반월형공구석도, 손상된 석부 - T12 손상된 석부1, 손상된 도기편1		
144	1964년 08월 30일	다롄시大連市 일원	- 휴식				
145	1964년 08월 31일	다롄시大連市 일원	- 다롄大連 샹투쯔雙砣子 유적 조사 : 샹투쯔(L22) - 다롄大連 허우무청역后牧城驛 유적(토총) 조사 : 서북방향 토총 L34(강성崗上)	- 샹투쯔(L22) T11, T12	- 샹투쯔(L22) T11, T12 채세도기 면, 석도, 석부 파면		
146	1964년 09월 01일	다롄시大連市 일원	- 다롄大連 샹투쯔雙砣子 유적 조사 : 샹투쯔(L22) - 다롄大連 허우무청역后牧城驛 유적(토총) 조사 : 서북방향 토총 L34(강성崗上)	- 샹투쯔(L22) T6	- 샹투쯔(L22) T6 석부, 훼손된 석도	- T1과 T2 사이, T3과 T4 사이의 적갈색 점토를 제거하고 관련주만 남겨 단면도 작성 - T11, T12 작은 평판으로 평면도 작성 시작	
147	1964년 09월 02일	다롄시大連市 일원	진현金縣 다링툰大嶺屯 성타 답사	- 다링툰 성타 : 서벽 일부만 잔존	- 화도 및 전국~한대 줄무늬 토기편 및 기와편 확인. 화천 등이 출토.	- 화천 등을 감안하면 연대는 후한 이전임.	

번호	날짜	장소	활동 내용	삼퉈쯔(L22)	삼퉈쯔(L22)	비고
148	1964년 09월 03일	다롄市大連市 일원	- 다롄大連 삼퉈쯔三墶子雙墶子 유적 조사 ; 삼퉈쯔(L22)	- 삼퉈쯔(L22) T7, T12	- 삼퉈쯔(L22) T12 석지1, 유리조각1	- 오전 발굴 팀 내 회의 : 삼퉈쯔 작업의 이전 일시, 기록 문제 - 오후 소규모 회의 : 삼퉈쯔 작업에 대한 인선의 문제 . 소평만병의 배. 소평만병의 장단점을 논의. 수명을 이용해 유물 종류를 기록. - 인조인은 소평만병이 비과학적, 사용 후 인정. 다만 부정한다면 북한 측은 불쾌하게 여길 것이라며 반대의 의견을 가짐.
149	1964년 09월 04일	다롄시大連市 일원	- 우천으로 인한 작업 중지 및 회의			
150	1964년 09월 05일	다롄시大連市 일원	- 다롄大連 삼퉈쯔三墶子雙墶子 유적 조사 ; 삼퉈쯔(L22)	- 삼퉈쯔(L22) T6, T12	- 삼퉈쯔(L22) : T6 현대 천장권1 ; T12 철제 못	- 김용남이 T7의 재개를 요구하며 트렌치를 전부 끝까지 팔 필요 없이 주거지만 파면 된다 주장했으나 전부 바닥까지 파야하며 시간제한으로 인해 바깥쪽을 통해 확정하지 않아야 다 파지 못하는 것을 피할 수 있으며 정비된 트렌치는 후속작 업을 보증할 수 있다는 점에서 축소할 수 없다는 점에서 의하지 않았음.

연번	조사일자	조사지역	유적	주요유구	주요유물	비고	관련 사진
151	1964년 09월 06일	다롄시大連市 일원	- 다롄大連 솽퉈쯔雙砣子 유적 조사 ; 솽퉈쯔(L22)	- 솽퉈쯔(L22) T6B, T11, T12			
152	1964년 09월 07일	다롄시大連市 일원	- 다롄大連 솽퉈쯔雙砣子 유적 조사 ; 솽퉈쯔(L22)	- 솽퉈쯔(L22) T6A, T8, T12 F1, F2 도면 T6B 석장 노출 T6B 붕에 단 도기, 개마의 벽체와 화덕	- 솽퉈쯔(L22) :T6A 큰 석장(한쪽 트렌치를 확장하여 T8번으로 변경) ;T12 붕에 단 도기, 걸가지가 달린 시슴뿔 1개,		
153	1964년 09월 08일	다롄시大連市 일원	- 다롄大連 솽퉈쯔雙砣子 유적 조사 ; 솽퉈쯔(L22)	- 솽퉈쯔(L22) T6 F30에서 작은 노지, T9	- 솽퉈쯔(L22) ;T9 흑도 조각		
154	1964년 09월 09일	다롄시大連市 일원	- 북한 국경절 기념 휴식				
155	1964년 09월 10일	다롄시大連市 일원	- 뤼순旅順 인자툰尹家屯 남하 유적 조사 준비				
156	1964년 09월 11일	다롄시大連市 일원	- 뤼순旅順 인자툰尹家屯 남하 유적 조사 - 다롄大連 솽퉈쯔雙砣子 유적 조사 ; 솽퉈쯔(L22)	- 인자툰 남하 소도묘 T3 - 솽퉈쯔(L22) T12	- 인자툰 남하 :T3 옹관 1점 - 솽퉈쯔(L22) ;T12 흑도편		
157	1964년 09월 12일	다롄시大連市 일원	- 우천으로 인한 작업 중지 및 논의			- 솽퉈쯔 트렌치 확대 요구 문제 : 석장을 절개하는 트렌치. 표토만 제거 작업을 없애는 정도로 합의	
158	1964년 09월 13일	다롄시大連市 일원	- 다롄大連 솽퉈쯔雙砣子 유적 조사 ; 솽퉈쯔(L22)	- 솽퉈쯔(L22) T8, T12 이궁이 및 연도 흔적	- 솽퉈쯔(L22)	- T8 석장이 가옥 뒤의 벽력에 인공적으로 쌓인 것으로 편년돼며 가옥 아니며 성보다도 아니던 것을 확인	

연번	날짜	지역	조사	유구	출토유물	비고
159	1964년 09월 14일	다롄시大連市 일원	- 뤼순旅順 인자툰尹家屯 유적 조사 - 다롄大連 솽퉈쯔雙砣子 조사	- 인자툰 난허 T3, T1, T11 - 솽퉈쯔(L22) T7	- 인자툰 T3, T1 각각 옹관 출토 T11 도기편, 반쪽자리 재구덩이, 홍색훈문토기, 인자툰 유형의 도기편, 삼족기의 다리 - 솽퉈쯔(L22) T7 탄화된 나무 기둥, 복원 가능한 도기	
160	1964년 09월 15일	다롄시大連市 일원	- 다롄大連 솽퉈쯔雙砣子 조사 : 솽퉈쯔(L22) - 뤼순旅順 인자툰尹家屯 유적 조사	- 솽퉈쯔(L22) T2~T7 가옥(F4) 발견(홍소토 아래 검은색 석탄화, 탄화된 나무 기둥) - 인자툰 난허 T11	- 솽퉈쯔(L22) T2~T7 깨진 도기 출토	솽퉈쯔 Y1은 가마보다는 가옥터로 사료됨 - 인자툰 T11 4개의 재구덩이 발견
161	1964년 09월 16일	다롄시大連市 일원	- 우천으로 인한 작업 중지			
162	1964년 09월 17일	다롄시大連市 일원	- 다롄大連 솽퉈쯔雙砣子 조사 : 솽퉈쯔(L22) - 뤼순旅順 인자툰尹家屯 유적 조사	- 인자툰 난허 T3 모양 1기, T12 - 솽퉈쯔(L22) T1, T2, Y1	- 인자툰 난허 T3 칼기 T12 도관 1점	
163	1964년 09월 18일	다롄시大連市 일원	- 다롄大連 솽퉈쯔雙砣子 조사 : 솽퉈쯔(L22) - 뤼순旅順 인자툰尹家屯 유적 조사	솽퉈쯔(L22)T1, Y21 인자춘 난허 M6(T3), M7	- 솽퉈쯔(L22) T1 탄재, 소량의 도기 편 - 인자툰 난허 M6(T3) 옹관에서 유치, 청멍아리1 출토 H6 석촉1, 석자1, 도제방추차1 출토 M7 인골 1구, 동서2 출토	- 솽퉈쯔 T1, T2가 옥 발견. 가옥 내 예흑색, 밤색, 황색 점토 출토 - 제도의 인료로 사료됨 - 솽퉈쯔 Y1 막막한 면이 나와 그림 그리기 시작
164	1964년 09월 19일	다롄시大連市 일원	- 다롄大連 솽퉈쯔雙砣子 조사 : 솽퉈쯔(L22) - 인자툰 난허	- 솽퉈쯔(L22) T11 - 인자툰 난허	- 솽퉈쯔(L22) T11 온전한 도두1, 석부1	인자춘 남허 T11 안의 H59와 H6의 타파 관계에 대한

연번	조사일자	조사 지역	유적	주요 유구	주요 유물	비고	관련 사진
165	1964년 09월 21일	다롄시大連市 일원	- 뤼순旅順 인자툰尹家屯 난허 유적 조사	T11(H5, H6)		다른 견해 제시됨	
166	1964년 09월 22일	다롄시大連市 일원	- 다롄大連 솽퉈쯔雙砣子 유적 조사 : 솽퉈쯔(L22)	- 솽퉈쯔(L22) F4	- 솽퉈쯔(L22) F4 도관20, 작은 도관2, 홍도두1(배에 《'형'태의 무늬)		
167	1964년 09월 23일	다롄시大連市 일원	- 뤼순旅順 인자툰尹家屯 난허 유적 조사	- 인자툰 난허 T11	- 인자툰(L22) T11 줄무늬 도기편2 서쪽 벽쪽 아래의 새로운 소형 트렌치 최하층 안에서 훼손된 석명 1점		
168	1964년 09월 24일	다롄시大連市 일원	- 다롄大連 솽퉈쯔雙砣子 유적 조사 : 솽퉈쯔(L22)	- 솽퉈쯔(L22) F4, F12, T11A - 인자툰 난허 T3	- 솽퉈쯔(L22) F4 석부7, 석창6 F12 채색도기편 T11A 정추2 - 인자툰 난허 T3 묘장1기		
169	1964년 09월 25일	다롄시大連市 일원	- 뤼순旅順 인자툰尹家屯 난허 유적 조사	- 인자툰 난허 T3M10, M11	- 인자툰 난허 T3M10 도원2, 도분2, 줄무늬 도관1 M11 노끈무늬 도관2, 젓나		
170	1964년 09월 26일	다롄시大連市 일원	- 다롄大連 솽퉈쯔雙砣子 유적 조사 : 솽퉈쯔(L22)	- 솽퉈쯔(L22) T11, F11	- 솽퉈쯔(L22) T11 채색 도기편 F11 작은 석분5 - 인자툰 난허 M10 치아		
171	1964년 09월 27일	다롄시大連市 일원	- 뤼순旅順 인자툰尹家屯 난허 유적 조사	- 인자툰 난허 M11	- 인자툰 난허 M11 인골 1구, 도분2, 호2, 잔1, 분2		

번호	날짜	장소	활동	유구	유물	비고
172	1964년 09월 28일	다롄시大連市 일원	- 다롄大連 솽퉈쯔雙砣子 유적 조사 ; 솽퉈쯔(L22)	- 솽퉈쯔(L22) F7, F6, T4	- 솽퉈쯔(L22) F7 도기7 F6 홍소토 아래 쌓여 있는 도기 T4 도기와 석판관	
173	1964년 09월 29일	다롄시大連市 일원	- 뤼순旅順 인자툰尹家屯 유적 조사	- 인자툰 난허 ; T4(T12), T11(M15~M17), T12, T13	- 인자툰 난허 T4 도관3, 두3 M17 바닥부분에 좀무늬가 있는 도관 2점, 도전 2점 M16 홍색 도기편6, 수정구슬(잉예서출토) M15 회도 합2, 호2, 분2, 우1 T12 조질토기 T13 소량의 노끈무늬 기와 및 회도편 출토.	
174	1964년 09월 30일	다롄시大連市 일원	- 다롄大連 솽퉈쯔雙砣子 유적 조사 ; 솽퉈쯔(L22)	- 솽퉈쯔(L22) T1	- 솽퉈쯔(L22) ; T1 도관1, 다수의 채색토기편 출토	
175	1964년 10월 02일	다롄시大連市 일원	- 회의			작업배치에 대한 논의
176	1964년 10월 03일	다롄시大連市 일원	- 뤼순旅順 장췬산將軍山 유적 (석총) 답사			- 석총 규모가 길이 36m, 너비 15m 임. 단시간에 완성할 수 없어 보이며 먼저 부토를 제거하고 추후에 도면 그리는 것을 논의하기로 합의
177	1964년 10월 04일	다롄시大連市 일원	- 우천으로 인한 내근			
178	1964년 10월 05일	다롄시大連市 일원	- 뤼순旅順 장췬산將軍山 유적 (석총) 조사			
179	1964년 10월 06일	다롄시大連市 일원	- 다롄大連 솽퉈쯔雙砣子 유적 조사	- 솽퉈쯔(L22) F10	- 솽퉈쯔(L22) F10 도기 출토	

연번	조사일자	조사 지역	유적	주요 유구	주요 유물	비고	관련 사진
180	1964년 10월 07일	다롄시大連市 일원	- 뤼순旅順 인자툰尹家屯 난허 유적 조사 - 뤼순旅順 장쥔산將軍山 (석총) 조사 - 다롄大連 솽퉈쯔雙砣子 조사 ; 솽퉈쯔(L22)	- 인자툰 난허 T3 - 인자툰 난허 T12	- 인자툰 난허 T3 '정(亭)'자로 추정되는 것이 새겨져 있는 도기편 - 장쥔산 석총 : 도기편		
181	1964년 10월 08일	다롄시大連市 일원	- 다롄大連 솽퉈쯔雙砣子 조사 ; 솽퉈쯔(L22)	- 솽퉈쯔(L22) T1 - 인자툰 난허 M12	- 솽퉈쯔(L22) T1 석부1, 도관1(복원) - 인자툰 난허 M12 청동단검(세형단검)1, 석고봉두1		
182	1964년 10월 09일	다롄시大連市 일원	- 뤼순旅順 인자툰尹家屯 난허 유적 조사 - 뤼순旅順 장쥔산將軍山 (석총) 조사 ; 솽퉈쯔(L22)	- 인자툰 난허 M16 - 장쥔산 석총 M1	- 인자툰 난허 M16 정촉은 전국시대 묘 정에 속함 - 장쥔산 석총 : M1 정촉, 세발솥 조각, 흑도배 조각, 단각도, 석모1		
183	1964년 10월 10일	다롄시大連市 일원	- 다롄大連 솽퉈쯔雙砣子 조사 ; 솽퉈쯔(L22)	- 솽퉈쯔(L22) T1, F16 서까래 흔적	- 솽퉈쯔(L22) T1 소수의 제도		
184	1964년 10월 11일	다롄시大連市 일원	- 뤼순旅順 인자툰尹家屯 난허 유적 조사 - 뤼순旅順 장쥔산將軍山 (석총) 조사 ; 솽퉈쯔(L22)	- 인자툰 난허 M12, T13	- 인자툰 난허 M12 도기, 도두 T13 도기편, 도관과 도두 - 장쥔산 석총 역박1, 흑도배1		
185	1964년 10월 12일	다롄시大連市 일원	- 뤼순旅順 장쥔산將軍山 (석총) 조사	- 장쥔산 석총			
186	1964년 10월 13일	다롄시大連市 일원	- 다롄大連 솽퉈쯔雙砣子 조사 ; 솽퉈쯔(L22)	- 솽퉈쯔(L22) T4, T8, T9		장쥔산 석총 도면 작성 시작	

No.	날짜	위치	활동	샴퇴쯔(L22)	비고
187	1964년 10월 14일	다롄시大連市 일원	- 다롄大連 샴퇴쯔雙砣子 유적 조사 - 뤼순旅順 장쥔산將軍山 유적(석총) 방문 - 뤼순旅順 인자툰尹家屯 난허 유적 방문	- 샴퇴쯔(L22) T3	- 샴퇴쯔(L22) : T3 3A, 3B 제도 출토 : 4A, 4B층에서는 적은 도기 편
188	1964년 10월 15일	다롄시大連市 일원	- 다롄大連 샴퇴쯔雙砣子 유적 조사	- 샴퇴쯔(L22) T6	- 샴퇴쯔(L22) T6 도기 6점 출토
189	1964년 10월 16일	다롄시大連市 일원	- 우천으로 인한 내근		
190	1964년 10월 17일	다롄시大連市 일원	- 중간보고 수정		
191	1964년 10월 19일	다롄시大連市 일원	- 중간보고 수정 - 뤼순旅順 장쥔산將軍山 유적(석총) 답사		
192	1964년 10월 20일	베이징北京으로 출발	- 연차 조사 종료		
193	1965년 02월 20일	베이징北京 따냥	〈후속 조사 착수〉		
194	1965년 02월 21일	선양瀋陽 일원	- 회의 및 보고		
195	1965년 02월 22일	선양瀋陽 일원	- 선양瀋陽 정자와쯔鄭家窪子 유적 답사 - 선양瀋陽 천자편디陳家墳地 유적 답사		- 정자와쯔 유적 : 도로 변에 문화층(속토층) 확인, 소량의 도기편 확인.
196	1965년 02월 23일	선양瀋陽 일원	- 선양瀋陽 샤베이관툰上柏官屯 유적 답사 - 선양瀋陽 샤베이관툰下柏官屯 유적 답사 - 선양瀋陽 핑지비오춘堡 유적 답사		- 샤베이관툰 수습 유물 : 도기편, 기와편, 다리모양 손잡이 등이 있는 홍도 - 샤베이관툰 동쪽으로 2리 류궈툰劉 수습 유물 - 한나라 기와편 - 샤베이관툰 수습 유물 : 민무늬와 천무늬 평기와편, 방족포

연번	조사일자	조사 지역	유적	주요 유구	주요 유물	비고	관련 사진
197	1965년 02월 24일	무순撫順	- 무순撫順 가오얼산성高爾山城 및 첸드前屯 여 유적 채집 참관		- 샤버이관른 서쪽으로 2리 양수판楊樹彎 수습 유물 : 한나라 평기와편과 와당편, 조질 무문홍도, 청동, 귀가 달린 정반 조각 - 임판 수습 유물 도기면(다리모양의 손잡이 및 도관 구연부 등), 기와편, 철기, 석도, 반월형석도 - 첸드 수습 유물 가친 회도의 반고리라 도관, 귀달린 가친 홍도, 도력, 멘석기 위주, 석도		
198	1965년 02월 25일	무순撫順	- 무순撫順 임판燕盤 유적		- 임판 수습 유물 산발적으로 분포하는 홍도 확인		
199	1965년 02월 27일	라오양遼陽	- 라오양遼陽 경자툰欧家屯 유적 방문 - 라오양遼陽 구쎄오청(姑嫂城) 유적 답사 - 라오양시遼陽市 문물보관소 참관		- 라오양시 문물보관소 : 한자허韓河 수습 석재기중기石柄首(따기 중앙성과中半城화城 석수首 - 한링핑寒嶺坪 석관묘 귀가 달린 홍도14, 운침(雲寢)장석제 검패두식), - 얼다오허二道河 출토 도관2 : 출토 지점을 알 수 없는 수문반와당瓦饊半反當1		
200	1965년 02월 28일	라오양遼陽	- 라오양遼陽 얼다오허二道河子 유적 답사 - 라오양遼陽 량자산梁甲山 성터 답사	- 량자산 성터 주변 한묘	- 얼다오허쪼 수습 유물 : 도기편 - 량자산 성터 수습 유물 : 다링펀 기와(와당은 확인되지 않음)		
201	1965년 03월 01일	베이징北京 복귀	- 시핑西屛 시차거우西岔溝 유적 유물 정보 확인			시차거우 동철복합기(청동철기) 용점 문제 : 철기를 먼저 주조하고, 다시 청동기를 삽입하여 주조.	
202	1965년 05월 26일	베이징北京 따님	《후속 조사 재개》				

번호	날짜	지점	활동	내용
203	1965년 05월 27일	선양瀋陽	- 선양瀋陽 정자와쯔鄭家窪子 유적 답사	
204	1965년 05월 28일	선양瀋陽	- 선양瀋陽 정자와쯔鄭家窪子 조사 유적(3지점) : 사육장飼育場(L2), 전와장磚瓦場(L32)	- 정자와쯔 사육장(L2) : 발굴갱 12개소 조사 - 정자와쯔 전와장(L32) : 발굴갱 4개소 조사
205	1965년 05월 29일	선양瀋陽	- 보고서 작성 관련 논의	- 정자와쯔 전와장(L32); 흑회토층은 송원시기 교란, 각종 도기편 - 정자와쯔 사육장(L2); 소량의 도기편
206	1965년 05월 30일	선양瀋陽	- 휴식 및 보고서 작성 관련 논의	
207	1965년 05월 31일	선양瀋陽	- 선양瀋陽 정자와쯔鄭家窪子 유적(3지점) : 사육장飼育場(L2), 전와장磚瓦場(L32)	- 정자와쯔 사육장(L2) : 문화층의 두께 약 1m - 정자와쯔 전와장(L32) : T4 묘 17(M2: 금허믄 기)확인; : T1 문화층(회토층)	- 정자와쯔 전와장(L32) T4 묘장 17(M2) : 도관(장경호1), 청동단검1(봉부 결실), 석제 참상기1(분리된 조각2), 석곤봉두1 T4 회토층 : 대부분은 송대 교란, 전국~한대의 도기편, 무문토기질의 조질 도두 다수, 도관 파수, 도관 구연부 편 T1 섬와유공동촉1
208	1965년 06월 01일	선양瀋陽	- 기증 약화물 실내 작업 : 청동서 초교 수정(휘순 장천산, 남정 난산건 등)	
209	1965년 06월 02일	선양瀋陽	- 보고서 작성 관련 논의	
210	1965년 06월 03일	선양瀋陽	- 선양瀋陽 정자와쯔鄭家窪子 조사 유적(3지점) : 사육장飼育場(L2), 전와장磚瓦場(L32) - 보고서 작성 관련 논의	- 정자와쯔 사육장(L2) 문화층 - 정자와쯔 전와장(L33) : 대부분이 교란	- 사육장(L2) 수습 유물 : 비문도기, 부가퇴 도기 다수 수습 역당礪嫦 역속礪嫦 도 등도 확인. - 정자와쯔 전와장(L32) 수습 유물 : M2 출토 동검1(상부 결실) 및 수습 동모1
211	1965년 06월 04일	베이징北京 도착	- 조사경과 보고	

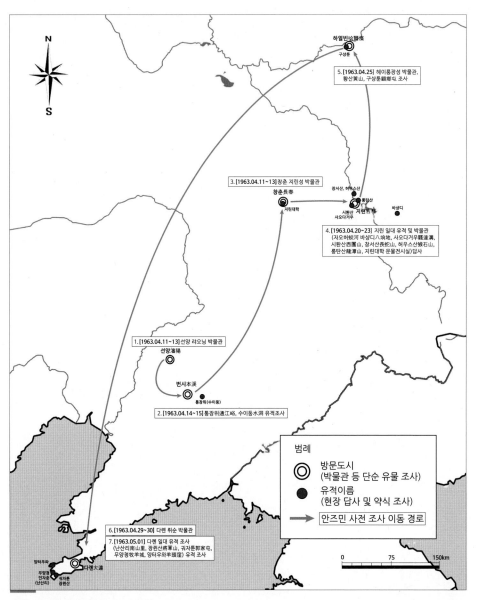

지도 1. 1963년 사전조사

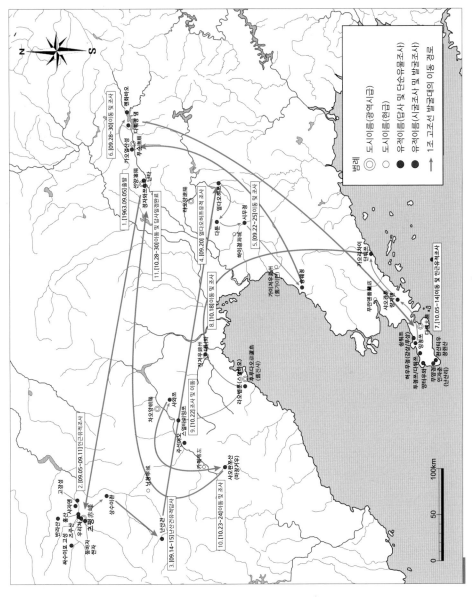

지도 2. 1963년 1조 고조선 발굴대 조사

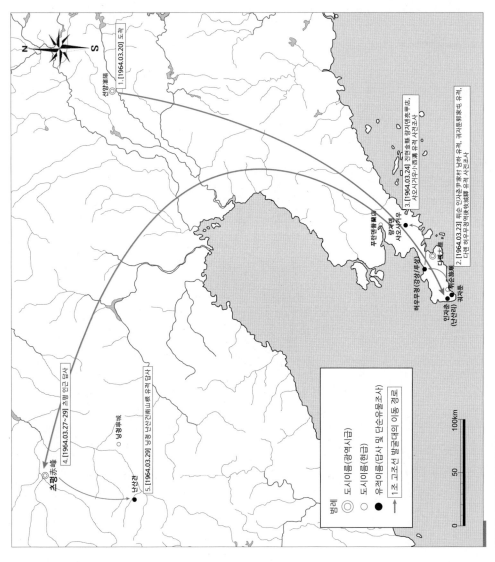

지도 3. 1964년 사전조사

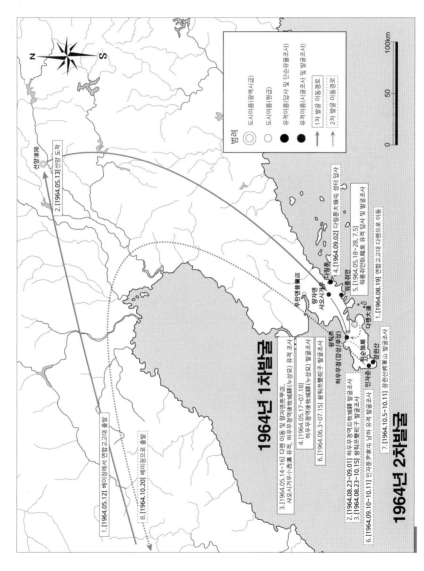

1964년 1차발굴

3. [1964.05.14~16] 다렌 이동 및 랑자옌룽(甲店, 샤오시거우小西溝) 유적, 허우무청역後牧城驛(누상묘) 유적 조사

4. [1964.05.17~07.18] 허우무청역後牧城驛(누상묘) 발굴조사

6. [1964.06.3~07.15] 청퇴쯔雙砣子 발굴조사

지도 4. 1964년 조중연합고고대 1조 고조선 발굴(1·2차)

1964년 2차발굴

2. [1964.08.23~09.01] 허우무청역后牧城驛 발굴조사

3. [1964.08.23~10.15] 청퇴쯔雙砣子 발굴조사

6. [1964.09.10~10.11] 인자춘尹家村 남하 유적 발굴조사

7. [1964.10.5~10.11] 장천신쨔将軍山 발굴조사

1. [1964.05.12] 베이징에서 연합고고대 출발

8. [1964.10.20] 베이징으로 출발

2. [1964.05.13] 신양 도착

선양瀋陽

4. [1964.09.02] 다링툰大嶺屯 셩타 답사

5. [1964.05.18~28, 7.5] 워룽취안(臥龍泉) 유적 답사 및 발굴조사

1. [1964.08.19] 연합고고대 다렌으로 이동

다렌大連

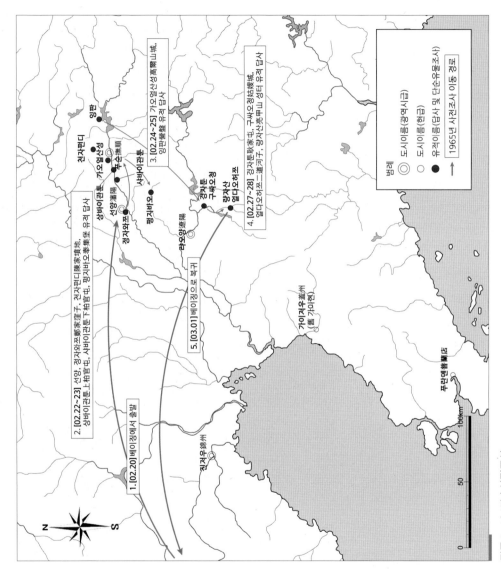

지도 5. 1965년 사전조사

안즈민安志敏 일기

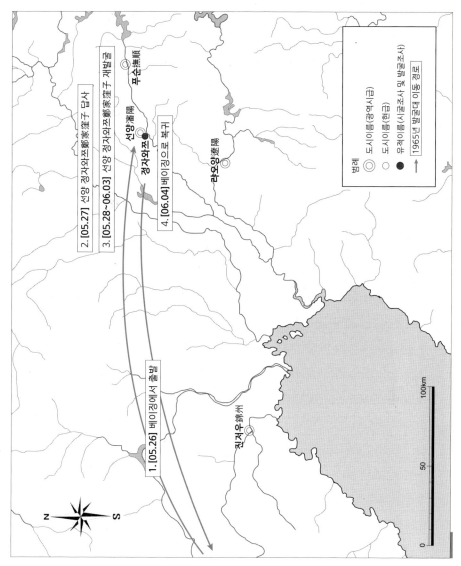

지도 6. 1965년 조중연합고고대 발굴조사

A Historiographical Review and Analysis of An Zhimin's Diary and the 1963-1965 Korean-Chinese Joint Excavation in Northeastern China

In Uk Kang

I. Introduction

In North Korea, research on Go'joseon, traditionally regarded as the first state in Korean history, began with Li Ji-lin(리지린)'s study and the formation of the North Korea-China Archaeological Excavation Team (NKCE)[1]. This joint team from North Korea and China conducted excavations in Manchuria, investigating sites related to Go'joseon and Balhae from 1963 to 1965. The field research had significant impacts not only on North Korea but also on South Korea and Russia, although detailed information beyond officially published materials remains scarce.

Yuri Mikhailovich Butin's work in 1982 also played a crucial role in the study of Go'joseon within the socialist bloc, including the Soviet

---

1) This refers to the joint investigation team of North Korea and China that excavated and investigated Go'joseon and Balhae in Manchuria from 1963 to 1965.

Union. Since the 1980s, the argument that Go'joseon was located in Liaoning has been a central controversy in South Korea.

Two incidents in the 1960s marked key milestones in Go'joseon studies. The first was Li Ji-lin's publication of Study of Go'joseon(고조선 연구). The second was the joint excavation by North Korea and China from 1963 to 1965. However, concerns that this research might lead to political disputes prompted both countries to hastily end the project after a period of tension. North Korea unilaterally publicized the results in 1966, significantly influencing South Korean research on Go'joseon, while China did not mention the joint project in their 1996 report titled *Shuangtuozi and Gangshang*(雙砣子與崗上).

Despite the importance of Li Ji-lin and the NKCE in shaping Go'joseon research, no primary sources on their activities are known to exist. Recently, however, valuable materials have been released in China, shedding light on North Korean scholarly activities in the 1960s. The diary of Gu Jiegang (1893-1980), who mentored Li Ji-lin, provides insights into Li's research during his time at Peking University from March 1958 to September 1961. Gu's lifelong diary, *Gu Jiegang Riji*(顧頡剛日記), and the Complete Gu Jiegang Collection, *Gu Jiegan Chuanji*(顧頡剛全集) contain several research notes that have garnered significant interest from South Korean academia.

Additionally, the publication of An Zhimin's Diary, *An Zhimin Riji*(安志敏日記) in 2020 offers detailed accounts from An Zhimin (安志敏, 1924-2005), an archaeologist responsible for excavating Go'joseon relics. An's diary reveals the excavation conditions and activities experienced by the joint excavation team following Li Ji-lin's study abroad.

These diaries contain rarely studied sources crucial to the historiography and archaeological history of Go'joseon. They provide groundbreaking information regarding disputes over the recognition of Go'joseon. This article introduces these two diaries and examines their significance.

II. Background of NKCE and Li Ji-lin's Go'joseon Research

Before the establishment of the North Korea-China Archaeological Excavation Team (NKCE), Li Ji-lin's activities were pivotal. He pursued his doctorate at Beijing University from 1958 to 1961 under the guidance of Gu Jiegang. Li's work is particularly significant as he became the main organizer and representative of the NKCE. Gu Jiegang's diary provides detailed documentation of Li's activities, with the first entry on Li appearing in March 1958 when Li visited Gu to discuss the history of China and Korea. Most diary entries related to Li are found in the ninth volume, detailing the processes of Li's Ph.D. dissertation from 1960 to 1961. Li's dissertation controversially viewed Manchuria as part of Go'joseon's territory, a perspective that displeased Gu. At Li's doctoral defense on September 29, 1961, Li complained that the review was perfunctory and conducted for the sake of bilateral friendship between North Korea and China.

After the Japanese invasion of Manchuria, Chinese intellectuals, including Gu, considered the region as sovereign Chinese territory. This sentiment created early tensions between North Korea and China over Go'joseon in the 1960s, intensifying with the joint excavation after Li received his doctorate. Gu's diary entry from July 24, 1964, indicates that conflicts over ancient history were on the verge of explosion.

North Korean historians are attempting to reclaim land and recover national pride by referencing the people of Go'joseon, who lived in the northeastern part of the Korean Peninsula. One of the key figures involved in this effort is Li Ji-lin. The objective is to demonstrate that various ethnic groups in the northeastern region (Sukshin/Sushen, Yemaek/Huimo, Buyeo/Fuyu, Okjeo/Woju, etc.) were under the rule of Go'joseon. Consequently, North Korean historians aim to depict the northeastern part of China as historically governed by Korea. They plan to excavate this region to prove the (North) Korean origin of Go'joseon through relics.

Our government responded generously, and our archaeologists cooperated with them in their excavation efforts. However, these efforts were ultimately futile. While I understand that their actions were driven by patriotism, it still makes me indignant. (The Gu Jiegang Diary, Vol. 10, p. 112)

Gu Jiegang's diary reveals new insights into Go'joseon research. First, it suggests that Li Ji-lin's research was likely a collaborative effort with historians such as Lee Sang-ho(이상호) and Lim Gun-sang(임건상), given Li's background in Chinese philosophy and his rapid completion of a detailed doctoral dissertation. Li's impressive work reviewed numerous Chinese literary sources and archaeological materials, suggesting that he received significant assistance.

Second, Li's study in China appears to have been a political decision by North Korean academia and the government. The North Korean embassy participated in Li's dissertation defense, and Gu viewed Li's study abroad as politically motivated. In August 1961, just before Li completed his degree, the "Go'joseon Research Discussion Forum" was held in Pyongyang, officially endorsing the Liaoning Location Theory of Go'joseon based on Li's dissertation. However, Gu's diary records that Li met Gu in Beijing on September 2, the day of the Forum discussion, indicating that North Korean academia unilaterally declared the "victory" of Li's theory in his absence, highlighting the political nature of his activities.

The adoption of the Liaoning Location Theory by North Korean academia necessitated archaeological evidence to support the claim. Li Ji-lin's book, A Go'joseon Study, published in North Korea, contains more information on "Archaeological Materials in Northeast China" than his dissertation, suggesting he collected archaeological data during his studies. In 1963, a North Korean excavation team visited China under Li Ji-lin's guidance, demonstrating his leadership in initiating and preparing for the NKCE.

III. An Zhimin's Diary and the Activities of the NKCE (Korea-China Archaeological Excavation Team)

An Zhimin, a significant figure in early Chinese archaeology, graduated with a history degree from the Chinese University (中國大學) and later taught as an assistant professor at Yanjing University (燕京大學). He

안즈민安志敏 일기

spent the rest of his career at the Chinese Academy of Social Sciences, representing the early generation of Chinese archaeologists who led the initial excavations after the founding of the PRC. Unlike many of his peers, An Zhimin was responsible for international exchanges with East Asian and Western countries, starting in the late 1940s when he interacted with Japanese scholars like Torii Ryuzo (鳥居龍藏 1870-1954). Given this background, An Zhimin was appointed director of the Go'joseon division in the Korea-China Archaeological Excavation Team (NKCE) from 1963 to 1965. An's diary is invaluable in illuminating the joint excavation team's situation, where the confrontation between North Korean and PRC archaeologists over Go'joseon was intense.

In 2020, An Zhimin's diary was compiled by his family, fifteen years after his death. Unlike Gu Jiegang's diary, An's diary did not record personal daily life but focused on field notes from excavation sites. The diary was published thanks to his two daughters, An Jiayuan (安家瑗) and An Jiayao (安家瑤, 1947-), both archaeologists. An Jiayao, in particular, is an expert in ancient glassware and has visited South Korea often, serving as a State Councilor for the Chinese Communist Party of China. The diary is considered reliable due to its careful publication under expert guidance. However, the section from 1966 to 1976 was deleted and published according to the "method of record-keeping for major topics (重大選題備案方法)" made available in October 2019. Despite its limitations, the diary is an essential source showing the Go'joseon research situation, including North Korea's attitude towards the joint excavation, China's reaction, and the subsequent bilateral conflict.

An Zhimin's diary consists of five volumes, with the second volume containing entries on the excavation team, spanning from April 1963 to August 1965. According to the diary, the excavation began with enthusiasm, with An conducting a field survey in the Liaoning and Jilin areas before the North Korean team's arrival. At that time, archaeological research in these areas was still in its infancy, and An organized all the data. However, conflicts began as soon as the North Korean counterparts arrived. North Korea's primary goal was not archaeological research but confirming the existence of Go'joseon. An's diary repeatedly mentions his complaints about North Korea's efforts to find Go'joseon's central location. Despite failing to locate the center of Go'joseon, North Korea made a breakthrough by excavating a series of stone-file tombs on the edge of the Liaodong Peninsula, including the famous Gangshang (崗上) and Loushang (樓上) sites.

North Korea and the PRC differed significantly in excavation methods and artifact interpretation, having independently studied archaeology for over a decade with no prior international joint investigation experience. This situation made resolving the sensitive Go'joseon issue impossible. Due to disagreements, they failed to publish a final excavation report, instead agreeing to produce a report without controversial content and to keep separate copies. Both sides concluded that they did not approve each other's research, and the research paths of North Korea and the PRC on Go'joseon diverged irreversibly. Since then, North Korea and the PRC have not discussed or studied Go'joseon together.

North Korea later conducted its own research. In 1967, Kim Yonggan(김용간) and Hwang Gi-deok(황기덕), who led the Gangshang and Loushang excavations, published a monumental article recognizing the

Liaodong Peninsula and the northwestern part of North Korea as Go'jo-
seon's location. Since the 1970s, North Korea has strengthened its co-
operation with archaeologists from Siberia under the Soviet Academy
of Science instead of China. In 1974, a group of Soviet scholars, includ-
ing V.E. Larichev and A.P. Okladnikov, visited North Korea. This visit led
to Yuri Mikhailovich Butin's study of Go'joseon in the 1970s.

The academic exchanges and conflicts within the socialist bloc, once
unknown, are gradually being uncovered through the diaries of the
scholars involved. Yet, much of the overall picture remains unclear.
Nevertheless, it is evident that the cooperation and conflict between
North Korea and the PRC over Go'joseon were not purely academic is-
sues. Instead, the two diaries show that a series of political actions in
the socialist bloc, driven by North Korean initiatives, manifested around
ancient history and archaeology.

IV. The Significance of the Two Diaries

The analysis of the little-known contents of the two diaries reveals
hidden aspects of ancient history research in North Korea and the PRC,
which rapidly developed during the late 1950s and mid-1960s. First, Gu
Jiegang's diary provides insight into Li Ji-lin's study in China from the
late 1950s to the early 1960s and his Ph.D. research on Go'joseon. A
sense of crisis over the sovereignty of ancient history in North Korea
was triggered by the Soviet Union's publication of World History under
the title Vsemirnaya Istoriya in the mid-1950s. In this book, the authors
described the beginning of Korea with the legendary movement of Kija

(Qizi) to Korea during the Shang-Zhou transition period and the Lelang Prefecture of Han China, without referring to Go'joseon. This omission eventually led to Li Ji-lin's study in Beijing.

After completing his studies abroad in 1962, Li immediately challenged Do Yu-ho's hegemony in the North Korean archaeological community. To validate his research, Li formed the North Korea-China Archaeological Excavation Team. As shown in An Zhimin's diary, North Korea and the PRC experienced a serious yet unacknowledged discord, leading to Li Ji-lin stepping down from the front line. From the second year of research in 1964, more archaeological efforts were made to prove the existence of Go'joseon through the excavation of stone-file tombs like Gangshang and Loushang in Dalian. North Korean scholars claimed that these tombs were associated with sacrificed burials, leading to the definition of the ancient kingdom as a slave society. Since then, the stone-filled tombs in the Dalian region have become key relics in North Korea's Go'joseon research.

On the other hand, China saw the excavation as an opportunity to lay the archaeological foundation in its northeastern region. It was China's first and last large-scale international joint excavation. Starting with this excavation, the PRC's perspective towards the peripheral region shifted from the history of diverse ethnic groups to the expansion of a Han-centric order. It is no exaggeration to say that the PRC's doctrine on the Northeast Asia Project (동북공정, 東北工程) began as a reaction to its tension with North Korea over Go'joseon six years earlier.

For both North Korea and the PRC, the joint excavation was not a minor incident that was forgotten or simply ended in a quarrel. Rather, it was the prelude to the unfolding disputes over ancient history between North Korea and the PRC, along with the undercurrents of Go'joseon research. These two diaries are crucial materials that help us comprehend the hidden dynamics in understanding the history of East Asian archaeology.

V. Conclusion

In 1955, immediately after the Korean War, the Soviet Union published a colossal series titled "The History of the World," which North Korea strongly opposed. The book began the ancient history of Korea with the Chinese prefecture and the Three Kingdoms period, omitting any mention of Go'joseon. This omission spurred Li Ji-lin's study of Go'joseon at Peking University. After receiving his diploma in 1961, Li Ji-lin organized the North Korea-China Archaeological Excavation Team (NKCE) in 1963 to substantiate his research. However, despite his efforts, he failed to locate the center of Go'joseon. Consequently, in 1964, Li withdrew from the forefront of the project, and North Korean archaeologists continued the effort, focusing on proving the existence of Go'joseon through archaeological evidence such as accompanied burials (殉葬) in stone-filled tombs in the Dalian area, which they defined as evidence of a slavery society.

Despite these efforts, the NKCE paradoxically triggered conflicts between Korea and China. By 1965, most joint fieldwork was canceled, although some work continued at sites like the Zengjiawozi burial site in Shenyang. Notably, the most significant noble tomb, No. 6512, believed to be the largest tomb of Go'joseon from the 5th century BCE, was excluded from the joint excavation report, suggesting deliberate omission by the Chinese team.

Shortly after the NKCE, China entered the tumultuous period of the Cultural Revolution, and communication between the two countries over Go'joseon ceased. As nationalist views of history spread rapidly, the two countries experienced increasing conflicts. From the end of the Korean War until the early 1970s, while China underwent the Cultural Revolution, North Korea established the Juche [Self-Reliance] Ideology. During this period, both countries developed their own chronological systems for ancient history and archaeology.

The NKCE, regarded as China's first and last large international joint excavation, ended in disruption and became a taboo topic in China. Nevertheless, the NKCE's significance is profound. The joint excavation catalyzed a radical change in China's historical perspective on Manchuria, leading to a more Han-centric historical narrative. It is no exaggeration to say that China's aggressive and expansionary view of history began as a reaction to the conflict over Go'joseon with North Korea 60 years ago. Additionally, the archaeological system for Go'joseon established by the NKCE continues to influence the study of Go'joseon in South Korea.

Therefore, for both Korea and China, the NKCE was far from a minor incident forgotten or merely ending in conflict. It marked the beginning of a prolonged historical dispute over Go'joseon and significantly shaped contemporary Go'joseon research in South Korea.

[BIBLIOGRAPHY]

⟨In Korean⟩

Jo Beop-jong. "Relationship between Li Ji-lin's Research of Go'joseon and Beijing University Professor." Silla Culture 48: 1-28, 2016.

Kang In Uk. "Reexamination of role and significance of Lee Ji-Rin's study on Old Joseon and Korea-Chinese joint excavation on North-Eastern Part of China in 1963~1965 years." Prehistory and Antiquity 45: 29-58, 2015.

Kim Yong-gan and Hwang Gi-deok, "Go'joseon Culture in the First Half of the Millennium BC." Ancient Ethology: 1-17, 1967.

Korea-China Archaeological Excavation Team, ed. A Report on the Excavation of Historic Places in Northeast China. Pyongyang: Press of the Academy of Social Sciences, 1966.

Park Joon-hyung. "The Discovery and Review of Li Ji-lin's Ph.D. dissertation [古朝鮮的研究] at Beijing University." Prehistoric and Ancient Periods 62: 5-34, 2020.

Song Ho-jeong. "Li Ji-lin's Research on Go'joseon and Its Influence." History of Culture 44: 279-304, 2015.

⟨In chinese⟩

顧頡剛.『顧頡剛日記第9卷(1960~1963)』. 臺灣聯聯經經公司, 2011.

安家瑤, 安家瑗. 「考古人生 緬懷父親安志敏先生」.『大眾考古』7, 2014.

安志敏, 鄭乃武. 「內蒙古寧城縣南山根 102 號石槨墓」.『考古』4, 1981.

安志敏, 鄭乃武. 「瀋陽肇工街和鄭家窪子遺址的發掘」.『考古』10, 1989.

安志敏. 論環渤海的史前文化─兼評 "區系" 觀點.『考古』7, 1993.

安志敏. 『安志敏日記 (全五冊)』. 社會科學文獻出版社, 2020.

中國社科院考古研究所. 『雙砣子與崗上』. 考古學專刊丁種第四十九號, 科學出版社, 1996.

夏鼐. 『夏鼐日記-夏鼐考古筆記 (共十冊)』. 華東師範大學出版社, 2011.

〈In English & Russian〉

Kang In Uk. "An Unique Travel of Russian Archaeologist to the Nation of Morning Freshness-A Book Review on An Archaeologist's Travel to the Nation of Morning Freshness by Vitali Epifanovichi Larichev, Novosirsk, Novosibirsk, Russia, 2012." Localities 3: 227-231, 2013.

Бутин Ю.М. Древний Чосон (историкоархеологический очерк). - Н овосибирск: Наука, 1982. - 330 с.

Всемирная история, том 2. Энциклопедия: в 10-ти т./Ред. А. Белявс кий, Л. Лазаревич, А. Монгайт.- М.:Государственное издательств о политической литературы, 1956 г. - с.900.

찾아보기

박태호 朴太鎬　111, 130, 131, 370